**十五**

福建省高职高专旅游大类十二五规划教材

# 茶艺服务技巧

主　编 ◎ 郑剑顺

副主编 ◎ 王同和
　　　　　蔡烈伟

参编人员 ◎ 李素贞　孙　晟
　　　　　陈晓健　周炎花
　　　　　蒋芳市　张玲芝
　　　　　蔡玉云　朱　樱
　　　　　范春梅

厦门大学出版社
XIAMEN UNIVERSITY PRESS
国家一级出版社
全国百佳图书出版单位

# 前　言

我国是茶的故乡，是茶文化的发祥地，植茶、制茶、饮茶已有数千年历史。茶艺作为茶文化的一部分，同样有悠久历史。茶艺包括植茶、制茶、藏茶、识茶、煮茶、点茶、泡茶、品茶、饮茶之艺，有着丰富的内涵。本教材探讨的茶艺是识茶、藏茶、煮茶、点茶、泡茶、品茶、饮茶的技艺，并在介绍茶品时，也介绍该茶品的制作加工特点，不涉及植茶之艺。这也是当代通常所说的茶艺。

茶艺服务就是通过介绍茶、煮茶、泡茶、奉茶，让茶客了解茶、认识茶，品饮茶，欣赏茶艺，学习茶艺，传承、传播中国茶文化，提升茶叶、茶产品的经营、销售效益。

如何做好茶艺服务，要有相关的知识、技能、技巧，只有具备、掌握好相关知识、技能、技巧，才能做好茶艺服务。本教材考察中国茶艺的发展、演变和传统茶艺在当代的传承、复兴，归纳茶艺的种类，介绍茶叶的鉴别技巧、茶汤的品尝技巧、茶叶的保存方法、茶具欣赏，阐述茶艺服务规范，讲解现代绿茶冲泡技巧、红茶冲泡技巧、乌龙茶冲泡技巧、普洱茶泡法、花茶泡法，介绍茶店门市茶艺服务技巧和中国茶艺表演等，将茶、茶艺基本知识与服务技巧相结合，旨在使学生通过本课程学习，能掌握茶艺服务的相关知识和技能、技巧，做好相关管理和服务工作。对茶艺爱好者和读者来说，也是一本可资参考的阅读书。

郑剑顺

2012 年 5 月

# 目　　录

# 第一章

# 中国茶艺的发展、演变

━━━━━━━━━━━━━━ ● 本章学习重点 ● ━━━━━━━━━━━━━━

1.认识中国是茶的故乡。

2.了解中国茶的重要文献。

3.掌握茶效知识。

4.掌握茶艺的内涵及历史发展阶段。

5.认识唐代茶艺、宋代茶艺和明清茶艺。

中国茶艺有几千年的悠久历史,在古代茶书、茶文献中均有丰富的茶艺记载;还有民间流传的民族茶艺、地方特色茶艺,更增添了多彩的内容。现代的茶艺有古代茶艺的传承、发展,也有适应大众化需求的创新。

本章考察中国茶艺的由来,历经唐、宋、明、清几个重要发展阶段,阐述其表现,分析其特点。

## 第一节　茶与茶艺

### 一、茶的起源

中国是茶的故乡,早在上古时代的神农氏就发现了茶,距今4 000多年。茶被发现后,先是当"药"用,后当饮品用,东晋(公元317—420年)时逐渐流行。至唐代时,成为"比屋之饮",家家户户都饮茶。

"茶"之名,在中国文献中出现,已见到的最早是《神农食经》、周公《尔雅》、周《诗》和王褒《僮约》等。《神农食经》云:"茶茗久服,令人有力,悦志。"周公《尔雅》载:"槚,苦茶。"[①]周

---

①　陆羽:《茶经》,中国市场出版社2006年版,第86页。

《诗》记:"荼苦"。① 王褒《僮约》云:"牵犬贩鹅,武阳买茶。"②古时,茶写成"荼"。这些都是唐代以前的记载。至唐代,陆羽撰写茶的专著《茶经》问世,极大地提高了茶的知名度。《茶经》凡三篇,"言茶之原之法之具尤备,天下益知茶饮矣"③。

陆羽在《茶经》中写道:"茶者,南方之嘉木也。"④说明茶起源于中国南方,再往北发展。

裴汶的《茶述》记载:"茶,起于东晋,盛于今朝。"⑤"今朝"指唐朝;"起于东晋",指普遍饮茶起于东晋。

《封氏闻见记》载:"茶,南人好饮之,北人初不多饮。开元中,泰山灵岩寺有降魔师,大兴禅教。学禅务于不寐,又不夕食,皆许饮茶人自怀挟,到处煮饮。从此转相仿效,遂成风俗。"⑥这一记载说的是饮茶风俗从"南人"发展到"北人"的故事。饮茶先是南方人的爱好,唐朝开元年间,泰山灵岩寺一位降魔师宣传、弘扬禅教,晚上坐禅要不睡觉、不用晚餐,为了提神和充饥,寺院允许学禅的人自带茶叶,煮茶饮用。从此,民间转相仿效,"遂成风俗"。说明唐代时,中国饮茶风俗已由南方发展到北方。

中国人饮茶,不仅历史久远,而且十分普遍。上自宫廷、王公贵族,下至士人、平民百姓,都有饮茶习惯。早在西周时,茶已成为进贡周朝廷的贡品。此后,历代帝王都把茶列为重要贡品。茶还成为古代人的重要祭品和随葬品。春秋战国时代(公元前770—前221年),茶叶被用做祭品。汉代,茶已被当做随葬品。湖南长沙马王堆汉墓中发现茶叶;湖北江陵马山发现西汉墓群,在墓的随葬品中也有茶叶。饮茶成为民众日常生活中不可缺少的一件事。南宋吴自牧《梦粱录》曰:"人家每日不可缺者,柴米油盐酱醋酒茶。"(八件事)元代时略去"酒"成七件事。元代杂剧《玉壶春》、《白衫亭》、《度柳翠》等唱词中,均有"早晨开门七件事,柴米油盐酱醋茶"这一说法,代代流传至今。

茶的种植、制作在中国也有悠久的历史。西周初年,已有茶树种植记载。据《华阳国志·巴志》载:"园有芳蒻、香茗。""香茗"已在人工种植"园"内种植。汉代的人工种植茶有更多记载,如宋王象之《舆地纪胜》载:"西汉有僧从岭表岭来,以茶实蒙山。"《四川通志》:蒙山茶为"汉代甘露祖师姓吴名理真者手植"。蒙山在四川雅安,白居易有"茶中故旧是蒙山"诗句,蒙山是茶的最早种植地之一。传说吴理真祖师手植7株,"高不盈尺,不生不灭",清代被辟为"皇茶园"。汉代名道士葛玄在浙江台州天台山种植茶树,被称为"茶之圃"、"葛仙茗圃"。由此说明,中国种植茶至少有2 700多年历史。

茶的制作历史同样久远。见于文字记载最早的有《广雅》载:"荆、巴间采叶作饼,叶老者,饼成以米膏出之。欲煮茗饮,先炙令赤色,捣末置瓷器中,以汤浇覆之,用葱、姜、橘子芼之。其饮醒酒,令人不眠。"⑦此引文讲的是茶的制作和饮用。"荆、巴间",即现在的湖北、四川一带,民人采茶叶制作成饼,老的茶叶,因难于黏合,所以要用米膏将茶饼浸过,再捞出来。想煮茗饮用,先将茶饼捣成茶末,再放进瓷器中,以沸水浇泡,加入葱、姜、橘子,即可饮用。这是唐以前的制茶记载。至唐代,陆羽在《茶经》"三之造"中,对茶的采制进行了总结。他写

---

① 阮浩耕、沈冬梅、于良子点校注释:《中国古代茶叶全书》,浙江摄影出版社1999年版,第510页。

② 同上,第486页。

③ 同上,第444页。

④ 同上,第2页。

⑤ 阮浩耕、沈冬梅、于良子点校注释:《中国古代茶叶全书》,浙江摄影出版社1999年版,第26页。

⑥ 同上,第505页。

⑦ 转引自陆羽:《茶经》,中国市场出版社2006年版,第8页。

道："凡采茶在二月、三月、四月之间。茶之笋者，生烂石沃土，长四五寸，若薇蕨始抽，凌露采焉。茶之牙者，发于丛薄之上，有三枝、四枝、五枝者，选其中枝颖拔者采焉。其日有雨不采，晴有云不采；晴，采之，蒸之，捣之，拍之，焙之，穿之，封之，茶之干矣。"①意思是说，茶在二、三、四月间采摘，采茶树中枝颖拔的茶芽；采茶的当天如果下雨就不要采，晴天有云也不采，要晴天无云才采。再将鲜茶叶蒸、捣、拍、焙、穿、封，就完成了制作。这是唐代的制茶描述。可见，中国制茶有文字记载的，至少有一两千年的历史。

中国古茶树的大量存在，也说明中国茶的悠久历史。早在唐代，就有古茶树的记载。陆羽在《茶经》中说：当时的茶树，在"巴山峡川有两人合抱者，伐而掇之"。"巴山峡川"，即今四川一带，"两人合抱"指茶树的树干之粗大。采摘茶叶，需将茶树枝砍下才能采摘，如此粗大的茶树，足以说明其生长年代的久远。直至今天，我国仍有很多古茶树存在，在四川、云南、贵州、陕西、海南岛等地都发现古茶树，据不完全统计有 200 多处。最古老的茶树树龄有 2 500 年以上。

据《茶经》记载，茶的名称在当时流传的文献中有五种称呼，有称"茶"、"槚"、"蔎"、"茗"、"荈"。陆羽专著的书名称《茶经》，可见，陆羽确认的是"茶"的称呼，这一称呼得到后人的认可。也有把"茗"和"茶"连在一起，合称"茗茶"；或把"茗"与"荈"连在一起，合称"茗荈"；有的称"品茶"为"品茗"。这说明"茗"、"荈"的称呼有流传，其他称呼"槚"、"蔎"已基本绝传。还有称茶为"森伯"、"水豹囊"的，带有幽默的称呼。②"森伯"说的是饮茶时，"森然严于齿牙，既久，四肢森然"，所以把茶称"森伯"。③"水豹囊"是说"煮茶啜之"，可以涤滞思而起清风，就像风神呼吸的豹革囊一样，所以，把茶称为"水豹囊"。④

## 二、茶的文献

我国关于茶的记载文献最早、最多。唐代陆羽撰写的《茶经》是世界上最早问世的一部茶的专著，成书于公元 760 年左右，距今有 1 250 多年。在陆羽之前，虽然没有茶的专著，但已有不少关于茶的记载。据陆羽《茶经》"七之事"中提及的，就有 40 多种文献有茶的记述，如《神农食经》、周公《尔雅》、《广雅》、《晏子春秋》等。最早的是周朝（西周）文献，已经说到茶了。唐代陆羽之后，茶的研究成果，茶的专著更为可观、丰富。至清代，至少有 100 多种茶书刊行。涉茶的文献就更难计其数了。在历代正史、政书、方志及时人笔记、文集、杂录、野史中，都有茶的记载、述说。

下面介绍几种主要的茶著作。

（1）陆羽著《茶经》。这是中国及世界第一部关于茶的专著。陆羽（公元 733—804），字鸿渐，一名疾，字季疵，自号桑苎翁，又号东冈子、竟陵子等，复州竟陵（今湖北天门县）人。晚年隐居在浙江苕溪（今浙江湖州），结庐闭关，专心致志研究茶，著作《茶经》等。他嗜茶，精于"茶术"。在《茶经》中，他言茶之源、之具、之造、之器、之煮、之饮、之事、之出、之略、之图，十分精

---

① 陆羽：《茶经》，见《中国古代茶叶全书》，第 3 页。
② 宋陶谷：《茗荈录》，见《中国古代茶叶全书》，第 51 页。
③ 阮浩耕、沈冬梅、于良子点校注释：《中国古代茶叶全书》，浙江摄影出版社 1999 年版，第 51 页。
④ 同上，第 51 页。

辟,见解独到,自周以降及于唐朝茶事,"竟陵子陆季疵言之详矣",[①]成为茶书经典。《茶经》行世后,"天下益知饮茶矣",其后"尚茶成风"。[②] 陆羽因此有"茶圣"、"茶神"、"茶仙"之称,当之无愧。卖茶人家制作陆羽的瓷陶雕像,"祀为神",并作为买茶赠品,买十茶器,得一"鸿渐"。[③] 历代对《茶经》都有很高评价。如宋代陈师道在《茶经序》中说:"夫茶之著书自羽始,其用于世亦自羽始,羽诚有功于茶者也。"[④]明朝陈文烛在《茶经序》中写道:"稷树艺五谷而天下知食,羽辩水煮茗而天下知饮,羽之功不在稷下,虽与稷并祀可也。"[⑤]

(2)蔡襄撰《茶录》。蔡襄(1012—1067),字君漠,宋朝福建兴化仙游(今莆田市仙游县)人。宋天圣八年(1030 年)进士,官至端明殿学士,卒谥忠惠,因此,也有蔡忠惠之称。蔡襄既是一位为官清廉的忠臣贤相,又是一位书法家、茶专家、大学问家。他的书法与苏轼、黄庭坚、米芾并称"宋代四大家"而闻名于世,他的《荔枝谱》是研究荔枝名作,他的《茶录》是研究茶的传世之作,他对水利、造桥、植树等都有很深造诣和令人传颂的贡献。

蔡襄《茶录》写于宋皇祐三年(1051 年)十一月,并于当月呈献给宋仁宗皇帝看。以后广为流传。治平元年(1064 年)刻于石,"以永其传"。《茶录》分上下篇,上篇论茶的色、香、味,如何藏茶、炙茶、碾茶、罗茶、候汤,如何煮茶、点茶;下篇论茶器,包括茶焙、茶笼、砧椎、茶钤、茶碾、茶罗、茶盏、茶匙、汤瓶等。这些内容没有与《茶经》重复,也与此前丁谓进呈的《茶图》不同。"陆羽《茶经》不第建安之品,丁谓《茶图》独论采造之本,至于烹试,曾未有闻。"[⑥]所以,《茶录》堪称是《茶经》的续编,成为茶学的重要奠基作之一。

(3)赵佶撰《大观茶论》。赵佶(1082—1135),宋朝皇帝徽宗,名佶。他精于茶艺,曾亲手调茶,分赐左右。"偶因暇日,研究精微,所得之妙,人有不自知为利害者,叙本末列于二十篇,号曰《茶论》。"《茶论》成书于北宋大观年间(1107—1110 年),所以得名《大观茶论》。

内容有地产、天时、采择、蒸压、制造、鉴辨、白茶、罗碾、盏、筅、瓶、勺、水、点、味、香、色、藏焙、品名、外焙,共二十篇。包括论述茶植产地之得宜,茶工以"天时为急",如何采茶,如何蒸芽压黄,如何造茶,鉴辨茶色,如何碾茶、选用碾、盏、筅、瓶、勺、水,如何点茶,察看味、香、色,如何焙茶等。尤其是点茶茶艺的介绍,是极其珍贵的宋代点茶茶艺的代表性记载。

《大观茶论》的面世与《茶录》的进呈朝廷,相隔半个多世纪,可见宋代茶艺在五十年间的传承和发展。

(4)黄儒撰《品茶要录》。黄儒,字道辅,北宋福建建安(今福建南平市)人,宋熙宁六年(1073 年)进士。《品茶要录》至明代始刊行。内容有总论、采造过时、白合盗叶、入杂、蒸不熟、过熟、焦釜、压黄、渍膏、伤焙、辨壑源、沙溪等。有苏轼《书黄道辅〈品茶要录〉后》,对《品茶要录》评价道:"《品茶要录》十篇,委曲微妙,皆陆鸿渐以来论茶者所未及。非至静无求,虚中不留,乌能察物之情如此其详哉!"[⑦]

明朝程百二编撰《品茶要录补》,成书于1643 年前后。内容有山川异产、茶之别种、片散三类、茶厄、茶宴、茶政、茶效、茶神、茗粥等,主要辑录相关资料。

---

① 阮浩耕、沈冬梅、于良子点校注释:《中国古代茶叶全书》,浙江摄影出版社 1999 年版,第 15 页。

② 同上,第 14 页。

③ 同上,第 14 页。

④ 同上,第 15 页。

⑤ 同上,第 15 页。

⑥ 《茶录·序》,见《蔡襄集》,上海古籍出版社 1996 年版,第 638 页。

⑦ 阮浩耕、沈冬梅、于良子点校注释:《中国古代茶叶全书》,浙江摄影出版社 1999 年版,第 80 页。

（5）朱权著《茶谱》。朱权（1378—1448），明太祖朱元璋第十七子，晚号臞仙，又号涵虚子、丹丘先生。洪武二十四年（1391年）封宁王，卒谥献，故亦称宁献王。《茶谱》作于宣德四年（1429年）至正统十三年（1448年）间。内容有：序，品茶，收茶，点茶，熏香茶法，茶炉，茶灶，茶磨，茶碾，茶罗，茶架，茶匙，茶筅，茶瓯，茶瓶，品水。其"序"中写道："陆羽得品茶之妙，著《茶经》三篇。蔡襄著《茶录》二篇，盖羽多尚奇古，制之为末，以膏为饼。至仁宗时，而立龙团、凤团、月团之名。杂以诸香，饰以金彩，不无夺其真味。然天地生物，各遂其性，若莫叶茶。烹而啜之，以遂其自然之性也。予故取烹茶之法，末茶之具，崇新改易，自成一家。"①

（6）田艺蘅著《煮泉小品》。田艺蘅，字子艺，号品喦子，生卒不详，明代浙江钱塘（今杭州）人。《煮泉小品》撰于明嘉靖三十三年（1554年）。内容有：源泉，石流，清寒，甘香，宜茶，灵水，异泉，江水，井水，绪谈等。评论煮茶用的各种水的得失，有十之三取材于《茶经》。

（7）徐献忠著《水品》。徐献忠（1493—1569）子伯臣，号长谷翁。明朝松江华亭（今上海松江）人。嘉靖四年（1525年）举人，官奉化知县，后辞官寓居吴兴。《水品》作于嘉靖三十三年（1554年）。内容为评论各地泉水。与田艺蘅《煮泉小品》汇集，堪称"泉史"。②

（8）张源著《茶录》。张源，字伯渊，号樵海山人，明朝洞庭仓山（今江苏震泽县）人，隐居山谷间"究茶之指归"，成《茶录》百千言，"得茶中三昧"，"纤悉具备"。③ 成书时间约在明万历中，1595年前后。内容有：采茶，造茶，辨茶，藏茶，火候，汤辨，汤用老嫩，泡法，投茶，饮茶，香，色，味，品泉，茶具，茶盏，茶道等，反映明代的茶艺情况。

（9）许次纾撰《茶疏》。许次纾（1549—1604），字然明，号南华，明朝浙江钱塘人。《茶疏》撰于明万历二十五年（1597年），"深得茗柯至理，与陆羽《茶经》相表里。"④内容有产茶、古今制法、采摘、炒茶、收藏、置顿、取用、包裹、择水、煮水器、火候、烹点、汤候、瓯注、荡涤、饮啜、论客、茶所、洗茶、饮时、不宜用、不宜近等各则，论茶的采摘、收贮、烹点、饮啜之法颇详。

（10）屠本畯著《茗笈》。屠本畯，字田叔，号豳叟，浙江鄞县人，官至福建盐运司同知。《茗笈》成书于明万历庚戌（1610年）、辛亥（1611年）年间，内容共十六章，汇集《茶经》、《茶录》、《茶疏》等相关记载，很方便检阅、索用。

（11）罗廪著《茶解》。罗廪（1537—1620），字高君，浙江慈溪人。《茶解》作于明万历乙酉年（1069年）。内容有总论、原、品、艺、采、制、藏、烹、水、禁、器等各则，记载茶艺、茶法。作者在"总论"中写道："余自儿时，性喜茶，顾名品不易得，得亦不常有。乃周游产茶之地，采其法制，参考订讨，深有所会。遂于中隐山阳，栽植培灌，兹且十年。春夏之交，手为摘制。聊足供斋头烹啜，论其品格，当雁行虎丘。因思制度有古人意虑所不到，而今始精备者，……即茶之一节，唐宋间研膏蜡面，京挺龙团，或至于把握纤微，直钱数十万，亦珍重哉。而碾造愈工，茶性愈失，矧杂以香物乎。曾不若今人止精于炒焙，不损本真，故桑苎茶经，第可想其风致，奉为开山，其春碾罗则，诸法殊不足仿。"⑤可见，该作品是作者的经验、实践、现实阅历的总结。

（12）周高起著《阳羡茗壶系》。周高起（不详—1654），字伯高，明朝江阴（今属江苏）人。该书作于明崇祯十三年（1640年）前后。内容有创始、正始、大家、名家、雅流、神品、别派等，

① 阮浩耕、沈冬梅、于良子点校注释：《中国古代茶叶全书》，浙江摄影出版社1999年版，第140页。

② 同上，第180页。

③ 同上，第219页。

④ 同上，第233页。

⑤ 同上，第274—275页。

以品系人,列举制壶各家及其风格,并论及泥品和品茗用壶之合宜,是研究宜兴紫砂茶具的重要著作。

(13)程用宾著《茶录》。程用宾,字观我,明代新都(今浙江淳安)人。《茶录》约作于明万历甲辰年(1640年)。内容共四集,正集为作者自撰,其余各集均辑录他书相关内容。

附集七篇,辑录前人咏茶诗赋。正集有原种、采候、选制、封置、酌泉、积水、器具、分用、煮汤、治壶、洁盏、投交、酾啜、品真等则。

(14)刘源长编《茶史》。刘源长,字介祉,清代淮安(今属江苏)人。明代诸生。《茶史》约编于1669年前后,清康熙十四年(1675年)刊刻。内容有茶之原始,茶之名产,茶之分产,茶之近品,陆鸿渐品茶之出,唐宋诸名家品茶,袁宏道龙井记,采茶,焙茶,藏茶,制茶,品水,名泉,古今名家品水,汤候,苏廙十六汤,茶具,茶事,茶之隽赏,茶之辩论,茶之高致,茶癖,茶效,古今名家茶咏等,主要记茶品和饮茶,辑录相关资料,实为资料汇编。

(15)余怀编《茶史补》。余怀(1617—不详),字澹心,一字无怀,号曼翁,又号曼持老人,清代福建莆田人,寓居江宁(今南京)。《茶史补》于清康熙十四年(1675年)与《茶史》同时刊刻行世。作者说:"余嗜茶成癖,向著有《茶苑》一书,为人窃稿,几为谭峭《化书》。今见淮阴刘介祉先生《茶史》,风雅详赡,迥出《茶谱》、《茶颠》之上。余不惴梼昧,爱取《茶苑》杂纸,删史中所已载者,存史中所未备者,名曰《茶史补》。"

(16)陆廷灿编《续茶经》。陆廷灿,字秩昭,一字幔亭,清代江苏嘉定(今上海嘉定)人,官崇安知县。《续茶经》于清雍正乙卯年(1735年)刊刻。编者在"凡例"中写道:"《茶经》著自唐桑苎翁,迄今千有余载,不独制作各殊而烹饮迥异,即出产之处亦多不同。余性嗜茶,承乏崇安,适系武夷产茶之地。值制府满公,郑重进献,究悉源流,每以茶事下询,查阅诸书,于武夷山之外,每多见闻,因恩采集为《续茶经》之举。"[①]全书依《茶经》之例,分之源、之具、之造、之器、之煮、之饮、之事、之出、之略各部,采录自唐、宋、元、明、清在《茶经》之后,所见各茶书资料,摘要分部编入,《茶经》之前的有关资料,《茶经》未录的,亦行补入。《四库全书》收录此书,并在《四库全书总目提要》中评论道:"自唐以来阅数百载,凡产茶之地,制茶之法,业已历代不同,即烹煮器具亦古今多异,故陆羽所述,其书虽古而其法多不可行于今。廷灿一一订定补辑,颇切实用,而征引繁富。"[②]该书是研究茶艺、茶史的重要文献。

## 三、茶效

自神农氏发现茶的"解毒"功效开始,几千年来,茶的饮用者又发现了许多茶的功效,概括起来,有如下几点:(1)解毒、醒酒的功效;(2)解渴、润喉的功效;(3)提神、荡昏寐、涤昏、益意思、解倦、悦志的功效;(4)下气消食、涤滞、利水道(利尿)、清脾胃、清口腔、清肌骨的功效;(5)明目、去痰、和内、疗痢疾的功效;(6)破闷、涤烦、致和、导和、轻身、助兴、调神、除慵的功效。

据现代科学研究和验证,证实了古代茶书中记载的茶的上述功效。除上述功效外,还发现茶的如下功效:(1)降血脂、血压,防治冠心病的功效;(2)抗菌消炎、抗辐射、防癌抗癌、抗动脉硬化、抗病毒、抗结核病的功效;(3)美容、保健、减肥的功效;(4)陶冶性情、延年益寿的功效。

---

① 阮浩耕、沈冬梅、于良子点校注释:《中国古代茶叶全书》,浙江摄影出版社1999年版,第503页。
② 同上,第503页。

茶之所以有养生、健体的功效，是因为茶叶里含有多种人体需要的、有益健康的元素和成分，如茶多酚、茶素、蛋白质、氨基酸、维生素、芳香油等。茶已经被国内外公认是一种有益人体健康的好饮料。

## 四、茶艺

何谓茶艺，学界有不同的定义。

有的认为，茶艺是指制茶、烹茶、品茶等艺茶之术。[①]

有的说，茶艺是探究茶叶的品质、冲泡的技术、茶具的鉴赏、品茶的环境及茶在人际间的关系。[②]

有的指出：茶艺就是追求着美的饮茶。当饮茶不是为了解决生理的需求，而是为追求精神的表现与情感的传达，以一种艺术的审美方式来进行时，这样的饮茶就可以称为茶艺了。"茶艺"有三大要素：(1)好茶。从天生优异到采、制、运、藏的精心而恰当的"技艺"运用所达到的完美。(2)泡或煮的好技艺。从好水、好火、好茶、好茶器等一系列用品的精到选择到好技艺的发挥自如。(3)美感与人文精神的追求与体现。[③]

又有的认为：茶艺即饮茶艺术，是艺术性的饮茶，是饮茶生活的艺术化，主要包括备器、择水、取火、候汤、习茶的技艺。"在我国茶道就是茶艺。二者是一个范畴的东西。艺精则成道，道中必有艺。是你中有我我中有你，不能把二者对立起来。"[④]

还有的说："泡茶的艺术也简称为茶艺。狭义的茶艺是指在茶道基本精神指导下的茶事实践，是一门生活艺术。它包括艺茶的技能、品茶的艺术，以及茶人在茶事过程中以茶为媒介去沟通自然、内省自性、完善自我的心理体验。"[⑤]

还有的认为："茶艺就是饮茶的艺术。茶艺是艺术性的饮茶，是饮茶生活的艺术化。"[⑥]

又有的说："茶艺就是泡茶的技艺和品茶的艺术，泡茶是一门技艺，品茶则是一种精神和物质的双重享受。其中又以泡茶的技艺为主体，因为只有泡好茶之后才谈得上品茶。"[⑦]

以上关于茶艺的几种定义，都有一定的道理。

我们认为，茶艺和茶道是随着茶的饮用、茶的种植、茶的制作的产生而产生。如何植茶、制茶、识茶、藏茶、煎茶、煮茶、点茶、冲泡茶、品饮茶以及提高茶的品质，茶人讲究技术和技巧，形成茶艺。在饮茶、品茶中，将体验、经验、精神感受加以总结，就形成茶道。因此，茶艺是植茶、制茶、识茶、藏茶、煎茶、点茶、泡茶、饮茶及茶具、茶器制作及鉴赏的工艺、技术、技巧。茶道是品饮茶体验、感受的观念总结，形成被认可传承的一种精神。[⑧]

"艺"和"道"是中国古老的命题。"儒者习于道，匠者习于艺"，这就是儒家的道艺观。他

---

① 王玲著：《中国茶文化》，中国书店 1992 年版，第 87—91 页。

② 陈虹编著：《茶道艺术》，内蒙古人民出版社 2006 年版，第 145、147 页。

③ 陈辉、吕国利：《中华茶文化寻踪》，中国城市出版社 2000 年版，第 231、257、259 页。

④ 刘勤晋：《茶馆与茶艺》，中国农业出版社 2007 年版，第 84 页。

⑤ 林治主编：《中国茶道》，世界图书出版西安公司 2009 年版，第 5、205 页。

⑥ 丁以寿主编：《中华茶艺》，安徽教育出版社 2008 年版，第 11 页。

⑦ 谢红勇主编：《茶艺基础》，上海交通大学出版社 2011 年版，第 19 页。

⑧ 郑剑顺主编：《茶文化旅游设计》，厦门大学出版社 2011 年版，第 43—44 页。

们认为,儒者(读书人)考究、学习的是"道",工匠们考究、学习的是"艺"。道是精神的、观念的、理论的,艺是一种工艺、技术、技巧。

根据儒家的这种道艺观,将茶的学问,品饮茶的精神感受、体会加以概括、总结,成为人们认可的共同体会而称为"茶道"就很自然了。而植茶、制茶、识茶、藏茶、煮茶、品饮茶的工艺、技艺、技巧被称为"茶艺",同样是顺理成章的事。

我国的茶艺多种多样、资源丰富。本书讲授、介绍的茶艺是指制茶、煎茶、点茶、泡茶、饮茶、茶叶鉴别、储存及茶具、茶器识别、选用方面的技艺和技巧,不包括植茶及茶具、茶器制作方面的工艺和技艺。

# 第二节　古代茶艺

中国茶艺在漫长的历史进程中,有发展和演变,在茶的饮用上,茶艺大致经历如下三个发展阶段:(1)唐代的煎茶茶艺;(2)宋朝的点茶茶艺;(3)明朝的泡茶茶艺。明朝的泡茶茶艺经清朝和民国后,一直沿用至今。

## 一、唐代茶艺

唐代茶艺,在这里主要介绍唐代的煎茶、煮茶茶艺。陆羽《茶经》中的"五之煮"、"六之饮"对煮茶、饮茶技艺有可贵的记载,使我们得以窥见唐朝是如何煮茶、饮茶的。

### (一)茶之煮

至唐朝时,中国盛行的饮茶方式是煮茶。煮茶用的茶是饼茶,饼茶需先烤干再研成末,将茶末放进沸水中煮沸成茶汤,即成饮品。茶饼如何烤、茶末如何煮,陆羽在《茶经》"五之煮"中作了方法和经验总结。

1."炙"茶法

《茶经》写道:"炙"(即烤)的时候"勿于风烬间炙,熛焰如钻,使凉炎不均。"意思是,不要在鼓风的间隙余火上烤,因为飘忽不定的火苗像钻子,会使茶饼受热不均匀。要将茶饼"持以逼火,屡其翻正,候炮出培塿状,蛤蟆背,然后去火五寸",即将茶饼靠近火,不断地翻转,等到烤出茶饼上突起一个个小疙瘩,像蛤蟆背上的疙瘩一样的时候,然后离火五寸继续烤。烤到茶饼的外形卷曲又有些展开时,再按原来的办法烤。如果制茶饼时是用火烘干的,以烤到冒热气为止;如果是太阳晒干,以烤到柔软为度。[1]

茶饼烤完后,趁热将其装在纸袋中,以免茶的香气散发,等茶饼凉了再研成末。

烤茶饼的火,首选木炭;其次用烧起来火力猛的木柴,如桑、槐、桐、枥之类的木柴。曾经

---

[1]　陆羽:《茶经》,中国市场出版社 2006 年版,第 58 页。

烤过肉、染上了腥膻气味的炭，及烧起来有很多油烟的木柴、朽坏的木器，都不能用来烧火烤茶饼。①

2.水的选用

《茶经》介绍说，煮茶的水，最好的是山水，其次是江水，再次是井水。山水最好选取乳泉和在石池漫流的水。瀑涌、湍急的水不要饮用，久喝这种水会使人患颈部疾病；在山谷中蓄积的水，因不流动，水虽然澄清，但在夏天至霜降以前，或许有蛇蝎的毒蓄积其中，要饮用此种水，应先把蓄水决开流去，使新的泉水涓涓流来，再饮用。江水，要在离人居所远的地方取；井水则要从很多人汲水的井取用。

3.煮茶法

《茶经》总结经验道：煮茶时，要掌握煮沸的程度，像鱼的眼睛一样冒气泡，有微小的响声，"为一沸"；茶器的边缘有连珠似的泡涌现，为"二沸"；腾起波，鼓起浪，"为三沸"。三沸后，再继续煮，则"水老，不可食也"。初沸时，按水量，放入适量的盐，把尝味剩下的茶汤倒弃。不要因味淡而过分加盐，否则，就是对盐味情有独钟了。第二沸时，舀出一瓢水，用竹夹在汤中央环绕搅动，使茶末沿旋涡中心而下。一会儿，水大开，势如奔涛溅沫，此时将取出的那瓢水倒入，以止住沸腾，而育养水面形成的泡沫精华。

茶汤倾入茶碗，要使泡沫均匀。泡沫是茶汤的精华，"薄者曰沫，厚者曰饽，轻细者曰花"。花如枣花漂在圆形的池塘上，又如回环曲折的潭水、绿洲间新生的青萍，又如晴天爽朗天空中鳞状的浮云；沫像青苔浮在水边，又如菊花落入杯中；饽以茶滓煮之，至沸时，"则重华累沫，皤皤然若积雪耳"。

第一煮沸水，弃其上一层如黑云母的水膜，饮茶汤味道就不正了。第二沸取出的那瓢水为"隽永"，味美持久，"或留熟盂以贮之，以备育华救沸之用"。第一、第二、第三碗茶汤，味道依次递减，第四、第五碗后，不是口渴的厉害就不要饮用了。

煮茶时，用一升的水，可以分五碗。碗数少则三，多则五，若人多至十，则要加煮两炉。茶汤要趁热"连饮之"。因为热时，"重浊凝其下，精英浮其上"。如果凉了，"则精英随气而竭"。饮茶剩下，同凉了是一样的。②

## (二)茶之饮

饮茶讲求"精极"、"至妙"。陆羽在《茶经》中指出："天育有万物，皆有至妙。"饮茶也与造房子、制衣服、做食品、酿酒一样，要讲求"精极"、"至妙"。习俗的饮茶很随便，将粗茶、散茶、末茶、饼茶各种茶，或捣碎，或熬熟，或烤干，再放进瓶罐中，用开水浸泡，这叫做"痷茶"，不是煮茶。有的在茶中或加葱、姜，或加枣、橘皮、茱萸、薄荷等，放在一起反复煮沸，把茶汤扬起使之清滑，或煮后去掉茶沫，这样的茶汤无异于"沟渠间弃水耳"，是不可取的。如何饮茶？陆羽总结道："茶有九难：一曰造，二曰别，三曰器，四曰火，五曰水，六曰炙，七曰末，八曰煮，九曰饮"。从"造"到"饮"，都有讲究。他强调，要注意避免用不恰当的做法，如制造茶，不能"阴采夜焙"；辨别茶时，不是"嚼味嗅香"；煮茶不要用"膻鼎腥瓯"；烧火不要用"膏薪庖炭"；"飞湍壅潦"的水不能用；把茶饼烘烤得外熟内生，不是正确的烘烤法；把茶饼研磨的太细，成为绿色的粉尘，就不对了；煮茶时，不能过猛过激搅动；饮茶不能夏天饮茶、冬天不饮茶。

① 陆羽：《茶经》，中国市场出版社 2006 年版，第 58 页。
② 陆羽：《茶经》，中国市场出版社 2006 年版，第 58—59 页。

"珍鲜馥烈"的茶汤,最佳的碗数是三碗,次佳的是五碗。如果座客数是五位,以三碗匀着喝;座客数七位,以五碗匀着喝;座客数六人以下,缺一人的茶,可以"隽永"补充。①

苏廙总结他的饮茶体验,把茶汤分为十六品,这十六品茶汤由于制作方法、技巧不同而有不同的品质。

第一品,称"得一汤"。该汤的得来是因为煮茶的火控制得当,用的水适宜,如天平称物,"高低适平,无过不及为度",所以称得上独一无二的茶汤。

第二品是"婴汤"。"薪火方交,水釜才炽,急取旋倾",意思是,茶还没有煮熟、煮透,就将茶汤倒出饮用,"若婴儿之未孩,欲责以壮夫之事,难矣哉"。就像婴儿还没有长大,就想叫他做成人才能做的事,那是不可能的。

第三品是"百寿汤"。该汤因煮沸的时间过久太老而得名。煮茶的人或因休息,"水逾十沸",或因讲话,或因做事而耽误取用,所以,"汤已失性矣"。犹如白发苍颜之老人,想让他执弓抹矢,是不可能射中目标的,也不可能让他雄登阔步走很远的路。

第四品是"中汤"。该汤因注汤的手臂用力适中而得名,"欲汤之中,臂任其责"。"注汤有缓急则茶败",注汤时要匀速,不能时慢时快。

第五品是"断脉汤"。因注汤的手颤抖,从瓶嘴倒出的汤断断续续而得名。"汤不顺通,故茶不匀粹"。

第六品是"大壮汤"。因注汤用力过大,"快泻而深积之",故名。大力士拿绣花针,农夫握毛笔,所以不能成功者,"伤于粗也"。"一瓯之若,多不二钱,若盏量合宜,下汤不过六分",意思是说,一杯的茶汤,不过二钱,合宜的杯量,下汤不超过六分。"深积"、过满,就成"大壮汤"。

第七品是"富贵汤"。此汤因以金银为"汤器"而得名。贫贱者有"不能遂"。

第八品是"秀碧汤"。因汤色秀气而得名。若"其汤不良,未之有也",如果是不良的茶汤,就没有秀气。

第九品是"压一汤"。用"瓷瓶"盛的茶汤称"压一汤"。因为金银的汤器嫌贵,铜铁的汤器不好又贱,只有瓷瓶"足取","品色尤宜",可称"压一"。

第十品是"缠口汤"。因茶汤味"腥苦且涩,饮之逾时,恶气缠口而不得去",故名。茶汤味为什么会如此"恶气缠口",是因为烧水的器具太随便,铜铁铅锡不加选择、不讲究的缘故。

第十一品是"减价汤"。汤器用瓦罐,"渗水而有土气",故名。谚曰:"茶瓶用瓦,如乘折脚骏登高。"

第十二品是"法律汤"。因煮茶汤不能"犯律逾法",不合规范,故名。"沃茶之汤非炭不可"。茶家的法律是:"水忌停,薪忌熏",如果违反了这一法律,"则茶殆矣"。

第十三品是"一面汤"。因煮茶汤的火候不够,茶汤有"终嫩之嫌",故名。煮茶汤用木炭最好,炭"实汤之友"。

第十四品是"宵人汤"。因用"粪火"煮茶汤,"减耗香味",故名。

第十五品"贼汤",又名"贱汤"。因用竹叶树梢煮茶汤,"体性虚薄,无中和之气,为茶之残贼也",故名。

第十六品"大魔汤"。茶汤"最恶烟",如果用有烟熏的木柴煮茶汤,"燃柴一枝,浓烟蔽室",这样的茶汤就成了"大魔汤"。②

---

① 陆羽:《茶经》,中国市场出版社2006年版,第73页。

② 阮浩耕、沈冬梅、于良子点校注释:《中国古代茶叶全书》,浙江摄影出版社1999年版,第33—35页。

从以上十六品茶汤的介绍中可见,唐代的饮茶已十分讲究。茶家从煮茶的火候控制、用的水质、茶汤的倾注、汤器的选择、煮茶材料的选用、茶盏中茶汤量的多少、茶汤的色香味等方面,总结出丰富的经验。

# 二、宋代茶艺

## (一)点茶茶艺

宋代,国人饮茶更流行、更普遍,茶的制作、饮用技艺更讲究。其中,点茶是宋代很有特色的茶艺。蔡襄在进献皇帝阅览的《茶录》中对点茶茶艺有精到的记述。其步骤是:

(1)备好要用的茶和茶器。当时的茶一般都是茶饼。如果是陈年旧茶,"则香色味皆陈",要先置于净器中"以沸汤渍之",刮去膏油一两为止,再以钤箬之,"微火炙干,然后碾碎"备用。如果是当年新茶,则不用如此处理。茶器有:茶焙,用竹编成;茶笼,盛茶用,置高处,不靠近湿气;砧椎,碎茶用具,砧以木做成,椎或用金或用铁,便于使用就可;茶钤,以金或铁做成,箬夹茶饼,用以炙茶;茶碾,以银或铁为之,不用金、铜及鍮石,因金性柔,铜及鍮石皆能生铏味,所以不用;茶罗,罗底孔以"绝细"为佳,最好用蜀东川鹅溪画绢之密者,先在沸水中揉洗,然后装好;茶盏,最好用福建建安造的黑盏(因为茶色白,宜黑盏,建安黑盏坯微厚,茶汤熁之久热难冷,最为适用,其他地方造的,或薄,或色紫,都不及;而青白盏,"斗试家"都不用);茶匙,要重,击拂有力,以黄金做的为上,普通人家以银、铁做成,竹做的轻,建茶不取;汤瓶,瓶要小,容易候汤,又点茶、注汤有准,以黄金做的为上,普通人家以银、铁或瓷、石做成。

(2)碾茶。先以净纸密裹"椎",将茶槌碎,然后熟碾。烘烤后的茶马上碾,茶色白则佳;如果隔夜后再碾,茶色就变黄了。

(3)罗茶。将碾细的茶倾入茶罗中罗筛,掌握粗、细适中,"罗细则茶浮,粗则水浮",不能过粗也不能太细。

(4)候汤。"候汤最难,未熟则沫浮,过熟则茶沉",意思是要控制好汤的温度,温度不能过高,也不能太低。太低则茶沫浮在汤面,过高则茶沉入汤底。而且在瓶中煮水,不好辨,所以,掌握适当的温度"最难"。

(5)熁盏。点茶前,要先熁盏令热,否则,盏冷则茶不浮。

(6)点茶。点茶是在温热后的茶盏中进行的。取茶"一钱七",放进茶盏,注入少量汤,用茶匙调匀,再添注汤至"四分"则止,"环回击拂"搅拌,观察茶汤面色鲜明,茶盏边无水痕为"绝佳"。建安地方斗茶,以茶盏边先出现水痕者为负,耐久未出现水痕者为胜。

以上是蔡襄对当时点茶茶艺的精辟总结,体现当时点茶茶艺的高超水平,具有代表性。

五十年后,宋徽宗皇帝赵佶著《大观茶论》,对点茶茶艺有进一步的经验总结。在茶器方面,《大观茶论》开列的茶器有:

(1)罗碾。碾以银为上,熟铁次之。材料选择与《茶录》相同,但此时的碾已不再是砧、椎组合,而是槽、轮组合,这是茶器上的改进。要求碾槽要"深而峻",碾轮要"锐而薄"。"槽深而峻,则底有准而茶常聚;轮锐而薄,则运边中而槽不夏。"罗绢要细而面紧,"则绢不泥而常透"。碾茶时"必力而速",如果久了,铁制的碾会害茶色。罗茶时"必轻而平,不厌数",要罗干净细茶。

(2)盏。盏色贵青黑。颜色上与《茶录》要求相同。同时要求盏底"必差深而微宽"。盏之大小与茶的用量要配好,否则,"盏高茶少,则掩蔽茶色;茶多盏小,则受汤不尽"。

(3)筅。这是《茶录》中没有的新茶器,替代了"茶匙"。筅以老的竹做成,要厚重,"本欲壮而末必眇,当如剑脊之状"。"盖身厚重,则操之有力而易于运用。筅疏劲如剑脊,则击拂虽过而浮沫不生。"

(4)瓶。瓶宜用金银制成,此与《茶录》同。瓶的形状,此处要求瓶口要"大而宛直",便于注汤,瓶嘴要"圆小而峻削",倾汤才会"有节而不滴沥"。"不滴沥,则茶面不破"。

(5)勺。这是新的茶器。既可取茶,又可量茶。"勺之大小,当以可受一盏茶为量。"取一勺茶刚好是一盏中要放的茶量。

由上述可见,赵佶时代的茶器比蔡襄时代有些改进。

在点茶技艺方面,《大观茶论》中有更具体的描述。大致方法如下:

(1)调膏,即第一汤,往放置茶末的茶盏中注汤,以茶筅调拌,"手重筅轻",调至"无粟文蟹眼者,谓之静面点"。此汤要量茶受汤,"调如融胶"。

(2)第二汤自茶面注之,环注盏畔,勿使浸茶,周回一线,急注急止,茶面不动,以茶筅击拂,色泽渐开,珠玑磊落。

(3)第三汤多寡如前。茶筅击拂渐贵轻匀,周环旋复,表里洞彻,粟文蟹眼,泛结杂起,"茶之色已得其六七"。

(4)第四汤要吝啬些,注少点,茶筅运作要变为稍宽而不要太快,其真精华彩,既已焕然,轻云渐生。

(5)第五汤乃可稍纵,茶筅搅拌要轻匀而透达,"如发立未尽,则击以作之。发立已过,则拂以敛之,结浚霭,结凝雪,茶色尽矣"。

(6)第六汤以观立作,乳点勃然,则以筅着居,缓绕拂动而已。

(7)第七汤以分轻清重浊,观察稀稠得中,就可停止注汤了。

此时,"乳雾汹涌,溢盏而起,周回凝而不动,谓之咬盏,宜均其轻清浮合者饮之"。注汤完毕,点茶告成,就是饮茶的时候了。[①]

## (二)茶品识别

如何识别茶的品质?宋代蔡襄在《茶录》中,提出色、香、味的超前人见解。色,就是察看茶和茶汤颜色,"正如相工之视人气色也"。蔡襄指出,茶色贵白,因饼茶多以珍膏油其面,所以有青黄紫黑之异。碾为茶末后,青白色胜黄白色,因为黄白者受水昏重,青白者受水鲜明。香,就是茶香。"茶有真香",蔡襄认为,不要以龙脑和膏等物助茶香。"建安民间试茶,皆不入香,恐夺其真"。如果烹茶点茶之际,在茶汤中杂以珍果香草,其夺茶真香"益甚",应当不要这样做。味,就是茶汤味道。蔡襄说,"茶味主于甘滑",建安北苑凤凰山连属诸焙所产者茶味佳,就体现在茶味甘滑。隔溪诸山,虽及时加意制作,色味皆重,莫能及也。茶味除与产地、焙制技艺有关外,还与用水有关,"水泉不甘,能损茶味",这也是前人重视水品的原因。

蔡襄的这种茶品识别见解为后人所接受认同和传承。

宋代黄儒的《品茶要录》以茶的色、香、味,"原采造之得失,较试之低昂"。如他指出:"试时色非鲜白,水脚微红者",采造过时之病也。"试时色青易沉,味为桃仁之气者",蒸茶不熟之病也。"唯正熟者,味甘香"。"试时色黄而粟纹大者,过熟之病也"。"试时色多昏红,气焦

---

① 阮浩耕、沈冬梅、于良子点校注释:《中国古代茶叶全书》,浙江摄影出版社 1999 年版,第 91—92 页。

味恶者,焦釜之病也"。"试时色不鲜明,薄如坏卵气者,压黄之病也"。"试时色虽鲜白,其味带苦者,渍膏之病也"。"试时其色昏红。气味带焦者,伤焙之病也"。建安壑源、沙溪,其地相背,中隔一岭,两地无数里之远,所产茶品却大不一样。壑源茶比沙溪茶贵重。如何品出其不同品质?《品茶要录》中写道:"凡肉理怯薄,体轻而色黄,试时虽鲜白而不能久泛,香薄而味短者,沙溪之品也。凡肉理实厚,体坚而色紫,试时泛盏凝久,香滑而味长者,壑源之品也。"①

宋徽宗赵佶在《大观茶论》中也论及茶的味、香、色,以茶色"鉴辨"茶品。他写道:"茶之范度不同,如人之有面首也。膏稀者,其肤蹙以文;膏稠者,其理敛以实。即日成者,其色则青紫;越宿制造者,其色则惨黑。有肥凝如赤蜡者,末虽白,受汤则黄;有缜密如苍玉者,末虽灰,受汤愈白。有光华外暴而中暗者,有明白内备而表质者。其首面之异同,难以概论,要之,色莹彻而不驳,质缜绎而不浮,举之则凝然,碾之则铿然,可验其为精品也。"

论茶味,他说:"夫茶以味为上,甘香重滑,为味之全,惟北苑、壑源之品兼之。其味醇而乏风骨者,蒸压太过也。茶枪乃条之始萌者,木性酸,枪过长,则初甘重而终微涩。茶旗乃叶之方敷者,叶味苦,旗过老,则初虽留舌而饮彻反甘矣。此则芽胯有之,若夫卓绝之品,真香灵味,自然不同。"

论茶香,他指出:"茶有真香,非龙麝可拟。要须蒸及熟而压之,及干而研,研细而造,则和美具足,入盏则馨香四达。秋爽洒然。或蒸气如桃仁夹杂,则其气酸烈而恶。"

论茶色,他认为:"点茶之色,以纯白为上真,青白为次,灰白次之,黄白又次之。天时暴暄,芽萌狂长,采造留积,虽白而黄矣。青白者,蒸压微生,灰白者,蒸压过熟。压膏不尽则色青暗,焙火太烈则色昏赤。"②

这些,都是识别茶品优劣得失的技艺经验总结。

### (三)幻象茶艺:"茶百戏"

宋代点茶茶艺十分流行,成为时尚。点茶茶艺水平之高超也超乎人们想象。斗茶活动就是点茶茶艺的竞赛。尤其是龙凤团名茶产地福建建安民人更是盛行斗茶活动。"建人喜斗茶,故称茗战。"③其他如四川、湖北等产茶各地,也有斗茶活动。在四川为官的唐庚就写有《斗茶记》,政和二年(1112年),他与二三君子"相与斗茶于寄傲斋"。④

当时的幻象茶艺更是神奇,是点茶的登峰造极技巧。据陶谷《情异录》载:"馔茶而幻出物像于汤面者,茶匠通神之艺也。沙门福全生于金乡,长于茶海,能注汤幻茶成一句诗,如并点四瓯,共一首绝句,泛于汤表。小小物类,唾手办尔。""近世有下汤运匕,别施妙诀,使汤纹水脉成物像者,禽兽虫鱼花草之属,纤巧如画,但须臾即就散灭,此茶之变也。时人谓之'茶百戏'。"⑤从这一记载中可见,当时的点茶技艺已达到"通神"的地步,神奇到不可思议。点茶注汤后,运匕搅拌,茶盏中的茶汤汤纹水脉形成各种物像,如禽兽虫鱼花草之属,如同一幅画。僧人福全甚至能注汤幻茶汤成诗句,点四盏茶成一首绝句诗。这些物像、诗句虽然"须

---

①  阮浩耕、沈冬梅、于良子点校注释:《中国古代茶叶全书》,浙江摄影出版社1999年版,第78—80页。

②  同上,第91、93页。

③  《五杂组》,见《中国古代茶叶全书》,第549页。

④  阮浩耕、沈冬梅、于良子点校注释:《中国古代茶叶全书》,浙江摄影出版社1999年版,第98页。

⑤  同上,第531页。

臾"片刻就散灭,但已经够厉害了。这种点茶形成汤纹水脉之变化,当时人称作"茶百戏",也有称"生成盏"。①

# 三、明清茶艺

茶艺发展至元代就有所改变,至明代就完全改变。最明显的改变是由制茶饼改为制叶茶、芽茶,由点茶变为烹茶、泡茶。清代沿袭明代的茶艺,直至发展到今天。

## (一)茶艺的改变

明朝时期,开始逐步盛行将茶叶用沸水冲泡的泡茶技艺,改煮、点末茶为冲泡叶茶。茶的加工制作也发生变化,由制作饼茶改为制作叶茶,使茶色、茶香、茶味更天然。这种泡茶茶艺的改变,与明朝开国皇帝明太祖朱元璋对贡茶茶品的更改有直接关系。

《明史·食货四》载:贡茶"旧皆采而碾之,压以银板,为大小龙团。太祖以其劳民,罢造,惟令采茶芽以进,复上供户五百家"。②据沈德符《万历野获编》记载:"国初四方贡茶,以建宁、阳羡茶品为上。时犹仍宋制,所进者俱碾而揉之,为大小龙团。至洪武二十四年九月,上以重劳民力,罢造龙团,惟采芽茶以进。其品有四:曰探春、先春、次春、紫笋。置茶户五百,免其徭役。"③由此可见,朱元璋将贡茶茶品由原先的建宁、阳羡龙团饼茶,改为采芽茶制作成的探春、先春、次春、紫笋四种叶茶茶品,并设置"茶户",免其徭役,保证朝贡这些茶品。从此,龙团饼茶"罢造",退出贡茶行列。《潜确类书》称:"历代(应为宋代,笔者注)贡茶以建宁为上,有龙团、凤团、石乳、滴乳、绿昌明、头骨、次骨、末骨、鹿骨、山挺等名,而密云龙最高,……至国朝(指明朝,笔者注)始用芽茶,曰探春、曰先春、曰次春、曰紫笋,而龙凤团皆废矣。"④沈德符称明太祖"罢造龙团"之举,"遂开千古茗饮之宗"。朝廷贡茶茶品的改变,明太祖起了重要的倡导、开风气作用。但认为明太祖"首辟此法"(冲泡芽茶),则言过其实。实际上,南宋至元代,当时民间已有"采芽茶"制作新茶品了。《文献通考》载:"宋人造茶有二类,曰片曰散。片者即龙团旧法,散者则不蒸而干之,如今时之茶也。始知南渡之后,茶渐以不蒸为贵矣。"⑤朱元璋指名朝贡的"探春、先春、次春、紫笋"茶品已经是民间新茶品了。所以,应该说,在朱元璋1391年改贡茶之前,民间的饮茶茶艺已在发生变化,朱元璋改贡茶,起了肯定、倡导、开风气的作用,极大地推动了泡茶茶艺的普及。该泡茶茶艺经清代、民国,一直流传至今,至少有600多年历史。⑥

冲泡芽茶茶艺的优点是天然、纯净,"遂其自然之性也"。⑦"茶之团者片者,皆出于碾硙之末,既损真味,复加油垢,既非佳品,总不若今之芽茶也。盖天然者有自胜耳。"⑧

① 阮浩耕、沈冬梅、于良子点校注释:《中国古代茶叶全书》,浙江摄影出版社1999年版,第53页。

② 张廷玉等撰:《明史》卷八十,志第五十六,食货四,中华书局1974年版,第七册,第1955页。

③ 转引自郭孟良:《中国茶史》,山西古籍出版社2002年版,第128页。

④ 阮浩耕、沈冬梅、于良子点校注释:《中国古代茶叶全书》,浙江摄影出版社1999年版,第566页。

⑤ 同上,第520页。

⑥ 参阅郑剑顺主编:《茶文化旅游设计》,厦门大学出版社2011年版,第46—47页。

⑦ 阮浩耕、沈冬梅、于良子点校注释:《中国古代茶叶全书》,浙江摄影出版社1999年版,第140页。

⑧ (明)田艺蘅:《煮泉小品》,见《中国古代茶叶全书》,第170页。

## （二）泡茶茶艺

明代的泡茶茶艺,时人称为"烹茶"、"瀹茗"、"瀹茶",或仍称"点茶"。在朱权《茶谱》、田艺蘅《煮泉小品》、陆权声《茶寮记》、屠隆《茶说》、张谦德《茶经》、许次纾《茶疏》、罗廪《茶解》等文献中都有所记载。现概括阐述如下:

### 1.茶品

明代烹茶的茶已不是茶饼捣碎后碾成的茶末,而是茶叶。叶制为末,不要杂以诸香,以保持其"自然之性"和真味。可见当时还有将茶叶制为茶末再冲泡的。"大抵味清甘而香,久而回味,能爽神者为上。"①田艺蘅指出:"芽茶以火作者为次,生晒者为上,亦更近自然,且断烟火气耳。生晒茶瀹之瓯中,则旗枪舒畅,青翠鲜明,万为可爱。"②这里说的茶就完全是茶叶,是生晒茶叶。屠隆说:"茶有宜以日晒者,青翠香洁,胜以火炒。"③可见,当时的茶品有将鲜茶芽(一枪一叶)晒干的,有炒干的或焙干的,时人比较欣赏晒干的,认为"更近自然",不染其他杂味。

### 2.茶具

明代的茶具有煮汤(开水)的炉子、罐子,盛汤的汤瓶,泡茶(称瀹茶)的茶壶,饮茶的茶盏,取茶的茶匙,盛水的水缸,取水的水勺,擦干净的拭抹布,清洗的茶筅等。其名称都很风雅。据朱权《茶谱》中开列的茶具有:茶炉("两旁用钩,挂以茶帚、茶筅、炊筒、水滤于上"),茶灶(此为野外林下烹茶用),茶磨,茶碾,茶罗,茶架,茶匙,茶筅,茶瓯,茶瓶。④ 因朱权的烹茶法还将茶叶磨碾成茶末,所以茶具中还有茶磨、茶碾、茶罗,类似宋代点茶,明显带有从点茶到泡茶过渡的痕迹。

屠隆《茶说》中开列的茶具有:苦节君(湘竹风炉),建城(藏茶箬笼),湘筠焙(焙茶箱,盖其上,以收火气也,隔其中,以有容也,纳火其下,去茶尺许,所以养茶色香味也),云屯(泉缶),乌府(盛炭篮),水曹(涤器桶),鸣泉[煮茶(应为汤,笔者注)罐],品司(编竹为笼,收贮各品茶叶),沉垢(古茶洗),分盈(水勺,即《茶经》水则,每两升用茶一两),执权(准茶秤,每茶一两,用水二升),合香(藏日支茶瓶以贮司品者),归洁(竹筅帚,用以涤壶),漉尘(洗茶篮),商象(古石鼎),递火(铜火斗),降红(铜火筋,不用联索),团风(湘竹扇),注春(茶壶),静沸(竹架,即《茶经》支腹),运锋(镵果刀),啜香(茶瓯),撩云(竹茶匙),甘钝(木碪墩),纳敬(湘竹茶囊),易持(易茶雕漆秘阁),受污(拭抹布)。⑤

上列茶具名称十分风雅,如风炉称"苦节君",收藏茶叶的笼子称"建城",盛泉水的水缸称"云屯",盛木炭的篮子称为"乌府",煮汤(开水)的罐称"鸣泉",取水的水勺称"分盈",称茶的茶秤称"执权",清洁茶壶的竹筅帚称"归洁",洗茶篮子称"漉尘",茶壶称"注春",茶瓯(茶盏)称"啜香",茶匙称"撩云",拭抹布称"受污"等。

上列茶具中已没有茶磨、茶碾、茶罗等,说明此时(明万历年间)已完全没有点饮茶末的饮茶法了。

---

① 阮浩耕、沈冬梅、于良子点校注释:《中国古代茶叶全书》,浙江摄影出版社1999年版,第140页。
② 同上,第170页。
③ 同上,第208页。
④ 同上,第141—142页。
⑤ 同上,第213—214页。

归纳有关记载,明代茶艺用的主要茶具有:炉子(茶炉)、茶笼,水缸,炭篮,涤器桶,汤罐(汤瓶、汤铫),水勺(瓢),茶秤,竹筅帚,竹扇,茶壶,茶瓯(茶盏),茶匙,茶洗(洗茶篮),茶夹,拭抹布(也称帨,"巾"、"拭盏布",用新麻布制作)等。

3.茶艺

根据有关记载,烹茶茶艺的大致步骤如下:

(1)备茶。用茶匙取茶,经茶秤称毕(每茶一两,用水两升),放进洗茶篮。

(2)备具。"未曾汲水,先备茶具。必洁必燥,开口以待。"①要把使用的茶具备好,放在茶桌上。

(3)煮汤。将水缸中的泉水用水勺取水,放进汤罐,两升水可以泡茶一两,根据泡茶的量取水。

煮汤要急煮。"凡茶须缓火炙,活火煎"。炒焙茶要"缓火",煮汤要"活火"。活火就是"炭火是有焰者"。待炉中的木炭烧红,有火焰时,将放水后的汤瓶置其上快煮。"始如鱼目微有声,为一沸;缘边涌泉连珠,为二沸;奔涛溅沫,为三沸。三沸之法,非活火不成。"水沸时间短则汤嫩,时间长则汤老,"老与嫩皆非也"。②要煮到水温恰当。当听到松涛声时,即去汤瓶盖,以观察其老嫩。"蟹眼之后,水有微涛,是为当时","大涛鼎沸,旋至无声,是为过时"。③汤要三沸,"过此则汤老不堪用"。④张源指出:"汤有三大辨十五小辨。一曰形辨,二曰声辨,三曰气辨。形为内辨,声为外辨,气为捷辨。如虾眼、蟹眼、鱼眼连珠,皆为萌汤,直至涌沸如腾波鼓浪,水汽全消,方是纯熟;如初声、转声、振声、骤声,皆为萌汤,直至无声,方是纯熟;如气浮一缕、二缕、三四缕,及缕乱不分,氤氲乱绕,皆为萌汤,直至气直冲贯,方是纯熟。"⑤

程用宾总结道:"候汤有三辨,辨形、辨声、辨气。辨形者,如蟹眼,如鱼目,如涌泉,如聚珠,此萌汤形也。至腾波鼓涛,是为形熟。辨声者,听意声,听转声,听骤声,听乱声。此萌汤声也。至急流滩声,是为声熟。辨气者,若轻雾,若淡烟,若凝云,若布露,此萌汤气也。至氤氲贯盈,是为气熟,已上则老矣。"⑥意思是说,煮汤通过三辨,达到纯熟的汤,才是适中的汤。与张源所说相同。

(4)洗茶:用初沸的热汤往洗茶篮中浇洒,以茶夹夹茶,反复涤荡清洗,去尘土、黄叶、老梗净,再用洗干净的手挤干茶叶,仍置洗茶篮中待用,或以深口瓷合贮之,抖散待用。

茶之所以要洗,是因为茶摘自山麓,山多浮沙,随雨辄下,黏附于茶叶,所以"烹时不洗去沙土,最能败茶。"⑦同时,用热汤洗茶,还可以去茶之冷气,"烹之则矣"。⑧

(5)治壶。待煮的汤纯熟,便取起,注一杯量的汤进茶壶,称"浴壶","以祛寒冷宿气也"。⑨将浴壶汤倒掉,就可以投茶注汤了。

①　阮浩耕、沈冬梅、于良子点校注释:《中国古代茶叶全书》,浙江摄影出版社1999年版,第239页。

②　同上,第211页。

③　同上,第239页。

④　同上,第277页。

⑤　同上,第220页。

⑥　(明)程用宾:《茶录》,见《中国古代茶叶全书》,第426页。

⑦　阮浩耕、沈冬梅、于良子点校注释:《中国古代茶叶全书》,浙江摄影出版社1999年版,第240页。

⑧　同上,第211页。

⑨　同上,第426、220页。

（6）投茶。也称"投交"。"汤茶协交，与时偕宜。茶先汤后，曰早交；汤半茶入，茶入汤足，曰中交；汤先茶后，曰晚交。交茶冬早夏晚，中交行于春秋。"①意思是，汤和茶的先后，要根据春夏秋冬的季节冷暖而定，冬天要"早交"，即茶先汤后，先投茶后注汤；夏天要"晚交"，即先注汤后投茶；春天和秋天要"中交"，先注汤一半，后投茶，再注汤一半。张源在《茶录》中称投茶有"下投"、"中投"、"上投"："先茶后汤曰下投。汤半下茶，复以汤满，曰中投。先汤后茶曰上投。春秋中投。夏上投。冬下投。"并指出："投茶有序，毋失其宜。"②

（7）注汤。将纯熟的汤往洁净并温过的茶壶中倾注。夏天则先注汤再投茶，冬天则先投茶再注汤，春、秋则先注一半汤，后投茶，再注足汤。

（8）布饮。就是将"协交中和"后的茶水倾倒入摆好的茶盏中。"稍俟茶水中和，然后分酾布饮。酾不宜早，饮不宜迟。早则茶神未发，迟则妙馥先消。"③意思是，汤与茶中和后，稍候些时，就可以"分酾"，将茶水（茶汤）分倒进各茶盏中。分茶汤不要过早，过早则茶尚未泡开；饮茶汤不宜过迟，搁置时间长了，茶汤的香气就消散了。

（9）饮茶。"饮茶以客少为贵，客众则喧，喧则雅趣乏矣。独啜曰神，二客曰胜，三四曰趣，五六曰泛，七八曰施。"④可见，当时人饮茶讲究"雅趣"，不喜欢人多，2～4位是最可取的。

一壶茶泡的次数是2～3次。"一壶之茶，只堪再巡。初巡鲜美，再则甘醇，三巡意欲尽矣。"⑤

以上是明代烹茶茶艺的大致步骤。整个过程同样强调用水、候汤、清洁。认为"茶者水之神，水者茶之体。非真水莫显其神，非精茶曷窥其体。"⑥"烹茶择水，最为切要。"⑦"汤者，茶之司命，故候汤最难。"候汤就是掌握水煮沸后的温度。清洁，要求茶具、茶、茶人都要洁净，不染杂质异味。"茶具精洁，茶愈为之生色。用以金银，虽云美丽，然贫贱之士未必能具也。若今时姑苏之锡注，时大彬之砂壶，汴梁之汤铫，湘妃竹之茶灶，宣成窑之茶盏，高人词客，贤士大夫，莫不为之珍重，即唐宋以来，茶具之精，未必有如斯之雅致。"⑧

张源在《茶录》中总结道："造时精，藏时燥，泡时洁。精、燥、洁，茶道尽矣。"⑨茶的制造讲究"精"，茶的收藏讲求"燥"（干燥），泡茶时重视"洁"，从制茶到泡茶，只要做到精、燥、洁，则"茶道尽矣"。这里的"茶道"，准确地说，应是茶艺之道，则制茶、藏茶、泡茶的技艺、技巧、门道。

## （三）清代茶艺和宫廷茶礼

清代茶艺沿袭明代泡茶茶艺。随着饮茶的盛行，植茶、制茶技术的进步和茶业的发展，茶的品类增多，泡茶茶艺更丰富多彩。当时的茶艺经晚清、民国，传承至当代。有绿茶、红茶、乌龙茶、黑茶、白茶、黄茶等各种茶类泡法，有工夫泡法、盖碗泡法、大碗泡法等各种泡法，

---

① 程用宾：《茶录》，见《中国古代茶叶全书》，第426页。
② 阮浩耕、沈冬梅、于良子点校注释：《中国古代茶叶全书》，浙江摄影出版社1999年版，第221页。
③ 同上，第220页。
④ 程用宾：《茶录》，见《中国古代茶叶全书》，第426页。
⑤ 阮浩耕、沈冬梅、于良子点校注释：《中国古代茶叶全书》，浙江摄影出版社1999年版，第240页。
⑥ 同上，第211页。
⑦ 同上，第426、220页。
⑧ 程用宾：《茶录》，见《中国古代茶叶全书》，第426页。
⑨ 阮浩耕、沈冬梅、于良子点校注释：《中国古代茶叶全书》，浙江摄影出版社1999年版，第221页。

还有各种民族茶艺。茶的泡法虽然有所差异,但是直取经制作加工的茗芽、茶叶泡饮则是相同的。

下面举三个事例说明清代茶艺沿袭明代茶艺。

事例一。清代茶文献记载的茶艺都是介绍前人记载的茶艺。如刘源长《茶史》、余怀《茶史补》、程作舟《茶社便览》、陆廷灿《续茶经》等,都是辑录前人相关茶、茶艺的记载资料。

事例二。据清道光十二年(1832年)编撰的《厦门志》卷十五"风俗记"记载:厦门"俗好啜茶,器具精,小壶必曰孟公壶,杯必曰若深杯。茶叶重一两,价有贵至四五番钱者。文火煎之,如啜酒然,以饷客。客必辨其色、香、味而细啜之,否则相为嗤笑,名曰工夫茶。或曰君谟茶之讹。彼夸此竟,遂有斗茶之举。"①这一记载,反映清代福建闽南地区盛行的工夫茶泡法,茶壶、茶杯很精致,啜茶饷客成为重要风俗,还有比赛泡茶技巧的活动("斗茶之举")。

事例三。据梁章钜于清道光二十三年至二十四年(1843—1844年)间写的《归田琐记》"品泉"记载:"唐、宋以还,古人多讲求茗饮,一切汤火之候,瓶盏之细,无不考索周详,著之为书。然所谓龙团、凤饼,皆须碾碎方可入饮,非惟烦琐弗便,即茶之真味,恐亦无存。其直取茗芽,投以瀹水即饮者,不知始何时。沈德符《野获编》云:'国初四方供茶,以建宁、阳羡为上,时犹仍宋制,所进者俱碾而揉之为大小龙团。至洪武二十四年九月,上以重劳民力,罢造龙团,惟采茶芽以进。……'乃知今法实自明祖创之,其可令陆鸿渐、蔡君谟心服。忆余尝再游武夷,在各山顶寺观中取上品者,以岩中瀑水烹之,其芳甘百倍于常。时固由茶佳,亦由泉胜也。按品泉始于陆鸿渐,然不及我朝之精。记在京师恭读纯庙御制《玉泉山天下第一泉记》云:'尝制银斗较之,京师玉泉之水斗重一两,塞上伊逊之水亦斗重一两,济南珍珠泉斗重一两二厘,扬子金山泉斗重一两三厘,则较玉泉重二厘或三厘矣。至惠山、虎跑,则各重玉泉四厘,平山重六厘,清凉山、白沙、虎丘及西山之碧云寺各重玉泉一分。然则更无轻于玉泉者乎?曰有,乃雪水也。常收积素而烹之,较玉泉斗轻三厘,雪水不可恒得。则凡出山下而有洌者,诚无过京师之玉泉,故定为天下第一泉。"②这一记载说明,清代直至道光年间的泡茶法"实自明祖创之",从明代沿袭至清代。梁章钜仍称泡茶为"烹"茶。清代的泡茶法在品泉和茶具上更讲究。品泉上,根据泉水内含物质的轻重评出优劣,确定京师玉泉为"天下第一泉"。茶具上,上引记载中没有述及。但从清代其他文献记载中可以知道,清代茶艺在茶具上讲究纯朴、自然、不染异味。如茶壶,崇尚瓷砂;茶盏以烧制的白瓯为上等。当时的时大彬茶壶、宣窑坛盏、印花白瓯等是颇负盛名的茶具。

清代宫廷茶礼同历代一样,十分讲究。③有"进茶"、"赐茶"礼仪。进茶与进酒、进馔,都有专门的职官掌管,配备一定的操作人员,演奏专门的乐章,营造相应的气氛和场景。有"进茶大臣"、"尚茶女官"、"进茶女官"、"尚茶妇"、"尚茶"等职官之设。

据《国朝宫史》载,在乾清宫,乾隆皇帝会见藩属国陪臣时,"理藩院尚书引陪臣自乾清右门入,趋西阶,升丹陛上北面,行三跪九叩礼,毕,理藩院尚书引入殿西门,于班末一叩坐。赐茶。尚茶以茶案由中道进至檐下,进茶大臣恭进皇帝茶,王以下暨陪臣咸行一叩礼。侍卫等分赐茶各于坐,行一叩礼,饮讫,复叩坐如初。皇帝召陪臣至御座前,亲以回语慰问,咸震慑跪答。复赐以彩缎等物,咸欢忭叩首。谢恩毕,理藩院尚书引陪臣退,仍由殿右门趋出。众

---

① 《厦门志》,鹭江出版社1996年版,第515—516页。

② 梁章钜:《归田琐记》,中华书局1981年版,第147—148页。

③ 郑剑顺主编:《茶文化旅游设计》,厦门大学出版社2011年版,第47—48页。

咸退。皇帝迁便殿。"①

逢皇太后祝寿及元旦诸庆典，在慈宁宫举行筵宴，届时，"引礼女官引皇后以下就宴位，引公主以下各趋宴次。咸于本座行一拜礼，坐进茶，丹陛清乐作，奏'海宇升平日之章'。……尚茶女官率尚茶妇举茶案由中道进至殿檐下，跪，皇后以下咸就本位跪。进茶女官奉茶入殿中门，由中陛陞，跪进皇太后茶，兴，立于右。皇后以下行一拜礼。女官跪受茶瓯，由右陛降，出中门。皇后以下咸坐，侍卫妻进皇后茶，次分赐皇贵妃以下暨命妇茶，各于坐行一拜礼。饮讫，复拜如初，坐。尚茶女官等撤茶案，退，乐止。"②

遇皇帝祝寿及元旦、上元、端阳、中秋、重阳、冬至、除夕等节，在乾清宫曲宴王公、大臣。"届时，尚膳具馔，尚茶具茶，司乐陈悬如仪，承应戏人等毕集祗竢。"③

每年春节初一，"特召内廷大学士、翰林于重华宫茶宴联句"。"宫殿监豫请所司具茶果，承应宴戏，懋勤殿首领太监等具笔墨纸砚。诸臣俱以一叩列坐，御制诗下，授简联赓。宴毕，颁赏，诸臣跪领，趋退。"④

乾隆二十六年（1761年）正月初二日，紫光阁武成殿落成，乾隆皇帝"赐宴阁下，钦命大学士、忠勇公傅恒，尚书、武毅谋勇公兆惠暨满汉文武大臣、蒙古王公、台吉、回部等一百七人入宴"。"届日武备院张黄幕于丹陛上正中，掌仪司陈反坫于幕内，尊、爵、金卮、壶、勺具、司乐以次陈乐悬如仪。尚膳总领等设御筵于宝座前，加黄幂。设入宴大臣等宴席于阁下左右及丹陛上，左右皆有幂。乐舞、善扑、回部乐舞、杂技、百戏人等毕集。内务府张青幕于丹陛下，两旁陈列恩赐入宴诸臣文绮等物。入宴诸臣俱蟒袍补服，各于本宴次安设坐褥。鸿胪寺卿、理藩院尚书等引大学士以下至丹陛下左右分翼序立。皇帝吉服乘舆出宫，设卤簿沚宴次。大学士以下跪迎。皇帝至丹陛上降舆，入阁门，中和韶乐作，奏'隆平之章'。……陞座，乐止。鸿胪寺卿、理藩院分引大学士以下各就宴次，行一叩礼，坐。进茶，丹陛清乐作，奏'海宇升平日之章'。……尚茶举茶案由中道进至阁檐下，跪，大学士以下咸就本位跪。进茶大臣奉茶进阁，由中陛陞，跪进皇帝茶，兴，立于右。大学士以下行一叩礼。进茶大臣跪，受茶瓯，由右陛降，出中门。大学士以下咸坐，侍卫等分赐大学士暨入宴诸臣茶，各于坐行一叩礼，饮讫，复叩如初，坐。尚茶撤茶案，退，乐止。"⑤

由上述记载可见，清朝宫廷的茶礼，给皇太后、皇帝的茶称"进茶"，由"进茶女官"或"进茶大臣"向皇太后或皇帝"进茶"。宫廷宴会上给公主、命妇们或给大臣们的茶称"赐茶"，由进茶女官传给侍卫妻或进茶大臣传给侍卫向受赐者赐茶。向皇太后或皇帝进茶，进茶女官或进茶大臣要跪着进茶。在座的入宴者在座位上行一叩礼。受赐者在接受赐茶时行一叩礼，饮后再行一叩行。在整个进茶、赐茶过程中都始终奏乐，奏《海宇升平日之章》。

清朝宫廷进茶乐章还有《玉烛调之章》、《雨旸时若之章》、《喜春光之章》、《瑞旭中天丽之章》、《寿恺升平瑞之章》、《文物京华盛之章》、《景运乾坤泰之章》、《圣武光昭世之章》、《图肇鸿基之章》、《庆叶重熙之章》等。赐茶乐章还有《君师兼》、《皇图昌》等。⑥

① 鄂尔泰、张廷玉等编纂：《国朝宫史》，北京古籍出版社1987年版，第71—72页。
② 同上，第113—114页。
③ 同上，第125页。
④ 同上，第126页。
⑤ 同上，第135—136页。
⑥ 赵尔巽等：《清史稿》第十一册"乐志"，中华书局1976年版。

## 练习题

1. 阐述中国是茶的故乡的根据。
2. 介绍三种中国的重要茶文献。
3. 介绍茶的功效。
4. 什么是茶艺?
5. 阐述中国茶艺的历史发展阶段。
6. 介绍唐代的茶艺特点。
7. 介绍宋代的茶艺特点。
8. 介绍明代茶艺的演变。

## 阅读材料

1. 徐渭《煎茶七类》:"茶入口,先须灌漱,次复徐啜,俟甘津潮舌,乃得真味。若杂以花果,则香味俱夺矣。""饮茶宜凉台静室,明窗曲几,僧寮道院,松风竹月,晏坐行吟,清谈把卷。""饮茶宜翰卿墨客,缁衣羽士,逸老散人,或轩冕中之超轶世味者。""除烦雪滞,涤醒破睡,谭渴书倦,是时茗碗策勋,不减凌烟。"

(清)陆廷灿辑:《续茶经》

2. (明)许次纾《茶疏》记"考本":"茶不移本,植必子生。古人结婚,必以茶为礼,取其不移植子之意也。今人犹名其礼曰下茶。南中夷人定亲,必不可无,但有多寡。"

阮浩耕、沈冬梅、于良子点校注释:《中国古代茶叶全书》

3. (明)陈继儒《茶董补》记"至性不移":"凡种茶树,必下子,移植则不复生,故俗聘妇,必以茶为礼,义固有所取也"。

阮浩耕、沈冬梅、于良子点校注释:《中国古代茶叶全书》

4. 王象晋《茶谱小序》:"茶,嘉木也。一植不再移,故婚礼用茶,从一之义也。"

(清)陆廷灿辑:《续茶经》

5. 陈诗教《灌园史》:予尝闻之山僧言,茶子数颗落地,一茎而生,有似连理,故婚嫁用茶,盖取一本之义。旧传茶树不可移,竟有移之而生者,乃知晁采寄茶徒袭影响耳。

(清)陆廷灿辑:《续茶经》

6. 《枕谭》:古传注:"茶树初采为茶,老为茗,再老为荈。"今概称茗,当是错用事也。

(清)陆廷灿辑:《续茶经》

7. (明)罗廪《茶解》记"艺"(即植茶之"艺"):"秋社后,摘茶子水浮,取沉者。略晒去湿润,沙拌,藏竹篓中,勿令冻损。俟春旺时种之。茶喜丛生,先治地平正,行间疏密,纵横各二尺许。每一坑下子一掬,覆以焦土,不宜太厚,次年分植,三年便可摘取。"

《中国古代茶叶全书》

8. 《四时类要》:茶子于寒露候收晒干,以湿沙土拌匀,盛筐笼内,穰草盖之,不尔即冻不生。至二月中取出，用糠与焦土种之。于树下或背阴之地开坎，圆三尺，深一尺，熟劚，著粪和土，每坑下子六七十颗，覆土厚一寸许，相离二尺，种一丛。性恶湿，又畏日，大概宜山中斜坡、峻坂、走水处。若平地，须深开沟垄以泄水，三年后方可收茶。

（清）陆廷灿辑：《续茶经》

9.《百夷语》：茶曰芽。以粗茶曰芽以结，细茶曰芽以完。缅甸夷语，茶曰腊扒，吃茶曰腊扒仪索。

（清）陆廷灿辑：《续茶经》

# 第二章

# 茶艺的种类

---
**本章学习重点**

1. 中国古代饮茶法的种类和特点。
2. 当代台湾茶宴的形式和内容。
3. 中国茶艺的分类和特点。
4. 日本茶道的内涵。
5. 韩国茶礼的特点。

有着共通精神基础的中国茶艺,在不同的区域环境,有在一定历史条件下的内涵和多彩的形式。本章主要介绍中国饮茶法、中国茶艺的分类及我国少数民族茶艺,以及日本茶道、韩国茶礼的基本精神与其他国外饮茶方式。

## 第一节　中国的饮茶法

## 一、中国古代饮茶法

从古到今,品茶都讲究泡茶技艺。不同的历史时期,茶叶冲泡技艺不同,品饮方法各异。茶的沏泡不仅要充分体现茶的本色、真香和原味,还要有礼有节,表现出中国茶艺博大的内涵与传统的礼仪,真正演示茶叶的品饮艺术,如图 2-1 所示。

中国的茶叶沏泡方式可以分为煮茶法和泡茶法两大类,煮茶法、煎茶法、点茶法和泡茶法四小类,在煮茶法的基础上形成了煎茶法,煎茶法是特殊的煮茶法。泡茶法是由点茶法演变而来的,点茶法是特殊的泡茶法。煎茶法和点茶法都形成于特定的历史时期,也曾广为流传,风行天下,远播海外,但作为沏茶的特殊形态,终归消亡,现今广泛存在的有煮茶法和泡茶法。

图 2-1　中国茶艺

## （一）煮茶法

煮茶法源远流长，自汉至今，一直流行。从汉魏六朝到初唐，煮茶法是当时饮茶的主流方式。饮茶脱胎于茶的食用和药用，煮茶法则直接来源于茶的食用和药用方法。煮茶法简便易行，茶与水混合，置炉上用火煎，直至煮沸，可酌情加盐、姜、椒、桂、酥等调饮，也可不加任何佐料清饮，调饮是煮茶法的主要方式。即便是今天，源于唐宋的紧压固形茶（如团饼茶、砖茶）仍流行于藏、蒙、回、维吾尔等少数民族地区，依然煮饮。

## （二）煎茶法

煎茶法是唐代饮茶的主流形式，是中国茶艺的最早形式，曾流传日本、韩国、朝鲜，在历史上产生了广泛的影响。煎茶法萌芽于晋，盛于中晚唐，衰于五代，亡于南宋。煎茶法的衰亡之日，便是点茶法的隆盛之时。

煎茶在本质上属于一种特殊的末茶煮饮法。根据陆羽《茶经》的记载，唐代茶叶生产过程是"采之，蒸之，捣之，拍之，焙之，穿之，封之，茶之干矣"。饮用时，先将饼茶放在火上烤炙。然后用茶碾将茶饼碾碎成为茶末，再用筛子筛成细末，放到开水中去煮，即通常称为研碎煮饮法。

## （三）点茶法

点茶法是两宋饮茶的主流形式，对日本抹茶道和高丽茶礼有较大的影响。宋人饮茶基本上继承了唐人的饮茶方式，但比唐人更为讲究，制作也更为精细，而尤为精细的是宫廷团茶（饼茶）的制作。宋代饮茶虽以饼茶为主，但同时也有一些有名的散茶，如日铸茶、双井茶和径山茶，散茶尤为文人所喜爱。点茶法萌芽于晚唐，始于五代，盛于两宋，衰于元，亡于明朝后期。

点茶法从宋代开始传入日本，流传至今。现在日本茶道中的抹茶道采用的就是点茶法。

## （四）泡茶法

泡茶法自明朝初期形成以来流行至今。它不仅是明清以来的主导性茶艺方式，而且对日本的煎茶道、朝鲜茶礼及其他亚非欧美国家的饮茶均有影响。

清代形成了工夫茶,流行于广东、福建和台湾地区,是用小茶壶泡青茶(乌龙茶),如图2-2所示。

图 2-2　小壶泡茶

泡茶法有两个来源,一是源于唐代"庵茶"的壶泡法;一是源于宋代点茶法的"撮泡法"。当代多用敞口的玻璃杯来泡茶,透过杯子可观赏汤色、芽叶舒展的情形。撮泡法一人一杯,直接在杯中续水,颇适应现代人的生活特点,故在当代更流行。在当代,以壶泡与撮泡及工夫茶为基础,加以变化,又产生一些新的泡茶法,如在传统工夫茶的基础上,发明闻香杯和茶海(公道杯)的台湾工夫茶,以及用盖碗代壶的变式工夫茶。当代的泡茶法已是五彩缤纷,不一而足。

# 二、中国当代茶艺

目前,台湾茶风日盛,茶话会、品茶会、斗茶、茶艺、茶叶大展、茶博览会直到茶宴等,层出不穷。台湾 2 300 余万人口中,有 800 余万人参加"品茶风";全省有 600 多家茶楼、茶社,许多地方都兴办茶艺协会,创办茶叶刊物;产茶地区各级农会经常举办茶文化活动。台湾人以茶为聘礼,用茶作祭礼,确定"茶名人"。台湾人喜欢喝乌龙茶,也喝绿茶、红茶。

台湾在弘扬中华茶艺、倡导茶艺中,推展出了茶宴。茶宴,就是以茶宴客。它不但是社交的礼仪,而且是即席艺术表演,雅而不俗,既符合中华民族简朴的美德,又具有待客交谊之功,受到茶艺、文化界和社会的欢迎。茶宴要求:宾客安排要得体,环境布置要得宜,茶茗茶食备办要合适,赴茶宴要注意礼仪等。台湾推行的现代茶宴,犹如酒会的形式。茶宴会场设有多个品茶摊位,通常一个摊位是冻顶茶,一个摊位是铁观音,一个摊位是白毫乌龙。根据参加茶宴的人数,请数位茶艺师现场表演茶艺。客人拿着杯子,随意到各个摊位品尝各种名茶。茶宴厅的各个角落,还摆有各种精美的茶食,供宾客取食;为使茶宴生色,还可请乐团到场演奏,摆放花卉、盆景及字画等,以点缀环境。宾主游动于会场,轻声交谈、品茶、观画、赏花,别有情趣。

还有一类茶宴是六个人左右的小型聚会,一般在自家的品茶室举行。这种茶宴,又因聚会的目的不同,分成三种类型。一种是以交谊为目的的茶宴,供大家聚一聚,借茶作桥梁,在自然、轻松的气氛下，达成共识、增进友谊；一种是有谈论主题的茶宴，下帖时要说明交谈的主题；再一种是以品茶、茶艺为主要目的的茶宴，可以是新茶的品尝，或是几种铁观音的比较，也可以把重点放在品茗过程中所显现的艺术和哲理上。

另有一类茶宴是前两类与餐食的结合，邀宴的时间都在用餐的时候。餐食与茶宴相配合，一艺茶配一艺餐。餐应以清淡、精致为主，什么茶配什么菜及用什么茶具，都是有讲究的。

1989年，台湾陆羽茶文化研究中心的蔡荣章先生推出一种新的茶会形式"无我茶会"，立即在全球茶人中引起强烈反响，在短短的几年中广泛流行起来。

如今已遍及全国各地的茶艺馆，是20世纪80年代末吹过来的"台风"，是中华传统茶艺的弘扬。文化层次的提高，以及人们消费自主、判断能力的增强，使公众消费转变到继承和弘扬民族优秀文化的导向上来。同时，由于生活富裕起来，人们的民族自信心逐渐加强，寻根意识以及复兴中华文化的呼声也渐渐高涨，一些以此为己任的知识分子便开始从传统的民俗文化中寻找灵感。在他们的鼓吹倡导下，深具民族文化底蕴又结合了现代文化精神与品味的"茶艺"，也就得到弘扬和发展了。

# 第二节　中国茶艺分类

我国地域辽阔、民族众多，饮茶历史悠久，各地的茶风、茶俗、茶艺繁花似锦。对于茶艺的分类，并无统一的标准，有的以人为主体分类，即根据参与茶事活动的茶人的身份不同进行分类，分为宫廷茶艺、文士茶艺、宗教茶艺、民俗茶艺等；有以茶为主体分为乌龙茶艺、绿茶茶艺、红茶茶艺、花茶茶艺等；还有的以茶艺表现形式分舞台表演型茶艺、生活待客型茶艺、企业营销型茶艺、修身养性型茶艺等。

大多数观点认为，中国茶艺的流派基于茶"雅俗共赏"的性质而形成四大派别：贵族茶艺生发于"茶之品"，体现封建文化的等级观念，由贡茶衍化而成，意在夸示富贵；雅士茶艺生发于"茶之韵"，创立者是古代的"士"，他们制茶、煮茶、品茶、咏茶、写茶，培养起精细感觉，得茶之神韵，他们是雅人，将茶事雅化，饮茶不为止渴，而升华为艺术欣赏；禅宗茶艺生发于"茶之德"，旨在参禅悟道。僧人饮茶利于丛林修持，其由来已久。僧人对中国茶叶的生产和传播、对茶学的创立，对茶艺的形成和发展立下不世之功；世俗茶艺生发于"茶之味"，即口腹之欲。茶是雅物，亦是俗物，进入世俗社会，熏得人间烟火气。俗人品茗以享乐人生为宗旨，和以上三种茶艺大异其趣。

## 一、贵族茶艺

由贡茶演化而来的贵族茶艺，是中国茶艺中颇有特色的一种。自古以来，达官贵人、富商大贾、豪门乡绅于茶、水、火、器无不借权力和金钱求其极，很违情悖理，其用心在于炫耀权力和财富。源于明清的潮闽工夫茶即贵族茶艺，发展至今日渐大众化。

茶列为贡品的记载最早见于晋代常璩著的《华阳国志·巴志》,3 000多年前,周武王联合当时居住川、陕、鄂一带的庸、蜀、羡、苗、微、卢、彭几个诸侯国共同伐纣,胜利而归。此后,巴蜀之地所产的茶叶便正式列为朝廷贡品。列为贡品从客观上讲是抬高了茶叶作为饮品的身价,推动了茶叶生产的大发展,形成了一大批名茶。中国封建社会是皇权社会,皇家的好恶最能影响全社会习俗。贡茶制度确立了茶叶的"国饮地位",也确立了中国茶艺的地位。

贵族茶艺的特点是彰显贵族气派。茶被装金饰银,脱尽了质朴,达官贵人借茶显示等级秩序,夸示皇家气派。贵族们不仅讲"精茶",也讲"真水",乾隆皇帝就亲自参与"孰是天下第一泉"的争论,用"称水法"来评价泡茶用水的优劣,并钦定北京玉泉水为天下第一泉。为求"真水"又不知耗费多少民脂民膏。相传,唐朝宰相李德裕爱用无锡惠山泉水煎茶,便令人用坛封装,从无锡到长安"铺递",奔波数千里,劳民伤财。

贵族茶艺的茶人对茶艺四要中的"精茶、真水、活火、妙器"无不求其"高品位",用"权力"和"金钱"以达到夸示富贵的目的。贵族茶艺有着深刻的文化背景,这一茶艺成为中国茶艺的重要流派而绵延不断。作为茶艺应有一定的仪式或程序,贵族茶艺走出宫门在较为广泛的上层社会流传,其富贵气主要体现在程序和器具上。

## 二、雅士茶艺

有人说,使饮茶变成文化的是儒家,雅士茶艺(见图2-3)就是历代文人雅士在品茶论道中积累起来的特色鲜明的茶艺流派,这一流派对中国茶艺的影响具有深刻意义。

图2-3　雅士茶艺

古代的文人雅士有机会得到名茶,有条件品评名茶,并且有能力、有精力在一起交流品茶的感受,是他们最先培养起对茶的精细感觉;茶助文思,又是他们最先体会茶的神韵。他们在品茶评茶时雅化茶事并创立了雅士茶艺。受其影响,此后相继形成了茶艺各流派。可以说,中国古代的"士"和茶有不解之缘,没有他们便没有中国茶艺。

此处所说的"士"是已入仕的士,即已谋取功名捞得一官半职者,或官或吏,最低也是个靠俸禄谋生的文员。中国的"士"就是知识分子,士在中国要有所作为就得"入仕",要有一点地位,方能吟诗作赋并参悟茶道。中国文人嗜茶的在魏晋之前不多,诗文中涉及茶事的寥寥,且懂茶善品者只三五人而已,主要是因为魏晋之前文人多以酒为友。但唐以后知识界颇不赞同魏晋的所谓名士风度,一改"狂放啸傲、栖隐山林、向道慕仙"的文人作风,人人有"入世"之想,希望一展所学、留名千秋。文人作风变得冷静、务实,以茶代酒便蔚为时尚。唐代以后凡著名文人不嗜茶者几乎没有,不仅品饮,还咏诗作赋,而且还常常举办茶会、茶宴,大家聚集在一起品茶论道,涌现了大批茶诗赋茶书画,形成雅士茶艺,极大地丰富了中国的茶文化。

中国有"学而优则仕"的传统,古代许多文人大多有一官半职,特别是在茶区任职的地方官员更是近水楼台先得月,因职务之便可大品名茶,甚至比皇帝还要"先品为快"。在长期的品茗中,他们培养了对茶的精细感觉,大多成为品茶专家,比别人更通晓茶艺,并在实践中不断改进茶艺,著文传播茶艺,而且,茶助文思,令人思勇神爽、笔下生花,有益于吟诗作赋。因此,这些文人雅士便成为茶道的主角,也颇能胜任这一角色。

茶助文思,兴起了品茶文学、品水文学,还有茶文、茶学、茶画、茶歌、茶戏等;又相辅相成,使饮茶升华为精神享受,并进而形成中国茶艺。雅士茶艺是已成大气候的中国茶艺流派。茶人主要是古代的知识分子,对于饮茶,主要不图止渴、消食、提神,而在乎精神步入超凡脱俗的境界,于闲情雅致的品茗中领悟人生的意义。其"雅"体现在品茗之趣、茶助诗兴、以茶会友和雅化茶事等几个方面。正因为文人的参与才使饮茶成为一门艺术,成为文化。文人又将这门特殊的艺能与文化、修养、教化紧密结合从而形成雅士茶艺。

## 三、禅宗茶艺

禅宗茶艺(见图2-4)是茶与佛教结合的必然,也是中国茶艺的重要形式。僧人种茶、制茶、饮茶并研制名茶,为中国茶叶生产的发展、茶学的发展、茶艺的形成立下了不世之功。因

**图 2-4 禅宗茶艺**

茶与佛教的深厚渊源而生发出禅宗茶艺。日本茶道主要源于中国禅宗茶艺。

僧人饮茶历史悠久,《晋书·艺术传》记载:"敦煌人单道开,不畏寒暑,常服小石子,所服药有松、桂、蜜之气,所饮茶苏而已。"这是较早的僧人饮茶的正式记载。单道开是东晋时代人,在邺城昭德寺坐禅修行,常服用有松、桂、蜜之气味的药丸,饮一种将茶、姜、桂、桔、枣等合煮的名曰"茶苏"的饮料。清饮是宋代以后的事,应当说单道开饮用的是当时很正宗的茶汤。

中国茶道从产生开始就自带三分佛气。茶道生发于茶之德,佛教认为"茶有三德":坐禅时通夜不眠、满腹时帮助消化、茶可抑制性欲,这三条对佛教有着重要意义。释氏学说传入中国成为独具特色的禅宗,禅宗和尚日常修持之法就是坐禅,要求静坐、敛心,达到身心"轻安",观照"明净"。其姿势要头正背直,"不动不摇,不委不倚",通常坐禅一坐就是三月,老和尚难以坚持,小和尚年轻瞌睡多,更难熬,饮茶正可提神驱睡魔;而且饭罢就坐禅,易患消化不良,饮茶正可生津化食。饮茶既能驱睡、助消化、抑制性欲,自当是佛门首选饮料。

明代乐纯著《雪庵清史》并列居士"清课"有"焚香、煮茗、习静、寻僧、奉佛、参禅、说法、作佛事、翻经、忏悔、放生……"等许多内容,其中"煮茗"居第二,竟列于"奉佛、参禅"之前,这足以证明"茶禅一味"的说法。

历代以来,佛家饮茶有其自成一体的程序、方式和规则,形成独特的禅宗茶艺。

## 四、世俗茶艺

茶是雅物,亦是俗物。在世俗生活中,茶亦充当着各种不同的角色。正是茶在世俗中的地位,形成与居家生活密不可分的世俗茶艺(见图 2-5、图 2-6)。唐代,朝廷将茶沿丝绸之路输往海外诸国,借此打开外交局面,都城长安能成为世界大都会、政治经济文化之中心,茶成为沟通内外的纽带。文成公主和亲西藏,带去了香茶,此后,藏民饮茶成为时尚,茶成为团结友谊的桥梁。到明代,朝廷将茶输边易马,作为杀手锏,欲借此"以制番人之死命",茶又成了明代一个重要的政治筹码。而在清代,左宗棠收复新疆,趁机输入湖茶,并作为一项固边的经济措施,茶政成为统治边疆的民族政策。

**图 2-5 世俗茶艺**

图 2-6　世俗茶艺

　　到清代,官场饮茶有特殊的程序和含义,有别于贵族茶艺、雅士茶艺、禅宗茶艺,成为真正意义上的世俗茶艺。在隆重场合,如拜谒上司或长者,仆人献上的盖碗茶照例不能取饮,主客同然。若贸然取饮,便视为无礼。主人若端茶,其意即下了"逐客令",客人得马上告辞,这叫"端茶送客"。主人令仆人"换茶",表示留客,这叫"留茶"。

　　茶入商场,又是别样面目。在广州,"请吃早茶"是商业谈判的同义语。一盅两件,双方边饮边谈。隔着两缕袅袅升腾的水气打开了"商战",看货叫板,讨价还价,暗中算计,终于拍板成交,将茶一饮而尽,双方大快朵颐。没茶,这场商战便无色彩、无诗意。只要吃得一杯早茶,纵商战败北,但那茶香仍难让人忘怀,这便是世俗茶艺的魅力。茶入江湖,便添几分江湖气。江湖各帮各派有了是是非非,不诉诸公堂,不急着"摆场子"打个高低,而多少讲点江湖义气,请双方都信得过的人物出面调停仲裁,地点多在茶馆,名叫"吃讲茶"。

　　茶艺进入社区,趋向大众化、平民化,构成社区文化一大特色。如城市的茶馆就很世俗,《清稗类钞》记载:"京师茶馆,列长案,茶叶与水之资,须分计之;有提壶以注者,可自备茶叶,出钱买水而已。汉人少涉足,八旗人士,虽官至三四品,亦厕身其间,并提鸟笼,曳长裙,就广坐,作茗憩,与困人走卒杂坐谈话,不以为忤也。然亦绝无权要中人之踪迹。"民国年间的北京茶馆融饮食、娱乐为一体,卖茶水兼供茶点,还有评书茶馆。

　　茶叶进入家庭,便有家居茶事。清代查为仁《莲坡诗话》中有一首诗:"书画琴棋诗酒花,当年件件不离它。而今七事都更变,柴米油盐酱醋茶。"茶已是俗物,日行之必需。客来煎茶,联络感情;家人共饮,同享天伦之乐,茶中有温馨。茶艺进入家庭贵在随意随心,茶不必精,量家之有;水不必贵,以法为上;器不必妙,宜茶为佳。富贵之家,茶事务求精妙,可夸示富贵、夸示高雅,不足为怪;小康之家不敢攀比,法乎其中;平民家庭纵粗茶陶缶,只要烹饮得法,亦可得茶趣。

　　进入现代社会,生活节奏加快,市面出现了速溶茶、袋泡茶。城市里最便民的还是小茶馆,饮大碗茶,花钱、省事,是最经济实惠的饮料。小茶馆和卖大碗茶的增多使饮茶的富贵风雅黯然失色。中国老百姓最欢迎的还是世俗茶艺(主要指大众化茶艺)。

# 五、少数民族茶艺

## (一)藏族的酥油茶

藏族主要聚居在我国的西藏自治区,在四川、青海、云南、甘肃的部分地区也有居住,茶是藏族同胞生活中的头等大事。当地有句俗语,叫做"饭可以一天不吃,茶却不能一天不喝,"把茶和米看得同等重要,无论男女老幼,都离不开茶。所以,藏族认为能喝上茶就是幸福。当地有一首民谣这样唱道:"麋鹿和羚羊聚集在草原上,男女老幼聚集在帐篷里;草原上有花就有幸福,帐篷里有茶就更幸福。"

藏族同胞一般每天要喝四次茶,据说,藏族同胞与茶结缘,始于公元七世纪初,唐贞观十五年(公元641年)文成公主入藏嫁给吐蕃松赞干布,并带去茶叶,首开西藏喝茶之风。据传,文成公主在带去茶叶、提倡饮茶的同时,还亲手将带去的茶叶与当地的奶酪和酥油一起,调制成酥油茶,赏赐给大臣,获得好评。自此敬酥油茶便成了赐臣敬客的隆重礼节,并由此传到民间。而藏族居住地,地势高亢,空气稀薄,气候高寒干旱,他们以放牧或种旱地作物为生,当地蔬菜、瓜果很少,常年以奶肉糌粑为主食。"其腥肉之食,非茶不消;青稞之热,非茶不解。"茶成了当地人们补充营养的主要来源。同时,热饮酥油茶还能抗御寒冷、增加热量,所以,喝酥油茶便同吃饭一样重要。

酥油茶是一种在茶汤中加入酥油等佐料,再经特殊加工而成的茶汤。至于酥油,乃是把牛奶或羊奶煮沸,经搅拌冷却后凝结在溶液表面的一层脂肪,而茶一般选用的是紧压茶。制作时,先将紧压茶打碎加水在壶中煎煮后,滤去茶渣,把茶汤注入打茶筒内,同时加入适量酥油,还可根据需要加入事先已炒熟研碎的核桃仁、花生米、芝麻粉、松子仁之类。最后还可放上少量食盐、鸡蛋等。用木杵在圆筒内上下抽打。当茶汤和佐料已混为一体时,酥油茶才算打好了,随即将酥油茶加热倒入茶瓶待喝。

由于酥油茶是一种以茶为主料,并加有多种食料经混合而成的液体茶饮料,所以滋味多样,喝起来咸里透香、甘中有甜,既可暖身御寒,又能补充营养。在西藏草原或高原地带,人烟稀少,家中少有客人进门,偶尔有客来访,可招待的东西很少,加上酥油茶的独特作用,因此,敬酥油茶便成了西藏人款待宾客的高贵礼仪。

## (二)白族的三道茶

白族是一个十分好客的民族,逢年过节、生辰寿诞、男婚女嫁,或是有客登门造访,都习惯于用三道茶来款待客人。三道茶,白族称它为"绍道兆"。这是一种祝愿美好生活并富于戏剧色彩的饮茶方式。当初白族只是用喝"一苦二甜三回味"的三道茶作为子女学艺、求学,新女婿上门,女儿出嫁,以及子女成家立业时的一套礼俗。以后,应用范围日益扩大,成了白族人民喜庆迎宾时的饮茶习俗。

白族三道茶以前一般由家中或族中长辈亲自司茶。如今,也有小辈向长辈敬茶的。制作三道茶时,每道茶的制作方法和所需原料都是不一样的。

第一道茶称为"清苦之茶",寓意做人的哲理:"要立业,先要吃苦。"制作时,先将水烧开,司茶者将一只粗糙的小砂罐烤热后,投入适量的茶叶,不停地转动,使茶的叶色转黄,直至发出焦糖香时,立即注入已经烧沸的开水。少顷,主人将沸腾的茶水倾入小茶盅内,再用双手举盅献给客人。这杯茶喝下去滋味苦涩,故而谓之苦茶。

　　第二道茶称为"甜茶"。当客人喝完第一道茶后,主人重新用小砂罐置茶、烤茶、煮茶,并在茶盅里放入少许红糖,待煮好的茶汤倾入至八分满为止。这样沏成的茶,甜中带香,甚是好喝,它寓意"人生在世,做什么事情,只有吃得了苦,才会有甜香来!"

　　最后一道茶称为"回味茶"。其煮茶方法基本相同,只是茶盅中放的原料已换成适量蜂蜜,少许炒米花,3~5粒花椒,一撮核桃仁,茶汤容量通常为六、七分满。饮第三道茶时,一般是一边晃动茶盅,使茶汤和佐料均匀混合,一边口中"呼呼"作响,趁热饮下。这杯茶,喝起来甜、酸、苦、辣各味俱全,回味无穷。因此,白族称它为"回味茶",意思是说,凡事要多"回味",切记"先苦后甜"的哲理。通常主人在款待三道茶时,每道茶一般相隔3~5分钟进行。另外,还得在桌上放些瓜子、松子、糖果之类,以增加饮茶情趣。如今,白族三道茶的料理已有所改变,内容更加丰富,但"一苦二甜三回味"的基本特点依然如故,成了白族人民的传统风尚。

### (三)傣族竹筒香茶

　　竹筒香茶是云南傣族同胞别具一格的风味茶,傣语称为"腊踩"。

　　竹筒香茶产于西双版纳傣族自治州勐海县,是用很细嫩原料制成的,又名"姑娘茶"。姑娘茶的做法有两种。一是采摘一芽二三叶的茶青,经铁锅炒制,揉捻后,装入生长仅一年的嫩甜竹(又名香竹、金竹)筒内,这样就制成了既有茶香,又有竹香的竹筒茶了;二是在一个小饭甑中先铺上6~7厘米厚浸足了水的香糯米,在糯米上铺一层干净的纱布,在纱布上放上一层晒青毛尖茶,然后盖上饭甑用旺火蒸上15分钟左右,待茶叶软化并充分吸收了糯米的香气之后即可倒出,再装入竹筒,放在炭火上以文火慢慢烘烤,过几分钟翻动竹筒一次,待筒内茶叶全部烘干后,即可收藏起来,这便是既有茶香、糯米香又有甜竹清香的竹筒茶。制好的竹筒香茶很耐贮藏,用牛皮纸包好,放在干燥处贮藏,品质经久不变。在饮用时最好是用嫩甜竹的竹筒装上泉水,放在炭火上烧开,然后放入竹筒香茶再烧5分钟,待竹筒稍凉后即可慢慢品饮;亦可用壶具冲泡。饮竹筒香茶,几种香气相得益彰,既消暑解渴,又解乏提神,别有一番情趣。

### (四)侗家打油茶

　　桂北地区的侗族人,有家家打油茶、人人喝油茶的习惯。一日三餐,必不可少,早餐前吃的称为早餐茶,午饭前吃的称响午茶,晚餐前吃的称为夜宵茶。

　　打油茶的用具很简单,要一口炒锅、一把竹篾编成的茶滤、一只汤勺,用料有茶籽油、茶叶、阴米、花生仁、黄豆和葱花儿。打油茶的第一道工序是发"阴米"。将茶油倒入铁锅,烧热煮沸,把阴米一把一把地放入滚油锅里,炸成白白的米花浮在油面。第二道工序是炒花生仁、炒黄豆、炒玉米或其他副食品。第三道工序是煮油茶,茶叶用当地出产的大叶茶,也有的是用从茶树上刚采下的新鲜叶子,讲究的必须选用"谷雨茶",一定要在清明至谷雨采摘的,要求芽叶肥壮。每锅茶水煮多煮少,依饮茶的人数而定,以每人每轮半小碗为准。喝油茶一般是"三咸一甜"(三碗放盐的茶水、一碗放糖的汤圆茶水)。喝茶时,由主妇把炸阴米、炸花生、炸糍粑、炸黄豆分入碗,用汤勺把热茶水冲入碗中,喷香的油茶就"打"成了。油茶具有浓香、甘甜味美、营养丰富等特点,常饮能提神醒脑、治病补身。

　　凡是到侗家的客人,都会体验到敬油茶的习俗。油茶煮好,主妇给客人敬上一碗油茶后,还会在碗旁摆上一根筷子,筷子是用来拨碗里佐料的。主人敬茶的次数最多可达 16 次,最少不少于 3 次。如果客人喝了三碗不想要了,就用筷子把碗里的佐料拨干净吃掉,然后把筷子横放在碗口上,主人就不会再给客人添茶了,如果筷子总往桌子上放,主人就会给客人继续添油茶。按侗家风俗习惯,喝油茶一般得连吃三碗,这叫做"三碗不见外"。

为了打油茶,当地群众把茶叶制成茶饼,以便于保存。茶饼是用采回的鲜茶叶,经筛选后,放入锅内煮沸杀青除涩,捞出晒干,再装入木甑蒸软重压,每次加入茶叶 1～1.5 千克,这样层层加进去,直到甑满为止,冷却后倒出,便成了一盘盘的"压缩茶饼",打油茶时随取随用,很方便。

## (五)蒙古族的咸奶茶

蒙古族居民流行喝咸奶茶,在茶汤中加入牛奶、盐巴,在铁锅中煮沸即成咸奶茶。这种奶茶,蒙古族人每日三顿。如遇其他情况,还会加量。

咸奶茶的烹煮功夫是蒙古族女子"身价"的体现。大凡姑娘从懂事开始,做母亲的就会悉心向女儿传授烹茶技艺。姑娘出嫁、婆家迎亲时,一旦举行好婚礼,新娘就得当着亲朋好友的面,显露一下煮茶本领,并将亲手煮好的咸奶茶,敬献给各位宾客品尝,以示身手不凡、家教有方,否则会留给人们缺少修养的印象。蒙古奶茶仪式如图 2-7 所示。

图 2-7　蒙古奶茶

## (六)土家族的擂茶

土家族生活在川、湘、鄂、黔四省交界之处,此处古木参天,绿树成荫,"芳草鲜美,落英缤纷"。由于茶的山水情结,茶被土家族人所利用,并形成独特的擂茶习俗,也是中国民族智慧的体现。擂茶,又名三生汤。其名由来有两种说法。一是因为擂茶是以生叶(茶的嫩芽梢)、生姜和生米三种生原料加水烹煮而得名;另一说与三国时代的张飞有关。当时张飞带兵至现湖南常德一带,因炎夏酷暑,军士精疲力竭,加上病疫蔓延和水土不服等,数百将士病倒,张飞本人也未幸免。危难之际,村上一位老中医有感于张飞部属的纪律严明,秋毫无犯,就出手相助,特献上家传秘方——擂茶,并亲手研制,分予将士,其结果自然是药到病除。张飞感激不尽地说:"真是三生有幸!"从此,擂茶就被传颂为三生汤了。

擂茶,流传的地方很多,但以湖南的部分地区为最。人们四季常饮,也惯用擂茶待客。擂茶的制作方法为:将茶与佐料一起放入擂钵,佐料一般以当地出产的黄豆、玉米、绿豆、花生、白糖为多,也可以根据每人的爱好掺入其他佐料。然后用擂茶棍慢慢擂成糊状,加适量冷开水调成茶汁,贮于瓦罐中。饮用时,只需盛出几勺,注入开水,即可冲成一碗擂茶。如讲究一点,可加其他调料,使喝起来更有香、甜、脆、爽的感觉。擂茶历史悠久,宋代就流行,明代朱权《臞仙神隐》中就有其制法的记载了。擂茶"古风犹存",制作简单,饮用方便,有解渴、充饥之效,很受当地人们喜爱。擂茶茶艺如图 2-8 所示。

图 2-8　擂茶茶艺

# 第三节　国外茶艺

## 一、日本茶道

日本茶道是在"日常茶饭事"的基础上发展起来的。日本茶道虽然源于中国,但在大和民族独特的环境下,它有自己的形成、发展过程和特有的内蕴。它将日常生活行为与宗教、哲学、伦理和美学熔为一炉,成为日本一门综合性的文化艺术活动。到 16 世纪末,千利休继承、汲取了日本历代茶道精神,创立并形成了日本茶道。

在唐朝时，中国的茶已经传入日本。公元805年，最澄和尚从中国不仅带回茶籽，而且在日本寺院推广佛教茶会。同一时期的空海和尚和永忠和尚，也都将中国饮茶的生活习惯带回日本。至公元815年，嵯峨天皇（公元809—823年）游历江国滋贺韩崎时，经过位于京都西北的崇福寺和梵释寺，大僧永忠和尚亲自煎茶奉献天皇品饮，给天皇留下深刻的印象。于是，在宫廷内的东北角开辟了茶园，设立早茶所，开启了日本的古代饮茶文化。

镰仓时代，日本从宋朝学习饮茶方法，并把茶当做一种救世灵药在寺院利用。到室町时代，饮茶成为一种娱乐活动，在新兴的武士阶层、官员、有钱人中流行。于是日本饮茶从上而下逐渐普及。后来，日本茶道宗师武野绍鸥（公元1502—1555年）承先启后，将日本的歌艺理论中表现日本民族特有的素淡、纯净、典雅的思想导入茶艺，对珠光的茶道进行了补充和完善，使日本茶道进一步民族化、正规化。在日本历史上真正把茶道和喝茶提高到艺术水平上的则是千利休（公元1521—1591年），他确定了日本茶道精神的"四规七则"，至此，日本茶道渐臻成熟。

日本茶道（见图2-9）的基本精神是"和、敬、清、寂"，从16世纪末千利休继承吸取村田珠光等人的茶道精神提出来后，一直是日本茶道仪式的核心。"和"指的是和谐、和悦，表现为主客之间的和睦；"敬"指的是尊敬、纯洁、诚实，表现为上下关系分明、主客间互敬互爱、有礼仪；"清"就是纯洁、清静，表现在茶室茶具的清洁、人心的清净；"寂"就是凝神、摒弃欲望，表现为茶室中的气氛恬静，茶人们表情庄重、凝神静气。"和、敬、清、寂"要求人们通过茶事中的饮茶进行自我思想反省，彼此思想沟通，于清寂之中去掉自己内心的尘垢和彼此的芥蒂，以达到和敬的目的。

图2-9　日本茶道

所谓"七则"就是：茶要浓淡适宜；添炭煮茶要注意火候；茶水的温度要与季节相适应；插花要新鲜；时间要早些，如客人通常提前15～30分钟到达；不下雨也要准备雨具；要照顾好所有的顾客，包括客人的客人。从这些规则中可以看出，日本的茶道中蕴含着很多来自艺术、哲学和艺德伦理的因素。茶道将精神修养融于生活情趣之中，通过茶会的形式，宾主配合，在幽雅恬静的环境中，以用餐、点茶、鉴赏茶具、谈心等形式陶冶情操，培养朴实无华、自然大方、洁身自好的完美意识和品格；同时，它也使人们在审慎的茶道礼法中养成循规蹈矩和认真的、无条件地履行社会职责、服从社会公德的习惯。因此，日本人一直把茶道视为修身养性、提高文化素养的一种重要手段。这也就不难理解，为什么茶道在日本会有着如此广泛的社会影响和社会基础，且至今仍盛行不衰了。

日本茶道发展到今天已有一套固定的规则和一个复杂的程序和仪式。如入茶室（见图2-10）前要净手，进茶室要弯腰、脱鞋，以表谦逊和洁净。日本有一句格言："茶室中人人平等。"从前，把象征阶级和地位的东西留在茶室外，武士的宝剑、佩刀、珠宝等都不能带进茶室。现在虽不强调这些，但进茶室不能交头接耳，因为茶会必须保持"和谐、尊重、纯净、安宁"的环境。

图 2-10　日本茶室

## 二、韩国茶礼

韩国在公元 7 世纪新罗时期就开始接受、输入中国的茶文化，饮茶首先在宫廷贵族、僧侣和上层社会中传播并流行，还开始了种茶、制茶，在饮茶方法上则仿效唐代的煎茶法。到高丽王朝时期，受中国茶文化发展的影响，朝鲜半岛茶文化和陶瓷文化逐渐兴盛，饮茶之风已遍及全国，并流行于民间，茶文化也成为韩国传统文化的一部分，并形成了以"和、敬、俭、真"为基本精神的韩国茶礼。

在我国的宋元时期，韩国全面学习中国茶文化，普遍流传中国宋元时期的"点茶"。约在我国元代中叶后，中华茶文化进一步为韩国理解并接受，众多"茶房"、"茶店"、茶食、茶席更为时兴、普及，从而形成以"茶礼"为中心的饮茶习俗。

20 世纪 80 年代，韩国的茶文化又再度复兴、发展，并为此还专门成立了"韩国茶艺大学院"，教授茶文化。现在韩国每年 5 月 25 日为茶日，年年举行茶文化祝祭，其主要内容有韩国茶艺协会的传统茶礼表演,韩国茶人联合会的成人茶礼和高丽五行茶礼以及新罗茶礼、陆羽品茶汤法等。源于中国的韩国茶礼,讲求心地善良、以礼待人、俭朴廉政和以诚相待,其宗旨是"和、敬、俭、真"。"和",即善良之心;"敬",即彼此间敬重、礼遇;"俭",即生活俭朴、清廉;"真",即心意、心地真诚,人与人之间以诚相待。韩国历来一直通过"茶礼"向人们宣传、传播茶文化,并引导社会大众消费茶叶。

成人茶礼是韩国茶日的重要活动之一。礼仪教育是韩国用儒家传统教化民众的一个重要方面,如冠礼(成人)教育,就是培养即将步入社会的青年人的社会义务感和责任感。成人茶礼是通过茶礼仪式,对刚满20岁的少男少女进行传统文化和礼仪教育,其程序是司会、主持、成人者同时入场,会长献烛,副会长献花,冠者进场向父母、宾客致礼,司会致成年祝辞,进行献茶式,成年人合掌致答辞,再拜父母,父母答礼。

高丽五行茶礼是古代茶祭的一种茶的冲泡和品饮仪式,也是韩国的传统茶礼形式之一,展现的是向茶圣炎帝神农氏神位献茶的礼仪。高丽五行茶礼又大大突破了韩国茶礼的传统模式,以规模宏大、人数众多、内涵丰富,成为韩国最高层次的茶礼。高丽五行茶礼反映出高丽茶法、宇宙观和五行哲理,是一种茶艺礼仪,是高丽时代茶文化的再现。茶礼全过程充满了诗情画意和民族风情。

## 三、其他国家饮茶

饮茶始于中国,兴于亚洲,传播于世界。由于各国民族风情各异、文化背景有别、地理环境不一,形成了各有特色的饮茶习俗。就大范围而言,亚洲人大都爱好绿茶、红茶、乌龙茶和花茶,崇尚清饮;欧洲人爱喝红茶,并加奶、糖等调味品;非洲人酷爱绿茶中的珠茶和眉茶,常在茶汤中加入糖和薄荷。就茶的消费量而言,一般热带和寒带地区高于温带地区,高燥地区多于低湿地区,牧区大于农业区。具体到每一个国家,饮茶习俗是多种多样的。

俄罗斯及东欧诸国从16世纪开始传入中国饮茶法,到17世纪后期,饮茶之风已普及各个阶层。饮茶主要以红茶为主,俄罗斯人调煮红茶时用的俄式茶炊,做工精细、造型别致,包括炭炉、烟艺、容器、壶、杯、碟、盘等,不下十余种。而且烹制时,强调火候调节与冲泡技巧,给人以温馨、浪漫的感觉。近年来,东欧国家对乌龙茶和绿茶的消费开始上升,砖茶消费量也比较大。茶叶饮用方式大致分为西方式和民族式。西方式饮的是牛奶红茶或柠檬红茶,当然也有清饮红茶的;民族式饮的是砖茶,它类似中国少数民族饮用砖茶的风俗。烹煮时,先将砖茶打碎,投入壶中加热煮沸,再兑入牛奶、香料、盐、糖等佐料,旋即续煮,待茶香四溢时,即滤出茶渣,倒入杯中饮用。另有一种清饮法,主要在饮绿茶时应用,介于西方式与民族式之间,多用茶壶冲泡,先在茶壶里泡上浓浓的一壶,要喝时倒少许在茶杯里,然后冲上开水,随个人习惯,调上浓淡不一的味道。少数有酌情加糖或柠檬片,也有用果浆代柠檬的;在冬季则有时加入甜酒,预防感冒。

阿富汗地处亚洲西南部,是一个多民族国家,绝大部分信奉伊斯兰教,尊重传统,提倡禁酒饮茶,把茶当做人与人之间友谊的桥梁。阿富汗人饮茶,红茶与绿茶兼饮。通常夏季以喝绿茶为主,冬季以喝红茶为主。在街上有类似于中国的茶馆或者饮茶与卖茶兼营的茶店。传统的茶店和家庭一般用当地人称之为"萨玛瓦勒"的茶炊煮茶。按阿富汗人的习惯,凡有亲朋进门,总喜欢大家一起围着茶炊,边煮茶,边叙事,边饮茶,这是一个富含情趣的喝茶方式。在阿富汗乡村还有喝奶茶的习惯,其风味如同中国蒙古族的咸奶茶。煮奶茶时,先用茶炊煮茶,滤去茶渣,浓度视各人需要而定;另用微火将牛奶熬成糊状后,再调入茶汤中,用奶量一般为茶汤的 1/5～1/4;最后重新煮开,加上适当的盐巴即饮用。

　　新加坡和马来西亚的肉骨茶口碑不俗。肉骨茶就是一边吃肉骨,一边喝茶。肉骨多选用新鲜带瘦肉的排骨,也有用猪蹄、牛肉或鸡肉的。烧制时,肉骨先用佐料进行烹调,文火炖熟。有的还会放上党参、枸杞、熟地等滋补名贵药材,使肉骨变得更加清香味美,而且能补气生血、富有营养。而茶叶大多选自福建产的乌龙茶,如大红袍、铁观音之类。吃肉骨茶时有一条不成文的规定,就是人们在吃肉骨时必须饮茶。如今,肉骨茶已成为一种大众化的食品,其专用配料也应运而生。在新加坡、马来西亚以及香港等地的一些超市内,都可买到适合自己口味的肉骨茶配料。

　　英国人喝茶,已成癖好,也十分隆重,80％以上的英国人每天饮茶,茶叶消费量约占各种饮料总消费量的一半。英国饮茶始于 17 世纪中期,好饮红茶,特别崇尚汤浓味醇的牛奶红茶和柠檬红茶。英国人喝茶多数在上午 10 点至下午 5 点进行。倘有客人进门,通常也只有在这段时间内才有用茶待客。"午后茶"为英国饮茶习俗,已成为当今英国人的重要生活内容,在饮食及公共娱乐场所等都有供应午后茶的。午后茶实质上是一餐简化了的茶点,一般只供应一杯茶和一碟糕点。泡饮的也多是袋泡茶,连袋一起放在热水杯里,不是以水冲茶,而是以茶袋浸入热水里,一小袋茶只泡一杯水,喝完就丢弃。家庭饮用时,通常茶壶里还有个过滤杯,用开水冲下去,过滤而出。茶里还可以加一片柠檬、方糖或新鲜牛奶。很多英国人喜爱现煮的浓茶,并放一两块糖,加少许冷牛奶。英国茶艺如图 2-11 所示。

图 2-11　英国茶艺

　　美国地处北美洲中部,当地饮茶,18 世纪以中国武夷岩茶为主,19 世纪以中国绿茶为主,20 世纪以红茶为主。20 世纪 80 年代以来,绿茶销售又开始回升,并将热饮料的茶演变成冷饮冰茶。美国人饮茶的习惯是由欧洲移民带去的,饮用方法是欧洲风味的,有清饮与调饮两种,大多喜欢在茶内加入柠檬、糖及冰块等添加物。美国人饮茶,讲求效率,喜欢方便快捷的饮茶方式,故以冰茶、速溶茶或茶水罐头为主。美国每年从中国进口大量红碎茶和中低档绿茶,饮茶较多品种为袋泡红茶、冰茶、添香茶和草药茶。美国人大多喜欢饮冰茶,无论是茶的沸水冲泡汁,还是速溶茶的冷水溶解液,直至罐装茶水,他们饮用时习惯于在茶汤中投放冰块,或事先将冷饮茶放入冰箱冰好,闻之冷香沁鼻,啜饮凉齿爽口,顿觉胸中清凉,如沐春风。美国人也喝鸡尾茶酒,特别是在风景秀丽的夏威夷,普遍有喝鸡尾茶酒的习惯。其制法是在鸡尾酒中根据各人的需要,加入一定比例的红茶汁。这对红茶质量要求较高,必须汤色浓艳、刺激性强、滋味鲜爽,这样调出的鸡尾茶酒味更醇、香更高,能提神、可醒脑。

在土耳其,茶是当地人民生活的必需品,早晨起床,未曾刷牙用餐,先得喝杯茶。全国各地无论城乡,到处都有茶馆,茶已渗透到土耳其的每个角落,各个阶层,成为土耳其一道颇具特色的生活景观。土耳其人喜欢喝红茶,先按1克茶30~50毫升水的比例冲泡出浓茶汁,再按各人对茶的浓淡需求,分别倒入饮茶的小杯中,加上一些白糖,搅拌几下,使茶、水、糖混匀后便可饮用。土耳其人煮茶讲究调制工夫,认为只有色泽红艳透明、香气扑鼻、滋味甘醇可口的茶才是恰到好处。土耳其人好客热情,请喝茶更是他们的一种传统的习俗。在一些旅游胜地的茶室里,还有专门的煮茶高手,教游客学煮茶的。在这里,既能学到土耳其煮茶技术,又能尝到土耳其茶的滋味,使饮茶变得更有情趣。

法国自17世纪中期开始,饮茶从皇室贵族和有闲阶层逐渐普及民间,成为日常生活和社交不可或缺的内容。现在,法国最爱饮用的是红茶、绿茶、花茶和沱茶。饮红茶时习惯采用冲泡或烹煮法,类似英国人饮红茶习俗,通常取一小撮红茶或一小包袋泡红茶放入杯内,冲上沸水,再配以糖、牛奶等。法国人饮绿茶,要求必须是高品质的。饮用时,一般要在茶汤中加入方糖和新鲜薄荷叶,做成甜蜜透香的清凉饮料饮用。20世纪80年代以来,爱茶和香味的法国人对花茶产生了浓厚的兴趣,特别是在一些法国青年人中,对带有花香、果香的加香红茶发生兴趣并成为时尚。主产于中国西南地区的沱茶因其特殊的药理功能,也深受法国一些养生益寿者特别是法国中老年消费者的青睐。

非洲西部地区的摩洛哥、毛里塔尼亚、塞内加尔、马里、尼日利亚等国家的人们信仰伊斯兰教,教规禁酒,以茶代酒蔚然成风。这些国家的人民在向真主祈祷开始新的一天后的第一件事就是喝茶,这里的人们嗜茶成癖、饮茶如粮,不可或缺。这些国家的消费以绿茶为主,这与绿茶特有的色、香、味及怡神、止渴、解暑、消食等药理功能和营养作用是分不开的。其饮茶风俗富含阿拉伯情调,以"面广、次频、汁浓、掺加佐料"为特点。茶的冲泡浓度,其投茶量至少比中国多出1倍。饮茶次数一天在三次以上,而且一次多杯。饮茶是待客的佳品,客人来访时,见面"三杯茶",按礼节客人应当看主人的面一饮而尽,否则视为失礼。在饮茶时,总要在茶里加入少量的红糖或冰块,有的则喜欢加入薄荷叶或薄荷汁,称为"薄荷茶"。原因是那里气候干热,人们多吃肉食,而喝薄荷茶有利于解暑和帮助消化。这种茶清香甜凉,喝起来有凉心润肺之感。马里人喜爱饭后喝茶,他们把茶叶和水放入茶壶里,然后放在泥炉上煮开,茶煮沸后加上糖,每人斟一杯。

**练习题**

1. 中国饮茶法经过了一个怎样的发展历程?各个历史阶段的饮茶法有什么特点?
2. 台湾茶艺包含哪些内容?

3.简述中国茶艺分类情况。

4.日本茶道的核心精神是什么?

5.不同国家都是怎样饮茶的?请分析其与中国饮茶法的联系。

*阅读材料*

## 清茶一杯能醉人

### 王乐

茶是讲究品饮的。中国人饮茶被认为是世界上最佳的生活模式。品茶文化是中华文化的一颗明珠,也是世界文化丛中的一朵奇葩。

"茶里乾坤大,壶中日月长。"中国人早已视饮茶为生活的一大乐趣,从天南到地北,从城市到乡村,或喜庆婚嫁,或探亲访友,或邀游赏景,或相聚闲聊,或开会座谈,或访问参观,或洽谈业务,或赋诗泼墨,或研讨学问,或工作家居,或饭前酒后,总少不了以茶醒脑助兴、以茶消忧解困、以茶联络感情。

饮茶使人们的生活变得更为丰富多彩。但是,爱喝茶并不等于会品茶,会品茶才会有饮茶是一门学问、是一种艺术的感受。

鲁迅先生说过:"有好茶喝,会喝好茶,是一种清福。不过要享受这种清福,首先必须有功夫,其次是练习出来的感觉。"鲁迅说的功夫和感觉就是饮茶学问、饮茶艺术,中国茶艺是学问与艺术的结合,概括起来要求做到四要、七会:要精茶、真水、活火、妙器;会选择茶、选择水、选择茶具、选择环境,会煮水、泡茶、品茶。换句话说,就是要求做到茶、水、器、环境、技艺、心灵的完美统一。这是一种很高的境界,绝大多数饮茶者是较难达到这种境界的。

"高灯喜雨坐僧楼,共话茶杯意更幽。"饮茶是很讲究环境氛围的,有"窗竭之座幽为首"之说。若在傍山临川、茂林修竹之中构一斗室,室内设以琴台,挂以书画,配以精美茶具,再摆上几盆幽兰或其他花卉,便是绝好的品茶环境。在这样的环境氛围,邀上三五知己,品茗、赏景、赋诗,会使人产生一种恬静愉悦、超然物外的感觉,便会进入一种"尘心洗净兴难尽,一片蝉声树影斜"的乐而忘归的境界。

饮茶是要在"品"字上下工夫的。陈从周教授说:"饮茶,中国人称之为品茗,意在品字;日本人称茶道,贵在道字。这是真正的东方文化,饮茶是一种高度文化的表现。"我国有 56 个民族,品饮茶艺各不相同,最为流行的是清饮式,如功夫茶艺、径山茶艺、禅茶茶艺等;接着是调饮式,如擂茶茶艺、酥油茶艺、奶油茶艺等。中国茶艺博大精深、内涵极为丰富,就拿清饮式来说,品茶的真趣需从茶之品、茶之味、茶之韵、茶之德、茶之美中去体会。当您用一只光洁晶莹的玻璃杯泡上一杯高档毛尖绿茶时,您可以透过清澈明亮的茶汤欣赏到杯内初如白云翻滚、雪花自舞;继而芽尖坚顶水面,朵朵茶芽似宝剑悬挂,如刀枪林立,稍后茶芽徐徐下降,如沉鱼落雁、仙女散花,芽形水光相映成趣;最后茶芽落入杯底,如春笋出土、春蕾初绽、兰蕙初发,一片生机勃勃气象。杯底堆绿叠翠,杯中清汤亮丽,真是怡神悦目、美不胜收!

当您揭开杯盖,望着缕缕银丝般升腾的热气,闻着如栗似兰的清芬幽香,一种愉悦的心绪便会油然而生。

"壶中美玉液,佳品妙真香。"茶艺的最高境界是人与景、人与物、人与天地、人与大自然的形神结合达到人、物、情、景的通灵与交融。这种通灵与交融是要以文化素养和灵感培养为基础的。对于善饮茶者,只要呷上一口便会顿觉满口清香、香冲脑门,并会产生肺腑空灵的感觉;再呷一口便觉疲惫全消、神清气爽;再慢啜细品,胸中似有一股太和之气冉冉升起,继而如风生两腋而飘然欲仙,心中的块垒愁楚便会一并失之物外,并进入道家所说的"忘我境界"。这是品茶文化的最高境界。

(摘自《魅力中国》2006 年 12 期,有删节)

# 第三章

# 茶叶的鉴别技巧

━━━━━━━━━━━●　本章学习重点　●━━━━━━━━━━━

1.基本掌握六大类茶叶的鉴别方法与技巧。

2.重点掌握茶叶鉴评的规则、项目与方法,操作流程,绿茶、红茶、乌龙茶、普洱茶的鉴别技巧。

3.一般掌握白茶、黄茶、花茶、压制茶、袋泡茶及新陈茶、季节茶的鉴别。

4.了解速溶茶、真假茶、次品与劣变茶的鉴别。

茶叶的鉴别主要是通过人的视觉、嗅觉、味觉、触觉对茶叶的色、香、味和形状进行鉴定,是确定茶叶品质优次和级别高低的主要方法。感官鉴茶不仅能快速地分辨出茶叶质量的好坏,而且能评出其他检测手段难以判明的茶叶品质上的"风味"。正确的审评结果对指导茶叶生产、改进制茶技术、提高茶叶品质、合理定级给价、促进茶叶贸易均具有重要作用。

## 第一节　茶叶的鉴别技巧

## 一、茶叶鉴评的规则

### (一)鉴评程序

茶叶品质的好坏、等级的划分、价值的高低,主要根据茶叶外形、香气、滋味、汤色、叶底等项目,通过感官鉴评来决定。

茶叶的感官鉴别分为干看和湿评。一般说,应以湿评内质为主要根据,但因产销要求不同,也有以干看外形为主作为审评结果的。而且同类茶的外形内质不平衡不一致是常有的现象,如有的内质好、外形不好,或者外形好、色香味未必全好,所以,审评茶叶品质应外形和内质兼评。

### 1.把盘

把盘三层:面张、中段、下脚。

把盘,俗称摇样匾或摇样盘,是干看茶外形的首要操作步骤。

干看茶叶外形,依靠视觉、触觉鉴定。因茶类、花色不同,外在的形状、色泽是不一样的。因此,鉴茶时首先应查对样茶,判别茶类、花色、名称、产地等,然后选取有代表性的样茶,鉴评毛茶需250~500克,精茶需200~250克。

鉴评毛茶外形一般是将样茶放入木制样盘或篾制的样匾里,左手堵住样盘的缺口,右手托住其对角,利用手腕和肘作顺时针或逆时针的圆周转动,使样盘里的茶叶均匀地按大小、粗细等不同有次序地分布,然后把按轻重、层次分布在样匾里的毛茶通过上下颠簸收拢集中成为馒头形,这样摇样盘的“筛”与“收”的动作,使毛茶分出上、中、下三层次。一般来说,比较粗长轻飘的茶叶浮在表面,叫面张茶,或称上段茶、面装;细紧重实的集中于中心,叫中段茶,俗称腰档或肚货;体小的碎茶和片末分离在茶堆四周,叫下脚茶,或称下段茶。如面装茶过多,表示粗老茶叶多、身骨差;一般以中段茶多为好;如果下段茶过多,要注意是否属于本茶本末,条形茶若下段茶断碎片末含量多,表明做工、品质有问题。

鉴评精茶外形,同样用回旋筛转的方法使盘中茶叶分出上、中、下三层。一般先看面装和下身,然后看中段茶。看中段茶时将筛转好的精茶轻轻地抓一把到手里,再翻转手掌看中段茶品质情况,并权衡身骨轻重。看精茶外形的一般要求,对样评比上、中、下三档茶叶的拼配比例是否恰当和相符,是否平伏匀齐不脱档。

### 2.开汤

开汤三要素:茶量、水温、时间。

开汤,俗称泡茶或沏茶,为湿评内质的重要步骤。开汤前应先将审评杯碗洗净,按号码大小次序排列在湿评台上,再烫杯、称样,准备开水泡茶。湿评时,一定要将原干看分层的茶和匀,然后再称取湿评样。

准确地称取3克具有代表性的茶样,放入150毫升的标准杯内,沸水冲泡茶叶,绿茶泡时4分钟;红、黄、白、黑等茶5分钟,茶水比为1:50。乌龙茶的传统湿评法:取5克茶,放入110毫升的钟形杯里,分别用沸水冲泡2分钟、3分钟、5分钟,鉴别香气鲜爽度、滋味浓度与耐泡度,茶水比为1:22。称样时,杯盖应放入审评碗内,然后以沸滚适度的开水从左到右以“慢—快—慢”的速度冲泡满杯,泡水量应至锯齿口。从第一杯倒水时起即应计时,随泡随加杯盖,盖孔朝向杯柄,到时后按冲泡次序将杯内茶汤滤入相应的鉴评碗内,倒茶汤时,杯应卧搁在碗口上,杯底提高且与碗口呈15°倾角,最后沥尽茶汤将杯子放回原位。若同时冲泡数杯茶汤,应重点保证茶量、水温和浸泡时间的一致性。

开汤后应先嗅香气,快看汤色,再尝滋味,后评叶底,审评绿茶时则先看汤色。

### 3.嗅香气

香气三嗅:热嗅、温嗅、冷嗅。

嗅香气应一手拿住已倒出茶汤的审评杯,另一手启开少许杯盖,靠近杯沿用鼻轻嗅或深嗅,也有将整个鼻部深入杯内接近叶底以增加嗅感。为了正确判别香气的类型、高低和长短,嗅时应重复一两次,但每次嗅的时间不宜过长,因嗅觉易疲劳,嗅香过久,嗅觉失去灵敏感,一般在2~3秒左右。另外,杯数较多时,嗅香时间拖长,冷热程度不一,就难以鉴别。每次嗅评时都将杯内叶底抖动翻个身,在未评定香气前,杯盖不得打开。

嗅香气应以热嗅、温嗅、冷嗅相结合进行。热嗅容易辨别香气正常与否及香气类型与高低,但因茶汤刚倒出来温度高,要注意杯口与鼻子的距离,以免影响嗅觉神经受烫刺激,降低敏感性。温嗅以辨别香气的优次,适宜温度、准确性较大。冷嗅主要是了解茶叶香气的持久程度,或者在评比当中有两种茶的香气在温嗅时不相上下,可根据冷嗅的余香程度来加以区别。嗅香最适宜的叶底温度是 55℃ 左右;超过 65℃ 时感到烫鼻;低于 30℃ 时茶香低沉,特别是染有烟气、木气及异气茶随热气而挥发。鉴评香气时还应避免外界因素的干扰,如抽烟、擦香脂、香皂洗手等都会影响鉴别香气的准确性。

4.看汤色

看汤色三度:色度、亮度、混浊度。

汤色靠视觉审评,看汤色又称水色、汤门或水碗。茶叶开汤后,茶叶内含的成分溶解在沸水中所呈现的色彩,称为汤色。鉴评汤色要及时,因茶汤中的成分和空气接触后很容易发生变化,所以有的把评汤色放在嗅香气之前。汤色易受光线强弱及光线角度、茶碗规格、容量多少、排列位置、沉淀物多少、冲泡时间长短等各种外因的影响。冬季评茶,汤色随汤温下降逐渐变深;若在相同的温度和时间内,红茶色变大于绿茶,大叶种大于小叶种,嫩茶大于老茶,新茶大于陈茶,保鲜茶大于常温茶,在审评时应引起足够注意。如果各碗茶汤水平不一,应加调整。如茶汤混入茶渣残叶,应以网丝匙捞出,用茶匙在碗里打一圆圈,使沉淀物旋集于碗中央。如评茶碗数多的应从中选一有代表茶类的汤色作为参照物,然后按汤色性质及深浅、明暗、清浊等评比优次。

5.尝滋味

尝滋味三步:吸吮、满舌、循环滚动。

茶叶是一种风味饮料,不同茶类或同一茶类,若产地不同都会各有独特的风味或味感特征。良好的味感是构成茶叶质量的重要因素之一。由于舌头各部分的味蕾对不同味感的感觉能力不同,如舌尖最易为甜味所兴奋,舌的两侧前部最易感觉咸味而侧后部为酸味所兴奋,舌心对鲜味涩味最敏感,近舌根部位则易被苦味所兴奋。因此,鉴评茶汤时应先取一浅匙吸吮入口内,再将茶汤布满舌面,最后卷舌抽吸使茶汤在口中循环滚动,才能较全面地辨别滋味。鉴评滋味主要按浓淡、强弱、鲜滞及纯异等评定优次。

鉴评茶汤温度在 45～55℃ 较为适宜。如茶汤温度高于 70℃ 或太烫时评味,味觉受强烈刺激而麻木,影响正常评味。如茶汤温度过低,一是味觉尝温度较低的茶汤迟钝、灵敏度差;二是原溶解在热汤中的物质逐步被析出,汤味由协调变为不协调。同时在鉴评前最好不吃有强烈刺激味觉的食物,如辣椒、葱蒜、糖果等,并不宜吸烟,以保持味觉和嗅觉的灵敏度。

6.评叶底

评叶底三度:嫩度、色度、匀度。

鉴评叶底主要靠视觉和触觉来判别,根据叶底的老嫩、整碎、色泽、开展度和均匀程度等来评定优次,同时还应注意有无其他掺杂物。

评叶底是将杯中冲泡过的茶叶倒入叶底盘或杯盖的反面,对不易分辨的也可放入白色搪瓷漂盘里,将叶张拌匀、铺开、撤平观察其嫩度、色度和均匀度的优次。评叶底时,先要充分发挥眼睛和手指的作用,手指按叶底的软硬、厚薄平突、壮瘦、弹性等;再看芽头和嫩叶含量、叶张卷摊、光糙、色泽及均匀程度等区别好坏,重点是观察原料的嫩度、发酵的程度以及均匀度。

茶叶品质一般通过上述干茶外形和汤色、香气、滋味、叶底五个项目的综合观察,才能正确评定品质优次、等级和价格的高低。实践证明,每一项目的鉴别不能单独反映出整个品质,但茶叶各个品质项目又不是单独形成和孤立存在的,相互之间有密切的相关性。如香气的优次在滋味中反映出来,外形(整碎)在叶底中反映出来。因此综合鉴评结果时,每个项目之间应做仔细的比较参证,然后再综合评定。凡进行感官鉴评时都应严格按照鉴茶操作程序和规则,以取得正确的结果。

## (二)鉴评项目

鉴评茶叶项目分为干看和湿评两部分。干看外形有形状(条索松紧或嫩度)、色泽、整碎、净度四个因子,湿评内质有汤色、香气、滋味、叶底四个因子,习惯上称为八项因子(见图3-1)。在鉴评精茶或名优茶时,外形只看形状和色泽两项,内质同上,又称为六项因子。

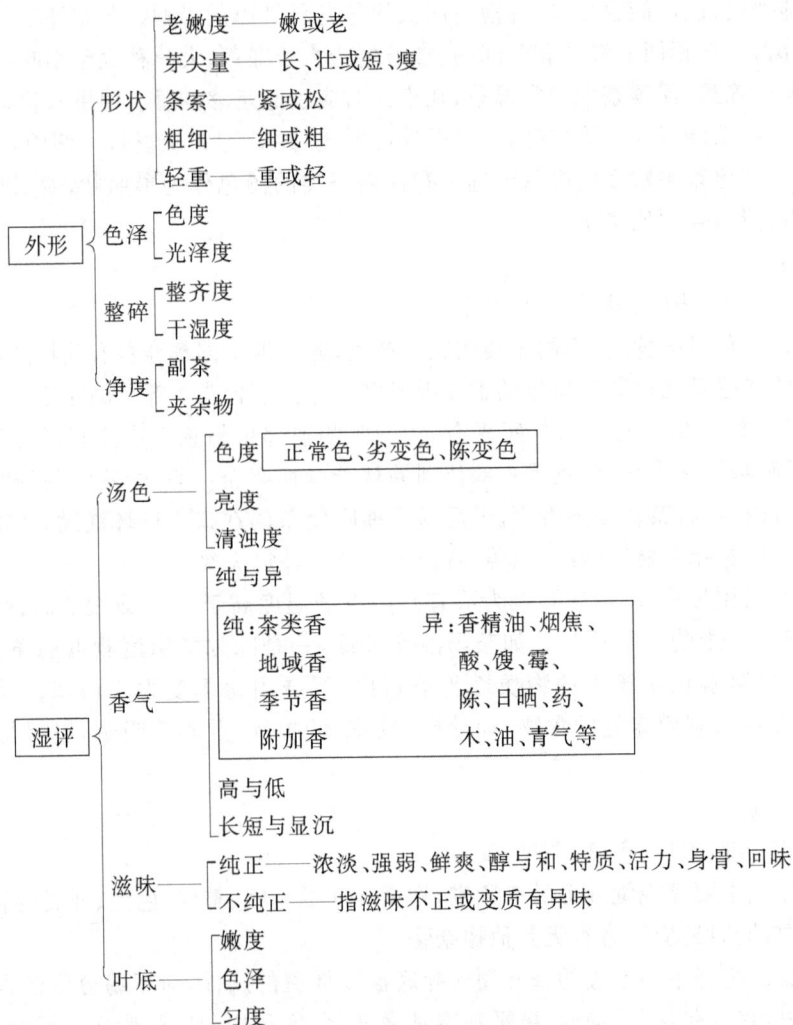

```
                ┌ 老嫩度──嫩或老
                │ 芽尖量──长、壮或短、瘦
        ┌ 形状 ─┤ 条索──紧或松
        │       │ 粗细──细或粗
        │       └ 轻重──重或轻
  ┌外形┤ 色泽 ─┬ 色度
  │     │       └ 光泽度
  │     │ 整碎 ─┬ 整齐度
  │     │       └ 干湿度
  │     └ 净度 ─┬ 副茶
  │             └ 夹杂物
  │
  │             ┌ 色度─── 正常色、劣变色、陈变色
  │     ┌ 汤色 ─┤ 亮度
  │     │       └ 清浊度
  │     │       ┌ 纯与异
  │     │       │ ┌纯:茶类香      异:香精油、烟焦、
  │     │       │ │  地域香          酸、馊、霉、
  └湿评┤ 香气 ─┤ │  季节香          陈、日晒、药、
        │       │ └  附加香          木、油、青气等
        │       │ 高与低
        │       └ 长短与显沉
        │ 滋味 ─┬ 纯正───浓淡、强弱、鲜爽、醇与和、特质、活力、身骨、回味
        │       └ 不纯正───指滋味不正或变质有异味
        └ 叶底 ─┬ 嫩度
                │ 色泽
                └ 匀度
```

**图3-1　茶叶鉴评八项因子的主要内容**

1.外形鉴评

茶叶外形主要是由原料老嫩、加工方法、技术水平决定的。鉴别内容分为:形状、条索、芽尖、色泽、匀整度、副产品、非茶类夹杂物干湿度等。现分述如下:

（1）形状

茶叶形状千姿百态，有：长条形、尖形、卷曲形、扁形（剑片形）、圆形、颗粒形、螺钉形、片形、粉末形、针形、花朵形、晶形、束形、雀舌形、团块、腰圆形等，都各自固有形状（若一一说明，属茶叶分类问题）。各类茶无论何种形状，都有自己的特定形状及一定的外形规格，这是区别商品茶种类和等级的依据。品质好坏的一般条件即：老嫩、粗细、轻重、松紧、整齐等。

①嫩度：是决定茶叶品质的基本条件，是外形鉴别的重点因子。一般说来，嫩叶中可溶性物质含量高，饮用价值也高，又因叶质柔软、叶肉肥厚，有利于初制中成条和造型，有利于再加工中提高精制率。鉴评茶叶嫩度时应因茶而异，在普遍性中注意特殊性，对该茶类各级标准样的嫩度进行详细分析。嫩度主要看芽头嫩叶比例与叶质老嫩、有无锋苗和茸毛及条索的光糙度。

A.芽头嫩叶比例。芽头精制称为芽尖，嫩度好指芽头嫩叶比例大、含量多。鉴评时要从整盘茶去比，不能单从个数去比，因为同是芽与嫩叶，还有长短、大小、厚薄之别。凡是芽及嫩叶比例相近、芽壮身骨重、叶质厚实的品质好。

B.锋苗和茸毛。锋苗指芽叶紧卷做成条的锐度。条索紧结、芽头完整锋利并显露，表示嫩度好、制工好。芽上的茸毛又称毫毛，毫毛多、长而粗的好。一般炒青绿茶看锋苗（或芽苗），烘青、条形红茶看芽毫（或芽头）。芽的多少、毫的疏密，常因品种、茶季、茶类、加工方式等不同而不同。一般来说，春茶显毫，夏秋茶次之；高山茶显毫，平地茶次之；人工揉捻显毫，机揉次之；烘青、条形红茶比炒青绿茶显毫。

C.光糙度。嫩叶细胞组织柔软且果胶质多，容易揉成条，条索光滑丰润；而老叶质地硬，条索不易揉紧，条索表面凸凹起皱，干茶外形较粗糙。从糙滑度来看：扁形表面平整光滑，茶在盘中筛转流利而不勾结的为光滑，反之则糙。

②粗细（大小）：一般来说，细的比粗的好，小的比大的好。如：绿茶（眉茶）、红茶（O、P型红碎茶）要求颗粒细小、条索紧结、重实；属球状茶，越圆越细越好；碎型红茶，细小粒子属佳品；龙井茶以叶片扁尖幼小为上。但福建色种茶、武夷岩茶和安溪铁观音、贡熙、红茶中的P型、茶形状稍可粗大（就本身茶条卷曲、紧结程度上来评价）；特级乌龙茶和白毛猴银针（白茶），重茶芽；白牡丹、寿眉等茶由老嫩与芽头多少来决定品质优劣。

③条索：看条索茶有：炒青、烘青、条茶、工夫红毛茶。看松紧是否符合标准定型（似搓紧的绳索）。条形茶的条索比松紧、弯直、圆扁、壮瘦、轻重，条索以紧直、圆浑、壮实、沉重的好，粗松、弯曲、瘦扁、轻飘的差。

条形茶要求：紧直有锋苗的为好；松扁曲碎的为差。青茶要求：紧卷结实、略带扭曲的为好，敞叶的为差。扁形茶要求：扁平、光滑、尖削、挺直、匀齐的为好，粗糙、短钝、浑条的为差。圆珠形茶要求：圆结的为好，呈条索的不好。黑毛茶要求皱折较紧无敞叶。

④轻重：测轻重的茶比较多，即取一定量的茶放在手心上掂量其轻重。一般来说，重的茶：精制率高，汤浓耐泡，易贮藏不变质；否则与此相反，原料粗老或加工粗放，味淡薄或水味重，浪费包袋材料等。条状茶要求：重如铁线；球状茶要求：重如钢球；圆珠形茶比颗粒的松紧、匀整、轻重、空实，以颗粒圆紧、重实、匀整为好，扁松、轻空的差。

（2）色泽

干茶色泽主要从色度和光泽度两方面去看。色度即指茶叶的颜色及色的深浅程度。光泽度指茶叶接受外来光线后，一部分光线被吸收，一部分光线被反射出来，形成茶叶色面的亮暗程度。

①色度:六大茶类就是根据绿、黄、黑、青、白、红六种颜色来确定的,就某种茶的颜色又由其深浅程度决定的。如绿茶的色泽,有深绿、浅绿、淡绿、翠绿、黄绿、乌绿、灰绿等。首先看色泽是否符合该茶类应有的色泽要求。正常的干茶,原料嫩的高级茶颜色深,随着级别下降颜色渐浅。

②光泽度:光泽度可从润枯、鲜暗、匀杂等方面去鉴别。

润、枯:"润"表示茶叶色面油润光滑,反光强。一般可反映鲜叶嫩而新鲜,加工及时合理,是品质好的标志。"枯"是有色而无光泽或光泽差,表示鲜叶老或制工不当,茶叶品质差,劣变茶或陈茶的色泽枯且暗。

鲜、暗:"鲜"为色泽鲜艳、鲜活,给人以新鲜感,表示成品新鲜度。初制及时合理,为新茶所具有的色泽。"暗"表现为茶色深且无光泽,一般为鲜叶粗老、贮运不当、初制不当或茶叶陈化等所致。

匀、杂:"匀"表示色调和一致。色不一致,茶中多黄片、青条、筋梗,绿茶中的红梗红叶、焦片末等谓之杂。

综合分析:如茶色符合规格、有光泽、润带油光为好。一般来说:高山茶,色绿带黄、光泽好鲜活;低山、平地茶,色深绿。绿茶看干燥时的火候掌握,火温过高,色枯黄;温度低(或不及时),色灰黄、暗。

(3)整碎

整碎指外形的匀整程度。毛茶基本上要求保持茶叶的自然形态,完整的为好,断碎的为差。精制的整碎主要评比各孔茶的拼配比例是否恰当,要求筛档匀称不脱档,面张茶平伏,下盘茶含量不超标,上、中、下三段茶互相衔接。

①整齐度:主要看"目的形状"占总体比例的大小。名茶、眉茶、珠茶、红茶中的各等级茶,对形状的整齐度很重视;乌龙茶和色种茶次之;各类毛茶忌上、中、下三段茶比例失调,中段脱节现象。

②干湿度:除用仪器精测外,有经验凭感觉直观手测法。各类茶叶的含水量在6%～7%间,品质较稳定,含水量超过8%的茶叶易陈化,超过12%易霉变。手测水分,如含水量在5%左右:抓茶一把,用力紧握很刺手。发出"沙沙"响声,条脆,手捻即成粉,嫩梗轻折即断,干嗅香高。

(4)净度

净度指茶叶中含夹杂物的程度。茶叶夹杂物有茶类夹杂物和非茶类夹杂物之分。

①副茶(茶类夹杂物):茶类夹杂物又称为副茶,指粗茶、轻片、茶梗、茶籽、茶朴、茶末、毛衣等;除夹杂物的净茶又称为正身茶,其"目的茶"均有其标准形态。

②夹杂物(非茶类夹杂物):非茶类夹杂物分为有意物和无意物两类。无意物指采、制、存、运中混入的杂物,如:泥沙、石子、杂草、树叶、谷粒、煤屑、棕毛、竹片、铁丝、钉子等。有意物指人为有目的性添加的夹杂物,如:茶固形用的粉浆物、胶质物、滑石粉等。

除花茶的花箔外,任何夹杂物都严禁含有。

茶叶是供人们饮用的食品,要求符合卫生规定,对非茶类夹杂物或严重影响品质的杂质,必须拣剔干净,禁止混入茶中。对于粗茶中的梗、籽、朴等,应根据含量多少来评定品质优劣。

2.内质鉴评

内质审评汤色、香气、滋味、叶底四个因子。

（1）汤色

汤色指茶叶冲泡后溶解在热水中的茶汤所呈现的色泽。汤色鉴评主要从色度、亮度和混浊度三方面去评判。

①色度指茶汤颜色，主要从正常色、劣变色和陈变色三方面去看。

正常色即一个地区的鲜叶在正常采制条件下制成的茶，冲泡后所呈现的汤色。如绿茶绿汤，绿中带黄；红茶红汤，红艳明亮；青茶黄绿或橙黄明亮；白茶浅黄明净；黄茶黄汤；黑茶橙红或红浓等。

劣变色是指由于鲜叶采运、摊放或初制不当等造成变质，导致汤色不正。如鲜叶处理不当，制成绿茶轻则汤黄，重则变红；绿茶干燥炒焦，汤黄浊；红茶发酵过度，汤深暗等。

陈变色：陈化是茶叶的特征之一，在通常条件下贮存，随时间延长，陈化程度加深。从保鲜库里刚拿出的茶，茶汤颜色的变化比常温保存下的颜色变化速度快。

②亮度指亮暗程度。亮指射入汤层的光线，吸收的少而被反射出来多的，暗却相反。凡茶汤亮度好的品质亦好，茶汤能一眼见底的为明亮。

③混浊度指茶汤的清澈和混浊程度。清指汤色纯净透明、无混杂、清澈见底。混、浊或浑都是指汤不清，视线不易透过汤层。"混"浊多半指茶汤中能明显看到有沉淀物或细小悬浮物，而"浑"浊多半指茶汤中颗粒以分子状态结合的络合物导致茶汤模糊不清。但在浑（混）汤中要区别两种情况，即"冷后浑"，由于温度急剧下降，茶汤中咖啡碱与多酚类及其氧化产物间形成络合物，它溶于热水，而不溶于冷水，茶汤冷却后被析出所产生"冷后浑"，也是茶叶品质好的表现。还有一种现象是鲜叶细嫩多毫，加工过程中茸毛脱落，如高级碧螺春的茶汤中茸毛多且悬浮于汤中，这也是品质好的表现。

（2）香气

香气是茶叶冲泡后随水蒸气挥发出来的芳香物质。茶叶的香气受茶树品种、产地、季节、采制方法等因素的影响，使得各类茶具有独特的香气风格。鉴评香气除辨别香型外，主要比较香气的纯异、高低和长短。

①纯异：纯指某茶应有的香气，异指茶香中夹杂有其他气味。香气纯，还要区别是茶类香、地域香、季节香和附加香。

茶类香指某茶类应有的香气，如绿茶要清香，黄大茶要有锅巴香，黑茶和小种工夫红茶要有松烟香，青茶要带花香或果香，白茶要有毫香，红茶要有甜香等。

地域香即地方特有香气，如炒青绿茶就有嫩香、兰花香、熟板栗香等，同是红茶也有蜜糖香、橘糖香、果香和玫瑰花香等地域性香气。产地香有高山、低山、洲地之区别，一般高山茶高于低山茶。

季节香即不同季节香气之区别，我国红绿茶一般是春茶香高于夏秋茶，秋茶香气又比夏茶好；大叶种红茶香气则是夏秋茶比春茶好；秋乌龙茶的香气高于春夏茶。

附加香是指外加的香气，不仅具有茶叶本身香气，而且还引入其他花香。如以茶为素坯窨制的花茶，有茉莉花茶、珠兰花茶、白兰花茶、桂花茶、玫瑰花茶、栀子花茶等。

异气指茶香不纯或沾染了外来气味，如烟、焦、酸、馊、陈、霉、日晒、水闷、青草气等，还有鱼腥气、木气、油气、药气等。

②高低：香气高低可以从以下六个方面来区别，即浓、鲜、清、纯、平、粗。浓：香气高，入鼻充沛有活力，刺激性强。鲜：如呼吸新鲜空气，有醒神爽快之感。清：清爽新鲜之感，其有刺激性中弱和感受快慢之分。纯：香气一般，无粗杂异气，感觉纯正。平：香气平淡，时有时

无,但无杂异气味。粗:感觉糙鼻,有时感到辛涩,属老叶粗气。

③长短:指时间或持久程度。从热嗅到冷嗅或长时间都能嗅到香气表明香气长,反之则短。另外,香气随着温度的变化又分为:热汤嗅香气明显的称为表面香,冷闻都能嗅出香气的称为骨子香。有骨子香的茶多半是高山茶或干燥好的茶。

（3）滋味

滋味是鉴茶人的口感反应。正常的滋味可区别其浓淡、强弱、鲜、爽、醇、和。不纯的可区别其苦、涩、粗、异。

①纯正:指品质正常的茶类应有的滋味。浓指水浸出的内含物丰富,有黏厚的感觉;淡则相反。强指茶汤吮入口中感到刺激性或收敛性强,吐出茶汤短时间内味感增强;弱则相反。鲜与爽:鲜似食新鲜水果,感觉爽快;爽,指爽口。醇与和:醇表示茶味尚浓,回味也爽,茶汤刺激性小;和表示茶味平淡,内含物质少,基本没有刺激性。

②不纯正:指滋味不正或变质有异味。苦:苦味是茶汤滋味的特点,对苦味不能一概而论,应加以区别;如绿茶汤入口先微苦后回甘(有甜味),这是好茶;先微苦后不苦也不甜者次之;先微苦后也苦又次之;先苦后更苦者最差。涩:似食生柿,有麻嘴、厚唇、紧舌之感,涩味一方面表示品质老杂,另一方面是季节茶的标志。粗:粗老茶汤味在舌面感觉粗糙,且味淡薄、滞钝、涩口感。异:属不正常滋味,如酸、馊、霉、焦味等。

（4）叶底

叶底指冲泡后剩下的茶渣。鉴评叶底主要看嫩度、色泽和匀度。

①嫩度:以芽及嫩叶含量比例和叶质老嫩来衡量。芽以含量多、粗而长的好,细而短的差。

②色泽:主要看色度和亮度,其含义与干茶色泽有所不同。鉴评时掌握该茶类应有的色泽和当年新茶的正常色泽。

③匀度:主要看老嫩、大小、厚薄、色泽和整碎等因子的一致性。若这些因子都比较接近、一致匀称的即匀度好,反之则差。

干茶的色泽理论上应等于茶汤的色泽与叶底色泽之和。干茶色泽包括其色度、油润度和光泽度;汤色包括茶汤的色度、亮度和混浊度;叶底色泽包括色度、明亮度和匀杂度。一般来说,干茶色泽鲜活油润、有光泽的,汤色和叶底明亮度好的则是好茶;否则为差。

绿茶外形嫩度好且色泽新鲜的,香气清纯、鲜嫩,滋味醇爽;滋味口感浓稠的,多带点厚度。一般香气好的茶,滋味也好。

总之,茶叶色、香、味、形四因子是鉴评的重点,他们之间既有其独立性,又有贯通性。

# 二、新茶与陈茶的鉴别

由当年采制茶树鲜叶加工而成的茶,称为新茶;而将上年甚至更长时间采制加工而成的茶叶,即使保管严妥,如保鲜茶,茶质良好,也统称为陈茶。但是,陈茶并不等于不能饮用,有刚加工出的新茶不宜现饮,需要放一段时间钝化,饮后不易上火;保鲜茶的色、香、味、茶品质都好,是可以饮用的;还有一些黑茶类如广西苍悟六堡,经陈化后产生出类似槟榔的香味,保持一种味醇适口和汤色清澈明亮的风味,这就是该茶的特征;陈茶只要贮藏条件良好,没有陈霉味的茶都是能饮用的。

绿茶容易陈化,饮用绿茶的人又特别讲究绿茶的品位。如何鉴别绿茶的新与陈,主要从色、香、味三方面辨别,见表3-1。

表3-1　新、陈绿茶品质的区别

| 项　目 | | 新　茶 | 陈　茶 |
|---|---|---|---|
| 色泽 | 干茶 | 嫩绿、翠绿、新鲜光润 | 色黄、褐、枯、暗、不润 |
| | 茶汤 | 浅绿、艳绿、清澈明亮 | 黄、橙黄、橙红、色深欠明 |
| | 叶底 | 嫩黄绿、深绿、鲜亮 | 绿黄、黄褐、反光度较暗 |
| 香气 | | 清新、容易着鼻 | 香气不明显、迟钝、浊、杂 |
| 滋味 | | 鲜爽、有活力 | 味淡薄、钝滞 |

新茶:其特点是色泽、气味、滋味均有新鲜爽口的感觉。茶汤饮用后令人心情舒畅,有愉快感。泡后的茶底:茶条容易展开,色差明显,如爆点、焦边等与叶片绿色反差度大。新茶的含水量较低,茶质干硬而脆,手指捏之能成粉末,茶梗易折断。

陈茶:这里指的是存放一年以上的陈茶。其特点是干茶色泽黄褐枯暗、无光泽;绿茶汤色深黄泛红;香气低沉,热嗅有陈气(冷气感)带沉浊、不鲜;滋味平淡,缺乏收敛性、无爽口新鲜感,甚至茶汤饮用时有令人不愉快的陈旧味感;叶底颜色:绿茶显黄暗,叶底茶条不舒展、不展开,且有弹性、硬感。陈茶储放日久,含水量较高,茶质湿软,手捏不能成粉末。

## 三、春、夏、秋季节茶的鉴别

季节茶主要指的是春茶、夏茶和秋茶,在我国冬天一般不采茶。季节茶的品质差异较大,一般来说,春茶品质好,秋茶香气高,夏茶产量高、品质低(绿茶苦涩味重)。若绿茶的春茶与夏茶主要从如下方面辨别:春茶鲜叶原料较好,持嫩性强,芽叶较肥状,叶肉较厚实,叶片脉络细密,叶缘锯齿不明显,加工后往往条形细紧,色泽黄绿或深绿,光润度好;夏茶鲜叶原料持嫩性差,芽叶瘦薄,大小不一,加工后条形较松,色泽黄枯或青绿稍枯,缺少光泽。评香味及叶底:春茶香高味浓,有持久性,回味好,有余甘,叶底芽叶柔软较肥嫩,色泽黄绿明亮;夏茶香气较低,滋味带苦涩味,叶底芽叶瘦薄较硬,对夹叶多,叶脉较粗,锯齿明显。秋茶叶片大小不一,香气稍高于春茶,味道淡薄,叶底对夹叶多,叶缘锯齿明显,常夹有铜绿色芽叶,色泽青绿欠匀。另外,在茶叶冲泡过程中,同样大小的茶条,春茶下降速度较快,夏茶较慢。其他茶类鉴别,若外形和香味不易辨别时,还可以从茶底形态方面加以分辨,见表3-2。

表3-2　春、夏、秋茶分辨表

| | 老嫩 | 条索 | 芽头 | 叶脉 | 朴片 | 身骨 | 梗茎 | 叶质 | 叶张 | 节间 |
|---|---|---|---|---|---|---|---|---|---|---|
| 春茶 | 均匀 | 紧结 | 锋苗长壮 | 平滑不突 | 少 | 重实 | 嫩、扁 | 柔软 | 叶形相似 | 短 |
| 夏茶 | 欠匀 | 松紧不一 | 短小 | 突出较粗 | 较多 | 较轻飘 | 圆梗茎 | 粗而硬 | 明显,薄 | 长 |
| 秋茶 | 夹叶多;品质介于春夏茶之间(雨水调匀);香气高。 | | | | | | | | | |

## 四、次品与劣变茶的鉴别

凡鲜叶处理不当,经加工不好,或者保管不善,产生烟、焦、酸、馊、霉等异味,轻者为次品茶,重者为劣变茶。鉴别内容如下:

(1)梗叶:如绿茶中红梗红叶程度严重,干看色泽花杂,湿看红梗红叶多,汤色泛红的,作为次品茶。绿茶条上有白色或黄色或黑色爆点,结合香味决定是次品茶还是劣变茶。红茶色暗青,叶底花青叶较多的,为次品茶。

(2)气味:红茶和绿茶有烟气、高火气、焦烟气,经过短期存放后,基本会消失的,列为次品茶。干嗅或开汤都有烟气、焦气,久久不能消失的,列为劣变茶。

凡热嗅略有酸馊气,冷嗅则没有,或闻有馊气而尝不出馊味,经过复火后馊气能消除的,为次品茶;若热嗅、冷嗅以及品尝均有酸馊味,即使经补火也无法消除的,则是劣变茶。

(3)霉变:茶叶若保管不善,水分过高,会产生霉变。霉变初期,干嗅没有茶香,呵气嗅有霉气,经补火后可以消除的,列为次品茶;霉变程度严重,干湿嗅都有霉气,绿茶汤色泛红浑浊,红茶汤色发暗的,列为劣变茶。霉变严重,干看外形霉点斑斑,开汤后气味难闻的,不能饮用。正品、次品、劣变茶有时把握不住范围,表3-3可供参考。

表3-3  正品、次品、劣变茶的变化范围

| | | 正 品 | 次 品 | 劣 变 |
|---|---|---|---|---|
| 1 | 烟 | 无 | 干、湿嗅,汤味中之一轻者 | 冷嗅及汤味中浓者 |
| 2 | 焦 | 火功稍高、有锅巴香 | 有糊斑点,焦味轻者 | 开汤后嗅叶底焦气不消失 |
| 3 | 酸馊 | 无 | 热嗅有,冷嗅无,复火能消失 | 热、冷嗅及滋味中都有且重 |
| 4 | 霉 | 毛茶干度不足,或水分增加,无霉 | 呵口气则嗅出、补火消失 | 霉气味重 |
| 5 | 日晒气 | 除滇青茶外,无日晒气 | 干、湿嗅均有,轻者 | 重者、日腥气 |
| 6 | 红梗红叶花青 | 轻 | 重 | 严重 |
| 7 | 异味茶 | 无异味 | 感染:油、药、鱼腥等,经处理消失 | 用尿素、染料、涂料、铅铬绿染色的,含有重金属、农药等有毒物质的 |

## 五、真假茶的鉴评

假茶,乃是用形似茶树芽叶的其他植物的嫩叶,如金银花叶、蒿叶、嫩柳叶、榆叶、冬青树叶、毛榉树叶、山楂叶、桑叶等做成类似茶叶的样子,再冒充真茶出售。真茶与假茶,对有一定实践经验的人来说,只要多加注意是不难识别的,但如把假茶原料和茶鲜叶一起拌和加工,就增加了识别的难度。真假茶可根据茶叶的植物学特性和茶叶应具有的色、香、味以及茶叶化学成分,即从若干表明茶叶特征的成分的数量和比例来判别。鉴定方法可分茶叶组织形态鉴别法、品质特征的鉴别法和化学分析法三种。

## （一）茶叶组织形态鉴别法

　　将可疑茶叶按茶叶开汤审评方法冲泡二次，使叶片全部展开后，放入漂盘内仔细观察有无茶叶的植物学特征。其一，茶树叶片边缘锯齿一般为16(32)对，叶片的锯齿都是上部密而深，下部稀而浅，近叶柄处平滑无锯齿。锯齿呈钩状，锯齿上有腺毛。而假茶的叶片或四周布满锯齿，或者无锯齿。其二，茶树叶片的叶背叶脉凸起，主脉明显，并向两侧发出7～10对侧脉。侧脉延伸至离叶缘1/3处向上弯曲呈弧形，与上方侧脉相连，构成封闭形的网脉系统，这是茶树叶片的重要特征之一，如图3-2所示。芽及嫩叶背面有显著的银白色茸毛。也可用镜检法：茶叶切片后，在显微镜下观察茶叶内部结构，可看到海绵组织内有星状草酸钙结晶体，叶肉细胞间有较粗大的呈星形或树枝形的石细胞。

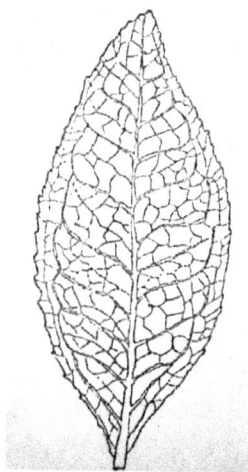

**图 3-2　茶叶的叶脉分布**

## （二）品质特征的鉴别法

### 1.外形鉴别

　　真茶有明显的网状脉，支脉与支脉间彼此相互联系，呈鱼背状而不呈放射状。有三分之二的地方向上弯曲，连上一支脉，形成波浪形，叶内隆起。真茶叶缘有明显的锯齿，接近于叶柄处逐渐平滑而无锯齿。假茶叶脉不明显或远高明显，一般为羽状脉，叶脉呈放射状至叶片边缘，叶肉平滑。叶侧边缘有的有锯，锯齿一般粗大锐利或细小平钝，也有的无锯齿，叶缘平滑。

### 2.色泽鉴别

　　真红茶色泽呈乌黑或黑褐色而油润，假红茶墨黑无光、无油润。真绿茶色泽碧绿或深绿而油润，假绿茶一般都呈墨绿或青色。

### 3.香味鉴别

　　真茶含有茶芳香油，闻时有清鲜的茶香，刚沏的茶汤，茶味显露、饮之爽口；假茶无茶香气，有青草味或其他杂味。

## （三）化学分析法

　　如果感官鉴别把握不住，还可以用一般的化学方法加以鉴别。茶叶中含有2％～5％的咖啡碱和10％～25％的茶多酚。迄今为止，在植物叶片中同时含有这两种成分，并富有如此高的含量，非茶叶莫属。另外，茶氨酸占氨基酸总量的50％以上，除其他茶科植物含少量外，任何植物中尚未发现茶氨酸的存在。测定茶氨酸含量，不仅可辨别茶叶真伪，而且可判断掺杂程度。

# 第二节　绿茶鉴别

绿茶鉴别分为:绿毛茶、眉茶、珠茶、蒸青绿茶和名优绿茶鉴别。

## 一、绿毛茶鉴别

我国绿茶品质较多,因制法不同有炒青、烘青、蒸青、晒青之分。以其形状不同,炒青又分长炒青、圆炒青和特种炒青,烘青又分普通烘青和特种烘青。我国生产的绿茶以炒青和烘青为主,鉴评要点见图3-3。长炒青毛茶一般作为出口珍眉绿茶的原料,烘青毛茶主要供作窨制花茶的茶坯。晒青一般是地产地销,有的作为压制沱茶及紧茶、饼茶的原料。

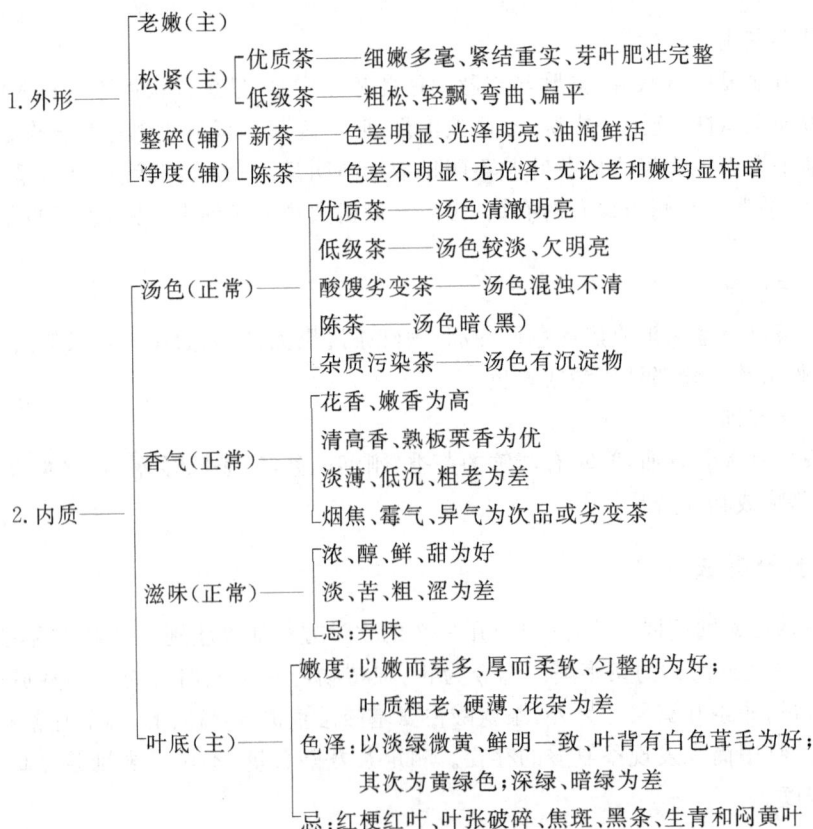

```
                        ┌ 老嫩(主)
                        │            ┌ 优质茶——细嫩多毫、紧结重实、芽叶肥壮完整
                        │ 松紧(主) ┤
        1.外形 ────────┤            └ 低级茶——粗松、轻飘、弯曲、扁平
                        │ 整碎(辅) ┌ 新茶——色差明显、光泽明亮、油润鲜活
                        └ 净度(辅) ┤
                                     └ 陈茶——色差不明显、无光泽、无论老和嫩均显枯暗

                        ┌              ┌ 优质茶——汤色清澈明亮
                        │              │ 低级茶——汤色较淡、欠明亮
                        │ 汤色(正常) ┤ 酸馊劣变茶——汤色混浊不清
                        │              │ 陈茶——汤色暗(黑)
                        │              └ 杂质污染茶——汤色有沉淀物

                        │              ┌ 花香、嫩香为高
                        │              │ 清高香、熟板栗香为优
                        │ 香气(正常) ┤
                        │              │ 淡薄、低沉、粗老为差
        2.内质 ────────┤              └ 烟焦、霉气、异气为次品或劣变茶

                        │              ┌ 浓、醇、鲜、甜为好
                        │ 滋味(正常) ┤ 淡、苦、粗、涩为差
                        │              └ 忌:异味

                        │              ┌ 嫩度:以嫩而芽多、厚而柔软、匀整的为好;
                        │              │       叶质粗老、硬薄、花杂为差
                        │ 叶底(主) ──┤ 色泽:以淡绿微黄、鲜明一致、叶背有白色茸毛为好;
                        └              │       其次为黄绿色;深绿、暗绿为差
                                       └ 忌:红梗红叶、叶张破碎、焦斑、黑条、生青和闷黄叶
```

**图3-3　炒青和烘青绿毛茶鉴评要点**

绿毛茶鉴别分干看外形和湿评内质。干看外形首先按"把盘"程序将茶叶分成上、中、下三段茶,再看老嫩、松紧、整碎、净杂四项因子。炒青绿茶的外形特征:一级细嫩芽头尖,二级条索紧而圆,三级粗中有细嫩,四级轻松浮上面,五级稍粗多黄片,六级粗松梗朴显。

评内质以叶底的嫩度与色泽为主,对汤色、香气、滋味则要求正常。低级毛茶一般以干看为主,兼嗅干茶香气是否正常。毛茶香气以花香为最佳,嫩香、嫩毫香、清香、清花香、熟板栗香为优,淡薄、低沉、粗老为差。滋味以鲜、醇、尚浓、甜为好;淡、苦、粗、涩为差,忌异味。叶底以嫩而芽多、厚而柔软、匀整的为好,叶质粗老、硬薄、花杂为差。叶底色泽以嫩绿鲜明一致、叶背有白色茸毛为好,黄绿色次之,深绿、暗绿差。绿毛茶最忌:红梗红叶、叶张破碎、焦斑、黑条、生青和闷黄叶。

## 二、眉茶鉴别

我国的精制绿茶以外销的珍眉为大宗,产品有珍眉、贡熙、针眉、雨茶、秀眉等;其次是珠茶,其产品包括雨茶;还有少量蒸青绿茶。眉茶和珠茶除部分以地名茶原籍出口外,主要还是根据各地眉茶的品质特点,定量定质拼配成号码茶,销往国外。

我国外销眉茶外形特征及花色、等级都有自己对应的茶号,见表 3-4。

**表 3-4　出口眉茶各花色品种茶代号及外形特征**

| 花　色 | 等　级 | 商品茶代号 | 外 形 特 征 |
|---|---|---|---|
| 特珍(三个级) | 特级 | 41022 | 细嫩、紧直、匀齐,锋苗显 |
| | 一级 | 9371 | 细紧、重实、匀整,有锋苗 |
| | 二级 | 9370 | 紧结、尚重实、匀整,少锋苗 |
| 珍眉(四个级) | 一级 | 9369 | 紧结、壮实、尚匀整 |
| | 二级 | 9368 | 尚紧、粗实、尚匀整 |
| | 三级 | 9367 | 稍粗松 |
| | 四级 | 9366 | 粗松 |
| | 不列级 | 3006、3008 | 粗松,质轻,带朴梗 |
| 雨茶(二个级) | 一级 | 8147 | 细短、紧实、匀称 |
| | 二级 | 8167 | 短钝、稍松、尚匀 |
| 秀眉(四个级) | 特级 | 8117 | 嫩筋细条 |
| | 一级 | 9400 | 筋条带片 |
| | 二级 | 9376 | 片形带条 |
| | 三级 | 9380 | 较轻细片 |
| | 凤眉 | 9611 | 中形片状 |
| 特贡(二个级) | 特级 | 9277 | 圆结重实,光滑匀齐 |
| | 一级 | 9377 | 圆结匀整 |
| 贡熙(三个级) | 一级 | 9389 | 尚圆实 |
| | 二级 | 9417 | 稍松扁 |
| | 三级 | 9500 | 松扁 |
| | 不列级 | 3313 | 空松、扁片、短钝 |
| 茶片 | | 34403 | 轻质细片 |
| 茶末 | | 5532 | 24 目筛下物 |
| 茶灰 | | D101 | 40 目筛下物 |
| 茶梗 | | L—03、H—01、SH—02 | 粗细不同的茶梗 |

眉茶品质要求外形、内质并重。外销眉茶鉴评要点如图3-4。

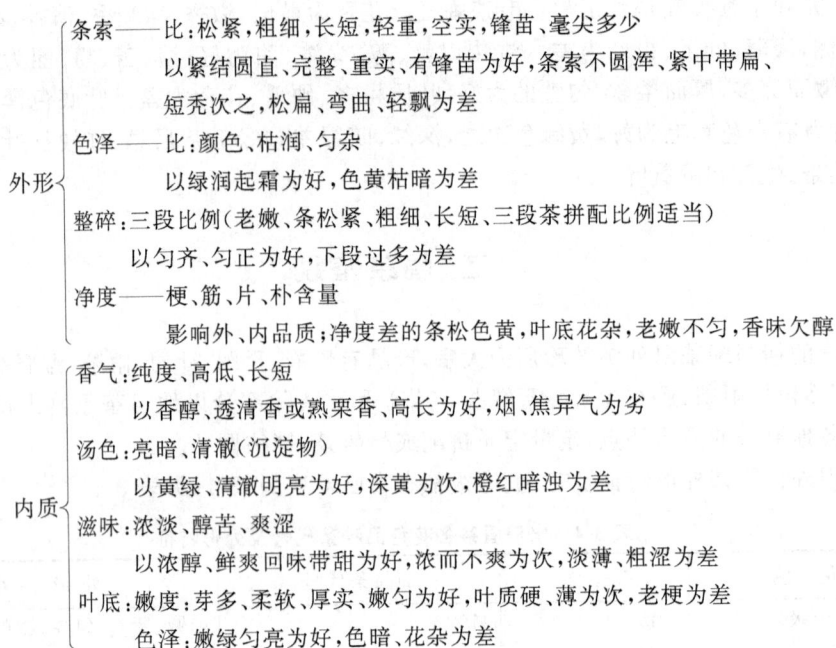

外形
条索——比:松紧,粗细,长短,轻重,空实,锋苗,毫尖多少
　　　以紧结圆直、完整、重实、有锋苗为好,条索不圆浑、紧中带扁、
　　　短秃次之,松扁、弯曲、轻飘为差
色泽——比:颜色,枯润,匀杂
　　　以绿润起霜为好,色黄枯暗为差
整碎:三段比例(老嫩、条松紧、粗细、长短、三段茶拼配比例适当)
　　　以匀齐、匀正为好,下段过多为差
净度——梗、筋、片、朴含量
　　　影响外、内品质;净度差的条松色黄,叶底花杂,老嫩不匀,香味欠醇

内质
香气:纯度、高低、长短
　　　以香醇、透清香或熟栗香、高长为好,烟、焦异气为劣
汤色:亮暗、清澈(沉淀物)
　　　以黄绿、清澈明亮为好,深黄为次,橙红暗浊为差
滋味:浓淡、醇苦、爽涩
　　　以浓醇、鲜爽回味带甜为好,浓而不爽为次,淡薄、粗涩为差
叶底:嫩度:芽多、柔软、厚实、嫩匀为好,叶质硬、薄为次,老梗为差
　　　色泽:嫩绿匀亮为好,色暗、花杂为差

**图 3-4　眉茶鉴评要点**

眉茶形状顾名思义,条索应似眉毛的形状。眉茶是由炒青绿毛茶经再加工而成的产品,主要是物理变化,在外形上较初加工茶规格化、标准化、商品化;在内质上变化不太大,主要是香味趋向于调和性与一致性。

# 三、珠茶鉴评

圆炒青毛茶(1~7级)经精制整形后分为珠茶、雨茶、碎茶、秀眉四大类花色,其中,宛如珍珠的圆形茶称为珠茶,等级珠茶外形特征及贸易代号见表3-5。

**表 3-5　不同等级珠茶贸易茶代号与外形特征**

| 等　级 | 外形特征 | 贸易茶代号 |
| --- | --- | --- |
| 特级 | 圆结重实,光滑,墨绿光亮 | 3505 |
| 一级 | 圆结尚重实,墨绿 | 9372 |
| 二级 | 较圆结,墨绿泛黄,色欠润 | 9373 |
| 三级 | 尚圆,黄绿稍暗 | 9374 |
| 四级 | 尚圆欠结实,色暗黄 | 9375 |
| 五级 | 粗圆,色枯 | 9475 |
| 不列级 | 扁圆,枯黄 | 9575 |

珠茶的外形看颗粒、匀整、色泽和净度四个标准。颗粒比圆紧度、轻重、空实,以颗粒紧结、滚圆如珠、匀整重实的为好,颗粒粗大或呈朴块状、空松的为差;匀整指各段茶拼配匀称;

色泽比润枯、匀杂,以墨绿、深绿光润为好,乌暗为差。珠茶的内质比汤色、香气、滋味和叶底。汤色比颜色深浅、亮暗,以黄绿明亮为好,深黄发暗为差;香气比纯度、浓度,以香高味醇和的为好,香低味淡的为次,香味欠纯带烟气、闷气、熟味者为差;叶底嫩度比芽头与叶张匀整,以有盘花芽叶或芽头嫩张比重大的为好,大叶、老叶张、摊张比重大的为差;叶底色泽评比与眉茶基本相同,但比眉茶色稍黄属正常。

## 四、蒸青绿茶鉴评

目前我国蒸青绿茶有恩施玉露和普通蒸青两种。前者保留了我国传统蒸青绿茶的制法,外形如松针,紧细、挺直、匀整,色泽绿润,香清持久,味醇爽口,属名茶规格。普通蒸青色泽要具备三绿,即干茶墨绿、汤色碧绿、叶底青绿。

蒸青绿茶外形主要比形状与色泽。形状比条形及条索的松紧、匀整、轻重,芽尖的多少。条形要细长圆形,条索紧结重实、挺直、光润、匀整,芽尖显露完整的好;条索折皱、弯曲、松扁的次之;外形断碎,下盘茶多的差。色泽比颜色、鲜暗、匀杂,以绿翠调匀者好,黄暗、花杂者为差。内质比汤色、香气和滋味。汤色比颜色、亮暗、清浊,高级茶浅金黄色泛绿、清澈明亮,中级茶浅黄绿色,色泽深黄、暗浊、泛红的品质不好。香气要鲜嫩又带有花香、果香、清香的为上品,有青草气、烟焦气的为差。滋味比浓淡、甘涩。浓厚、新鲜、甘涩调和,口中有清鲜、清凉的余味为好;涩、粗、熟闷味为差。叶底青绿色,忌黄褐及红梗红叶。

日本蒸青绿茶分高、中、低三档,共9级。各级茶的嫩度相当于我国各级炒青绿茶的水平,见表3-6。蒸青绿茶的外形都比较碎,16孔以下的碎末茶一般超过10%。高档茶带嫩茎,中、低档带嫩梗,下档茶有较长的梗朴。

表3-6 各等级蒸青绿茶的外形特征

| 档次 | 级别 | 外形特征 | 相当于炒青级别(嫩度) |
|---|---|---|---|
| 高档 | EE级(超超特) | 细嫩,紧直,光润,尚嫩绿 | 特级 |
| | E级(超特) | 较细嫩,紧、直、光,墨绿 | 一级 |
| | S级(特) | 尚嫩,较紧直,深绿 | 二级 |
| 中档 | 一级 | 条尚紧直,黄绿稍深 | 三级 |
| | 二级 | 尚紧直,有扁条,黄绿 | 四级 |
| | 三级 | 粗松尚直有扁条,黄绿稍枯 | 五级 |
| 低档 | 四级 | 直形扁片状 | 六级 |
| | 五级 | 粗松尚直扁片状 | 七级 |
| | 六级 | 粗松朴片 | 级外 |

日本感官审评茶叶时大都不评叶底,只有少数茶类要审评叶底,如碾茶和红茶;中国茶的鉴评较重视叶底。日本对蒸青绿茶的断碎不十分讲究,但注意原料嫩度;不怕香、味带"生青气",忌"栗香";汤色、叶底青绿受欢迎,讨厌色黄。

# 五、名优绿茶鉴别

优质茶是具有品牌(商标)的茶叶优质产品。名茶是优质茶中知名度高、信誉好的名牌(驰名商标)产品。名优绿茶是名牌绿茶和优质绿茶的统称。

名优茶一般具有六个方面的优势,即:得天独厚的自然环境、优良的茶树品种、严格的采摘标准、精湛的加工工艺、科学的包装技术和显著的两个效益。

绿茶类名茶可分为炒青型、半烘半炒型和烘青型三大类。名优绿茶的鉴别要点如下:

(1)外形:要求"三个一致",即形状一致、大小一致、色泽一致。形状应符合该茶的"标准形态",且占比例越大越好;大小看老嫩度是非一致,且整齐度;色泽要绿、油(光)润。

(2)色泽:色泽包括干茶色泽、汤色和叶底色泽,要求"三绿"。干茶色泽大致分为五种类型:如、翠绿型、嫩绿型、银绿型、苍绿型、墨绿型等。汤色以浅绿色、浅黄色且鲜亮或清亮为好;黄、深、暗、浊为不好。叶底色泽以鲜绿、嫩绿、浅黄绿为正常色,通常以嫩绿为多数,色泽要一致,明亮;色呈黄色、靛蓝色、不匀、欠亮为差。一般"三青"绿茶色泽如表3-7所示。

表3-7 烘、炒、蒸青绿茶通常三绿色

| 烘青类 | 干茶——翠绿 | 汤色——浅绿 | 叶底——嫩绿 |
|---|---|---|---|
| 炒青类 | 干茶——灰绿 | 汤色——黄绿 | 叶底——深绿 |
| 蒸青类 | 干茶——墨绿 | 汤色——碧绿 | 叶底——青绿 |

(3)香气:要求香气独特、自然芳香、淡雅悠长,给人以快感。香气的品种和类型很多,有生态香、品种香、地方香、原料香、制工香。常见的名优绿茶的香气类型有:毫香型、嫩香型、清香型、熟板栗香型、花香型等。

(4)滋味:名优绿茶要有"风味"。要求:鲜、醇、厚、回甘,入口微苦,回味甘甜,协调性好为好;苦涩、清淡、回味差不好。香中有味、味中有香、回味无穷是佳品,如太平猴魁的"猴韵"等;异味(如烟味,高火味)是名优茶之大忌。

(5)叶底:叶质柔软嫩度好,色泽鲜绿明亮,叶子大小匀齐。

全国名优绿茶评比的评语与评分标准如表3-8所示。

表3-8 名优绿茶评比标准(评语与评分)

| | 甲级 | 乙级 | 丙级 |
|---|---|---|---|
| 外形 | 嫩绿、翠绿、嫩,形状有特色 | 墨绿、黄绿、嫩,有特色 | 暗褐、陈灰、一般嫩茶 |
| 汤色 | 嫩绿明亮、嫩黄绿明亮 | 清亮、黄绿 | 深黄、黄暗、混浊 |
| 香气 | 嫩香、嫩栗香、清花香 | 清香、清高、高欠锐 | 纯正、熟、足火 |
| 滋味 | 鲜醇、嫩鲜、鲜爽 | 清爽、醇厚、浓厚 | 熟、浓涩、青涩、浓烈 |
| 叶底 | 嫩绿、明亮、显芽 | 黄绿、明亮 | 黄熟、青暗 |
| 评分 | 94±4 | 84±4 | 74±4 |

# 第三节　红茶鉴别

## 一、红毛茶鉴评

红毛茶鉴别外形以嫩度和条索为主,内质以叶底的嫩度和色泽为主,香气、滋味只要求正常。低级红毛茶以干评外形和干嗅香气为主。外形的嫩度是重要因子,嫩叶质地柔软易成条,芽毫显露有锋苗,随着嫩度下降,芽毫少而短秃。鉴评嫩度时要区分正常芽和休止芽,以及对夹叶和枝干茶,还要区别毛茶精做的断碎茶。红毛茶的色泽因老嫩和制工不同,有乌润、乌黑、黑褐、红褐、褐红、棕红、暗褐、枯褐、枯红、花杂等区别,以乌、黑、润为上,枯、暗、花为下。高级红毛茶香气常带有甜香、果香或甜花香,低级茶香低带粗老气,并要辨别有无劣变、异气等。一般香好味也佳,香差味亦次。汤色要求红艳明亮,以浅黄、红暗为差。但红茶茶汤的冷后浑现象比较明显,冲泡后汤色开始是红艳明亮,茶汤冷后则呈现一种乳状,若再提高汤温便又恢复清亮,这是"乳降"现象,其快慢和程度与茶叶质量有很大关系。叶底的评比与绿毛茶基本相同,红茶叶底色泽以红艳、红亮为好,以红暗、红褐、乌暗、花杂的为差。红毛茶的次品劣变茶,干看外形亦可发现,但有些情况是不易识别的,尚需干湿兼看。如焦茶是在过高温度下干燥时炭化造成的,如让其回潮后再干燥,干嗅就不易发现焦气,而开汤后香气焦者叶底可看出是焦条,叶底紧卷不张开且硬有刺手感。又如在夏秋季节,将揉捻后的粗老茶压紧后盖上布,放在日光下暴晒较长时间后再行干燥,可明显改善其外形色泽,但叶底呈黑色,对品质不利。

## 二、工夫红茶鉴评

工夫红茶鉴评分外形、香气、滋味、汤色、叶底五项。

外形的条索比松紧、轻重、圆扁、弯直、秀钝,条索要求紧结圆直、身骨重实、锋苗及金毫显露。嫩度比粗细、含毫量和锋苗,兼看色泽润枯、匀杂。色泽乌润调匀。整碎度比匀齐、平伏和下盘茶含量,要上、中、下三段茶拼配比例恰当,不脱档,平伏匀称。净度比梗筋、片朴末及非茶类夹杂物含量。高档茶净度要好,中档以下根据等级差别,对筋、梗、片等有不同程度的限量,但不能含有任何非茶类杂物。

工夫红茶香气以开汤审评为准,区别香气类型、鲜钝、粗细、高低和持久性。一般高级茶香高而长,冷后仍能嗅到余香;中级茶香气高而稍短,持久性略差;低级茶香低而短,或带粗老气。以高锐有花香或果香,新鲜而持久的好;香低带粗老气的差。汤色比深浅、明暗、清浊。要求汤色红艳,碗沿有明亮金圈,有"冷后浑"的品质好,红亮或红明者次之,浅暗或深暗混浊者最差。叶底比嫩度和色泽。嫩度比叶质软硬、厚薄、芽尖多少,叶片卷摊。色泽比红艳、亮暗、匀杂及发酵程度。要求芽叶整齐匀净,柔软厚实,色泽红亮鲜活,忌花青、乌条。

工夫红茶鉴评要点如图 3-5 所示。

```
        ┌ 条索——松紧、轻重、扁圆、弯曲、长秀、短钝
        │ 嫩度——粗细、金毫、锋苗
  (1)外形─┤ 色泽——润枯、匀杂(乌润调匀好)
        │ 整碎度——匀齐、平伏、下盘茶含量适中、不脱档
        └ 净度——梗筋、片、朴、末、茶籽、非茶类杂物
        ┌ 香气——类型、鲜钝、粗老、高低和持久性
        │ 汤色——深浅、明暗、清浊
  (2)内质─┤ 滋味——鲜、浓、醇、甜
        │ 叶底——嫩度:软硬、厚薄、芽头多少、卷摊
        └     色泽:红艳、亮暗、匀杂及发酵程度,忌:花青、乌条
```

图 3-5　工夫红茶鉴评要点

鉴评红毛茶注重外形的嫩度、条索紧结度及完整度;鉴评工夫红茶除外形拼配符合规格外,比较注重香味及口感的协调性。不同产地茶又有较大的区别,如我国十大工夫红茶的品质特点:祁红——鲜醇带甜、蜜糖香(祁门香);滇红——茶肥壮重实、金毫特多;川红——紧结壮实、美观、橘糖香;宁红——紧结、叶底开展、有红筋稍短碎;宜红——细紧有毫、香甜纯似祁红;湖红——"湘红",紧结重实;浙红——细紧、挺直、带有花香;政和红——大茶外形近似滇红、条瘦小、色灰黑,小茶细紧、香似祁红但不持久;坦洋红——条索细薄而飘、带白毫、叶底光滑;白琳红——条细长弯曲、多白毫、带颗粒状。

## 三、红碎茶鉴评

国际市场对红碎茶的品质要求:外形要匀整、洁净,色泽乌黑或带褐红而油润,规格分明及一定重实度和净度。内质香味要鲜、强、浓,忌陈、钝、淡,要有中和性,汤色要红艳明亮,叶底要红匀鲜明。

我国生产的红碎茶因产地、品种、栽培条件及加工工艺不同,全国分为四套标准样,规格分叶、碎、片、末。叶茶条紧结挺直、碎茶呈颗粒状、紧结重实,片茶皱卷,末茶为砂粒状。鉴评要点如图 3-6 所示。外形主要比匀齐度、色泽、净度。匀齐度比颗粒大小、匀称、碎片末茶规格分明。评重实程度,轻飘的为低次茶。碎茶加评含毫量。叶茶外形评匀、直、整碎、含毫量和色泽。色泽比乌褐、枯灰、鲜活、匀杂。一般早期茶色乌,后期色红褐或棕红、棕褐,好茶色泽润活,次茶灰枯。净度比筋皮、毛衣、茶灰和杂质。红碎茶对红梗含量一般要求不严,特别是季节性好茶,虽含有嫩茎梗,但并不影响质量。内质主要评比滋味的浓、强、鲜和香气以及叶底的嫩度、匀亮度。红碎茶香味要求鲜爽、强烈、浓厚(简称鲜、强、浓的独特风格),三者既有区别又要相互协调。浓度比茶汤浓厚程度,入口即感浓稠者品质好,淡薄为差。强度是红碎茶的品质风格,比刺激性强弱,以强烈刺激感有时带微涩,无苦味为好茶,醇和为差。鲜度比鲜爽程度,以清新、鲜爽为好,滞钝为次。通常红碎茶在风格对路的情况下,以浓度为主,鲜强浓三者俱全又协调来决定品质高低。汤色以红艳明亮为好,灰浅暗浊为差。茶汤的乳凝现象是汤质优良的表现。

采用加乳鉴评的,汤色以粉红明亮或棕红明亮为好,淡黄微红或淡红较好,暗褐、淡灰、灰白者差。加奶后的汤味,要求仍能尝出明显的茶味,这是茶汤浓的反映。

```
        ┌匀齐度──比:颗粒大小(容量≤30～32毫升/10克为好)、匀称、
        │        碎片末茶规格分明。        (碎:加评含毫量)
        │        (叶茶评:匀、直、整碎、含毫量和色泽)
1.外形──┤色泽──比:乌褐、枯灰、鲜活、匀杂
        │        早期色→乌;后期→红褐或棕红、棕褐
        │        以润活为好,灰枯为次
        └净度──比:筋皮、毛衣、茶灰、杂质
        ┌浓──浓厚:浓厚程度
        │      以入口即感浓稠者为好,淡薄为差
        │强──强烈:强烈程度
        │      以强烈刺激感有时带有微涩、无苦味为好,醇和为差
2.内质──┤鲜──鲜爽:鲜爽程度
        │      以清新、鲜爽为好,迟钝、陈气为次
        │汤色:以红艳明亮为好,灰浅暗浊为差
        └总品质高低:以浓度为主,鲜强浓三者俱全又协调来决定
        ┌嫩度──老嫩
        │        以柔软、肥厚为好,粗硬、瘦薄为差
        │匀度──比:老嫩、发酵均匀程度
3.叶底──┤        以色均匀、红艳为好,驳杂发暗为差
        │亮度──反映:鲜叶嫩度、加工水平
        └        以鲜亮为好
```

**图 3-6　红碎茶鉴评要点**

# 第四节　乌龙茶鉴别

## 一、青毛茶鉴评

　　青毛茶外形茶梗多,重视整碎度,忌断碎,因断碎会失去品种特征。青毛茶外形鉴评对照标准样评比:条索、色泽、整碎、身骨轻重和净度等因子。由于青茶着重品种,在鉴评外形因子时必须同时判断属哪一个品种。青茶初制分包揉和不包揉两种,外形条索分成卷曲形和直条形。铁观音、色种、佛手等经过包揉,外形颗粒紧结;岩水仙、岩奇种没有包揉,呈直条形壮结。同属颗粒形,铁观音重实,佛手壮实圆结。同是直条形,岩水仙壮大、弯曲、主脉宽大扁平,具蜻蜓头三节色;岩奇种条形中等。闽北乌龙茶较为瘦小挺直,无蜻蜓头特征。

　　青毛茶内质审评以香、味为主,兼评汤色、叶底。鉴评香气的方法有,嗅杯盖香、茶汤香、叶底香和茶底香四种。评香气时主要分辨香型、细粗、锐钝、高低、长短等。以花香或果香细锐高长为优,粗钝低短的为次。如铁观音的兰花香、观音韵,黄棪的蜜桃香或桂花香(与加工程度有关),肉桂的桂皮香,武夷岩茶的花香、岩韵,凤凰单枞的黄枝花香等。汤色有深浅、明暗、清浊之别。滋味有浓淡、厚薄、爽涩及回味长短之分,以浓厚、浓醇、鲜爽回甘者为优,粗淡、粗涩者为次。叶底看厚薄、软硬、整碎、色泽、做青程度等。叶张完整、柔软、厚实、色泽青

绿稍带黄,红点明亮的为好,叶底单薄、粗硬、色暗绿、红点暗红的为差。青毛茶品种的鉴别还可根据叶底叶态特征来判断,如水仙品种叶张大、主脉基部宽扁,铁观音叶张肥厚呈椭圆形,佛手叶张近圆形,毛蟹叶张锯齿密、茸毛多,黄棪叶张较薄、叶色黄多绿少。色种是由毛蟹、黄棪、本山等品种拼和的茶叶总称,外形紧结。

## 二、成品乌龙茶鉴评

青茶在市场上习惯称乌龙茶,按产地分为福建乌龙茶、广东乌龙茶和台湾乌龙茶。由于产地、品种和制法不同,各地乌龙茶的品质又各有特点。就福建来说,又有南北之分。闽北用传统式加工方法,多浓香型乌龙茶;闽南用改进式加工方法,多清花香(绿汤)型乌龙茶。

乌龙茶审评方法和要求与青毛茶基本相同,不同之处是成品茶重视火候及品种特征的鉴别。成品青茶非常讲究火功,其精制中要进行火候的处理。火功要求应根据销区习惯来掌握,一般内销茶火候高于外销茶;名贵茶轻,一般茶重;高级茶轻,低级茶重;春、秋茶轻,夏暑茶重;不包揉茶轻,包揉茶重等。开汤审评的头泡评比香、味的火候是否符合要求。火候程度的评语分轻、稍轻、适当、足火四档。"轻"是有较重的青涩气味;"稍轻"则是有轻微火香;"适当"则是带有熟火香,无青味感,滋味带鲜甜感;"足火"则是火香浓厚,滋味浓厚带粗感,汤色橙红或暗红,叶底呈暗褐色。第一泡除辨别火候程度外,还要嗅香气高低,有无异气;第二泡评香气类型,有无花香、音韵、岩韵、鲜爽程度、粗细、长短及有无异气;第三泡嗅其持久程度。

以茶树品种命名的青茶成品茶,其色、香、味、形要具有该品种的品质特征。如铁观音成品茶,就必须用铁观音茶树品种的鲜叶加工。其外形紧结卷曲成颗粒状、重实,形似螺钉;色泽深绿鲜润;香气清幽细长,胜似幽兰花香,饮之齿颊留香,喉润生津,味中有香,香味具有独特的风味,即茶底嗅到花香、茶汤喝出花香、回味还有该香,才称为铁观音的"音韵"。叶底的叶张形态有助于鉴别品种特征,铁观音叶片椭圆形,叶肉肥厚、柔软似棉绸,叶柄较宽有深沟,叶尖端渐尖下垂,叶齿疏而钝。如不具以上特征,即为冒牌铁观音。

## 三、乌龙茶鉴别要点

乌龙茶鉴别以香、味为主,外形、叶底为次,汤色作为参考。其鉴别要点如图 3-7、图 3-8、图 3-9 所示。

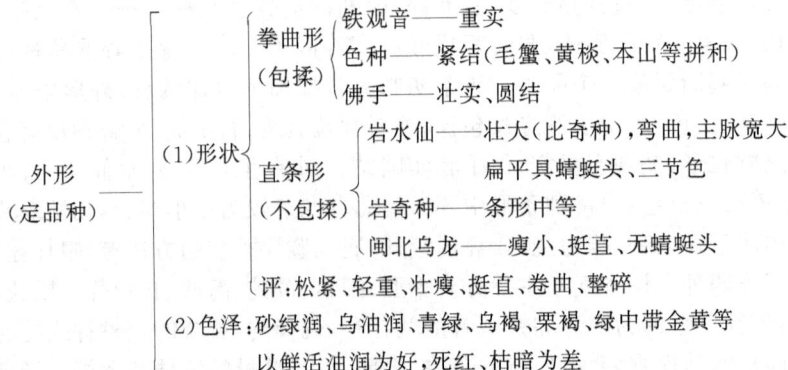

外形
(定品种)

(1)形状
- 拳曲形(包揉)
  - 铁观音——重实
  - 色种——紧结(毛蟹、黄棪、本山等拼和)
  - 佛手——壮实、圆结
- 直条形(不包揉)
  - 岩水仙——壮大(比奇种),弯曲,主脉宽大
  - 扁平具蜻蜓头、三节色
  - 岩奇种——条形中等
  - 闽北乌龙——瘦小、挺直、无蜻蜓头
- 评:松紧、轻重、壮瘦、挺直、卷曲、整碎

(2)色泽:砂绿润、乌油润、青绿、乌褐、栗褐、绿中带金黄等
以鲜活油润为好,死红、枯暗为差

**图 3-7　乌龙茶外形鉴评要点**

内质

(1)香气：
干：主要看火候作用，一般清新为好，钝为次，青气较差
湿：高低，长短，细粗

①铁观音(桂花·音韵)　　⑤水仙(兰花、清香)
②岩茶(兰花或水蜜桃·岩韵)　⑥肉桂(桂皮)
③黄棪(梨、蜜桃香或桂花)　⑦色种(玉兰花)
④凤凰单枞(黄枝花)

(2)滋味：浓淡、厚薄、醇苦、爽涩及回味长短
以浓厚、浓醇、鲜爽回甘为好，粗淡、粗为差

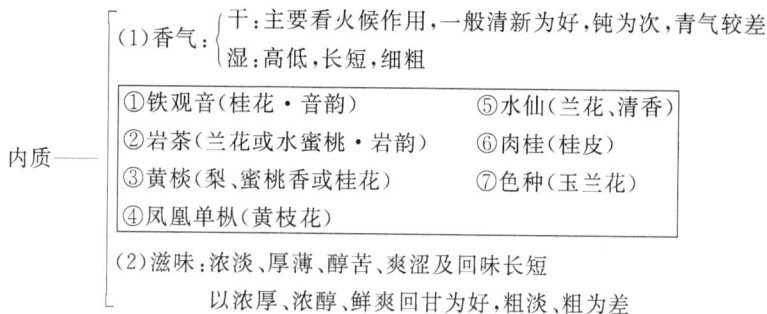

**图 3-8　乌龙茶内质鉴评要点**

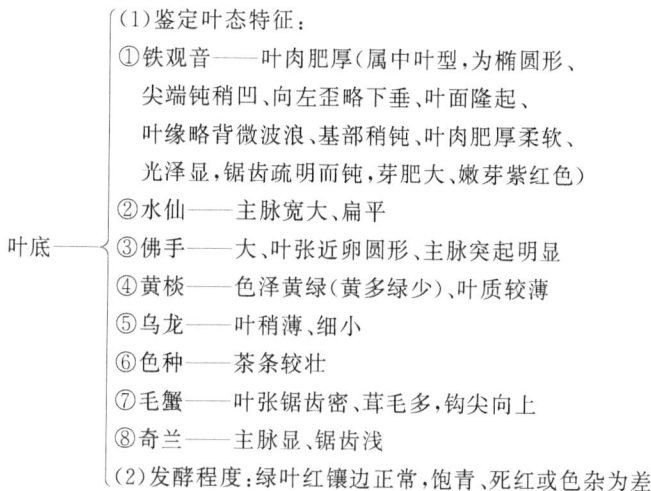

叶底

(1)鉴定叶态特征：
①铁观音——叶肉肥厚(属中叶型，为椭圆形、
尖端钝稍凹、向左歪略下垂、叶面隆起、
叶缘略背微波浪、基部稍钝、叶肉肥厚柔软、
光泽显，锯齿疏明而钝，芽肥大、嫩芽紫红色)
②水仙——主脉宽大、扁平
③佛手——大、叶张近卵圆形、主脉突起明显
④黄棪——色泽黄绿(黄多绿少)、叶质较薄
⑤乌龙——叶稍薄、细小
⑥色种——茶条较壮
⑦毛蟹——叶张锯齿密、茸毛多、钩尖向上
⑧奇兰——主脉显、锯齿浅
(2)发酵程度：绿叶红镶边正常，饱青、死红或色杂为差

**图 3-9　乌龙茶叶底鉴评要点**

乌龙茶的汤色与火候有关。俗话说："茶为君，火为臣。"一般来说，火候轻、汤色浅，火候足的、汤色深。高档茶火候轻的，香气高；低档茶火候足的，滋味纯。汤色以清澈明亮的为好，混浊、沉淀物多的为差。

乌龙干茶色泽的特有名词多，如：武夷岩茶的"三节色"，指茶条尖端扭曲带淡红色，中部乌色，尾部砂绿或蜜黄。闽南青茶的"香蕉色"，指青蒂、绿腹、蜻蜓头。砂绿指色似蛙皮绿而有光泽，属优质青茶的色泽。鳝皮色指砂绿蜜黄似鳝鱼皮色。蛤蟆背色指叶背起蛙皮状、似砂粒白点。

# 第五节　黄、白、黑茶鉴别

## 一、黄茶鉴评

黄茶审评采用"通用型茶叶感官审评方法"。黄茶因品种和加工技术不同，形状有明显差别。如君山银针以形似针、芽头肥壮、满披毛的为好，以芽瘦扁、毫少为差。蒙顶黄芽以条

扁直、芽壮多毫为上,以条弯曲、芽瘦少为差。鹿苑茶以条索紧结卷曲呈环形、显毫为佳,以条松直、不显毫的为差。黄大茶以叶肥厚成条、梗长壮、梗叶相连为好,叶片状、梗细短、梗叶分离或梗断叶破为差。评色泽比黄色的枯润、暗鲜等,以金黄色鲜润为优,色枯暗为差;评净度比梗、片、末及非茶类夹杂物含量;黄大茶干嗅香气以火功足有锅巴香为好,火功不足为次,有青闷气或粗青气为差;评内质汤色以黄汤明亮为优,黄暗或黄浊为次;香气以清悦为优,有闷浊气为差;滋味以醇和鲜爽、回甘、收敛性弱为好,苦、涩、淡、闷为次;叶底以芽叶肥壮、匀整、黄色鲜亮的为好,芽叶瘦薄黄暗的为次。

黄茶的品质要求除霍山黄大茶应具有老火香味的品质特征而外,其他黄茶的品质特征和评分标准可参照表3-9进行评定。

表3-9　黄茶评比标准(评语与评分)

| 项目 | 权数 | 甲　级 | 乙　级 | 丙　级 |
|---|---|---|---|---|
| 外形 | 30% | 芽肥壮,满披茸毫,色杏黄 | 芽欠肥壮,有茸毫,色暗绿 | 芽瘦薄,有茸毫,色灰暗 |
| 汤色 | 10% | 杏黄明亮 | 杏黄欠明、黄深 | 黄浑浊、黄暗 |
| 香气 | 20% | 浓甜香、鲜爽 | 尚甜香 | 熟闷 |
| 滋味 | 25% | 甜醇柔和 | 欠甜醇 | 闷熟味 |
| 叶底 | 15% | 显芽,匀整、黄亮 | 芽大小不一,色黄 | 黄暗 |
| 评　分 | | 94±4 | 84±4 | 74±4 |

# 二、白茶鉴评

白茶为福建特产。依茶树品种和采制方法不同,可分为"大白"、"水仙白"、"小白"三种。白茶审评方法和用具同绿茶。白茶审评重外形,评外形以嫩度、色泽为主,结合形态和净度。评嫩度比毫心多少、壮瘦及叶张的厚薄,以毫心肥壮、叶张肥嫩为佳,毫芽瘦小稀少、叶张单薄的次之,叶张老嫩不匀、薄硬或夹有老叶、蜡叶为差。评色泽比毫心和叶片的颜色和光泽,以毫心叶背银白显露、叶面灰绿,即所谓银芽绿叶、绿面白底为佳;铁板色次之;草绿、黄、黑、红色、暗褐色及有蜡质光泽为差。评形状比芽叶连枝、叶缘垂卷、破张多少和匀整度。以芽叶连枝,稍微并拢,平伏舒展,叶缘向叶背垂卷,叶面有隆起波纹,叶尖上翘不断碎,匀整的为好;叶片摊开,折皱、折贴、卷缩、断碎的为差。评净度要求不得含有籽、老梗、老叶及蜡叶。评内质以叶底嫩度和色泽为主,兼评汤色、香气、滋味。评汤色比颜色和清澈度,以杏黄、浅黄清澈明亮的佳,深黄或橙黄次之,泛红、红暗的差。香气则以毫香浓显、清鲜纯正的为好,淡薄、青臭、风霉、失鲜、发酵、熟老的为差。滋味以鲜爽、醇厚、清甜的为好,粗涩、淡薄的为差。评叶度嫩度比老嫩、叶质软硬和匀整度,色泽比颜色和鲜亮度。以芽叶连枝成朵、毫芽壮多、叶质肥软、叶色鲜亮、匀整的为好;叶质粗老、硬挺、破碎、暗杂、花红、黄张、焦叶红边的为差。

白茶成品花色有银针白毫、白牡丹、贡眉(出口名称:中国白茶)和寿眉。除少量银针白毫外,大部分产品为白牡丹和贡眉,分特级、一级、二级、三级。

## 三、黑毛茶鉴评

黑毛茶鲜叶多为一芽四叶到一芽六叶,有一定老化梗叶,不同等级的黑毛茶,老梗含量是不同的,应按品质规格要求,对照标准样审评定级。

黑毛茶外形审评方法与绿毛茶同,以嫩度和条索为主,兼评净度、色泽和干香。嫩度主要看叶质老嫩、叶尖多少。条索主要看松紧、弯直、圆扁、皱平、下盘茶比例及茶叶身骨轻重。以条索紧卷、圆直为上,松扁、皱折、轻飘为下。净度看黄梗、浮叶和其他夹杂物含量。色泽看润枯、匀杂,以油黑为上,花黄绿色或铁板色为差。嗅干香以区别纯正、高低、有无火候香和悦鼻的松烟香味,以有火候香带松烟香为好;火候不足或烟气太重较次;粗老气、香低微或有日晒气为差;有烂、馊、酸、霉、焦和其他异气为劣。

开汤审评时称取样茶 7 克,放入白瓷碗中,冲沸水 350 毫升,加盖泡 10 分钟,用竹筷或小铜丝网将叶底捞出,放入碗盖上,并将茶汤旋转搅动,使沉淀集中碗底,然后评审内质。评定香气以松烟香浓厚为佳,检查有无日晒、馊、酸、霉、焦等气味及其程度。汤色以橙黄明亮为好,清淡混浊者为差。滋味以紧口(微涩)后甜为好,粗淡苦涩为差。叶底主要看嫩度和色泽,以黄褐带青色、叶底一致、叶张开展、无乌暗条为好,以红绿色和红叶花边为差。

## 四、普洱茶鉴评

普洱茶产自云南的思茅市、西双版纳州、临沧市,例如西双版纳的易武、勐海的布朗山、思茅澜沧的景迈山等地,其原料是云南大叶种鲜叶,经加工而成的。由于原料有古树茶、台地茶、春茶、秋茶之分,同时各产地的气候、土壤、植被等不同以及加工方法有异,普洱茶的品质各有特色,如何辨别其品质优次,可从如下几个方面进行鉴别。

(1)色泽:主要看汤色的深浅、明亮。优质的云南普洱散茶,泡出的茶汤红浓明亮,有"金圈",汤上面有看起来似油层的膜,优质的普洱茶(熟普)叶底呈现褐红色;质次的,茶汤红而不浓,欠明亮,往往还会有尘埃状物质悬浮,有的甚至发乌、黑、暗,俗称"酱油汤"。优质的生普,色泽橙黄、清亮透明;质次的,色泽黄红,汤色昏暗。

(2)香气:主要采取热嗅和冷嗅。优质的云南普洱散茶的干茶陈香显露(有的会含有菌子干香、中药香、干桂圆香、樟香或木香等),热嗅香气浓郁且纯正,冷嗅香气悠长,有一种很甜爽的味道;质次的则香气低,有的夹杂酸、馊味、铁锈水味或其他杂味,也有的是"青霉味"、"腐败味"。

(3)味道:主要是从滑口感、回甘感和润喉感来感觉。优质的滋味浓醇、滑口、润喉、回甘,舌根生津,清爽滑润,醇和、甘甜、生津而千变万化;质次的则滋味平淡,不滑口,不回甘,舌根两侧感觉不适,甚至产生"涩麻"感。

(4)干看:看茶叶的条形是否完整,是否紧结和清晰。叶老或嫩,老叶较大,嫩叶较细。优质茶干嗅气味兼看干茶色泽和净度,无异、杂味,色泽棕褐或褐红(猪肝色),具油润光泽,褐中泛红(俗称红熟),条索肥壮,断碎茶少;质次的则稍有陈香或只有陈气,甚至带酸馊味或其他杂味,条索松紧不完整,色泽黑褐、枯暗无光泽。生普的外形匀称、条索紧结、色泽呈青棕或棕褐、油光润泽,用手轻敲茶饼声音清脆;熟普的外形匀称、条索紧结、清晰,色泽褐红、光泽油润。

---

# 第六节 再加工茶鉴别

## 一、花茶鉴别

花茶又叫熏花茶,或称香片。不同茶类各有适窨的香花,如绿茶宜于窨茉莉、珠兰、白兰、玳玳,红茶宜于窨玫瑰,青茶宜窨桂花、树兰花等。

花茶鉴评的种类有:茶坯(素坯)审评、在窨品审评和成品审评三类。其中,在窨品审评又分为:(1)通花审评(含水量11%～13%);(2)湿坯审评(15%～18%);(3)复花坯审评(烘干)。花茶素坯原料是用烘青茶加工的(忌炒青),其外形审评对照全国花茶级型坯标准样。要求:外形条索紧直、嫩度有锋毫、色泽绿润、茶条完整;内质香气清高,汤色清亮,滋味鲜醇,叶底嫩绿明亮、完整。茶坯审评的目的是为拼配和通花量等提供依据,如:叶质厚,坯加花量;烟茶,提高通花温度等。

花茶评比条索、嫩度、整碎和净度,窨花后的条索比素坯略松,色稍带黄属正常。汤色一般比素坯深,但滋味较醇,叶底着重评嫩度和匀度。花茶品质以香味为主,通常从鲜、浓、纯三个方面来评定。

### (一)花茶鉴评要点

花茶鉴评以香气、滋味为主(外形20、香40、味30、汤5、底5)。其中,香气重点评下列三度:

(1)鲜灵度(占40%)——与鲜花质量、窨堆薄、通花量、起花及时供氧等有关。重点是与"提花"工序有关。

(2)浓度(占40%)——与窨花次数有关。多窨多泡(特级三泡,二级二泡,三级下一泡),头窨花;茶比80%,玉兰打底0.5%～0.7%。

(3)纯度(20%)——花、茶香协调,茉不透兰,茶无闷、水汽、酵、焦火味等。

花茶的香气与滋味息息相关,一般香气鲜、滋味醇,香气浓、滋味厚,香气纯正、滋味细腻。如:茉莉(香味)清芳醇和,玉兰(香味)浓厚强烈,珠兰(香味)清幽纯正,柚子(香味)清爽纯和,玳玳(香味)浓厚持久,玫瑰(香味)甘甜纯厚,桂花(香味)清郁幽雅。

### (二)花茶鉴评方法

花茶内质审评法:单杯法和双杯法,每杯法又分一次冲泡和两次冲泡。

(1)单杯一次冲泡法。充分拌匀茶样,取一小撮置白纸上,用尖头镊子拣剔花枝、蕊、瓣、蒂等花渣后,从中称取3克,用150毫升杯碗(下同),冲泡5分钟,开汤后先看汤色是否正常,如汤色过分黄暗,说明窨制有问题,汤色要看得快;接着趁热嗅香有无鲜灵度,温嗅浓度和纯度并结合滋味审评,上口时评滋味鲜爽度,要花香味上口快且爽口,在舌尖打滚时评浓醇。最后冷嗅香气,评香气持久性。

（2）单杯二次冲泡法。即一杯开汤样分 2 次冲泡，第一次冲泡 3 分钟，审评香气的鲜灵度、滋味鲜爽度。第二次冲泡 5 分钟，评香气的浓度和纯度，滋味为浓、醇度。

（3）双杯一次法泡法。同一茶样称取 2 份，两杯同时一次冲泡，时间为 5 分钟，把茶汤倒入碗中，然后热嗅香气的鲜灵度和浓、纯度，再冷嗅香气持久性。

（4）双杯二次冲泡法。同一茶样称取 2 份，分 2 次冲泡，鉴评的内容同（2）。双杯平行评定，克服取样误差。在样品较多时，嗅香由先低后高次序为好。

# 二、压制茶鉴别

压制茶又称紧压茶，是由毛茶或精茶经外力压制而成的再加工产品。压制茶品类多、品质各异，以黑毛茶、红茶、绿茶三大茶类为原料，主要特点是半成品茶都要经过汽蒸，然后压制成各种不同的形状，有砖形、方形、圆饼形、碗形、枕形、篓装等。

审评分干评和湿评，同时还鉴定单位重量（出厂标准正差 1%，负差 0.5%）、含梗量和含杂量。压制茶内质鉴评分冲泡法和煮渍法两种，如湘尖、六堡茶、紧茶、饼茶、沱茶等均用冲泡法，黑砖、茯砖、青砖、花砖、米砖、康砖、金尖、方包均用煮渍法。一般冲泡法的茶水比例为 1∶50，煮渍法为 1∶80。

## （一）压制茶鉴评要点

1. 外形
（1）分里面茶：如青砖、米砖、康砖、紧茶、圆茶、饼茶、沱茶。
评：匀整度——端正、棱角、压模纹理；
　　松紧度——厚度、大小一致、适度；
　　洒　面——包心外露、起层落面、面茶分布均匀。
（2）不分里面茶：如黑砖、花砖、茯砖、金尖及湘尖、六堡茶。
评：梗叶老嫩、匀整、松紧、嫩度、色泽、净度。
2. 内质
汤色——红、明亮度；
香气——除方包茶有焦烟气外，无异气；
滋味——忌：异、青、涩、馊、酸、霉等；
叶底——色泽、含梗量。

## （二）压制茶鉴别

1. 外形鉴别
外形审评应对照标准样进行实物评比。
（1）分里面茶。匀整度看形态是否端正、棱角是否整齐、压模纹理是否清晰。松紧度看厚薄、大小是否一致，紧厚是否适度。洒面看是否包心外露，起层落面，洒面茶应分布均匀。再将个体分开，检视梗子嫩度，里茶或面茶有无腐烂，夹杂物等情况。
（2）不分里面茶。筑制成篓装的茶，外形评比梗叶老嫩及色泽，有的评比条索和净度。压制成砖茶，外形评比匀整、松紧、嫩度、色泽、净度等项。匀整即形态端正，棱角整齐，模纹清晰，有无起层落面；松紧指厚薄、大小一致；嫩度看梗叶老嫩；色泽看油黑程度；净度看筋梗、片、末、朴、籽的含量以及其他夹杂物。条索如湘尖、六堡茶是否成条，茯砖加评"发花"状况，以金花茂盛、普遍、颗粒大的为好。

鉴评外形的松紧度，黑砖、青砖、米砖、花砖是蒸压越紧越好，茯砖、饼茶、沱茶就不宜过紧，松紧要适度。鉴别色泽：金尖要猪肝色，紧茶要乌黑油润，饼茶要黑褐色油润，茯砖要黄褐色，康砖要棕褐色。

2.内质审评

汤色比红、明度，花砖、紧茶呈橘黄色，沱茶要橙黄明亮，方包为深红色，康砖、茯砖以橙黄或橙红为正常，金尖以红带褐为正常。香味：米砖、青砖有烟味是缺点，方包茶有焦烟气味都属正常。滋味鉴别是否有青、涩、馊、霉等。叶底色泽：康砖以深褐色为正常，紧茶、饼茶以嫩黄色为佳。含梗量：米砖不含梗子，青砖、黑砖、花砖、紧茶、饼茶按品质标准允许含有一定比例的当年生嫩梗，不得含有隔年老梗。

## (三)各类压制茶成品的规格(见表3-10)

**表3-10 各类压制茶成品的外形规格和内质要求**

| 成品茶 | 单位 | 外形规格 | | | 内质要求 | | | |
|---|---|---|---|---|---|---|---|---|
| | | 形状 | 尺寸(cm) | 色泽 | 香气 | 滋味 | 汤色 | 叶底 |
| 特制茯砖 | 片 | 砖形 | 35×18.5×5 | 黑褐 | 纯正 | 纯厚 | 红黄明亮 | 黑褐尚匀 |
| 湘茯砖茶 | 片 | 砖形 | 35×18.5×5 | 黄褐 | 纯正 | 纯和 | 红黄尚亮 | 黑褐粗老 |
| 川茯砖茶 | 片 | 砖形 | 35×22×5.5 | 黄褐 | 纯正 | 纯和 | 红尚亮 | 棕褐 |
| 黑砖茶 | 片 | 砖形 | 35×18×3.5 | 黑褐 | 纯正 | 浓厚微涩 | 深黄微暗 | 暗褐欠匀 |
| 花砖茶 | 片 | 砖形 | 35×18×3.5 | 黑褐 | 纯正 | 浓厚微涩 | 红黄 | 尚匀 |
| 康砖茶 | 块 片 | 枕形 砖形 | 6×9×16 | 黄褐 黄褐 | 醇香 醇香 | 纯尚浓 纯尚浓 | 红尚亮 红尚亮 | 深褐稍花 深褐稍花 |
| 青砖茶 | 片 | 砖形 | 34×17×4 | 青褐 | 纯正 | 纯和 | 黄红尚亮 | 暗褐 |
| 紧茶 | 片 | 薄砖 | 15×10×2 | 乌润 | 尚醇 | 醇和尚厚 | 黄红 | 欠匀 |
| 金尖茶 | 块 片 | 枕形 方砖 | 30×18×11 | 棕褐 棕褐 | 带油 带油 | 纯正 纯正 | 红带褐 红带褐 | 棕褐微黄 黄褐微黄 |
| 方包茶 | 篓 | 篓包 | 68×50×32 | 黄褐 | 带烟 | 纯正 | 红黄 | 黄褐 |
| 六堡茶 | 篓 | 柱篓 | 直径53,高57 | 黑润 | 醇陈 | 甘醇 | 红浓 | 铜褐 |
| 湘尖茶 | 篓 | 方篓 | 58×35×50 | 黑润 | 纯正 | 尚浓 | 橙黄 | 黄褐 |
| 米砖茶 | 片 | 薄砖 | 24×19×2 | 乌黑 | 纯和 | 淡微涩 | 深红 | 红暗 |
| 饼茶 | 饼 | 饼形 | 直径11.6,边厚1.3,心厚1.6 | 灰黄 | 纯正 | 浓微涩 | 黄明 | 稍花 |
| 圆茶 | 饼 | 饼形 | 直径20,边厚1.3,心厚2.5 | 乌润 | 清纯 | 醇带陈 | 橙黄 | 尚嫩匀 |
| 方茶 | 块 | 四方 | 10×10×2.2 | 乌绿 | 纯正 | 浓厚微涩 | 黄明 | 暗绿尚匀 |
| 沱茶 | 只 | 碗臼 | 直径8.3,高4.3 | 暗绿 | 纯正 | 浓厚甘纯 | 黄亮 | 嫩匀 |

## 三、速溶茶鉴别

速溶茶是一类速溶于水、水溶后无茶渣的茶叶饮料,可分为纯茶速溶茶和调味速溶茶两种。速溶茶原料来源广泛,既可用鲜叶直接加工,又可用成品茶叶副产品再加工而成。

速溶茶鉴评外形评比形状和色泽。形状有颗粒状(包括珍珠形和不定形颗粒)、碎片状和粉末状。不论哪种形状的速溶茶,其外形颗粒大小、匀齐度和疏松度是鉴定速溶茶的主要物理指标,最佳的颗粒直径为 $200\sim500~\mu m$,具 $200~\mu m$ 以上需达 $80\%$,$150~\mu m$ 以下的不能超过 $10\%$。一般容重在 $0.06\sim0.17$ 克/毫升,疏松度以 $0.13$ 克/毫升最佳,这样的造型外形美观、速溶性好;造型过小溶解度差;过大则松泡易碎。颗粒状要求大小均匀,呈空心状,互不黏结,装入容器内具有流动性,无烈崩现象。碎片状要求片薄而卷曲,不重叠。速溶茶最佳含水量在 $2\%\sim3\%$,存放处相对湿度最好在 $60\%$ 以下,否则容易吸潮结块,影响速溶性。色泽要求速溶红茶为红黄、红棕、红褐色,速溶绿茶呈黄绿色或黄色,都要求鲜活有光泽。

内质冲泡方法:迅速称取 $0.75$ 克速溶茶两份(按制率 $25\%$ 计算,相当于 $3$ 克干茶)。用角匙、称样白纸,置于干燥、无色透明的带刻度玻璃杯中,分别用 $150$ 毫升冷开水($15℃$)和沸水冲泡,审评速溶性、汤色和香味。

速溶性一般指在 $15\sim20℃$ 条件下的迅速溶解的特性。溶于 $10℃$ 以下者称为冷溶速溶茶,溶于 $40\sim60℃$ 者称为热溶速溶茶。凡溶解后无浮面、沉淀现象者为速溶性好,可作冷饮用;凡颗粒悬浮或块状沉结杯底者为冷溶度差,只能作热饮。汤色要求冷泡清澈,速溶红茶红亮或深红明亮,速溶绿茶要求黄绿明亮;热泡要求清澈透亮,速溶红茶红艳,速溶绿茶黄绿或黄而鲜艳,凡汤色深暗、浅亮或浑浊的都不符合要求。香味要求具有原茶风格,有鲜爽感,香味正常,无酸馊气、熟汤味及其他异味,调味速溶茶按添加剂不同而异,如柠檬速溶茶除具有天然柠檬香味,还有茶味,甜酸适合,无柠檬的涩味。无论何种速溶茶,均不能有其他化学合成的香精气味。

## 四、袋泡茶鉴别

袋泡茶是在原有茶类基础上,经过拼配、粉碎、用滤纸包装而成的。目前已面市的袋泡茶种类较多,有红茶、绿茶、乌龙茶、花茶及各种拼配的保健茶、药茶等,大致可分为普通型、名茶型、营养保健型三大类。这些产品中,绝大部分采用袋泡茶包装机自动包装,少数用机械结合手工包制。

袋泡茶外形看包装。袋泡茶的冲饮方法是带内袋冲泡,首先检查袋泡茶的重量是否符合外包装标签上的净重(正负差 $\leqslant5\%$),审评时不必开包破袋倒出茶叶看外形,而是要检评包装材料、包装方法、图案设计、包装防潮性能及所使用的文字说明是否符合食品通用标准。

开汤审评主要评其内质的汤色、香气、滋味和冲泡后的内袋。汤色评比茶汤的类型(或色度)和明浊度。同一类茶叶,茶汤的色度与品质有较强的相关性。同时,失风受潮、陈化变质的茶叶在茶汤的色泽上反映也较为明显。汤色明浊度要求以明亮鲜活的为好,陈暗少光泽的为次,混浊不清的为差。香气主要看纯异、类型、高低与持久性。袋泡茶除添加其他成分的保健茶外,一般均应具有原茶的良好香气,而添加了其他成分的袋泡茶,香气以协调适宜、能正常被人接受为佳。袋泡茶因多层包装,受包装纸污染的机会较大。因此,鉴评时应注意有无异气。如是香型袋泡茶,应评其香型的高低、协调性与持久性。滋味则主要从浓淡、爽涩等方面评判,根据口感的好坏判断质量的高低。冲泡后的内袋主要检查滤纸袋是否完整不裂,茶渣能否被封包于袋内而不溢出,检查提线是否脱离包装。

优质产品:包装上的图案、文字清晰。内外包装齐全,外袋包装纸质量上乘,防潮性能好。内袋长纤维特种滤纸网眼分布均匀、大小一致。滤纸袋封口完整,用纯棉本白线作提线,线端有品牌标签,提线两端定位牢固,提袋时不脱落。袋内的茶叶颗粒大小适中,无茶末黏附滤纸袋表面。未添加非茶成分的袋泡茶,应有原茶的良好香味,无杂异气味,汤色明亮无沉淀,冲泡后滤纸袋胀而不破裂。

中档产品:可不带外袋或无提线上的品牌标签,外袋纸质较轻,封边不很牢固,有脱线现象。香味虽纯正,但少新鲜口味,且不具备包装标签上注明该茶类的香味,汤色亮但不够鲜活。冲泡后滤纸袋无裂痕。

低档产品:包装用材中缺项明显,外袋纸质轻,印刷质量差。香味平和,汤色深暗,冲泡后有时会有少量茶渣漏出。无保质锡箔涂塑袋,内置茶末质量差。

不合格产品:包装不合格,汤色混浊,香味不正常,有异气味,冲泡后散袋。

# 本章小结

茶叶质量的鉴别,目前仍以感官审评为主,即通过人的感官感受对茶叶的外形和内质进行鉴定,从而确定其品质优次和级别高低。因此,茶叶审评人员的业务素质是实现茶叶质量审评客观公正的重要保证。茶叶质量具有不均匀的特性,审评茶叶必须选取有代表性的茶样,不同的茶叶有不同的取样方法。茶叶审评,对审评人员和审评条件都有很高的要求,同时也与操作技术要领的熟练掌握有很大关系。"五因子审评法"是目前通用的茶叶审评方法。

**练习题**

1. 茶叶鉴评的程序有哪些?
2. 茶叶鉴评八项因子的主要内容有哪些?
3. 名优绿茶一般具有哪些方面优势?
4. 成品乌龙茶与青毛茶在审评方法和要求上有哪些不同点?
5. 简述工夫红茶的鉴评要点。

# 第四章

# 茶汤品饮技巧

──────────●  **本章学习重点**  ●──────────

1. 重点掌握传统式、大众式、特殊法茶汤品饮技巧。
2. 重点掌握泡茶水温、茶水比对茶汤品饮的影响。
3. 掌握视觉、味觉、嗅觉生理特点。
4. 掌握泡茶用水的水质、冲泡时间、冲泡器具选择等对茶汤品饮的影响。
5. 了解茶叶形状、色泽、香气、滋味的化学组成。

　　茶汤的品饮借助于人的视觉、嗅觉、味觉等感受器官,对茶汤的色泽、香气、滋味等感官品质进行品评。茶叶的品饮方法发展至今,形成了煮茶、煎茶、点茶、泡茶等品饮方法。各品饮方法,一般需要备具、备茶、备水、冲泡和品饮等,泡茶用水、茶量、水温和器具等因素会在不同程度上影响泡茶的结果。本章阐述了当代泡茶的茶汤品饮技巧。

## 第一节　茶汤品饮的生理学基础

　　茶汤品饮过程主要借助于人的视觉、嗅觉、味觉等感觉器官对茶汤的色泽、香气、滋味的品鉴,品饮该茶汤的风味。

### 一、视觉生理特点

　　在茶汤品饮中,视觉对于辨识茶叶色泽,包括外形和叶底的色泽、汤色以及茶叶的外形,起着重要的作用。

#### (一)视觉的产生

　　光作用于视觉器官,使其感受细胞兴奋,其信息经视觉神经系统加工后便产生视觉。视觉的适宜刺激波长为380~780 nm电磁波,这部分电磁波仅占全部光波的1/70,属于可见光部分。在完全缺乏光源的环境中,就不会产生视觉。我们所见的光多数为反射光。

## (二)视觉的敏感性

据研究,至少有80％以上的外界信息经视觉获得,视觉是人和动物最重要的感觉。通过视觉,人和动物感知外界物体的大小、颜色、明暗、动静,从而获得对机体生存具有重要意义的各种信息。

在不同的光照条件下,眼睛对被观察物的敏感性是不同的。人从亮处进入暗室时,最初任何东西都看不清楚,经过一定时间,逐渐恢复了暗处的视力,称为暗适应。相反,从暗处到强光下时,最初感到一片耀眼的光亮,不能视物,稍等片刻才能恢复视觉,这称为明适应。

在光线明亮处,人眼可以看清物体的外形和细节,并能分辨出不同颜色。在光线暗弱处,人的眼睛只能看到物体的外形,而且无彩色视觉,只有黑、白、灰。因此,在茶汤品饮中,应充分考虑到光照对视觉的影响。

# 二、嗅觉生理特点

嗅觉是辨别各种气味的感觉。长期以来,嗅觉一直是我们所有的感觉中最为神秘的东西。饮食中,嗅觉与味觉感官的配合,嗅觉的作用是不可或缺的。

## (一)嗅觉的产生

嗅觉器官位于鼻腔。嗅觉的感受器是嗅细胞,它存在于鼻腔上端的嗅黏膜中。正常呼吸时,气流携带挥发性物质分子进入鼻腔,嗅细胞接受外界刺激,便产生嗅觉。

人们普遍认为,能够引起嗅觉的物质必须具备两个条件:第一,这种物质必须是挥发性的,可将它的分子释放到空气中。第二,它必须微溶于水,这样才能穿过覆盖在嗅觉感受器官上的黏膜。

## (二)嗅觉的特点

嗅觉具有适应性,如"入芝兰之室,久而不闻其香"。

嗅觉的个体差异很大,有的人嗅觉较敏锐,有的嗅觉稍迟钝。研究发现,嗅觉敏锐者并非对所有气味敏感,而是针对特定的气味类型。一般情况下,强刺激的持续作用使嗅觉敏感性降低,微弱刺激的持续作用使嗅觉敏感性提高。嗅细胞容易疲劳,身体疲倦或营养不良都会引起嗅觉功能下降。因此,在茶汤品饮中,应尽量避免嗅觉疲劳。

一般的固体物质,除非在日常气温下能把分子释放到周围空气中去,否则是不能引起嗅觉的。液体的气味同样只有变成蒸汽后才能刺激嗅觉。因此,我们感受到强烈的气味,往往都具有较高的蒸汽压力。因此,泡茶选用较高的水温,嗅觉感到的茶香就比较明显。

## 三、味觉的特点

### (一)味觉的产生

味觉的感受器是味蕾,主要分布在舌背部表面和舌侧缘,口腔和咽部黏膜的表面也有散在的味蕾存在。每一味蕾由味觉细胞和支持细胞组成。味觉细胞顶端有纤毛,称为味毛,由味蕾表面的孔伸出,是味觉感受的关键部位。水溶性的物质刺激味觉细胞,使其兴奋,由味觉神经传入神经中枢,进入大脑皮层,从而产生味觉。

### (二)味觉的特点

关于味的分类,各国有一些差异,但"甜、酸、咸、苦"被公认为是四种基本味觉。而辣味是一种呈味物质刺激口腔及鼻腔黏膜引起的痛觉。涩味是物质使舌黏膜收敛引起的感觉。鲜味是由如谷氨酸等化合物引发的一种味觉,中日两国的烹饪理论中,鲜味是一个很基础的要素,但在西方却不认同这一味觉。

舌表面不同部位对不同味刺激的敏感程度不一样。人的舌尖部对甜味道比较敏感,舌后两侧对酸味比较敏感,舌两侧前部对咸味比较敏感,而软腭和舌根部对苦味比较敏感。

不同年龄的人对呈味物质的敏感性不同。随着年龄的增长,味觉逐渐衰退。研究表明,儿童味蕾较成人为多,老年时因萎缩而逐渐减少。另外,味觉的敏感度往往受食物或刺激物本身温度的影响。在30℃时,味觉的敏感度最高。

# 第二节　茶叶的品质化学组成

感官鉴别茶叶品质的优劣,包括看外形、嗅香气、看汤色、尝滋味、评叶底。

# 一、茶叶色泽

茶叶色泽包括干茶色泽、汤色和叶底色泽,它们是茶叶中多种有色物质(色素)的综合反映。茶叶外形和叶底的色泽由脂溶性和水溶性色素共同决定,而汤色主要由水溶性色素构成。

这些物质按其来源分为:(1)天然色素,包括叶绿素、类胡萝卜素、花黄素、花青素;(2)加工过程中形成的色素,包括茶黄素类、茶红素类、茶褐素类等。

按其溶解性分为:(1)水溶性色素:花黄素、花青素、茶黄素、茶红素、茶褐素等;(2)脂溶性色素:叶绿素、胡萝卜素等。

## （一）脂溶性色素

（1）叶绿素。叶绿素主要存在于茶树叶片中，茶鲜叶中的叶绿素约占茶叶干重的0.3%～0.8%。叶绿素总量因品种、季节、成熟度而异，一般情况下，其含量中小叶种＞大叶种，成熟叶＞嫩叶＞老叶。叶绿素主要构成干茶色泽和叶底色泽，并以微细的胶质状悬浮于茶汤中，影响茶汤色泽。

（2）胡萝卜素。胡萝卜素类为橙黄色，茶叶中的含量为0.06%。其含量：成熟叶＞嫩叶，高山茶＞平地茶。主要影响干茶外形色泽和叶底色泽。

## （二）水溶性色素

（1）茶黄素类（Theaflavins，TFs）。由茶多酚氧化形成。构成干茶外形色泽，也是红茶汤色"亮"和"金圈"的主要物质。易溶于水，水溶液呈鲜明的橙黄色，有较强的刺激性。

（2）茶红素类（Thearubigins，TRs）。由茶黄素氧化形成，是一类复杂的红褐色酚性化合物，是红茶氧化产物中最多的一类物质，在红茶中的含量约为6%～15%（干重）。构成干茶外形色泽和叶底色泽，溶于水呈深红色，是红茶汤色"红"的主要物质。

（3）茶褐素类（Theabrownine，TB）。由茶红素进一步氧化聚合而成，分子量较大。其含量一般占红茶干物质的4%～9%。高温缺氧发酵，是茶褐素积累的重要原因。茶褐素构成干茶外形色泽和叶底色泽，溶于水呈深褐色，是红茶汤色"暗"的主要物质。

（4）黄酮类（Flavone）。也称花黄素，占茶叶干重的2%～5%。花黄素呈黄色，在加工中转化为棕黄色或棕红色，导致绿茶干茶或叶底色泽暗黄或泛红。花黄素一般都难溶于水，在加工中形成黄酮苷类，在水中的溶解度增大，溶于水呈黄色，与绿茶茶汤黄色有关。

（5）花青素（Anthocyanidins）。又称花色素，是一类性质较稳定的物质，是构成花瓣和果实颜色的主要色素之一。一般茶叶中其含量占干物重的0.01%左右，而在紫芽茶中则可达0.5%～1.0%。夏季较容易形成花青素。花青素构成茶叶干茶和叶底色泽、茶汤汤色，含量高时导致绿茶干茶发暗。

# 二、茶叶香气

迄今为止，茶叶中已鉴定出的香气物质约有700种，但主要成分仅有数十种。其中，鲜叶中有近100种，绿茶中有200多种，红茶中有400多种。随着分析检测技术及研究的深入，新的茶叶香气物质不断被发现。

茶叶芳香物质的组成包括：碳氢化合物、醇类、酮类、酸类、醛类、酯类、内酯类、过氧化物类、含硫化合物类、吡啶类、吡嗪类、喹啉类、芳胺类。其主要的成分包括：

（1）青叶醇。高浓度时有强烈的青草气，低浓度时有清香感。加工过程中，随着温度的升高，低沸点的青叶醇不断挥发和转化，使鲜叶由青草气转为茶的清香。一般在春茶中含量较高，是新茶香的代表物质之一。

（2）芳香族醇类。具有类似花香或果香，沸点较高。如：苯甲醇具微弱的苹果香气，苯乙醇具有玫瑰香气，苯丙醇具有微弱的似水仙花的香味。

（3）萜烯醇类。具有花香或果实香，沸点高。如：芳樟醇具百合花或玉兰花香气；香叶醇、橙花醇、香草醇具有不同浓度的玫瑰香气；橙花叔醇具有花木香和水果百合香气，是乌龙茶及花香型高级名优绿茶的主要香气成分。

(4)醛类。壬醛具玫瑰花香,十二醛有花香,苯甲醛具有苦杏仁香气,肉桂醛具肉桂香气,橙花醛有浓厚的柠檬香。

(5)其他。α—紫罗酮、β—紫罗酮具有紫罗兰香,苯乙酸苯甲酯具有蜂蜜香,茉莉内酯具有茉莉花香,二氢海葵内酯具有甜桃香,二甲硫具有新茶香,噻唑、吡嗪类、吡咯类具有烘炒香。

不同的茶类呈现出不同的茶香特点,茶香是不同芳香物质以不同浓度组合,并对嗅觉神经综合作用所形成的茶叶特有香型。茶香极易挥发,对光、热、氧化极敏感,易转化损失。

# 三、茶叶滋味

作为饮品,茶叶的饮用价值主要体现与溶解在茶汤中对人体有益的物质的含量多少,及其呈味物质的比例是否适合消费者的口感要求。目前学界认为,影响茶汤滋味的主要物质有茶多酚、氨基酸、咖啡碱、糖类等,这些物质都有各自的滋味特征,其含量不同将导致感觉上的差异。茶汤中的主要呈味物质及呈味特点如表 4-1 所示。

表 4-1 茶汤中的主要呈味物质及呈味特点

| 呈味物质 | 滋 味 | 呈味物质 | 滋 味 |
|---|---|---|---|
| 茶多酚 | 苦涩味 | 氨基酸 | 鲜甜 |
| 花青素 | 苦味 | 谷氨酸 | 鲜甜带酸 |
| 没食子酸 | 酸涩味 | 甘氨酸 | 甜味 |
| 茶黄素 | 刺激性强,鲜爽 | 丙氨酸 | 甜味 |
| 茶红素 | 刺激性弱,甜醇 | 茶皂素 | 味苦而辛辣 |
| 茶褐素 | 味平淡,稍甜 | 可溶性糖 | 甜味 |
| 咖啡碱＋茶黄素 | 鲜爽 | 果胶 | 味厚感 |
| 咖啡碱 | 苦味 | 维生素 | 酸味 |
| 草酸等有机酸 | 酸味 | 琥珀酸 | 鲜味 |

## (一)苦味

茶汤中呈苦味的物质主要有:花青素、咖啡碱、茶皂素。

花青素:夏季茶树中的花青素合成较多,因此导致夏暑绿茶苦味较重。有些品种的花青素含量较高,如紫鹃。

咖啡碱:在茶叶中一般含量为 $2\%\sim4\%$,但一些特异资源中的咖啡碱含量高于 $5\%$,如东河大叶茶、曼喷龙大叶茶、双江筒状大叶茶、弄岛青茶等。

另外,有些低咖啡碱的茶树品种,其含量低于 $1\%$。咖啡碱溶于水,呈苦味,是茶叶重要的滋味物质,但与茶多酚氧化物(茶黄素、茶红素)以氢键缔合后形成的复合物具有鲜爽味。

茶皂素:在茶树中分布不均匀,主要分布于茶树根部。茶皂素能溶于水,但难溶于冷水。溶于水味苦而辛辣,因此茶叶的冲泡中有刮沫的做法。

## （二）苦涩味

苦涩味主要由茶多酚引起。茶多酚是一类存在于茶树中的多元酚的混合物，亦称"茶鞣质"、"茶单宁"。大部分能溶于水，其含量随品种、老嫩、季节等而异，茶鲜叶中的含量一般在18％～36％，在新梢中的含量高于老叶，夏季含量高于秋季和春季，大叶种含量高于中小叶种。

## （三）鲜味

鲜味可以减轻茶汤的苦涩味。呈味物质有游离氨基酸、茶黄素、儿茶素与咖啡碱的络合物等。

茶氨酸（Theanine）是茶树中一种比较特殊的在一般植物中罕见的氨基酸，是茶叶的特色成分之一。除了在一种蕈及茶梅中检出外，在其他植物中尚未发现。茶氨酸在根部合成，生长季节能迅速运输到地上部生长点，是茶树中含量最高的游离氨基酸，占茶叶游离氨基酸总量的50％左右，极易溶于水。嫩茎中茶氨酸含量高于叶。一般茶叶中茶氨酸的含量占干重的1％～2％，某些名特优茶含量可超过2％。

## （四）甜味

甜味不是茶汤的主体滋味，但是甜味能在一定程度上缓解茶的苦涩味。茶叶中主要的甜味成分有可溶性糖类、部分氨基酸和茶红素等。

## 四、茶叶形状

我国茶叶种类众多，茶叶形状丰富多彩，既能饮用，又具有欣赏价值。

与形状有关的主要成分有：纤维素、木质素、果胶、可溶性糖、水分等。水溶性果胶和可溶性糖具有黏性，利于造型。纤维素和木质素使叶子变硬脆、松散。含水量过高或过低均不利于条索卷紧。

# 第三节　当代茶叶的品饮方法

## 一、大众式品饮

茶叶的品饮方法伴随着茶类的发展而不断演化，现代茶叶的品饮主要采用泡茶法，即将茶置于茶壶或茶盏中，以沸水冲泡的简便方法。泡茶法酝酿于明朝前期，正式形成于明朝后期（16世纪末），鼎盛于明朝后期至清朝前中期，此法沿用至今。所用的茶具一般可按其选型分为碗、盏、壶、杯等几类。泡茶法包括小壶茶法、盖碗茶法、大杯茶法、大桶茶法等。

## （一）小壶茶法

小壶茶法，是指以小型壶具冲泡叶形茶（非末茶，但含紧压茶），装一次茶叶冲泡一至数道，倒出茶汤以供品饮的泡茶方法。茶壶的容量大约在 400 毫升以内。小壶茶法又根据搭配的杯子大小与数量分为单杯壶、二杯壶、四杯壶、六杯壶等。小壶茶的基本配具包括：壶、船、垫、盅、杯、托。

小壶茶法可以冲泡绿茶、乌龙茶、红茶、普洱茶，其基本程序包括备水、温壶、备茶、识茶、赏茶、温盅、置茶、闻香、冲泡、计时等 24 道程序。

## （二）盖碗茶法

盖碗是一种上有盖、下有托、中有碗的茶具。盖为天、托为地、碗为人，又称"三才碗"。

盖碗茶法主要包括两种形式：一是以盖碗泡茶兼品饮，将茶叶放入碗内，冲水、浸泡后直接以盖碗品饮茶汤；二是以盖碗为"壶"，将茶叶放入碗内，冲水、浸泡后，将茶汤倒入茶盅内或分倒入杯。

盖碗茶的茶盖放在碗内，若要茶汤浓些，可用茶盖在水面轻轻刮一刮，使整碗茶水上下翻转，轻刮则淡，重刮则浓。茶叶品饮讲究"察色、嗅香、品味、观形"。与壶泡茶相比，盖碗泡茶更利于察色、观形及调节茶汤浓淡。同时，水温过高时可以打开盖子让其降温，防止茶叶因温度过高而闷坏。另外，盖碗茶法的置茶、去渣、清洗也比茶壶方便。

## （三）大桶茶法

大桶茶是指一次冲泡大量的茶汤，将茶叶分离后，同时供许多人品饮的泡茶法。原则上以装一次茶叶冲泡一次为基础。例如有十人左右，利用一把大茶壶泡一次茶，将茶汤倒于另一把茶壶内备用，或用过滤网的方式将茶渣取出，都属于大桶茶的范围。

大桶茶的茶水比例可依评茶鉴定杯的方式推算，审评杯的茶水比例为 1：50，即 3 克的茶用 150 毫升沸水冲泡，浸泡 5 分钟左右。因为在茶水比例为 1：50，冲泡一次，浸泡至五至六分钟的情况下，茶叶的水溶性物质基本都释放到汤中，加长浸泡时间不会增加茶汤的浓度。

由于 3 克刚好是一个人饮用"一次"的茶量，所以假设有 30 人的聚会，每人供应一杯 150 毫升的茶，需要准备多少的茶叶，您就可以这样算：3 克×30 人＝90 克。对于采成熟叶制成的茶冲泡后的吸水量较大（如乌龙茶），再加水时需补足 10％，则冲水量应为：30×150×1.1＝49 500 毫升。

泡大桶茶时先要考虑茶汤与茶渣的分离方法。如果有两个茶桶，而且茶桶附有排水的龙头，就可以在一个茶桶内泡茶，泡至适当浓度后，将茶汤倒到另外一个茶桶内。如果只有一个茶桶，就要准备一个可以滤渣的内胆或滤袋，将茶叶放于内胆或滤袋内，浸泡至所需浓度后，将内胆或滤袋提出。

先在泡茶桶中加入适量的开水，或桶子本身就是煮水器，调整好水温，加入茶叶，并设法使茶叶全浸泡到热水，盖上盖子，开始计时。在倒出茶汤的前一分钟，将茶叶上下搅动一下，倒出一小杯茶汤试饮，若已达到所需的浓度，立即分离茶渣，若尚嫌不足，则酌量增加浸泡的时间。大桶茶通常使用大杯子饮用,饮用时也是大口地喝,所以浓度可以控制得比小壶茶淡些,若是大杯茶也泡至小杯茶的浓度,在口感上会觉得太浓。

大桶茶通常无须温桶,水量多时(如超过五升),浸泡时需打开桶盖1～2分钟,让茶汤散热一下,有利成汤后香味的清扬。茶汤泡好后若发觉太淡,尚可回泡一次,若觉得太浓,可以加些白开水稀释。若茶汤泡好后马上就饮用,不必加盖子;若尚有一段时间才饮用,盖上盖子,但留出一些空隙,不要盖得太严密,既可减少茶汤的闷味,又可以适当降温。

# 二、特殊法品饮

## (一)浓缩茶法

浓缩茶法是将茶泡至双倍的浓度,放至常温,饮用时调以另半杯高温的开水,使之稀释至适口的浓度和温度。这种品饮法可以避开茶汤不宜高温存放的缺点,将泡好的茶降至常温,以利香味的保存;另外饮用者需要时,用简便的兑水方式就随时可以有一杯相对高品质的茶汤喝。

浓缩茶法的茶水比例也可依评茶鉴定杯的方式推算,也就是把茶量加倍或是水量减半,得到的就是浓度双倍的茶汤。浓缩茶的水量一般没有大桶茶那么多,每人只需要一半的汤量,所以1 000毫升左右水量时,应增高水温5℃左右或延长浸泡时间2～3分钟。这是由于水量少,茶汤易于降温,而且在高浓度的浸泡下,茶叶中的水溶性物质的溶解速度有所减缓。

浓缩茶泡完后需将茶渣与茶汤分离,并尽快降低茶汤温度,可以放至冰箱冷藏,快速降温,若是汤量大,浸泡在冷水中降温也可以。

饮用浓缩茶时,准备一桶白开水与杯子,饮用时拿着杯子,先倒半杯的浓缩茶,再加半杯的白开水,将茶汤调至适口温度和浓度。备用白开水的温度可视气候而定,天气热时温度低些,天气冷时温度高些。浓缩茶还可以作为调味茶与泡沫茶的原料茶,后来加进去的调味料与冰块刚好稀释了茶汤的浓度。有些浓缩茶冷却之后会有乳化现象,即汤中有白色的絮状物,这是茶汤中的咖啡碱与多酚氧化物结合的原因,这种现象容易发生在高品质重发酵茶类,加了热水或直接加温后,咖啡碱与多酚氧化物的络合物就会分解,白色絮状物就会消失而恢复原来的汤色。

## (二)茶叶调饮法

调饮茶,又称调配型茶饮料,是以茶叶为主体,添加果汁、糖奶、香精、食用酸、花草甚至中草药等配料中的一种或几种,经过摇制或调和而成的茶饮料。茶叶调饮是既传统又现代的饮茶方式,陆羽在《茶经》上就记录了十多种茶叶调饮方法。到了明朝之后,汉民族饮茶的主流就变成了清饮,但是有很多少数民族依然保留着茶叶调饮的方式。例如,蒙古族的奶茶、回族的八宝茶、藏族的酥油茶、维吾尔族的香茶、白族的三道茶等。

# 第四节　茶汤品饮的技巧

　　不论是赏茶、品茶或评茶,都需要从形状、色泽、香气、滋味和叶底中进行全面的了解。茶叶的冲泡,一般需要备具、备茶、备水、冲泡和品饮等,茶叶冲泡得好,发挥茶叶固有的色、香、味。影响泡茶的主要因素有:泡茶用水、茶量、水温和器具等。

## 一、泡茶用水

　　水是茶叶色、香、味的载体,直接影响泡茶的效果。

### (一)用水种类

　　(1)降水:包括雨水和雪水,古人誉之为"天泉"。但现代工业化和城市化导致污染日趋恶劣,所以雨水和雪水很少作为泡茶用水。

　　(2)地表水:包括溪水、江水、河水,这些是常年流动之水,矿物质相对少、硬度较小,但浊度、色度大。而湖水的流动性小、色度大、微生物多、带异味。

　　(3)地下水:井水:深井水有耐水层的保护,污染少、水质洁净,而浅层井水易被地面污染,水质较差。深井水优于浅井水。

　　泉水:比较清爽,杂质少,透明度高,污染少,水质最好。

　　(4)自来水:国内自来水一般都是经过人工净化、消毒处理的江水或湖水。现在自来水消毒大都采用氯化法,公共给水氯化的主要目的就是防止水传播疾病。氯气易溶于水,与水结合生成次氯酸和盐酸,在整个消毒过程中起主要作用的是次氯酸,能取得很好的杀菌、消毒效果。但是会有少量的残留气味,用此水来泡茶直接影响茶汤的香气,因此泡茶前可将自来水贮存在缸中,静置一昼夜,待氯气自然散失,或用活性炭去杂味,煮沸后用来泡茶。

### (二)用水要求

　　泡茶用水直接影响到茶汤的质量,历代论水的主要标准总结四点:

　　(1)"活",要求有好的水源。"流水不腐",现代科学证明了流动的活水中细菌不易繁殖,同时活水有自然净化作用,在活水中氧气和二氧化碳等气体的含量较高,泡出的茶汤更加鲜爽可口。

　　(2)"清",要求水质清净、无色透明,符合国家规定的《生活饮用水水质标准》要求。

　　(3)"甘",要求水味甘甜。

　　(4)"轻",要求水品要轻。当水中的低价铁超过 0.1 ppm 时,茶汤发暗,滋味变淡;铝含量超过 0.2 ppm 时,茶汤便有明显的苦涩味;钙离子达到 2 ppm 时,茶汤带涩,而达到 4ppm 时,茶汤变苦;铅离子达到 1ppm 时,茶汤味涩而苦,且不利于身体健康。

# 二、水温及冲泡时间

## (一)泡茶水温

泡茶用水的水温对茶汤的影响很大,同一个茶样,分别以不同的温度冲泡,高温冲泡的会比较阳刚、高扬,而低温冲泡的会比较温和。其原因在于不同水温条件下,溶于水的茶叶可溶性物质的溶解速率不一样,造成茶叶中的茶成分的比例不同。高温时,利于茶多酚的溶出。也就是说高温时,茶汤的组分中茶多酚含量多些,滋味会更浓。同时高温冲泡,利于茶叶中香气成分的挥发。对于茶青比较成熟的(如乌龙茶),或发酵较重的,或外形较紧结的,或备火较重的茶叶,宜采用较高的温度冲泡。各类茶叶的适宜水温如表4-2所示。

表4-2 各类茶叶的适宜冲泡水温

| 类别 | 水温 | 适合冲泡的茶叶 |
|---|---|---|
| 高温 | 90～100℃ | 乌龙茶、红茶、熟普洱茶 |
| 中温 | 80～90℃ | 叶茶类的不发酵茶(绿茶)、白茶、 |
| 低温 | 70～80℃ | 单芽类的不发酵茶(绿茶、黄芽茶) |

水温的判断刚开始时可以借助温度计,逐渐地,可以直接根据蒸汽外冒的情况判断水温。正常海拔的地方,打开壶盖时若水蒸气呈直线快速地往外挥发,可判断水温应该在95℃左右;若水蒸气不是呈直线快速挥发,有点左右漂浮时,水温应该在85℃左右;当水蒸气上升缓慢,呈左右漂浮时,水温应该在75℃左右。

而茶叶审评时,要求水温必须是沸滚适度的100℃的开水。《茶经》有云:“其沸,如鱼目、微有声为一沸,边缘如涌泉连珠为二沸,腾波鼓浪为三沸,以上水老、不可食也”。陆羽认为煮水品茶宜选“二沸”,过沸则水中$CO_2$散失较多,茶汤无刺激性。若水未沸滚,则浸出率偏低、浸出速度慢,茶汤水味重。

茶量、浸泡时间一致的条件下,水浸出物含量随水温下降而降低,如表4-3所示。

表4-3 水浸出物与水温关系

| 水温 | 水浸出物 |
|---|---|
| 100℃ | 100% |
| 80℃ | 80% |
| 60℃ | 45% |

## (二)冲泡时间

研究表明,3克绿茶茶样,用150毫升沸水冲泡5分钟,能取得较为理想的茶汤品质。

同一泡茶各泡冲泡的时间间隔为2分钟,各组分的溶出比例存在区别,详见表4-4。

表 4-4　各泡各组分溶出比例

单位:%

| 冲泡别 | 氨基酸泡出率 | 儿茶素泡出率 | 咖啡碱泡出率 |
|---|---|---|---|
| 头泡 | 66 | 52 | 65 |
| 二泡 | 26 | 30 | 29 |
| 三泡 | 8 | 18 | 6 |

茶汤良好的滋味,是涩味(儿茶素)、鲜味(氨基酸)、苦味(咖啡碱)、甜味(糖类)成分等相协调的结果。

茶叶审评中,对不同茶类的冲泡时间有明确的要求,详见表 4-5。

表 4-5　不同茶类的冲泡时间要求

| 茶　　类 | 冲泡时间(分钟) |
|---|---|
| 普通绿茶 | 5 |
| 名优绿茶 | 4 |
| 红茶 | 5 |
| 乌龙茶(条索形、卷曲形、螺钉形) | 5 |
| 乌龙茶(颗粒形) | 6 |
| 白茶 | 5 |
| 黄茶 | 5 |

# 三、茶汤品饮技巧

茶叶冲泡时,茶与水的比例称为茶水比。相同温度下,不同的茶水比,沏出的茶汤香气高低、滋味浓淡各异。茶水比过小(用水量多),茶叶在水中的浸出物绝对量则大,茶汤就味淡香低;如茶水比过大(沏茶的用水量少),因用水量少,茶汤过浓,则滋味易苦涩,同时又不能充分利用茶叶浸出物的有效成分。

而不同的茶类也有不同的泡茶方法。一般认为,冲泡绿茶、红茶、花茶的茶水比约可采用1∶50,每杯约置 3 克茶叶,可冲入不少于 150 毫升的沸水。品饮铁观音、武夷岩茶等乌龙茶类,因对茶汤的香味、浓度要求高,茶水比可适当放大,以 1∶20 为宜(3 克茶叶,冲入 60 毫升以上的水)。使用紫砂壶泡茶时,若使用容量 150～200 毫升的中型壶,投茶量为壶容积的 1/3 较合适;也可以每 1 克茶叶冲入 50 毫升的水为限(细嫩茶叶的用水量适当减少)。

茶汤品饮应根据个人习惯,绿茶要求冲泡1～3分钟即可。水温在80～90℃,泡出的茶汤甘醇可口,适合多数人的口感。乌龙茶中的铁观音等要求水温高、茶水比例大,泡茶时间1～2分钟。一杯茶汤质量的高低取决于泡茶时间、茶水比、水温等,根据个人口感,口味重的可以延长冲泡时间、增加茶量、提高泡茶水温;口味淡的可以缩短冲泡时间、减少茶量或降低泡茶水温等。

## 四、泡茶器具的选择

茶叶冲泡器具通常有紫砂壶、瓷质盖碗和玻璃杯等,不同材质的器具由于结构的细密程度不一,其导热系数也大相径庭,因而所冲泡的茶汤有所差异。

根据不同茶叶的特点,选择不同质地的器具,才能相得益彰。密度高的器具,如玻璃杯、瓷质盖碗可用于冲泡比较清淡的茶叶,如绿茶、红茶、花茶等。因为茶香不易被吸收,显得特别清洌。而那些香气低沉的茶叶,如铁观音、水仙、普洱等,则常用低密度的紫砂壶冲泡,紫砂材质是一种双重气孔结构的多孔性材质,气孔微细,具有较强的吸力。泡茶时,紫砂壶能吸收茶汁和茶香;冷热性好、保温性强,沸水注入,不会因温度急变而胀裂;可以做成各种艺术化的造型,极具观赏性,而且使用越久,壶身色泽越发光鉴照人。茶泡好后,持壶台即可闻其香气,尤显醇厚。在冲泡乌龙茶时,同时使用闻香杯和品茗杯,闻香杯质地要求致密,否则闻香杯中残余的茶香易被吸收。

## 本章小结

本章以"茶汤品饮"为中心,介绍了人的视觉、味觉、嗅觉生理特点,茶叶的形状、色泽、香气、滋味的化学组成。同时介绍了茶叶集中品饮方法,包括,传统式、大众式、特殊法品饮。并阐述了茶汤品饮的技巧及泡茶用水、冲泡时间、冲泡器具选择等对茶汤品饮的影响。

练习题

1. 茶叶色泽(外形色泽、汤色、叶底色泽)的化学组成是什么?
2. 构成茶汤滋味的化学物质主要有哪些?
3. 茶叶品饮的主要方法有哪些?
4. 泡茶用水对茶叶品饮有什么影响?
5. 不同材质的器具(玻璃、瓷质、紫砂)对茶叶冲泡有何影响?

# 第五章

# 茶叶的贮藏与包装

—————————●　本章学习重点　●—————————

　　1. 掌握茶叶陈化劣变过程中的物质变化,掌握影响茶叶劣变的因素,掌握茶叶的贮藏和保鲜技术。

　　2. 熟悉茶叶包装材料的特性及选择、茶叶包装的要求及内容,熟悉茶叶包装上常见的标志。

　　3. 了解包装的定义、作用及要求。

　　茶叶的贮藏和保鲜的时期涉及茶叶的仓储、运输、销售、冲泡饮用前的所有环节,涉及茶叶生产者、经营者和消费者群体。茶叶保存不当导致品质变劣,影响了茶叶的经济价值和使用价值。同时,包装的好坏影响到茶叶能否被消费者接受,成为衡量商品价值的一个尺度。

## 第一节　茶叶陈化变质机理

### 一、茶叶贮藏过程中的物质变化

#### (一)含水率的变化

　　茶叶品质劣变程度受其含水量的影响,保持茶叶贮藏过程中的低含水率,能减慢茶叶内含物的氧化和劣变速度。

　　以绿茶为例,绿茶在常温下储藏,含水量呈增加的趋势,且与起始含水率有关。陆锦时等研究表明,起始含水率越低,吸湿能力越强,水分上升越快。低含水率处理的茶叶吸湿速度极快,贮藏头 2 个月,含水率由 2.68% 迅速上升到 6.09%,一年后上升到 8.23%;中等含水率处理的绿茶头 2 个月由 5.32% 上升至 7.12%,一年后上升至 8.43%;高含水率的由 8.40% 上升至 8.94%,一年后上升至 9.45%。茶叶品质也随着含水率的增加而逐步变差。茶叶含水率的变化还与环境的湿度有关,湿度增加,茶叶的含水率增加。

## (二)色素的变化

茶叶色素主要有叶绿素、类胡萝卜素、花青素类、花黄素类物质组成。

叶绿素很不稳定,在茶叶贮藏过程中,在光、温度、水分的作用下容易发生置换和分解反应,使翠绿色的叶绿素脱镁变成褐色的脱镁叶绿素。一般当绿茶叶绿素转化为脱镁叶绿素的转化率在 10% 以下时,绿茶的翠绿色虽然受到影响但是仍能保持其绿色;当转化率超过 70% 时,绿茶的色泽就出现显著的褐变。

绿茶中的花青素一般已形成靛青色的稳定的色素化合物;花黄素类是绿茶汤黄色的物质基础,主要包括黄酮和黄酮醇及其苷类化合物,贮藏过程中容易进一步氧化,形成茶黄素、茶红素甚至茶褐素类化合物,造成汤色和滋味的劣变;由于类胡萝卜素的光敏氧化和降解,茶叶中的紫罗酮系化合物含量增加。

## (三)香气物质的变化

茶叶经过较长时间的贮存,香气逐渐失去,代之以陈味。

绿茶香气形成机制非常复杂,它是鲜叶内含物(糖、氨基酸、脂肪酸、糖苷等)在茶树生长和茶叶加工过程中进行生物合成、酶促反应和剧烈的热物理化学作用的结果。这些香气物质一旦形成,吸附在干茶的表面和细胞孔隙中,从而表现出茶香,而在贮藏过程中又缓慢地分解吸附,使一部分香气物质散失;同时,伴随着不饱和脂肪酸自动氧化形成大量有难闻气味的醛、酮和醇类(如亚麻酸自动氧化产生的 2,4—庚二烯醇)挥发物质,使绿茶原有的鲜爽香气丧失,陈味显露。

研究表明,红茶贮存 31 周后,香气物质总量下降,其中具有花香和果香的苯乙醇、橙花醇、香叶醇等物质几乎全部消失,苯乙醛、乙醛也大量减少,一些酚类挥发性的化合物增加。

包种茶贮存在 25℃ 以及更高的温度下三个月,其典型的花香显著降低,陈味和酸败味则显著增强。

## (四)滋味物质的变化

### 1.氨基酸的氧化聚合

在茶叶贮藏过程中,氨基酸不仅可以和多酚类物质形成不溶性的聚合物,而且还可以与可溶性糖形成不溶性的聚合物,色泽呈黑褐色,使茶叶鲜醇滋味及其风味下降。因此氨基酸不但影响茶汤滋味,同时对茶汤色泽也有较明显的影响。优质绿茶在 12 个月内无保鲜条件的贮藏,氨基酸含量在前六个月持续减小,随后呈现高低起伏的波浪形曲线变化,各种氨基酸的组成比例发生明显变化。其中,约占游离氨基酸总量 40% 的茶氨酸降幅最大,达 47.54%;对品质起主要作用的谷氨酸、天门冬氨酸和精氨酸等物质也大量氧化;而绿茶贮藏过程中形成的氨基酸主要来源于蛋白质的水解,这部分不稳定的氨基酸的增加不能改善茶叶的滋味。

### 2.多酚类物质的氧化

在茶叶贮藏过程中,茶多酚特别是其中儿茶素类物质的氧化、降解十分明显,其氧化产物不仅使茶汤和叶底色泽加深,而且失去滋味的醇爽度和收敛性。茶多酚的保留量可作为绿茶品质变化的化学指标,绿茶中多酚类含量下降 5% 时,滋味变淡,当茶多酚含量下降到

25％时,茶叶基本失去原有的品质特点。研究发现在绿茶贮藏过程中与滋味呈正相关的表没食子儿茶素、表没食子儿茶素没食子酸酯、表儿茶素没食子酸酯的含量都有所下降,而没食子儿茶素和表儿茶素＋儿茶素则呈相反的趋势。

### 3.脂肪酸的变化

脂肪酸会自动氧化,生成醛类、酮类、醇类等物质,从而产生酸败臭的气味。茶叶中含有8％左右的脂肪酸在储藏过程中会被氧化、水解成游离脂肪酸。随着游离脂肪酸含量的增加,不仅茶叶香味劣变,汤色也会加深,从而导致饮用价值和商品价值降低。脂肪酸的自动氧化受水分、氧气、温度和光照的影响。含水量过低或者过高均会加速脂肪酸的氧化,只有在水分活动达到单分子层吸附水平时,脂肪酸分子受到屏蔽,从而达到稳定状态;温度不仅能提高脂肪酸的自动氧化速度,还会使脂肪酸氧化形成氢过氧化物的途径转变为形成过氧化物的变化占优势;光线中的紫外光能被不饱和脂肪酸分子中的不饱和键强烈吸收,造成氧化。

### 4.维生素C的减少

维生素C在茶叶中的含量为 0.35＝1.80 mg/kg,不但是茶叶所含的保健成分之一,且与茶叶品质优劣密切相关,品质好的绿茶中维生素C的含量高。维生素C是一种很易被氧化的物质,这是越高级绿茶越难以保管的原因之一。维生素C被氧化后可以生成脱氢维生素C,这种形态易与氨基酸反应,形成氨基羰基,这既降低了茶叶的营养价值,又使颜色发生了褐变。同时由于氨基酸含量减少,滋味也变得不鲜爽。可从维生素C的保存量预测绿茶感官品质的变化,维生素C残留在80％以上,那么绿茶品质变化不大,一旦下降到60％以下,茶叶品质下降明显。

### 5.咖啡碱的变化

在绿茶储藏过程中,咖啡碱的变化较为平缓,减幅相对较小。贮藏一年,含量仅减少0.25％,下降幅度为 7.58％。

## 二、影响茶叶变质的因素

影响茶叶品质变化的因素有内因和外因。内在因素主要为茶叶本身含水量及其吸附性。外在因素也就是贮藏的环境因素,主要包括光照、温度、氧气、湿度等。

### (一)内在因素

#### 1.含水率

水分是化学反应的溶剂,水分含量越高,物质的变化就越显著。茶叶含水量高低是影响茶叶陈化速度的一个重要因子。通常,茶叶中水分含量控制在 5％左右,在该含水量条件下,可以有效地把脂质与空气隔离,阻止其发生氧化。名优绿茶含水量大于 7％时,任何保鲜技术或者包装材料都无法保持其新鲜风味;含水量大于 10％时,则很容易霉变。红茶含水量越高,茶黄素和茶红素减少越快,茶汤的浓强鲜爽度就减弱。

#### 2.吸附性

茶叶疏松多孔,具有较强的吸附能力,尤其对环境的异气,吸附性最强。在湿度较大的环境中,茶叶吸收外界水分后,内含物的氧化速度加快,导致茶叶陈化劣变。

## (二)外在因素

### 1.氧气

在茶叶贮藏过程中,茶叶中的多酚类物质在有氧的环境中容易发生一系列氧化还原反应。研究表明,低氧贮藏品质保持效果明显,当仓储含氧量超过 5.0% 时,茶叶品质下降较快;含氧量为 5.7% 和 9.4% 的茶叶品质变化差异不明显;仓储含氧量超过 10.0% 后,基本无保质效果。低氧茶叶包装容器内氧气含量应控制在 0.1% 以下,从而可以抑制化学成分的氧化,更好地保持茶叶的新鲜状态。

### 2.温度

环境温度是导致茶叶劣变的主要外在因素。温度越高,茶叶干茶和汤色劣变的速度越快。实验表明,温度每升高 10℃,茶叶色泽褐变的速度增加 3～5 倍。一般来说,茶叶在 10℃ 以下存放;在零下 20℃ 冷冻贮藏,则能完全达到防止陈化变质的效果。降低温度可以减缓内在成分化学变化,可以较长期保存。在 -5℃ 时,茶叶可贮藏 256 天,其中有效成分的变化量仅等于 35℃ 环境下贮藏一天。

### 3.光照

茶叶具有旋光性,光照会促进色素和类脂等化合物的氧化,对茶叶有效成分有一定的分解作用。研究发现,在 25℃ 环境中,用 1700Lx 的荧光灯照射 30 天,绿茶颜色变褐,失去绿色。此外,光可促进茶叶中一些芳香物质发生反应,产生不愉快的气味。叶绿素 b 较叶绿素 a 有更大的光敏性,光照易使叶绿素 b 含量下降。绿茶用三种颜色包装,受光照的品质影响依次为:无色＞绿色＞棕色。

### 4.湿度

茶叶在湿度大于 60% 的空气中存放,含水量上升很快;含水量 5.7% 的茶叶在相对湿度 90% 下存放 2 天后,含水率就上升到 11.4%,茶叶吸湿很快,加速茶叶品质劣变。

# 第二节　茶叶贮藏和保鲜技术

茶叶保存不当会导致品质变劣,影响茶叶的经济价值和使用价值。因此,茶叶的贮藏与保鲜历来受到人们的重视,并发明了各种贮藏和保鲜方法。目前国内外最常见的有干燥、低温、除氧和抽气充氮等保鲜技术。

## 一、批量茶叶的贮藏和保鲜

(1)干燥技术。传统的储茶技术采用石灰或木炭、硅胶等材料与茶叶一起储藏具有一定的道理。从理论上讲,水分对储茶品质影响极大,干茶含水率尽量要低,一般要求低于 6%,这是延长茶叶保质、保鲜期以及应用其他保鲜技术的前提和基础。

（2）低温冷藏技术。该技术的产生源于温度对储藏茶叶品质的影响。降温可减缓茶叶内含成分的化学变化,保持其色、香、味等感官品质。日本学者在 20 世纪 80 年代初的研究结果就认为茶叶低温储藏效果显著。名优茶的储藏温度通常应低于 5℃,储藏在－10℃以下的冷库或冷柜中则效果更好。

（3）除氧和抽气充氮技术。这两种技术的产生都源于氧气对储藏茶叶品质的影响。无氧或低氧状态下茶叶的陈化进程会受到抑制。名优茶包装容器内氧气含量应低于 0.1%,即基本无氧状态。采用除氧剂除氧可使茶叶包装内氧气含量降到 0.1% 以下,能较好地保持绿茶的色、香、味品质。除氧剂具有成本低、方法简便、效果显著等特点。抽气充氮是将茶叶包装内的空气抽出,再补充氮气来抑制茶叶内含成分的氧化,维持维生素 C 保留量。

（4）低湿和避光保存。茶叶具有良好的吸附性和吸湿性。经试验,6% 干度茶叶在相对湿度 80% 以上的条件下,其含水量一天就可达到 10% 以上。因此茶叶储藏相对湿度以 30%～50% 为宜。光能加速茶叶储藏的陈化和劣变,因此茶叶储藏应避光保存。

（5）保鲜剂。由于包装材料不可能做到绝对的阻氧、阻湿,因此需要保鲜剂来辅助茶叶贮藏过程中的保鲜。保鲜剂一般由干燥剂和抗氧化剂组成,具有除湿、除氧的功能,在保鲜过程中能延缓多酚类、氨基酸的氧化。研究发现,采用密封性能好的包装,同时加入茶叶保鲜剂并抽真空至 6.7 KPa 以下,茶叶贮藏后品质接近冷藏,香气甚至超过冷藏。湖北民族学院生物研究所从鄂西天然植物材料中提炼出一种无毒、无异味的多羟基化合物,这种化合物干燥后吸湿性很强,是一种既有除湿作用,又有除氧功能的天然双效茶叶专用保鲜剂,用这种保鲜剂保存春茶到冬季也不会陈化。中科院茶叶研究所研制的 FTS 茶叶保鲜剂对绿茶有良好的保鲜效果,配合使用气密性好的包装袋,效果更佳。FTS 茶叶保鲜剂对叶绿素、维生素 C 保留量和茶叶感观品质都有所提高,该法使用简单、保鲜成本低、经济效益明显,适合广大茶区推广应用。此外,还有一些利用生物茶叶保鲜剂。葡萄糖氧化酶是一种广泛应用于食品工业的氧化还原酶,张玲等将葡萄糖氧化酶与其底物葡萄糖混合在一起,包装于不透水但是透气的薄膜袋中,密封后置于茶叶包装盒内,当盒内的氧气透过薄膜进入装有葡萄糖氧化酶和葡萄糖的袋中时,在葡萄糖氧化酶的作用下与葡萄糖发生反应,从而达到除氧保鲜目的。另外,有研究发现,在绿茶中掺入经低温处理的芽孢杆菌菌粉,低氧条件下该菌能在茶叶表面形成生物膜,从而阻止茶叶氧化劣变,达到保鲜的目的。生物保鲜技术具有安全、高效并能最大程度提高保鲜效果等诸多优点,必将成为未来绿茶保鲜技术的研究方向之一。

（6）其他保鲜技术。近年来,有学者从电磁学方面入手,研制通过各种手段钝化绿茶中各种氧化酶的活性的新技术。无锡江南大学科技园成功地采用物电磁场休眠技术,抑制了茶中各种氧化酶的活性,阻止由酶催化的各种有效成分的氧化,从而实现家居条件下的茶叶保鲜。还有学者研究发现在茶叶加工过程中采用微波加热钝化各种氧化酶活性,可以显著提高绿茶的品质。此外,微波再干燥技术、真空冷冻技术及二次真空技术等均具有一定的保鲜效果。

# 二、家用茶叶的保管法

以上介绍的是一些批量茶叶贮藏和保鲜技术,下面介绍一些家庭中使用的简便方法。

（1）瓦坛石灰贮藏法。用牛皮纸或其他较厚的纸把茶叶包好,贮藏前要注意检查一下茶叶的含水量,一般不要超过 6%,即用手捻茶叶,其易成粉末状,此时含水量视为恰当。将茶叶放入瓦坛,中间堆放石灰包,石灰包的大小视情况而定。最后,将棉花或厚纸垫于坛口,以减少空气流通。石灰视吸湿程度一两个月换一次。用此方法贮藏茶叶,一般可以保存一年左右。若放在地窖里,效果更好。

(2)硅胶桶贮法。选取铁桶或铁箱,在其中放入一两包干燥的硅胶,即可存茶。若是新买的桶或是以前放过有异味物品的容器,在存茶前可以先将适量的茶末置于桶内盖好停放几天即可把异味吸净;也可以用手压住茶末在桶内来回涂抹数次。将装好茶叶的容器置于阴凉处、没有阳光直射的地方,注意不要放置在潮湿的地方,以防锈蚀,同时也避免茶叶回潮。

(3)多层塑料袋法。此方法是选用合适的塑料袋。首先,需要食品的包装袋,之前不能装过其他有异味的东西;其次,要选用材料密度大、强度好、没有孔洞和异味的包装袋。用柔软的纸把茶叶分成小包包好,放入多层塑料袋内,若短时间内不饮用的茶,可以简易地把袋口封好。如:把塑料袋叠在需封口的地方,放在火上略烧,利用融化的塑料封口即可;也可以在第一次包装后,再反向套一个塑料袋。

(4)家用冰箱贮藏。把茶叶用包装袋或保鲜袋包好,放入家用冰箱的冷冻室或冷藏室均可;日常饮用的茶叶可放入冷藏室,如果需要长期保存,以放入冷冻室为佳,注意包装要严密。

综上所述,名优茶的保鲜技术是:茶叶干燥含水率低于 5％～6％,避光、除氧(容器内含氧量低于 0.1％)、低湿(相对湿度低于 30％～50％)、低温(5℃以下),以及使用保鲜剂和采用电磁波等新技术。对于家用的茶叶贮藏,可通过冰箱贮藏、多层塑料袋包装等保存,既简便,又实用。但是,如果将茶叶本身干燥,再使用低温、除氧或抽气充氮等保鲜技术,效果更佳。

# 第三节  茶叶包装材料的特性及选择

## 一、食品包装概述

### (一)食品包装的定义

根据中华人民共和国国家标准(GB4122－83),包装是为在流通过程中保护产品、方便贮运、促进销售,按一定技术方法而采用的容器、材料及辅助物品的总称。也指为了上述目的而采用容器、材料及辅助物的过程中施加一定技术方法等的操作活动。

### (二)包装的作用及要求

1.食品包装的作用

(1)保护食品。食品在贮存、运输、销售消费等流通过程中常会受到各种不利条件及环境因素的破坏和影响,采用合理的包装可使食品免受这些破坏或降低这些破坏的影响,以达到保护食品的目的。

(2)方便贮运。食品包装能为食品的生产、流通、消费等环节提供诸多方便。如能方便厂家及运输部门搬运装卸,方便仓储部门堆放保管,方便商品陈列销售,也方便消费者的携带、取用和消费。现代食品包装还注重包装形态的展示方便、自动售货方便及消费时的开启和定量取用的方便等。

（3）促进销售。精美的包装能在心理上征服购买者，增加其购买欲望。在超级市场内，包装更是充当着无声推销员的角色。因此，包装是提高商品竞争力、促进销售的重要手段。

（4）提高商品价值。食品包装是食品生产的延续，食品通过包装才能免受各种损害而避免降低或失去其原有的价值。因此，投入包装的价值不但在食品出售时得以补偿，而且能给食品增加价值。

2. 食品包装的基本要求

食品包装的要求包括：较长的保质期，不带来二次污染，少损失原来营养及风味，包装成本低，储藏运输方便、安全，增加美感引起食欲。

# 二、茶叶常用包装材料的种类

根据食品包装基本要求、茶叶包装的技术性能，一般要求具有一定强度的阻气、防潮、防水、防污染、防油、耐腐蚀及无异味等特性。目前任何一种材料都无法同时具备以上所有性能，这就需要我们仔细地了解不同包装材料的特性，有针对性地选择合适的材料。用于茶叶包装的常见材料包括：塑料、纸、金属、陶瓷、玻璃等。

## （一）塑料薄膜材料的特性

塑料用作包装材料是现代包装技术发展的重要标志，因其原材料来源丰富、成本低廉、性能优良，成为近年来世界上发展最快、用量巨大的包装材料，并逐步取代了玻璃、金属、纸类、木材等传统包装材料。目前，应用于食品包装的塑料材料主要有单层膜和复合薄膜两大类。

1. 单层薄膜

单层薄膜的特性如表 5-1 所示。

表 5-1　单层塑料薄膜的特性比较

| 材料 | 耐水性 | 防潮性 | 阻气性 | 透明度 | 印刷性能 | 热封性 | 食品卫生 |
|---|---|---|---|---|---|---|---|
| 低密度聚乙烯（LDPE） | 优 | 优 | 差 | 尚可 | 差 | 良 | 优 |
| 高密度聚乙烯（HDBE） | 优 | 优 | 差 | 差 | 差 | 良 | 优 |
| 非拉伸聚丙烯（CPP） | 优 | 优 | 差 | 良 | 尚可 | 尚可 | 优 |
| 双向拉伸聚丙烯（OPP） | 优 | 优 | 差 | 优 | 差 | 差 | 优 |
| 聚酯（PET） | 优 | 良 | 良 | 优 | 良 | 良 | 优 |
| 拉伸尼龙（NY） | 良 | 尚可 | 良 | 良 | 良 | 良 | 优 |
| 普通玻璃纸 | 差 | 差 | 良 | 良 | 良 | 良 | 优 |
| 防潮玻璃纸 | 差 | 良 | 良 | 良 | 良 | 良 | 优 |

（1）聚乙烯薄膜（PE）

聚乙烯树脂是由乙烯单体经加成聚合而成的高分子化合物，为无臭、无毒、乳白色的蜡状固体。聚乙烯塑料是由 PE 树脂加入少量的润滑剂和抗氧化剂等添加剂构成。其优点包括：阻水阻湿、柔韧性、耐低温性、热封性能好，且 PE 树脂本身无毒，添加剂量极少，因此被认为是一种卫生安全性好的包装材料。其缺点为：阻气性、隔热性、阻油性、耐高温性及印刷性能差。因此聚乙烯薄膜不适合单独作为高档名优茶的包装，只能作为低档茶的短期包装。

（2）聚丙烯薄膜（PP）

聚丙烯塑料的主要成分是聚丙烯树脂，是目前最轻的食品包装用塑料材料。聚丙烯薄膜与聚乙烯薄膜比较，具有较好的阻气性能及抗水透过性能。但其印刷性能、耐低温性及热封性能较差。因此单独采用聚丙烯薄膜作为茶叶的包装，其性能较聚乙烯效果要好些，但保鲜时间较短，一般不适合用于高档名优茶的包装。

（3）聚酯薄膜（PET）

聚酯是聚对苯二甲酸乙二醇酯的简称，多作为复合膜外层结构的材料，而被大量用于复合薄膜的生产中。

PET 用于食品包装，与其他塑料相比具有许多优良的包装特性：具有优良的阻气、阻湿、阻油等高阻隔性，抗拉强度和抗冲强度也很高，具有耐磨和耐折叠性，耐低温性能优良，印刷性能较好，卫生安全性能好等特性。

新型"聚酯"包装材料聚萘二甲酸乙二醇酯（PEN）与 PET 结构相似，只是以萘环代替了苯环。PEN 比 PET 具有更优异的阻隔性，特别是阻气性、防紫外线性和耐热性比 PET 好。PEN 作为一种高性能、新型包装材料，将有一定的开发前景。

（4）尼龙薄膜

尼龙薄膜有拉伸和非拉伸两种，均具有良好的强韧性、耐穿透性、耐摩擦以及可印刷、无毒、无味等性能。

2.复合薄膜

单层薄膜的性能具有一定的局限性，不可能拥有包装材料应有的全部性能，不能满足食品包装的全面要求。因此，根据使用目的将不同的包装材料复合，使其拥有多种综合包装性能。所谓复合包装材料是指由两层或两层以上不同品种可挠性材料，通过一定技术组合而成的"结构化"多层材料。所用复合基材有塑料薄膜、铝箔（AL 箔）和纸等。

（1）优势

复合材料的优势包括以下两点：一是综合包装性能好，综合了构成复合材料的所有单膜性能，具有高阻隔、高强度、良好热封性、耐温性和包装操作适应性。二是卫生安全性好，可将印刷装饰层处于中间，具有不污染内容物并保护印刷装饰层的作用。

（2）结构及表示方法

复合薄膜从外至内分为外层、中层、内层，即阻气层、防潮层及热封层。

外层要求：光学性能好、印刷性好、耐磨耐热、具有强度和刚性，常用的有 PA、PET、BOPP、PC、铝箔及纸等。中间层要求：具有高阻隔性（阻气阻香、防潮和遮光），其中铝箔和PVDC 是最常用的品种。内层要求：无毒、无味、耐油、耐化学性能好，具有热封性或黏合性，常用的有 PE、CPP、EVA 及离子型聚合物等热塑性塑料。

因此，复合材料的表示方法为：从左至右依次为外层、中间层和内层材料。

（3）类型及性质

复合薄膜通常可分为2～5层等不同特性的复合薄膜（见表5-2）。由于复合薄膜是由几种塑料薄膜复合在一起的，在性能上起到取长补短的作用（见表5-3）。因此，可用于茶叶的保鲜包装。

表 5-2 复合薄膜的类型

| 层次 | 结 构 |
|------|-------|
| 2 层 | OPP/PE  OPP/CPP  PET/PE  PET/CPP  NY/PE  AL/PE |
| 3 层 | OPP/PE/CPP  PE/OPP/PE  PE/OPP/PE  PET/AL/PE  OPP/AL/PE  PET/AL/CPP |
| 4 层 | OPP/PE/PT/PE  PT/PE/OPP/PE  OPP/PE/PVA/PE  PT/PE/PVA/PE  OPP/PVDC/PE/CPP |
| 5 层 | PVDC/PT/PVDC/OPP/PVDC  OPP/PE/AL/纸/PE |

表 5-3 主要复合膜的结构与特性比较

| 结构 | 防湿性 | 阻气性 | 防油性 | 防水性 | 透明性 | 遮光性 | 成形性 | 热封性 |
|------|-------|-------|-------|-------|-------|-------|-------|-------|
| OPP/PE | 优 | 良 | 良 | 优 | 优 | 差 | 良 | 优 |
| OPP/CPP | 优 | 良 | 优 | 优 | 优 | 差 | 良 | 优 |
| PET/PE | 优 | 优 | 优 | 优 | 优 | 较差 | 良 | 优 |
| NY/PE | 良 | 良 | 优 | 优 | 优 | 差 | 良 | 优 |
| PE/AL/PE | 优 | 优 | 优 | 差 | 差 | 优 | 差 | 优 |
| PET/AL/PE | 优 | 优 | 优 | 优 | 差 | 优 | 良 | 优 |
| PT/AL/纸/PE | 优 | 优 | 良 | 差 | 差 | 优 | 差 | 优 |

注:PT——玻璃纸;PE——聚烯;NY——尼龙;OPP——非拉伸聚丙烯;CPP——未拉伸聚丙烯薄膜;PET——聚酯;PVDC——聚偏二氯乙烯;PVA——聚乙烯醇;AL——铝箔

## (二)纸类

根据国家标准 GB4687-84 规定:所谓纸,就是从悬浮液中将植物纤维、矿物纤维、动物纤维、化学纤维或这些纤维的混合物沉积到适当的成形设备上,经过干燥制成的平整均匀的薄页。

全球使用的各种包装材料中,纸类材料所占的比例最高,占包装材料总量的 40%～50%,从发展趋势看,纸包装材料的使用会越来越广泛。纸类包装材料在包装领域使用广泛,主要由于其具有的一系列独特的优点:原料来源广泛,成本低廉,容易形成大批量生产;纸容器具有一定的强度、弹性、挺度和韧性,具有折叠性及撕裂性等,适合制作成型包装容器或用于裹包;缓冲减振性能好,防护性能高,能可靠地保护内装物;卫生安全、无毒,不污染内装物,且可回收利用,有利于保护环境;质量轻,可以折叠,可以降低运输成本。但是,纸类材料在生产和使用过程中,同样存在着一些缺点,如:生产过程中资源消耗大,造纸行业的工业"三废"污染较为严重,密封性不强、易破损、不便重复使用。常用的茶叶包装用纸有:牛皮纸、茶叶袋滤纸、棉纸、复合纸、纸板等。

1. 牛皮纸

牛皮纸是以硫酸盐为纸浆蒸煮剂抄成的高级包装用纸,具有高施胶度,因其坚韧结实似牛皮而得名。随着牛皮纸的定量增加,其纸张变厚,耐破度增加,撕裂强度也在增加,其防护性能好。

在中国传统的茶叶包装中,历史上大量采用牛皮纸包装。新茶往往含水率较高,而且有青草气味,因纸质材料具有良好的透气、透湿特性,采用纸包装放置于石灰缸内,石灰可吸附新茶的水汽及青草气味,并达到某种程度的后熟作用。但是纸材料防潮、防水及阻隔气体的性能较差,因此不能作为茶叶流通过程的小包装材料用。

### 2.袋泡茶滤纸

茶叶袋泡滤纸是一种专用包装纸,用于袋泡茶的包装,要求纤维组织均匀、无折痕皱纹、无异味。加工的茶叶袋滤纸应具有较大的湿强度和一定的过滤速度,且耐沸水冲泡,同时应有适应袋泡茶自动包装机包装的干强度和弹性的特点。

### 3.棉纸

棉纸以构树皮、纱树皮、野生植物皮、植物胶等为原料,经过传统的造纸工艺制作而成。其特点有:抗拉力较强,有一定的柔韧性;有木香味,且能长久保留;透气性良好;纸质不易腐蚀,保留时间很长;防虫性好;绿色环保无污染。棉纸的最主要特性就是透气性和防虫性好,所以有利于茶叶的存储和陈化,常用于普洱茶的包装。

### 4.复合纸

复合纸是另一类加工纸,是将纸和其他挠性包装材料相结合而制成的一种高性能包装纸。常用的复合材料有塑料及塑料薄膜、金属箔等。复合加工纸具有许多优异的综合包装性能,从而改善了纸的单一性能,使纸基复合材料大量用于食品包装。茶叶包装复合纸袋主要是用牛皮纸和铝箔复合制成的,以牛皮纸为内衬见多。其特点有:柔韧结实而富有弹性,有较强的耐破度和良好的抗水性;铝箔有阻光和防水的性能,表面平滑,印刷效果好;纸袋重量轻可折合捆绑,运输、携带方便,价格较低,使用较普遍。复合纸包装规格有 200 克、250克、500 克等多种。

20 世纪 80 年代初,国内外茶叶包装上出现了一种纸质罐包装,这是采用多层纸内衬铝箔复合而成的圆筒形或八角形的茶叶罐,具有较好的遮光、印刷、防潮及保持茶叶外形和特性,只要开口密封完好,即可达到阻隔气体的性能。同时包装操作方便,可多次使用,是目前国内市场上较多采用的新潮茶叶包装材料。

### 5.纸板

用于茶叶包装的除了包装纸外,还有用于仓储和运输过程中的纸板,包括:白纸板、标准纸板、黄纸板、箱纸板、瓦楞原纸等。其优点有:具有一定的挺度和良好的印刷性;缓冲性能好,制成纸盒后能够有效地保护商品;具有优良的成型性与折叠性,适于多种加工方法,机械加工能够实现高速连续生产;废旧纸板可以再生利用,自然条件下能够被微生物降解,不污染环境;白纸板作为基材,可与其他材料复合,制成包装性能良好的复合包装材料。

## (三)其他包装材料

茶叶的包装材料,除了塑料和纸包装外,在生产及流通过程中还采用木、铁、铝、陶瓷材料作为茶叶的包装。

### 1.木箱

木箱是一种最古老、最常用的包装容器,用于茶叶的外包装。木箱具有较好的刚性、缓冲性能,能抗弯曲破裂,有木板茶箱和胶合板茶箱。木板茶箱是我国五六十年代使用的出口茶箱,用木材较多;胶合板茶箱内衬牛皮纸和铝箔,主要用于出口茶。茶箱规格有:350×350×350 毫米、460×460×460 毫米、400×400×600 毫米、400×500×600 毫米等,后两种为国际标准箱。如今由于木材资源减少,成本增加,木箱已逐渐被纸箱取代。

### 2.金属类容器

金属类容器主要包括铁、铝、锡三种。目前采用较多的是马口铁茶叶罐,也有采用易拉盖密封包装罐。茶罐造型有圆形、方形、长方形、扁形、六角形等多种,且可以重复使用。这种包装对于保护茶叶的色、香、味、形效果良好。铝质罐有较好的遮光、防水、防潮及一定的阻气性能,能较好地保护茶叶的外形。锡罐是一种传统高档的茶叶包装容器,品种不多,常见的有葫芦形、圆柱形等。锡罐对保存茶叶的品质风味极好,因为锡有很强的抵抗各种天然腐蚀能力,且保香能力特别强。但由于锡罐过于笨重,强度不高,而且成本较高,因此这种包装难以得到发展。

### 3. 玻璃及陶瓷

瓷罐包装在茶叶包装中曾占有一定比重,用其包装茶叶不仅不失茶的色、香、味,而且不易霉变,其造型独特,又是很好的艺术品。玻璃瓶也有较好的保持茶叶品质的性能,但由于玻璃瓶及陶瓷罐易碎、体重、运输和携带不便的缺点,现在使用渐少。

## 三、常见的茶叶包装材料及形式的选择

茶叶的包装在茶叶贮存、保质、运输和销售中是必不可少的。茶叶的包装保鲜对包装材料的总体要求是:具有良好的阻气性、防潮性、保香性、遮光性、热封性,印刷性能良好,价格便宜,无毒、无异味。良好的包装不仅能使茶叶从生产到销售各个环节减少品质的损失,还能起到很好的广告效应,同时也是实现茶叶商品价值和使用价值的重要手段。

(1)金属罐包装:

金属罐是用马口铁制成的,罐型有方形和圆筒形等,其盖有单层盖和双层盖,其最显著优点是能保持茶叶原有的外形风格。现在采用类似饮料三片罐的易拉盖,采用机械封口机封口,可长时间保持茶叶的品质不变。从密封性能来分,有一般罐和密封罐两种。一般罐采用封入脱氧剂包装法,以除去包装内的氧气。密封罐多用于充气、真空包装等。金属罐对茶叶的保护性能优于复合薄膜,其外表美观、高档。但金属罐一旦打开后,罐盖通常是活动的。因此,防潮、防漏气性能受到一定的影响。

(2)复合薄膜包装:

目前,茶叶包装多使用复合薄膜袋包装。复合薄膜袋气体阻隔性能良好,能很好地阻止水蒸气侵入和包装袋内茶叶香气的散逸,且加工性能优良、热封性能好、造型随意,有一定的机械强度和抗氧化腐蚀性能,符合食品包装的卫生标准。目前,常用的茶叶包装薄膜主要有:玻璃纸、聚乙烯薄膜、聚丙烯薄膜、聚酯薄膜、尼龙薄膜以及各种复合薄膜,例如玻璃纸/聚乙烯复合薄膜、KOP22/铝箔 7/PE30、KOP22/VMCPP25－30 等。三层复合薄膜及三层以上的薄膜,最适合作茶叶的包装材料,可较长时间(0.5~1 年以上)保持茶叶的色、香、味,特别是复合铝箔的复合材料最佳。另外,复合薄膜袋有很好的印刷性,用其做销售包装设计更具有独特的效果。

(3)塑料成型容器包装:

塑料有聚乙烯、聚丙烯、聚氯乙烯等成型容器进行包装,因其密封性能差,多作为外包装,其包装内多用塑料袋封袋。塑料成型容器美观、陈列效果好。

(4)衬袋盒包装:

采用内层为塑料薄膜层或涂有防潮涂料的纸板为包装材料制作包装盒,既具有复合薄膜袋包装的功能,又具有纸盒包装所具有的保护性、刚性等性能。若在里面用塑料袋做成小包装袋,防护效果更好。

(5)滤纸袋包装：

只是一种用薄滤纸为材料的包装袋，通常称为袋泡茶，泡茶时连纸袋一起放入茶具内浸泡。用滤纸袋包装的目的主要是提高茶叶的浸出率，使碎末茶叶得到充分的利用，使用方便。

## 第四节　茶叶包装标签及产品标志

### 一、茶叶包装标签制定的基本原则和要求

《食品标签通用标准》(GB 7718－94)把食品标签定义为：预包装食品容器上的文字、图形、符号，以及一切说明物。

#### (一)茶叶包装标签制定的基本原则

《食品标签通用标准》(GB 7718－94)规定设计、制作食品标签必须遵守四条基本原则：

(1)食品标签的所有内容，不得以错误的，或引起误解的，或欺骗的方式描述或介绍食品。作为茶叶的标签，只能对该茶的产地、历史、工艺、品质特点作简要的描述。不能标明或暗示该茶具有减肥、抗衰老、抗癌等保健或医疗效用的说明，也不能标上诸如"健康"、"低热量"、"无糖"等专用名词，除非该产品经过有关卫生部门检验审核后被批准为保健食品或特殊营养食品。

(2)食品标签的所有内容，不得以直接或间接暗示的语言、图形、符号导致消费者对该食品或食品的某一性质与另一产品混淆。如浙江的龙井茶产品，分为西湖龙井茶和浙江龙井茶两种。西湖龙井茶是闻名中外的历史名茶，而浙江龙井茶，则是近年来浙江各地仿制西湖龙井茶的外形而生产的一种扁形茶，因此通称为"浙江龙井茶"。由于西湖龙井茶的价格要高于同等级的浙江龙井茶好几倍，因而有些生产或经营单位在标签上统称"龙井茶"，而不标明具体的产地，欺骗消费者，这是不允许的。

(3)食品标签的所有内容必须符合国家法律和法规的规定，并符合相应产品标准的规定。如国家法令规定，国旗、国徽不能作为商品的标记等。而且国家颁布了《茶叶卫生标准》，这是必须严格执行的。此外，茶厂也应该有自己产品的企业标准，通过标准计量单位审核后，在包装上按企业标准中的真实内容标明。

(4)食品标签的所有内容，必须通俗易懂、准确、科学。

#### (二)茶叶包装标签制定的基本要求

GB 7718－94《食品标签通用标准》中规定了标签6个方面的基本要求：

(1)食品标签不得与包装容器分开。

(2)食品标签的一切内容，不得在流通环节中变得模糊甚至脱落；必须保证消费者购买

和食用时,标签醒目、易于辨认和识读。

(3)食品标签的一切内容,必须清晰、简要、醒目。文字、符号、图形应直观、易懂,背景和底色应采用对比颜色。

(4)食品名称必须在标签的醒目位置,食品名称和净含量应排在同一视野内。

(5)食品标签所用方案必须是规范的汉字。可以同时使用汉语拼音,但必须拼写正确,不得大于相应的汉字。可以使用少数民族文字或外文,但必须与汉字有严密的对应关系,外文不得大于相应的汉字。

(6)食品标签所用的计量单位必须以国家法定计量单位为准,如 g 或克,kg 或千克。以上 6 个方面的要求,在茶叶的包装标签上,应严格执行。

## 二、茶叶包装标签的基本内容

《食品标签通用标准》规定了食品外包装标签必须标定的 8 项基本内容,这 8 项基本内容是:

(1)食品名称:茶叶的名称,必须采用该茶真实属性的专用名称。如果国家标准或行业标准或产品标准中已规定了 1 个或几个名称时,至少使用这些名称中的 1 个。使用上述规定的名称时,必须使用不使消费者误解或混淆的常用名称或俗名。

(2)配料表:对罐装或瓶装茶水,应注明是纯茶水,还是配料茶水。若非纯茶水的,添加其他食品添加剂,则必须按加入量的递减顺序一一排列。

(3)净含量及固形物重量:必须标明茶叶包装容器中茶叶的净重量(克或千克)。在同一包装中如果含有几件小包装,并且分别包装几种茶叶时,则在注明总净重的同时,还应注明各种茶的小包装量及件数。

(4)制造者、经销者的名称和地址:必须标明该茶叶制造(或生产厂)、包装、分装或销售,任一单位经依法登记注册的名称和地址。此外,为方便联系,最好能标上电话、邮政编码等。

(5)日期标志和储藏指南:必须标明该包装内茶叶的生产日期、保质期或保存期。日期的标注顺序为年、月、日。保质期的标明可以采用"最好在……之前食用",或"最好在……之前饮用",或"……之前食用最佳",或"……之前饮用最佳"的说明。保存期的标明可以采用"……之前饮用",也可采用"保质期至……"或"保质期……个月","保存期……个月"或"保存期至……"的标注方法。

茶叶具有易吸潮、易吸异味、易受光照氧化等特性,因此应该在包装上介绍并注明储藏方法,如"防潮"、"避光"、"密封"等方法,以便确保茶叶的保质期或保存期。

(6)质量(品质)等级:如是已在产品标准(国家标准、行业标准、省市地方标准)中明确规定了质量(品质)等级的茶叶,必须在包装标签上标明该茶叶的质量等级。

(7)产品标准号:如果该茶叶是已经有国家标准、行业标准、省市地方标准的,则必须标明该标准的代号和顺序号。没有标准的茶叶,生产或经营单位应及时编写、申报产品的企业标准。经地方标准计量部门审核批准后,在包装标签上标明产品标准代号和顺序号。

(8)其他标注内容:GB 7718－94《食品标签通用标准》中还推荐在标签上标注下列内容:①批号。由茶叶生产企业或分装单位自行确定方法,标明该茶的生产或分装批号。②饮用方法。为指导消费者正确地饮用该茶叶,可以在标签上标明容器的开启方法、饮用方法(如泡茶水温、茶水比例等)、对消费者有帮助的说明。必要时可以在标签之外单独附加说明。

此外,商标及条形码也是包装上不可少的内容。商标在现代经济活动中起着越来越重要的作用,在某种程度上是企业和产品品牌的象征。条形码也是商品进入超级市场和国际市场的必要条件,因此申请使用条形码也是非常必要的。

# 三、茶叶包装上常见的标志及标识

我国茶叶包装上常见的各种质量标志主要有以下几种:

## (一)食品质量安全标志

食品质量安全标志见图 5-1。《中华人民共和国工业产品生产许可证管理条例实施办法》第八十六条规定:"工业产品生产许可证标志由'质量安全'英文(Quality Safety)字头(QS)和'质量安全'中文字样组成。标志主色调为蓝色,字母'Q'与'质量安全'四个中文字样为蓝色,字母'S'为白色。""QS"是食品质量安全市场准入证的简称,是国家从源头加强食品质量安全的监督管理,提高食品生产加工企业的质量管理和产品质量安全水平,具备规定条件的生产者才允许进行生产经营活动,具备规定条件的食品才允许生产销售的一种行政监管制度。

企业在使用食品市场准入标志时,可依需要的比例自行缩放,但不能变形、变色。《食品生产许可证》编号由英文字母QS 加 12 位阿拉伯数字组成。QS 为英文质量安全的缩写,编号前 4 位为受理机关编号,中间 4 位为产品类编号,后四位为获证企业序号。当食品最小销售单元小包装的最大表面的面积小于 10 平方厘米时,可不加印(贴)《食品生产许可证》编号,但在其大包装上必须加印(贴)《食品生产许可证》编号。

**图 5-1 食品质量安全标志**

## (二)绿色食品标志

绿色食品标志(见图 5-2)是由绿色食品发展中心在国家工商行政管理总局商标局正式注册的质量证明标志。它由三部分构成,即上方的太阳、下方的叶片和中心的蓓蕾,象征自然生态;颜色为绿色,象征着生命,农业、环保;图形为正圆形,意为保护。AA 级绿色食品标志与字体为绿色,底色为白色;A 级绿色食品标志与字体为白色,底色为绿色。

绿色食品标志、文字和使用标志的企业信息码,组成整体的绿色食品标志系列图形。该系列图形应严格按规范设计,出现在产品包装(标签)的醒目位置,通常置于最上方,和整个包装(标签)保持一定的比例关系,不得透叠其他色彩图形。企业信息码应以该企业获得的标志许可使用证书为准,其后附"经中国绿色食品发展中心许可使用绿色食品标志"的说明,并须与标志图形出现在同一视野。企业信息码的编码形式为 GF×××××××××××××。GF 是绿色食品英文"Green Food"头一个字母的缩写组合,后面为 12 位阿拉伯数字,其中 1~6 位为地区代码(按行政区划编制到县级),7~8 位为企业获证年份,9~12 位为当年获证企业序号。

绿色食品产品包装编号应用示例（新）

图 5-2 绿色食品标志

（注：图组合一 为绿色食品标志在包装上与编号的组合；
图组合二 适用于正方形，长方形类的包装标签）

## （三）有机食品认证标志

有机食品标志（见图 5-3）采用人手和叶片为创意元素。可以感觉到两种景象：其一是一只手向上持着一片绿叶，寓意人类对自然和生命的渴望；其二是两只手一上一下握在一起，将绿叶拟人化为自然的手，寓意人类的生存离不开大自然的呵护，人与自然需要和谐美好的生存关系。有机食品概念的提出正是这种理念的实际应用。人类的食物从自然中获取，人类的活动应尊重自然的规律，这样才能创造一个良好的、可持续的发展空间。

图 5-3 有机食品标志

该标志由中绿华夏有机食品认证中心认证后（China Organic Food Certification Center，简称 COFCC）颁发。COFCC 是中国农业部推动有机农业运动发展和从事有机食品认证、管理的专门机构，也是中国国家认证认可监督管理委员会（CNCA）批准设立的国内第一家有机食品认证机构（批准号 CNCA－R-2002-100），并获得中国合格评定国家认可委员会（CNAS）的认可（注册号 CNAS C115-0）。COFCC 在国家工商局依法注册，具有独立的法人资格。

## (四)有机产品标志

　　有机产品标志(见图 5-4)由两个同心圆、图案以及中英文文字组成。内圆表示太阳,其中既像青菜又像绵羊头的图案泛指自然界的动植物,外圆表示地球。整个图案采用绿色,象征着有机产品是真正无污染、符合健康要求的产品以及有机农业给人类带来了优美、清洁的生态环境。

　　该标志由南京国环有机产品认证中心认证后颁发。该中心原为国家环境保护总局有机食品发展中心(OrganicFood Developmemt Center State Environmental Protection Administration,简称 OFDC),是经国家认证认可监督管理委员会(CNCA)批准、中国合格评定国家认可委员会(CNAS)和国际有机农业运动联盟(IFOAM)认可机构(IOAS)认可的专业从事有机产品和良好农业规范(GAP)认证的认证机构。它成立于 1994 年,是中国有机产品事业的发起机构,也是推动中国有机产品事业发展

图 5-4　有机产品标志

的主力军与核心力量,在国际上有重要的影响。中心一直从事有机农业和生态农业产业政策、标准、实用技术、生产基地建设的规划研究、宣传、培训和质量控制等工作。

## (五)中国的有机产品认证标志

　　中国的有机产品认证标志包括中国有机产品(见图 5-5)和中国有机转换产品(见图 5-6)两种。

图 5-5　中国有机产品

图 5-6　中国有机转换产品

　　"中国有机产品认证标志"、"中国有机转换产品认证标志"的主要图案由三部分组成,即外围的圆形、中间的种子图形及其周围的环形线条。标志外围的圆形形似地球,象征和谐、安全,圆形中的"中国有机产品"和"中国有机转换产品"字样为中英文结合方式:即表示中国有机产品与世界同行,也有利于国内外消费者识别。标志中间类似种子的图形代表生命萌发之际的勃勃生机,象征了有机产品是从种子开始的全过程认证,同时昭示出有机产品就如同刚刚萌生的种子,正在中国大地上茁壮成长。种子图形周围圆润自如的线条象征环形的道路,与种子图形合并构成汉字"中",体现出有机产品植根中国,有机之路越走越宽广。同时,处于平面的环形又是英文字母"C"的变体,种子形也是"O"的变形,意为"China Organic"。

该标志由中国质量认证中心(China Quality Certification Center,简称CQC)认证后颁发。CQC是由中国政府批准设立,被多国政府和多个国际权威组织认可的第三方专业认证机构,隶属中国检验认证集团。

### (六)有机茶标志

有机茶标志(见图5-7)是圆形的,图案的中央是一片白色的叶子覆盖在绿色的地球上。在图案的外圈,上部是"Certified Organic TRI China",下部是"有机茶"。

该标志由杭州中农质量认证中心(OTRDC)认证后颁发。OTRDC是中国农业科学院茶叶研究所设立,经过国家认证认可监督管理委员会(CNCA-R-2003-096)批准、中国合格评定国家认可委员认可(CNAS 096-O)的认证机构。该中心成立于1999年3月,独立从事有机产品认证,向有机产品生产、加工和销售企业等提供认证服务。

**图5-7 有机茶标志**

### (七)无公害农产品标志

全国统一无公害农产品标志(见图5-8)标准颜色由绿色和橙色组成。标志图案主要由麦穗、对钩和无公害农产品字样组成,麦穗代表农产品,对钩表示合格,橙色寓意成熟和丰收,绿色象征环保和安全。标志图案直观、简洁、易于识别,含义通俗易懂。

无公害农产品认证是由农业部农产品质量安全中心依据认证认可规则和程序,按照无公害农产品质量安全标准,对未加工或初加工的食用农产品产地环境、农业投入品、生产过程和产品质量等环节进行审查验证,向经评定合格的农产品颁发无公害农产品认证证书,并允许使用全国统一的无公害农产品标志。

**图5-8 无公害农产品标志**

### (八)原产地域产品专用标志

原产地域产品专用标志(见图5-9)的轮廓为椭圆型,灰色外圈,绿色底色,椭圆中央为红色的中华人民共和国地图,椭圆型下部为灰色的万里长城。在椭圆型上部标注"中华人民共和国原产地域产品"字样,字体黑色、综艺体。在产品说明书和包装上印制标志时,允许按比例放大或缩小。

为了有效地保护我国的原产地域产品,保证原产地域产品的质量和特色,1999年,国家推行了原产地域产品保护制度,并对原产地域产品的通用技术要求和原产地域产

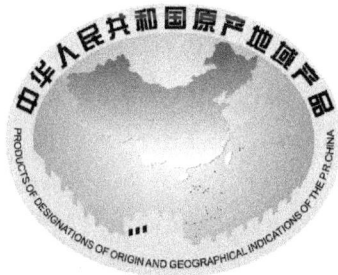

**图5-9 原产地域产品专用标志**

品专用标志制定了国家强制性标准。凡国家公告、保护的原产地域产品,在保护地域范围的生产企业,经国家质检总局审核并注册登记后,可以将该标志印制在产品的说明书和包装上,以此区别同等类型,但品质不同的非原产地域产品。目前,西湖龙井、安溪铁观音、武夷山大红袍等名茶均获得了原产地产品认证。

## (九)中华人民共和国地理标志保护产品标志

我国《地理标志产品保护规定》,地理标志保护产品(见图 5-10)是指产自特定地域,所具有的质量、声誉或其他特性取决于该产地的自然因素和人文因素,经审核批准以地理名称进行命名的产品。地理标志产品包括:来自本地区的种植、养殖产品;原材料全部来自本地区或部分来自其他地区,并在本地区按照特定工艺生产和加工的产品。

国家质量监督检验检疫总局统一管理全国的地理标志产品保护工作。各地出入境检验检疫局和质量技术监督局(以下简称各地质检机构)依照职能开展地理标志产品保护工作。如黄山毛峰茶于 2008 年 12 月 1 日起实施《地理标志产品保护》。

**图 5-10　中华人民共和国地理标志保护产品标志**

## (十)中国地理标志

我国《商标法》规定:地理标志(见图 5-11)是指标示某商品来源于某地区,该商品的特定质量、信誉或者其他特征,主要由该地区的自然因素或人为因素所决定的标志。其基本特征包括:(1)很强的地域性。知识产权都具有地域性,只有一定范围内才受到保护,但地理标志的地域性由显得更为强烈,因为地理标志不仅存在国家对其实施保护的地域限制,而且其所有者同样受到地域的限制,只有商品来源地的生产者才能使用该地理标志。(2)显著的集团性。地理标志可由商品来源地所有的企业、个人共同使用,只要其生产的商品达到了地理标志所代表的产品的品质,这样在同一地区使用同一地理标志的人就不止一个,使得地理标志的所有者具有集团性。(3)所代表的商品的独特性。地理标志作为一种标记与一定的地理区域相联系,其主要的功能就在于使消费者能区分来源于某地区的商品与来源于其他地区的同种商品,从而进行比较、挑选,以找到商品的价值与使用价值的最佳切合点,购买到自己想要的商品。(4)自然因素和人文因素是影响地理标志的主要因素。其中,自然因素是指原产地的气候、土壤、水质、天然物种等,人文因素是指原产地特有的产品生产工艺、流程、配方等。

**图 5-11　中国地理标志**

练习题

1. 茶叶陈化劣变的机理是什么?
2. 批量茶叶贮藏和保鲜技术有哪些?
3. 如何根据茶类的特征选择茶叶的保存措施?
4. 常见的茶叶包装材料有哪些? 其特性是什么?
5. 茶叶包装上常见的标志、标识有哪些?

第六章

# 茶具欣赏

---

**本章学习重点**

1. 了解古代不同朝代的茶具。
2. 了解《阳羡茗壶系》记载的名家、名壶。
3. 掌握近现代茶具名家名作。
4. 掌握现代茶具的主要类型。
5. 了解现代陶瓷茶具的特点。
6. 了解玻璃、金石、竹木等不同材质茶具之美。
7. 认识茶与茶具的密切关系。

## 第一节　古代茶具欣赏

茶具，从广义上说，指一切泡茶活动过程中与茶、水相关的器具，包括泡饮茶、置茶、赏茶、煮水等器具。而现代所说的茶具，一般是指狭义上的泡、饮茶用的器具或与之密切相关的一些辅助性的用具，包括茶壶、杯托、茶叶罐、奉茶盘等器具。茶具是伴随着历代饮茶方式的变化而不同。

### 一、唐代以前的茶具

从相关文献记载中我们可以发现，唐朝以前的茶具，主要分为以下几种：用来煮水的鼎、夹茶的茶夹子、捣茶的杵臼、盛放茶末的瓷质器皿以及勺子和汤碗。

### 二、唐代的茶具

唐代的饮茶法主要有煮茶法、淹茶法、苦茶法三种。

## （一）煮茶法用器

煮茶法所用的茶具主要可分为煮茶、加炭、备茶、备水、饮茶、清洁及陈列七方面的用器。

1.煮茶器

煮茶器包括：

（1）风炉：用铜铁铸造而成的能通风生火的炉子。

（2）灰承：承接炉灰的盘，三脚的铁盘。

（3）镀：煮水的锅子。

（4）交床：镀的支架。

（5）瓢：勺水用。

（6）竹夹：煮茶时用来搅动茶汤的竹制工具，使茶末能均匀扬开。也可以用桃、柳、柿等木制作，一般长一尺，用银包裹两端。

（7）鹺簋（cuó guǐ）：古代盛放盐的器具，圆口，两耳。

（8）揭：勺盐的器具，竹子制成。

（9）熟盂：贮热水的用器。

2.加炭器

加炭器包括：

（1）筥（jǔ）：盛炭用器，用竹篾编成圆形的放炭的笼子。

（2）炭檛（zhuā）：用于捶炭的铁棒，前端尖锐，中间粗大，手握处较细。

（3）火筴：夹炭的火筷子，用铁或铜铸成，呈圆圆直直的长条形。

3.备茶器

备茶器包括：

（1）夹：夹茶饼烘烤用的夹子，小青竹做成，长约 37 厘米，在 3 厘米处留一个竹节，把节以止的部分剖开，用来夹茶饼烘烤。

（2）纸囊：放烤好的茶的纸袋子，用白而厚的剡藤纸缝制，以使茶香不外泻。

（3）碾：研磨茶饼的器具，碾的内侧是圆弧形沟槽，而外面貌似长方形，圆弧的沟槽是为方便坠子运行，外部长方形是为了防止碾子倾倒妨碍碾茶。碾内除了坠子以外，没有其他东西。坠子的形状像车轮，其中心有轴木，碾长 28 厘米，宽约 5.3 厘米，坠子的直径约 12 厘米，中间厚约 3 厘米，边缘厚约 1.6 厘米，而贯穿坠子的轴中间是方形的，把手则是圆形的。

（4）拂末：拂除茶末的器具，碾的配件，用鸟的羽毛制成。

（5）箩盒：用箩筛茶末，用盒放茶末的两用盒子。箩好的末茶用盒装好贮存，箩是用巨竹剖开弯成竹框，内外夹紧后上漆，再绷上一层纱绢做成的。

（6）则：用来量茶和置茶的器具。

4.备水器

备水器包括：

（1）水方：盛放煮茶用水的器具，使用木材拼合而成，然后上漆，可容纳约 6 000 毫升的水量。

（2）滤水囊：滤水的袋子，用生铜、竹、木等制作骨架，用青竹编成袋子的形状，再以绿色细密双丝制成的绢布缝起来，再缝上细小的翠玉作为装饰。

（3）滤油囊：贮存滤水的沙袋。

5.饮茶器

饮茶器包括：

(1)碗：以越州窑(见图6-1)烧造的最好,鼎州窑其次,再次是婺州窑(见图6-2),复次为岳州窑(见图6-3),然后寿州窑和洪州窑。

**图6-1　唐代越窑青釉带托茶碗**

**图6-2　唐代婺州窑茶碗**

**图6-3　唐代岳州窑茶碗**

(2)畚：贮藏碗的用器,用白蒲草卷成条状编成,可贮藏茶碗十个。

6.清洁器

清洁器包括：

(1)札：清洁用的刷子,将棕榈皮编好用茱萸木夹住绑紧而成,或者截取一段竹子绑上棕榈皮制成的刷子,好像一支大毛笔。

(2)涤方：贮存洗涤后的废水的器具,用楸木榫接拼合而成,如水方,可容纳约4 760毫升水。

(3)滓方：用来收集茶渣等废弃物的器具,制法与涤方相似,可容纳约3 000毫升水。

7.陈列器

陈列器包括：

具列：陈放茶具的用器。用竹、木等材料制作成棚架式、床式或纯粹的木材或竹子制成,将茶器具陈放在上面。

1987年5月8日,于陕西省扶风县法门镇法门寺地宫出土了一批唐代的茶具(见图6-

4)，这批茶具是公元874年唐僖宗咸通十五年正月初四日入藏的。

　　下面，以唐代法门寺出土的这批茶器为代表来看看唐代的煮茶法所用的器具：

　　茶槽子：银制茶碾槽，包括碾槽及槽座，槽底呈弧形，横切面为"V"字形，与槽座焊接。槽座呈长方形，两端装饰成如意云头状，槽口有盖，并有鎏金纹饰（见图6-4）。

　　碾子：银制碾轮，像车轮，纹饰鎏金，与茶槽子配套使用，可将茶饼碾成茶末（见图6-4）。

图6-4　法门寺出土的唐代茶具

　　茶罗：筛分碾过的末茶的筛子，由盖、身、座、罗、屉五个部分组成。罗为双层框，绷上一层筛网；屉为一个长方形抽斗，用来承接过罗的末茶。银制，纹饰鎏金（见图6-4）。

　　匙子：勺茶用的匙子，银制，纹饰鎏金（见图6-5）。

　　琉璃茶碗柘子：淡黄绿色琉璃茶碗及碗托，茶碗低浅侈口，被认为是最早的国产琉璃茶具（见图6-6）。

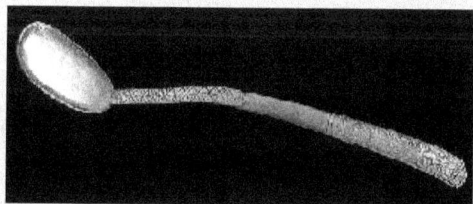

图6-5　法门寺出土的唐代茶具之匙子

图6-6　法门寺出土的唐代茶具之琉璃茶碗

　　大银香炉：香炉出土时盖面贴有墨书"大银香炉臣杨复恭"的签封（见图6-4）。

　　鎏金银龟盒：用于贮存末茶的茶盒，高13厘米，长28厘米，约可容纳500克的末茶（见图6-4）。

　　鎏金飞鸿纹银笼子：直径16.1厘米，高15.4厘米，足高2.4厘米的有提的笼子（有盖的篮子）。被推论为"焙篓"。

　　金银丝结条笼子：是一种桶形带盖、底有四足、有提梁的椭圆形容器，通体为金银丝编织而成。据推断，它是用来盛放饼茶的贮茶器。

　　蕾钮摩羯纹三足架银盐台：用来盛放盐，另外还有三件形制、大小相同的"葵口银盐台"（见图6-4）。

　　系链银火筯：长27.6厘米，直径0.25～0.6厘米，夹炭或拨炭火时用（见图6-7）。

　　鎏金伎乐纹银调达子：这是一个有盖的容器，圈足为喇叭形，调达即"调和通达，情韵谐畅"，是放调味料的器皿（见图6-4）。

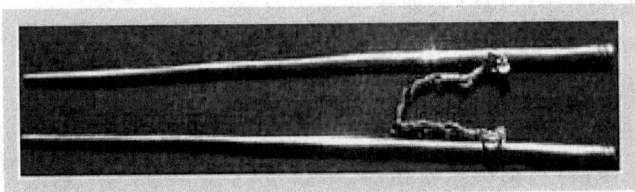

**图 6-7　法门寺出土的唐代茶具之系链银火筋**

### (二)淹茶法的茶具

陆羽《茶经·六之饮》中载:"饮有粗茶、散茶、末茶、饼茶者。乃斫、乃熬、乃烫、乃舂,贮于缶中,以汤沃焉,谓之淹茶。"从中可见,淹茶的茶具包括:

(1)斫茶器具:斧或槌,用以砍碎粗茶或饼茶,同时又必须用砧板作为承放之用。

(2)熬茶器:用镜或鼎配合火炉或风炉加热,将茶熬煮至烂。

(3)烫茶器:以镜或鼎烫茶。

(4)舂茶器:用杵、臼来舂茶,使之细碎。

(5)贮茶器:舂好的茶贮于瓶、缶之中。瓶是口小颈长腹大的器物,缶是大腹小口的瓦器。

(6)淹茶器:用汤浇入贮茶的瓶缶之中,淹好直接饮用或倒入茶盏中饮用。

### (三)茗(mào)茶法的茶具

茗茶法自魏晋时就有,包含以下茶具:

(1)备料器:准备茗茶羹的汤料器具,有砧板、茗茶刀等,因有相关配料需要裁切。

(2)煮茶器:鼎或釜及火炉。

(3)搅拌器:对茶和其他汤料进行搅拌,如竹、木等器具。

(4)去沫器:将茗茶煮沸后所产生的沫去除的工具。

(5)饮用器:茗茶煮好之后,用来饮用的碗、盏类器皿。

## 三、宋代茶具

要认识宋朝的茶具,我们可以从几种文献记载中了解到当时饮茶用具的一些风貌,如蔡襄的《茶录》、宋徽宗的《大观茶论》、审安老人的《茶具图赞》等。

蔡襄的《茶录》具体描述了"茶焙"(竹制,用于焙茶的器具)、"茶笼"(用来存放焙过的茶的笼子)、"砧椎"(用来击碎团茶的器具)、"茶钤"(茶夹)、"茶碾"(用来碾茶的工具)、"茶罗"(筛罗茶末的用具)、"茶盏"、"茶匙"、"汤瓶"(置于火炉上用来加热茶汤,汤加热后再注入盛有末茶的茶盏中)等器具。

《大观茶论》中记载有"罗碾"(分别是茶罗和茶碾)、"盏"(盏以青黑色建窑的兔毫盏为上品)(见图 6-8)、"筅"(用来点茶的主要工具,用老竹制成,手握的部分为"筅身",击打的部分为"筅穗")、"瓶"(用来注水的汤瓶)(见图 6-9)、"杓"(用来勺水的器具)等器具。

《茶具图赞》中,审安老人根据历史、典故、形状、材质、用途等标准,为茶具封官晋爵,委以重任。同时,又为各茶具取了姓名、字、号,将茶具完全拟人化、理想化,并附有赞文,诠释

图 6-8　南宋建窑兔毫天目茶碗

图 6-9　北宋越窑青釉瓜棱执壶

了"器以载道、道器并用"的精神。

其中"十二先生"茶具包括："韦鸿炉"（风炉）、"木待制"（木制的砧椎）、"金法曹"（金属制的茶碾）、"石转运"（石磨）、"胡员外"（葫芦勺）、"罗枢密"（茶罗）、"宗从事"（棕刷）、"漆雕秘阁"（漆雕的盏托（见图 6-10））、"陶宝文"（建窑的陶瓷茶盏）、"汤提点"（汤瓶）、"竺副帅"（"竺"通"竹"，指"茶筅"）、"司职方"（清洁用的布）。

图 6-10　北宋定窑托

## 四、元代茶具

从《王祯农书》中的"茗煎法的茶器"中可见当时的茶具有：贮水器、茶笼、炭笼、煮茶器（风炉、火炉、釜（锅）或茶鼎、瓢勺）、理茶器（贮汤用以清去茶叶熏气的容器）、茶碗或茶盏。而在其中的"末子茶法的茶器"中则记载有焙茶器、茶磨、末茶匙、末茶盒、点茶器（茶筅、茶筋、点茶匙）、茶盏（茶碗）、火炉、汤瓶（见图 6-11）。

图 6-11　元代红釉刻花云龙纹梨式瓶

# 五、明代茶具

从元代到明代,随着"废团兴散"的饮茶方式的转变而呈现出多种饮茶法并行的局面,从"点茶法"到"泡茶法",其茶具也出现了很大的变革。朱权的《茶谱》记载了点茶法的茶具,张源的《茶录》中则记载了泡茶法的茶具,张谦德的《茶经》中则提到了汤瓶"瓷器为上"、"茶性狭,壶过大则香不聚,容一两升中矣。官、哥、宣[①]、定为上。黄金、白银次。铜、锡斗试家自不用"的观点。许次纾在《茶疏》中有"收藏宜用瓷瓮"及"舀水必用瓷瓯"之说,同时因饮茶习俗的转变,还指出"茶瓯古取建窑兔毛花者,亦斗碾茶用之宜耳,其在今日,纯白为佳,兼贵于小。定窑最贵,不易得矣"。图 6-12、图 6-13 分别为明万历青花玲珑银裹茶碗和明成化斗彩鸡缸杯。

图 6-12　明万历青花玲珑银裹茶碗

图 6-13　明成化斗彩鸡缸杯

---

① "宣"为宣德窑,即明宣德年间的"景德镇窑"。

“宣、成、嘉靖，俱有名窑，近日仿造，间亦可用。”这一记载说明，当时的饮茶方式有了转变，之前斗茶之人用的兔毛纹的建窑茶盏只适合当时的斗碾茶，之后的茶碗则适合用小型的纯白色的，定窑烧得很适宜，当然不容易得到了，明宣德、成化、嘉靖三个时期的名窑仿制的虽然没有那么好，但是也可以用。文学巨豪苏轼，是一位精通茶道、鉴赏名器大师，他颇欣赏定窑生产的白瓷茶具。在其《煎茶歌》中曰：“又不见今时潞公煎学西蜀，定州花瓷琢红玉。”定瓷质地洁白如玉、胎薄细腻、釉彩莹润、造型典雅，自古有“定州花瓷瓯，颜色白天下”之誉。由于饮茶者饮用各类散茶，各类精美陶瓷茶壶就应运而生。茶具制作出现一个色彩纷呈、数量空前的时期，“景瓷宜陶”是当时陶瓷发展状况的真实反映，当时的陶瓷制作工艺在烧制、釉色、造型上都有了长足的发展。

作为紫砂茶具的代表——宜兴的紫砂与瓷器相互竞争，发展迅速。许次纾在《茶疏》“注”中说：“往时供春茶壶，近日时彬所制，大为时人宝惜，盖皆以粗砂制之，正取砂无土气耳。随手造作，颇极精工，故烧时必须火力极足，方可出窑。然火候稍过，壶又多碎坏者，以是益加贵重，火力不到者，如以生砂注水，土气满鼻，不中用也。”可见当时以制壶妙手供春、时大彬等所创造的宜兴紫砂壶，在明代中期蓬勃兴起，价胜金玉，为人所珍，久盛不衰。

同一时代周高起的《阳羡茗壶系》是首部关于宜兴紫砂茶具的重要著作，它系统地记录了当时宜兴陶工、陶土及制壶工艺的详细情况，也是中国现存的第一本茶壶专著。其书从“创始”到“正始”、“大家”、“名家”，再到“雅流”、“神品”、“别派”，分别叙述了当时紫砂壶制作的盛况，呈现出“一壶重不数两，价重每一二十金，能使土与黄金争价”的局面。其书的第一篇“创始”篇中说“金沙寺僧，久而逸其名矣。闻之陶家云，僧闲静有致，习与陶缸瓮者处，抟其细土，加以澄练，捏筑为胎，规而圆之，刳使中空，踵傅口、柄、盖、的，附陶穴烧成，人遂传用。”说明当时一个不知名但清幽闲静、很有情趣雅兴的金沙寺僧经常与制陶人相处，习得制陶工艺，将泥土澄练再捏成泥坯，并规范成圆形，掏空里面的泥土，并做好口、把、盖、盖扭，形成一个现在所见的壶的形状，在陶人们烧制陶缸、瓮时一起放入窑里烧制，所以后来的人就学着他的方法来制作茶壶了。

接着第二篇“正始”篇中说到明代正德—嘉靖(公元 1505—1522 年)年间的“供春”，供春为当时宜兴进士吴颐山的家僮。吴读书于金沙寺中，供春利用侍候主人的空隙时间，向金沙寺老僧学制壶。所制紫砂茶具，新颖精巧，温雅天然，质薄而坚，负有盛名。当时制成的树瘿壶，世称“供春壶”，令寺僧叹服，后以制紫砂壶为业。其制作的紫砂壶款式不一，当时的爱陶人称颂其：宜兴妙手数供春。现藏中国历史博物馆的树瘿壶，就是他的作品，造型古朴，指螺纹隐现，把内及壶身有篆书“供春”二字。

接着说到明代嘉靖到隆庆年间(公元 1522—1572 年)，继供春而起的紫砂名艺人董翰、赵梁、时朋和元畅四人并列号称“名壶四大家”。其中董翰以制作菱花式壶著称，赵梁所制壶多为提梁壶。这些名家均以造型的艺术化取胜。同期的壶艺名家还有李茂林，他善制小圆壶，精美朴雅，不加款式，仅以朱书为号，人们认为可与供春壶媲美。

在第三篇“大家”篇中记述：“时大彬，号少山，或淘土，或杂砜砂土，诸款具足，诸土色亦具足，不务妍媚，而朴雅紧栗，妙不可思。初自仿供春得手，喜作大壶。后游娄东闻陈眉公与琅琊太原诸公品茶施茶之论，乃作小壶，几案有一具，生人闲远之思，前后诸名家，并不能及。前于陶人标大雅之遗，擅空群之目矣。”说明时大彬制作的壶款式多样，土质齐全，虽不追求工巧雕琢，但匠心独运，朴雅坚致，风格高雅脱俗，造型流畅灵活，妙不可思，被尊称为一代大家。时大彬款宫灯大壶如图 6-14 所示。

在第四篇"名家"篇中提到李仲芳和徐友泉。当时人有"李大瓶,时大名"之称,以李仲芳制作的壶,时大彬签名,形容李仲芳作的壶很精巧。

时大彬的另一个高徒徐友泉在时大彬的教授下,变化壶的型制及泥色和泥质,模仿古代的尊、缶等器物,配以适合的泥土,十分精巧,能够达到引人注目、改变人心境的程度,但他在晚年还自叹:"吾之精,终不及时(时大彬)之粗也。"总之,明万历年间(公元1573—1620年)的时大彬、李仲芳和徐友泉师徒三人,凭借其高超的壶艺在当时赢得"壶家妙手称三大"之美誉。

在第五篇"雅流"篇中介绍明代万历时时大彬的四个弟子:欧正春、邵文金、邵文银、蒋时英(字伯荂)及陈用卿、陈信卿、闵鲁生、陈光甫。

在第六篇"神品"中则列举了陈仲美、沈君用两人,称其两人都制作精妙,不可思议。

图6-14  时大彬款 宫灯大壶

年代:明;高:19.7厘米;宽:25.4厘米;底印:时大彬制

除宜兴紫砂壶外,瓷都景德镇的陶瓷茶具日益向精美的方向发展,越来越受到人们的喜爱。作为瓷器的典型代表——永乐至宣德年间,景德镇生产的甜白茶具最为精美。质地坚而细密,体胎轻薄,造型精巧,驰名中外。壶的造型也千姿百态,有提梁壶、把手式、长身、扁身等各种造型,壶身绘人物、山水、花鸟、虫鱼等,装饰方法也丰富多彩,有青花、斗彩、釉里红、颜色釉等。到了康熙、雍正、乾隆三朝,景德镇陶瓷已达鼎盛时期,其胎质坚细、釉光莹润、色彩绚丽、镂雕精工。特别是景德镇御窑生产的宫廷用茶壶,极其精致,华美绝伦。

## (四)清代茶具

到了清朝,人们对茶具更讲究了。17世纪晚期到18世纪末,即从清康熙到乾隆晚期,紫砂壶的造型中自然形壶、几何形壶、筋纹形壶和小圆壶(即后世水平壶的前身)这四类壶型都有烧造,筋纹形壶已开始被自然形壶所取代,自然形壶受到欢迎,同时较注重壶面的装饰,更多在壶面施釉或加彩绘装饰。这一时期茶具制作名家的代表人物是陈鸣远,其制作的南瓜形壶如图6-15所示。

图6-15  陈鸣远款 南瓜形壶

清朝初期,陈鸣远塑镂兼长,善创新样,技艺精湛。他的独到之处是用雕塑装饰与造型相结合,可以说是一位天才的紫砂艺术家。清吴骞《阳羡名陶录》曰:"鸣远名噪一时,其足迹所至,文人学士,争相延揽。"当时文人仰慕、佩服陈鸣远的紫砂技艺,并以为鸣远制器题诗落款为幸事。

同一时期作为茶具的另一材质瓷器,以盖碗和茶壶为典型代表,皇室饮茶之风盛行,茶具质量超过以往各朝。乾隆皇帝嗜古好文,酷爱品茗作赋。为迎合上意,景德镇官窑精心烧制了珐琅彩、粉彩等品种的御用茶具(见图 6-16)。风格以施彩富丽浓艳、纹饰繁缛而闻名，尽显御用器之奢靡。作为皇宫贵族中的另一典型代表金彩绘瓷器，是清代的创新品种之一，最早出现于康熙时期(见图 6-17)。此类器具耗资巨大，多见于小件器物。北京故宫博物院所藏的金彩器，器外通体施金彩，珍贵罕见。金银彩绘的施彩方法是，先将金银磨碎成粉，与水混合，等金沉淀后，将其干燥，使用时取出溶于适量的橡胶水中，再掺加铅粉，金子与铅粉的配比为 30：3，然后同其他釉上彩绘颜色一样，用笔绘于瓷器的表面，入窑焙烧。清代的康熙、雍正、乾隆三朝鼎盛时期，金银绘瓷器都采用此法。清代后期，德国人居恩发明的"金水"传入中国，于是用金描绘的瓷器数量大增。金水的使用，改变了用金粉作画耗金量大、成本高的缺点。金银彩绘茶具，在清代后期较为普遍。

图 6-16　清乾隆松石绿地粉彩福寿连年纹茶壶

图 6-17　清霁蓝釉描金银图案盖碗

18 世纪初到 19 世纪末，即清嘉庆到光绪年间，文士与紫砂艺人交往甚密，出现了在壶上篆刻书画的风尚。紫砂壶造型比较简单，为在壶的平面上施展才华提供了空间。这时期的代表人物是陈曼生和杨彭年。如邵大亨的"鱼化龙壶"(见图 6-18)、陈曼生的"瓢提壶"(见图 6-19)。

图 6-18　邵大亨款　鱼化龙壶

图 6-19　瓢提壶(陈曼生铭　杨彭年制)

壶身铭：煮白石，泛绿云，一瓢细酌邀桐君

其他茶具据张岱的《陶庵梦忆》载："荆溪壶，成、宣窑瓷瓯十余种，皆精绝。"可见当时使用的茶具有荆溪壶，即宜兴紫砂壶，以及成化窑和宣德窑（景德镇窑）所产的茶碗或茶杯。据费南辉的《野语》载"瓷瓯精好。揭盖视之……"，可见当时使用有盖的碗，即现在所说的盖碗。而从其中的"……长髯奴提一紫砂宜兴壶置几上"可知其使用的是宜兴紫砂壶。在施鸿保《闽杂记》中提及"工夫茶"的饮茶方法，并称其"茶具精巧"，其中形容茶壶"小如胡桃者，叫做孟公壶"，孟公壶即孟臣壶（见图 6-20）。相传明末清初宜兴人惠孟臣擅长制作紫砂小壶，壶底刻有"孟臣"款底。施鸿保形容茶杯"杯极小者，名若深杯"。此若深杯相传为清代景德镇名匠陈若深所制，标有"若深"款识，只有半个乒乓球大小，多为青花瓷杯（见图 6-21）。

图 6-20　惠孟臣款　朱泥壶

底铭：古今珍玩　只此可人　孟臣制

图 6-21　若深款　白瓷小杯

此外，我们还可以从当时的绘画中看到一点茶器的痕迹：清代画家徐扬《姑苏繁华图》中不同人物及不同情形下，其饮茶的方式不同，如农家的大茶壶、船家的大茶壶和茶杯、文士的宜兴大壶和青瓷茶碗，以及卖茶水的担子和茶室等等，从画中，我们能看到当时茶的普及情况。而从清代另一个画家孙温的《全本红楼梦》中，我们也能看到凤姐、妙玉、宝玉以及各种生日宴会上的茶器，从全本图绘中至少有 51 页绘有茶器。有一个日本人叫奥兰田，从不一样的视角，记录了当时他及一些茶人们收藏的 32 把小茶壶，他模仿宋代审安老人的《茶具图赞》，为每一把小茶壶取姓、名、字、号，并著文解说所绘的图片，这些，都收录在他的著作《茗壶图录》中。

# 第二节　近现代茶具欣赏

## 一、近现代名家壶

19 世纪末到 20 世纪中叶，即清末到民国初期，紫砂壶的生产更为商业化，壶上开始印有店号标记。这一时期的茶具大家的代表人物是程寿珍和冯桂林。程寿珍自号"冰心道人"，师承其继父邵友廷，所制"掇球壶"最负盛名，曾多次获国际奖（见图6-22）。冯桂林，自号"卷翁"，宜兴宜城镇人。"蜀山传习所"首批艺徒中的高才生，满师后成为紫砂工艺一代名家。在继承紫砂传统工艺的基础上，他走出传统，屡出新壶，传世名作有：四方竹段茶壶、上梅桩茶具、福寿蟠桃壶、龙头玉环壶、佛手壶。

　　20世纪50年代紫砂界涌现出"七大艺人"以及之后国家评定的"中国工艺美术大师"、"中国陶瓷艺术大师"等。

　　七大艺人是：任淦庭、吴云根、裴石民、王寅春、朱可心、顾景舟、蒋蓉。

图 6-22　程寿珍款　大掇球壶

　　任淦庭（1889—1968年），字缶硕，名干庭，号石溪、聋人、大聋、漱石、左腕道人、左民，紫砂陶刻名艺人。1956年被江苏省人民政府任命为技师辅导（即后来所称的七大艺人之一）。

　　吴云根（1892—1969年），紫砂名艺人，原名芝莱，宜兴蜀山南街人。1956年被江苏省人民政府任命为技师辅导。他好用双色泥创作（见图6-23），一生致力于紫砂壶艺教授，传世作品相对较少。

　　裴石民（1892—1976年），紫砂名家，宜兴蜀山南街人。原名德铭、云庆。他年少成名，早年仿创兼优。晚年作壶，每种式样多则五六件，少则三四件，风格高雅大方，别树一帜。1956年被江苏省人民政府任命为技师辅导。南京博物院收藏有其制作的紫砂器牛盖莲子壶，如图6-24所示。此壶以仿陈光明的提梁牛盖莲子壶改制。他晚年作品，壶嘴由尖琢改成浑朴秀丽之弯嘴，提梁改为细柱带方形把，削肩改为圆方直身，整器气势雄奇。母子线变化，口盖配合相吻。他把该壶的焦点放在壶面钮上，将盖板改成翻盖线，与中间牛鼻孔融于一体，壶盖上一气孔由牛鼻所蔽，掀盖冲水，十分方便。他在制作上求型气，反复修改与凝练，费工费时甚多，故真品传世甚少，伪作仅在伪款、精细加工上摹作，难以有积聚文化艺术底蕴。刘紫砂壶艺的理解，裴石民在同辈艺人中首屈一指，其妙在凝练造物的气蕴上。

图 6-23　吴云根款　双色柿子壶

图 6-24　斐石民款　牛盖莲子壶

王寅春,原籍江苏镇江,父辈定居宜兴川埠上袁村。其制壶又快又好,技艺精巧,令人赞叹。他一生创作出许多精品,据不完全统计有五六十种之多,后半生传艺带徒,颇有成就。1956年被江苏省人民政府任命为技师辅导。南京博物院收藏有其制作的紫砂壶。此壶是文人与艺人合作的产物。江苏省名画家亚明曾在宜兴分水乡体验生活,与王寅春合作了亚明方壶和这把高瓜形壶(见图6-25)。以瓜形入壶的很多,亚明在和王寅春两人取样于南京博物馆所藏的失盖青瓷高壶,把瓜形拉长,筋囊线分外醒目,切割的块面也更加饱满凝重,透露出制壶者扎实的基本功。此壶泥色紫而不姹,纯正耐看。

朱可心(1904—1986年),原名朱凯长,自取"可心"名,寓意"虚心者,可师也","山中一杯水,可清天地心",宜兴蜀山人。1956年被江苏省人民政府任命为技师辅导。他自幼家境贫寒,14岁学艺,与吴云根为师兄弟。1954年被选送至中央美院华东分院民间美术工艺研究班学习五个月。他是一位与时俱进的艺人,在紫砂艺坛可谓桃李芬芳。其作品曾作为国礼,由周恩来总理送给日本田中角荣首相。其作品报春壶如图6-26所示。

顾景舟(1915—1996年),原名景洲,早年别称曼晞、瘦萍、武陵艺人、荆南山樵,晚年自号壶叟、老萍,出生于宜兴川埠上袁村的一个紫砂世家。父亲顾炳荣,母亲邵氏。1920年就读于蜀山东坡书院,18岁家道中落,继承父业,随祖母邵氏习陶艺。顾景舟制壶技艺全面,各种壶式、各项工艺掌握俱佳。1956年被江苏省人民政府任命为技师辅导。1988年被授予"中国工艺美术大师"称号,被紫砂界誉为"紫砂泰斗"。南京博物院藏有其制作的紫砂壶(见图6-27),壶身略成扁圆状,由钮、盖、口、身以至圈足皆贯以六棱,线条明晰工整,转折合度,筋囊饱满圆润,圆中见方、方中寓圆。此壶成型难度高,造型挺拔,做工严谨。

图6-25 王寅春款 高瓜形壶

图6-26 朱可心款 报春壶

图6-27 顾景舟款 藏六抽角壶

蒋蓉(1919—2007年),别号林凤,出生于宜兴川埠潜洛村的一个紫砂世家,中国工艺美术大师。蒋蓉11岁辍学在家随父学陶,未满20岁即到上海其伯父蒋燕亭处学艺,眼界大开,技艺精进。其作品荷花套壶如图6-28所示。

图 6-28 蒋蓉款 荷花套壶

之后,在紫砂界又涌现出多名中国工艺美术大师:如吕尧臣、汪寅仙、徐汉棠、谭泉海等。

吕尧臣,宜兴人,生于 1941 年,随紫砂名家吴云根学艺。他善于总结前人经验,结合个人敏锐的感触另辟蹊径,拓展创作题材,并致力于泥料的研究与实验,发明紫砂壶绞泥装饰工艺,成为中国工艺美术大师,著名紫砂陶艺家。在他四十余年的陶艺生涯中,新品层出,风格韵秀而古朴。独创之"吕氏绞泥"(见图 6-29)出神入化,堪称一绝,海外有"壶艺魔术师"之称,作品与"黄金争价",屡为"故宫博物院"、国务院、"紫光阁"等单位收藏。因其

图 6-29 吕尧臣款 绞泥壶

对中国陶艺的创造性贡献,1992 年被载入英国剑桥《世界名人录》,并成为"世界名人协会"终身会员。1993 年荣获"中国工艺美术大师"称号。

汪寅仙,1943 年生于江苏宜兴丁山丁南村,高级工艺美术师,中国工艺美术大师,中国工艺美术学会会员,宜兴紫砂文化艺术研究专委会顾问。其制壶态度一丝不苟、谨慎严密,并长期对创作题材深入观察体会进行艺术的提炼,使作品展现包括形象、神韵与气质上的美感。她以写实的手法刻画自然生态美于花货上,诠释田园中旺盛的生机和饱满盎然的精神。仿真形象惟妙惟肖,在用色上有其独特的美学观念,尽量保持紫砂特有的质感,而不求颜色与实物相同,仅于局部做颜色处理,形成画龙点睛的效果,也更能突显作品造型特色及优雅气韵。其光素器则讲究整体结构缜密及线条流畅,以简练的形式表达紫砂器特有的美感与深度。1956 年进宜兴紫砂工艺厂,师从著名老艺人吴云根学习制壶技艺,后转师朱可心门下习研紫砂素塑器造型设计,1959 年随师朱可心成功复制南京博物院藏品"圣思桃杯",并随文化部艺术交流展送往当时的苏联等东欧国家展出。1979 年,其作品"葡萄杯"被选中为国家领导人出访外国的礼品。1986 年与中央工艺美院教授张守智合作创作的抽象线条形茶具"曲壶"(见图 6-30)曾送往日本、美国等国家展出,1990 年分获全国陶艺评比一等奖、国际精品大奖赛一等奖,并被北京"中国历史博物馆"收藏。

徐汉棠,高级工艺美术师,中国工艺美术大师,中国陶瓷协会会员,中国轻工设计协会会员,中国美术学会高级会员,江苏省陶瓷美术学会理事,中日陶艺研究协会顾问,国际茶文化研讨会理事,江苏省工艺美术学会陶瓷专业委员会顾问,曾任宜兴市第九届政协委员、无锡市第十届政协委员,荣获"中国工艺美术终身成就奖"。徐汉棠出身于陶艺世家,1948年初中毕业后即跟随父母学艺,于50年代初拜当代紫砂泰斗顾景舟为师,为顾老师第一弟子。1975—1976年入中央工艺美院进修。他富有艺术天才、功底扎实,善复制传统产品,也精于创新,工艺造型独具匠心,以冰裂纹装饰见长,作品似冰如玉,尤善作各式微型小盆,每有手迹,均称"汉棠盆",为上海盆栽界珍藏。代表作有:古兽窥今壶、四方冰裂壶(见图6-31)、三代同堂壶等。其作品"石瓢"被英国维多利亚博物馆收藏,"十五件嵌银丝咖啡具"被故宫博物院收藏。

图6-30　张守智设计、汪寅仙制作　曲壶

谭泉海,1939年生于江苏宜兴和桥镇,1958年进入紫砂工艺厂,跟随任淦庭老艺人学习紫砂雕刻装饰。1975年进入中央工艺美术学院陶训班深造,受到著名教授梅健鹰、杨永善、张守智、白雪石、陈若菊等的教导。其作品中金石篆刻、书法绘画、花鸟、山水、人物俱佳,作品构思新颖,风格清新洒脱。在长期从事陶刻装饰工作中,细细揣摩曼生三刀法、板桥郑书风,形成自己独特的风格,陶刻用刀多变,表现手法多样,作品多以俊秀细腻见长,亦不乏粗犷奔放传神的佳作(见图6-32)。1979年特大紫砂挂盆"松鹰"、"群马"为北京故宫博物院收藏,1984年雕刻装饰的"百寿瓶"荣获莱比锡国际博览会金奖。

图6-31　徐汉棠款　四方冰裂壶

图6-32　谭泉海款　汉风壶

下面再介绍中国陶瓷艺术大师:李昌鸿、何道洪、周桂珍、鲍志强等。

李昌鸿,1937年生,1955年进紫砂工艺厂,师从顾景舟大师。历任紫砂厂技术辅导、车间主任、技术科长、副厂长、总工艺美术师、鸿成公司总经理、昌华公司董事长,熟知紫砂生产工艺全过程。1984年,与沈邃华合作"竹简茶具"荣获德国莱比锡国际博览会金质奖,成为当代紫砂首次在国际上荣获大奖的陶艺人。其作品有"丙寅大吉"、"九龙组壶"、"四方特奎壶"、"青玉四方茶具"、"一衡茶具"、"高八方壶"、"斗方壶"等。二十多次荣获国际、国内金银奖,在行业中有"获奖大户"美誉。鉴于其对紫砂作出的突出贡献,其业绩被载于英国剑桥1997年名人录和国际名人录。1989年被授予高级工艺美术师,2000年被江苏省人民政府授予"江苏省工艺美术大师",后又被授予"中国陶瓷艺术大师"荣誉称号。

何道洪,宜兴蜀山人,生于1943年。拜师于王寅春门下,深得名师真传,练就制作方器、圆器与筋纹器等器形的扎实功底。而后并获素有"陈鸣远第二"之称的裴石民先生指导,琢磨花货及仿生蔬果的制作技艺。曾赴中央工艺美术学院修习陶瓷相关课程,深研造型、装饰设计。何道洪是一位制作技术全面的紫砂陶艺家,熟悉各种砂壶制作技法,深知泥料特性及配色学问,兼具丰富的制壶实务经验与美学理论基础,其作品有着独特的个人风格。所设计的砂壶稳重大方,精工细致,器形力度、动感十足,韵味深厚。素器圆润敦厚、气韵深蕴,筋纹器工精艺谨,花货细腻优雅。塑造有百余个作品,种类有圆器、方器、塑器、筋纹器等,还有花瓶、花盆、果品、小动物等摆件装饰品,既是艺术欣赏价值极高的工艺品,也是实用性强的日用品;既有可容水80斤的特大"道方壶",也有拇指般小的"微型什锦壶"。在装饰手法上有浮雕和半浮雕装饰,有应用字画嵌泥装饰,也有开片裂纹及嵌银丝等装饰。2000年,其作品"壁钰壶"(见图6-33)获首届中国工艺美术大师精品博览会金奖;2001年,其作品"神竹壶"获轻工联合会举办的第三届中国工艺美术大师精品博览会金奖。

周桂珍,1943年生于宜兴丁蜀镇,1958年进入紫砂工艺厂。早期拜师王寅春和顾景舟先生,退休后定居北京。40余年的创作生涯,使她在紫砂艺术上取得了显著的成绩。1989年,其作品"大曼生提梁壶"被南京博物院收藏。2005年,"井栏壶"、"沁泉壶"被中国国家美术馆收藏。2006年"韵竹提梁壶"被中国国家博物馆收藏。2007年由高海庚设计、周桂珍制作的"集玉壶"(见图6-34)入选故宫博物院紫泥清韵紫砂展,并被收藏。周桂珍的艺术,具有最明显的两个特色,一个是扎实的功力、严谨的制作,她可以细到毫巅,严到极处。可以说她这一方面是接受了顾景舟大师的真传;另一方面,又有以往紫砂艺人少有的自由气息,她既严守绳墨,又不守成规。1978年被选作国家领导人出访外国的礼品。

图6-33　何道洪款　壁钰壶　　　　　图6-34　高海庚、周桂珍款　集玉壶

鲍志强,中国陶瓷艺术大师,研究员级高级工艺美术师,宜兴方圆紫砂工艺有限公司总工艺师,中国宜兴紫砂文化艺术研究会副会长,中国陶瓷艺术评审第五届、第六届评委,中国工艺美术(国际级)大师作品展评审委员。1946年生于江苏宜兴蜀山,字乐人,室

号"醉陶斋"。1959 年进厂从师谈尧坤、范泽林学习陶刻,1962 年又转师老艺人吴云根门下学习制壶技艺。1965 年得著名陶刻家任淦庭先生教泽,从事陶刻创作,1975 年进修中央工艺美术学院陶瓷艺术系,后致力于紫砂艺术的创作研究。善设计制陶,尤擅陶刻装饰,对书法、绘画、篆刻、紫砂史等方面均有独到研究,作品集紫砂陶造型设计和制作、陶刻装饰诗、书、画于一体的表现形式,注重以文化主宰紫砂艺术的设计思路,形成了鲜明的个人艺术风格,在紫砂艺林中别树一帜。其作品双壁叠韵壶如图 6-35 所示。

图 6-35　鲍志强款　双壁叠韵壶

## 二、现代茶具的主要类型

根据我国茶具的现状,可以将现代茶具划分为以下七种类型:个人用泡茶器、多人用泡茶器、泡茶通用配件、备水器、废水器、茶罐、陈列器。下面分别作简要介绍。

(1)个人用泡茶器有:盖碗(见图 6-36,含盖子、碗身、碗托三件,盖碗既作冲泡器具,又作饮茶器具)、同心壶(一壶一杯,杯与壶的容量相同,用壶泡好一壶茶即可倒入杯中正好一杯,不用时可扣在壶上,浑然一体,既省空间又适用)、同心杯(附有内胆和盖子的杯子,在内胆中放入茶叶盖上盖,等茶泡好足够时间了,便可打开盖子,取出内胆放在盖子上就能喝到适口的茶汤了)、大玻璃杯或瓷杯(运用含叶茶的泡法,将茶叶放入杯中,等到合适的浓度和温度即可饮用)。

图 6-36　王兴虎款　青花盖碗

(2)多人用泡茶器有:小壶茶具组(见图 6-37,有茶壶、壶垫、茶船、茶盅、盖置、茶杯、杯托等)、盖碗茶具组(有盖碗、茶盅、盖置、茶杯、杯托)、大桶茶具(有大茶桶或大茶壶,或有些大茶桶内有滤胆内胆托等过滤茶渣的配件,饮用时可长时间供大量的茶汤)。

(3)泡茶通用配件有:茶则(用于量茶、置茶、赏茶,又称茶荷)、渣匙(去渣用的匙子,另一端可用来拨茶)、茶拂(小型毛帚,用来清除沾在器物上的粉末)、计时器(计算冲泡时间)、茶巾(用于清理桌面或茶具上的茶屑或水)、茶巾盘(放茶巾用,较大的还可以放渣匙、茶荷等器物)、泡茶盘(用木材、竹子或石材、陶瓷等制成,如图 6-38 所示,用于陈列泡茶器具)、奉茶盘(不同材质不同形状的用于端茶奉茶用的盘子)。

**图 6-37 王兴虎款 小壶茶具组**

**图 6-38 王兴虎款 陶瓷画卷轴式茶盘及小壶茶具**

（4）备水器有煮水器和加水器两种，其中的煮水器包含加热器（如电茶壶、电磁炉、酒精炉、炭火炉等）、配套的加热水的容器（如壶、锅、釜等）以及相应的附件（如炭炉的炭斗、炉扇、火箸等）；加水器为储水器，用来补充煮水用水，包括水方（放洁净的水的容器）、保温瓶（保温效果好的话，可直接装热水泡茶，外出时也很方便）。

（5）废水器为放废水的器皿，包括水盂与水盘，用来放废水或茶渣。

（6）茶罐为储存茶的罐子，包括陶、瓷、锡、银等材质的罐子。

（7）陈列器包括茶桌、茶几和茶车，其中的茶桌包括摆放茶具，用来点茶、泡茶的桌子、茶几（为了方便操作及简化茶桌的陈列器具所使用的辅助性小桌子）、茶车（用于陈列茶具、点茶、泡茶、贮藏茶叶及茶席中的常用器物）。

# 三、现代陶瓷茶具——水、火、土的艺术

## （一）材质——泥与釉之美

陶瓷材质，由陶到瓷，从粗陶、釉陶、精陶、紫砂陶，到普通瓷、细白瓷、骨灰瓷、象牙瓷、青瓷、色釉瓷等，每种材质各有其特色。例如拿最典型的细瓷与粗陶相比，各自的材质体现出

来的感觉就完全不同,细瓷(见图6-39)造型严谨、秀巧、光挺、明确,粗陶造型自然、浑厚、朴拙、含蓄,两者有着不同的材质语言。

陶土,由于其取材天然,无须过多的陶洗、提炼,在烧制过程中多为中、低温氧化气氛烧成,尤其是经乐烧和柴烧的作品,能很直接体现泥土内在传递出的自然、质朴之感。而瓷土,从一开始,选材就相当讲究:由于其烧制温度高,泥质要细腻无杂质且能耐高温,开采矿石和加工提炼的过程相当复杂。瓷泥烧制出来的瓷器物理性能稳定,质地细腻,几乎无吸水性,具有一定的半透明性,轻叩之,声音清脆。

**图6-39  法蓝瓷茶具**

历史上的陶瓷茶具无论是唐朝的"南青北白"(越窑与邢窑)、宋朝的五大名窑(汝窑、官窑、哥窑、钧窑、定窑),还是明清的景德镇窑、德化窑、龙泉窑、醴陵窑、淄博窑等窑,无不体现出瓷的千姿万彩,而其中在茶具中运用得比较突出的是越窑的青瓷、景德镇的青白瓷与德化的白瓷,其素雅的风格与茶汤的关系在古代茶书茶诗中不乏体现:"青瓷益茶"、"如冰似玉"、"明月染春玉"、"薄冰盛绿云"等等,青瓷材质的细洁纯净、色调单纯,趣味高雅、含蓄,于朴素当中隐含着的让人心平气和的意蕴,总是让人将它与爱茶乐茶的茶人们的淡泊宁静的茶心联系在一起,品茗者只要用心去体味,就能感应到青瓷的平和之气、白瓷的纯净清洁。这与茶道中提倡的"清"有不谋而合之趣。而陶器茶具则以陶都宜兴的紫砂壶为代表,包括紫泥(紫黑色)、红泥(朱红色)、本山绿泥(米黄色)三种基本的泥矿,由于每种泥的矿区、矿层分布不同,烧成时温度、气氛稍有变化,则色泽变化多端,而且,使用越久,器身色泽越发光润,玉色晶光,气韵温雅。用这种茶具来泡茶"既不夺香又无熟汤气,故用以泡茶不失原味,色、香、味皆蕴"。清吴梅鼎《阳羡茗壶赋》中有这么一段描述来形容其泥料烧成后的色泽:

"若夫泥色之变,乍阴乍阳。忽葡萄结绀紫,倏橘柚而苍黄,摇嫩绿于新桐。晓滴琅玕之翠,积流黄于葵露,暗飘香粟之香,或黄白堆砂,结哀梨兮可啖;或青坚在骨,涂髹汁兮生光。"

## (二)造型——功能与形体结合之美

形容陶瓷手工茶具"方非一式,圆不一相"造型,可谓是恰如其分。虽然造型是由点、线、面组合而成的主体与附件的结合,但是在其点的均衡、线的节奏、面的比例、形体的轻重、明暗的变化等方面都存在着诸多考究,使造型与装饰结合,达到一种对比又协调的效果。

陶瓷手工茶具的成型方法有很多,但是都要根据不同泥质的特点选择合适的方法来制作,其中颗粒较粗的陶泥,比较适合手工捏制、泥条、泥板成型或压模(挡坯)成型。质地细腻、纯度高的瓷泥,其成型方法则表现得更加多样化,它不但可以用一般陶泥成型的方法制作,也可以运用手工拉坯的方式制作,甚至可运用适用于大批量生产的机械化压坯或石膏模具注浆。

手工茶壶中常见的紫砂壶,因其原料中含有很高的粗细不一的砂质,所以其成型方法也比较独特。徐秀棠在说紫砂壶的成型时说到"紫砂壶的造型,是由其特殊的制作方法所决定的,它不能用拉坯,也不能机械化流水生产,完全用手工拍打身筒和泥板成型。"用这样的手工成型的方法制作出的作品,不但可以表现圆形的器物,也可以表现方形的器物,运用这两种基本的成型方法制作出来的形体再经过变形、装饰，便可呈现出花货、光货和筋囊货三种类别的造型，且由于其都是手工制作，所以每一个都会有所不同。

拉坯成型是利用辘轳车旋转的转盘离心力的作用，配合双手的动作，将置于转盘中心的泥团拉成圆柱体，然后依据所需形态，拉成器形坯胎，待其干燥至一定程度后进行利坯修整形状，得到所需的器形。运用这种成型方法可以制作圆形或弧形的造型，如茶罐、茶碗、茶壶、茶杯、茶盘等，它的成型特点是作品呈同心圆式对称（一般不作故意变形的情况下），造型规整，器物的表面会留下一道道旋转的纹路（也可以在修坯时故意修理掉，不留痕迹）；同时由于是手工成型，可以根据需要控制坯体的厚薄关系，依照金字塔形的稳定性原则，可以做到上薄下厚，同时由于其原来泥土间分子的密切联系（只用手对其作外力上的施压与变形，不改变分子间的结构），从而使作品在干燥和烧成时不易变形。由于其手工制作的特点，可以使每个制作的作品都有各自的特点，就像大自然创造每一片树叶一样，即使是同一颗树上的叶子，每片看似相同，却都有其不同之处。

常压注浆和高压注浆统称为注浆成型，它的主要优点是使用石膏模具，可以一次复制多个制品，前期投入较少，设备占用面积可以灵活调整，缺点是制品干燥较慢，烧成收缩率较大，变形率较高。它比较适用于小批量的制品成型，这种方法适应性广，规整形状的或异形的都可以做。

滚压成型和刀压成型统称为压制成型。它也是使用石膏模具，主要适合圆形制品的成型，如茶具中圆形的敞口的杯子、盘子，但茶壶不宜用此方法进行制作。其主要特点在于制品内部泥分子排列相对比较致密，能够连续大规模生产，非常适合圆形碗盘类日用瓷制品的工业化生产；缺点是不适合生产外形复杂或较深的圆形制品，敛口的造型也不适合这种方法。虽然现在已经有了偏移式压制成型机和椭圆鱼盘成型机，但造价相对较高，前期投入较大，厂房面积的要求也较高，还没有大规模普及。

等静压成型完全摒弃了陶瓷泥料的可塑成型方式，不需消耗石膏模具，自动化程度高，坯体形状尺寸精确，表面光洁，致密度高，机械强度好，产品质量高。采用等静压成型，坯体成型后便可直接进入修坯工序等，减少了干燥环节，使变形率和破损率大大减少，从而简化了陶瓷制品的生产工序，减少了生产场地及热源消耗等。这种成型方法比较适合日用碗盘类制品的生产。

## （三）装饰——视觉之美

陶瓷装饰包括很多种方法：泥胎装饰、泥坯装饰、彩绘装饰、釉色装饰等。

泥胎装饰即运用泥土本身的质感作的装饰，即质地之美，指的是其泥质的自然属性所呈现的表面效果，是材料本质的展现，对人的视觉和触觉都可以发生作用，如紫砂陶器和粗陶器自然呈现的不同的表面效果和质地。还包括运用不同质地的泥进行有意识的排列组合，或其工艺上的综合运用，形成具有一定纹理效果的或质感效果的泥质之美，如陶瓷装饰中的"绞胎"、"镶嵌"等装饰形式，如图6-40所示为葛军制作的金钱豹紫砂壶。

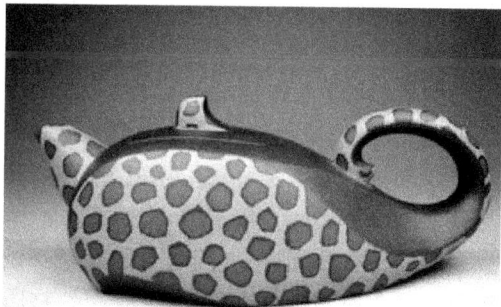

**图 6-40　葛军款　金钱豹紫砂壶**

泥坯装饰则是通过一定的技术加工和表面处理,使表面呈现的类似于不同质感的效果,属于造型的表面处理。例如紫砂泥中各种"花货"的肌理,或是在泥坯上进行的堆塑、雕刻、镂空、篆刻等装饰形式。

彩绘装饰在冯先铭主编的《中国古陶瓷图典》中是这样定义的:彩瓷,带彩绘装饰的瓷器。区别于素瓷。主要可分为四大类,即釉下彩、釉中彩、釉上彩及釉上釉下相结合的斗彩。

其中的釉下彩包括青花(见图 6-41)、釉里红和釉下五彩这三个最主要的品种,因为三者都是釉下装饰工艺,所以它们的特点有共同性。但由于几种釉下彩绘使用的色料不同,装饰的技法也不完全一样,因而形

图 6-41 王兴虎款 青花花鸟壶

成了各自的特点。从实用与欣赏两个方面而言,釉下彩绘瓷的特点可以概括为三个:第一,无毒、耐酸、耐碱、耐磨损,永不褪色;第二,画面平滑光亮、晶莹润泽、清雅明快,能给人一种美感享受;第三,纹样五彩缤纷(釉下五彩),艳而不俗,淡而有神,富于变化。

由于以上特点,加之它的淡雅的色彩,给人一种特别的亲切感,消费者也乐于接受,从而被广泛运用于日用陶瓷上。在工业化生产的陶瓷茶具中,釉下彩绘直接被批量印制的贴花纸所代替,其特点与模具成型的陶瓷坯体一样,每件都是一模一样。手工彩绘的釉下彩与之相比,其特点更突出地表现为彩绘创作者对每一个作品都要根据其材质、造型、主题及内涵对每个部位所进行的精心的设计,装饰内容的颜色、形状,其点、线、面的关系是否与其作品的整体形象协调,以达到一个相辅相成的效果。

釉中彩的制作工艺是在生胎釉上绘彩后再薄薄喷上一层面釉,然后经一次中或高温烧成。之所以绘彩后喷层薄釉,一是怕彩料不能完全沉入釉中,二是使器物表面更加光平。从它的制作工艺上看,其彩绘装饰的效果与釉下彩的特点有相似之处。因此可见釉中彩与釉下彩在工艺与物理化学性能以及烧成之后的艺术效果上来看都有其相似之处。如图 6-42 所示为王兴虎制作的釉中彩青花茶碗。

图 6-42 王兴虎款 釉中彩青花茶碗

釉上彩,就是先烧成高温瓷,(以白瓷为主,也有烧成单色釉或多色釉瓷),在这样的陶瓷上进行彩绘后,然后第二次入窑经摄氏750~850℃温度烘烤而成。其主要品种有五彩、粉彩、新彩、珐琅彩、墨彩、描金等。其彩料品种多,色调丰富,粉润清秀,绚丽多彩。由于其制作工艺中,是在已成瓷的釉面上作彩绘,故而纹样稍有凸出,整个工艺过程比釉下彩复杂(见图 6-43)。但画面光亮度较差(尤其是新彩),长久使用后易磨损变色;受酸性物质侵蚀会溶出铅、镉等毒性元素。所以在茶具设计的运用中,釉上彩装饰的部分一般都不直接与饮用的茶汤接触,一般情况下都只作壶身或杯子外面的装饰而用。

斗彩，又称逗彩，创烧于明成化时期，是釉下彩与釉上彩相结合的一种装饰品种。它是预先在高温（1 300℃）下烧成的釉下彩瓷器上，再用釉上彩颜料进行第二次施彩，填补青花图案留下的空白和涂染青花轮廓线内的空间，然后再次入窑经过低温（800℃）烘烤而成。斗彩设色精当，素雅与鲜丽兼而有之，明丽悦目，清新可人。斗彩在茶具运用上，由于有了釉上彩的加入，一般也不宜运用于茶汤或与饮用相接触的地方。

**图 6-43　刘乐君款　憩壶**

釉色装饰是在陶或瓷胎表面上一层釉料，以装饰陶瓷表面。釉的发明，最初是为了使陶瓷器物的表面光洁，防止液体物质渗漏，加强坚实程度，同时釉还可以起到美化陶瓷器的作用。特别是颜色釉出现之后，就更加发挥出釉的装饰作用（见图 6-44）。到唐代，釉的装饰功能得到更充分的发挥，无论是高温釉还是低温釉，均丰富多彩，别具情趣。如越窑的青瓷、邢窑的白釉、河南的花釉及唐三彩等，或呈色匀净，或色彩斑斓，均独具匠心。宋代汝窑的青釉、哥窑的开片釉及钧窑的红釉等，又体现出富有时代性的美感。至明清时期的景德镇，则百花齐放，蔚为大观，从高温到低温，各种釉色无所不备，著

**图 6-44　王兴虎款　陶胎绿釉杯托组**

名的品种即达数十种之多。但手工茶具作为一种日用陶瓷，在釉色装饰上，比普通的艺术陶瓷有更多的讲究。基于要满足高温泡茶并饮用的这个实用功能，有些加入了铅、镉等助溶物质的低温烧制的釉料，就不宜使用于陶瓷茶具中。不同颜色的釉上在茶具里，对其茶汤的颜色也会有很大的影响，所以在茶具的釉色设计中，不但要考虑其功能要求和材质的理化性能、装饰的美感，还要考虑到其对茶汤的影响，如图 6-45 所示。

**图 6-45　茶杯内釉色对茶汤色泽的影响**

### (四)烧制——火焰之美

在陶瓷茶具烧制过程中,作为日用陶瓷产品的茶具追求的是产品的成品率。每款产品,经成千上万的复制,都要达到一个一模一样的预期标准,追求的是一个共性的美,而这个标准,是不用考虑每个个体消费者的个性差异的,而只是寻求广大消费者的一些共性的特点。而手工茶具追求的则是个性美的表现,它所烧制出来的作品是以其独特的个性效果,以能够表达创作者意图的一个独特的个性效果为美(见图 6-46)。例如在手工茶具的烧制中,由于不同燃料和不同气氛的窑中含有多种不稳定的呈色元素,经氧化或还原作用,或是不同的泥土在烧成时温度若稍有变化,其色泽也会变化多端,其浑然天成的色泽即是陶瓷在燃烧的时候火焰在其上面留下的痕迹,像是舞蹈家在挥舞长袖,像是沙漠边际的一抹晚霞,又像是海底绚烂的万变光彩,耐人寻味,妙不可思。清朝,吴梅

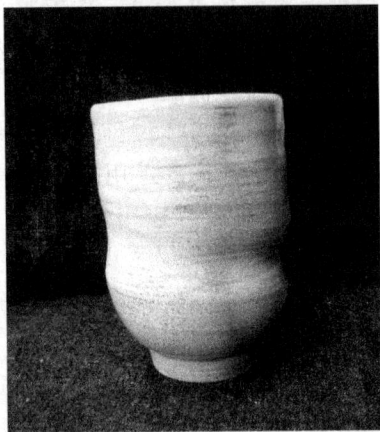

图 6-46　张玲芝款　苏打烧茶杯

鼎在《阳羡茗壶赋》中对于传统手工制作的紫砂壶有这么一段描述:"彼瑰琦之窑变,非一色之可名,如铁、如石、胡玉、胡金,备五文于一器,具百美于三停。远而望之,黝若钟鼎陈明庭;追而察之,灿若琬琰浮精英,岂隋珠之与赵璧可比异而称珍者哉。"把烧成后的紫砂泥色描写得淋漓尽致。

# 四、其他材质茶具

## (一)玻璃茶具——透明的精灵

玻璃茶具(见图 6-47)在现在的茶具市场上,是一种非常普遍的茶具材质。玻璃因为其独特的材料性质——无味、透明、表面光洁、耐高温、耐酸碱等,被广泛应用于茶具制作。玻璃茶具比较适合用来泡绿茶、花茶以及一些茶形好看或是香气高扬的茶类,因为有利于观赏茶叶浸泡逐渐舒展的美妙姿态,而且其良好的散热性能够防止茶叶在泡制过程中由于水温过高而产生的闷味。用这样的杯子泡冷饮,如奶茶、调味茶,可以很好地欣赏到茶汤的颜色,以及不同配料的组合之美。从卫生方面来看,玻璃表面都很光洁,便于清洗。但是使用玻璃茶具泡茶也有不利的一面,就是容易烫手,同时由于其透明性高,所以一些看上去不太好看的茶,在泡茶的过程中都会尽呈眼底。所以如果要用玻璃茶具来泡茶,最好还是要看看泡的什么茶,同时注意使用时的安全性,这样选择玻璃茶具泡茶就能达到一个

图 6-47　玻璃杯泡绿茶的效果

很好的效果。

## （二）金石茶具——技术与材质之美

从古至今,金、银、铁、铜、锡都曾是制作茶器的材料(见图6-48)。如陆羽《茶经》中罗列的茶器中就有煮茶所用的铁铸的"鍑",也是传承前代的金属茶具。金和银的化学性质非常稳定,任凭火烧也不会锈蚀。古代的金器到现在已几千年了,仍是金光闪闪。把金和银放在盐酸、硫酸或硝酸(单独的酸)中亦不会被侵蚀。

金银质地的茶具不仅有抗菌、消毒、保健的功效,而且还具有高尚的艺术享受和收藏价值。只是用金银制茶具成本太高,过于奢华,与茶道精俭之精神不符,一般茶人较少用之。

长期使用玉石茶具(见图6-49)泡茶,不但独特尊贵,而且还有促进人体健康的作用。如《神农本

**图 6-48 铁壶**

草》、《本草纲目》等古代医药名著中都有记载:玉石有"除中热,解烦懑,润心肺,助声喉,滋毛发,养五脏,安魂魄,疏血脉,明耳目"等功效。根据现代生物、物理、化学分析,许多玉石中含有对人体有益的十多种微量元素。所以用金银或者玉石做茶具经高温泡茶或煮茶,都不会有有害物质挥发出来,甚至会溢出许多对人体有益的微量元素,如锌、镁、铁、铜、硒、铬、锰、钴等。但由于不同类型玉石的成分不一,有些玉石的一些有害元素未经检测或不易测出,故玉石茶具的选用应谨慎为妙。

**图 6-49 和田玉茶具**

## （三）竹木茶具——来自大自然的生命印迹

一般而言,我们很少看到有人用竹子或是木制的茶壶来泡茶,只看到一些茶具的配件,如茶盘(见图6-50)、取水用的水勺,或是用来当杯托的木茶托,或是用来取茶的茶则,或是用来去渣的渣匙等等。竹子或木质的这些器物与陶瓷或金属搭配,可以很好地构成泡茶的用具。但是用竹木制的茶具来泡茶、喝茶却不太适合,因为无论是竹子还是木头,其材质的

密度都不是很高,容易吸收茶香和茶味,加之表面不是很光滑,不容易清洗,易造成卫生问题。另外,竹和木质本身就有其香气和味道,不同的竹、木,香味不同,用以泡茶,容易影响茶的香气和滋味。而且竹木的化学、物理性能不如陶瓷稳定,强度也不如陶瓷高,所以,一般而言,人们泡茶喝茶用的都是陶瓷材质的茶壶和茶杯,少用竹木制的茶壶和茶杯。

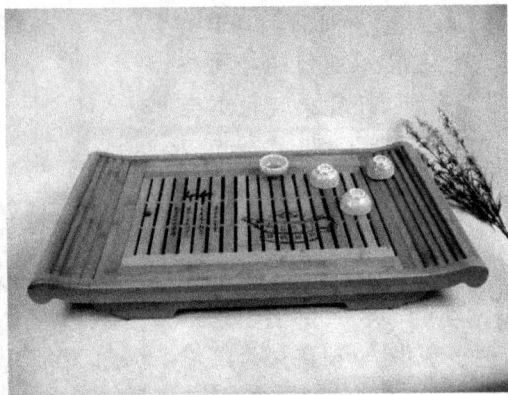

图 6-50　竹质茶盘

# 第三节　如何挑选一把好壶

一把好的紫砂壶一般要具有以下六个特征:

(1)泥料:要判别一把紫砂壶的优劣,首先要看其泥料。紫砂壶最基本的原料是砂土,其陶泥颗粒应保持在 40～60 目之间,烧成后才能保持一定的透气性和吸水率,才能发茶之真色、香、味,而太细腻的泥料制作的紫砂壶是达不到紫砂壶应有的透气性标准的。

(2)造型:紫砂壶基本上都是手工成型,而不是像一些工厂是用机器大批量复制生产的。从手上出来的东西是极具灵性和韵味的。制壶十分讲究壶的形状,一般崇尚造型淳朴、简洁、富有内涵与寓意的风格和式样。一把好的紫砂壶造型要淳朴美观、比例协调、线条流畅、整体和谐而自然。

(3)色彩:紫砂壶色泽多彩,是其他陶瓷器无法比拟的。它有"紫而不姹,红而不嫣,绿而不嫩,黄而不娇,黑而不墨,灰而不暗"的高雅色彩。故一把好的紫砂壶要讲究朱不能浓淡,紫不能深浅,黄不能老嫩,烧制的火候要恰到好处。深一点或浅一点,其品质都会相差甚远。

(4)工艺:做工要精致细巧、格律严谨,无瑕可寻。点、线、面是构成紫砂壶的基本元素。点,需方则方,需圆则圆;线,需直则直,需弯则弯;面,需光则光,需毛则毛,干净利落。分量要均衡,壶盖与壶口结合要严密,出窑后不磨口。达到这样的工艺水准的紫砂壶就算得上是壶中极品了。

(5)功能:紫砂壶的"容量适度、高矮得当、盖严谨、出水流畅、斟壶时无延滴之虞"等主要功能,这是其他茶壶无法比拟的。

（6）审美：紫砂壶的审美，可以总结为形、神、气、态四个要素。形，即形式的美，是指作品的外轮廓，也就是具象的面相；神即神韵，一种能令人意会体验出精神美的韵味；气，即气质，材质所内含的本质的美；态，即形态，作品的高、低、肥、瘦、刚、柔、方、圆的各种姿态。一把好壶正是把握好这几个方面贯通一气做出来的。

## 练习题

1. 选择不同材质的茶具泡饮相同的茶，品析其茶汤色、香、味的效果。
2. 选择几把陶瓷材质的壶，通过判断其物理性能，分析茶具与茶的协调关系。
3. 介绍近现代有代表性的茶具名家及其代表作。
4. 阐述现代茶具的主要类型。
5. 一把好的紫砂壶具有哪些主要特征？

## 阅读材料

1. 紫砂壶如何开壶？

新紫砂壶使用前要进行一系列的处理，行家叫做"开壶"。开壶目的是为了除去泥料的土味，将壶内残留的砂粒清除，清除紫砂壶身上为打磨或美容残留的油脂与水腊。

开壶最重要的是先将壶表的油蜡脂洗干净，洗到水可以完全附着在壶表为止，然后再以热水或茶水浸泡除掉清洁剂或其他的味道，之后就可以开始使用了。

如果烧结程度很低，又在壶表涂有仿古壶的有色油脂。下面这种方法可供参考：

（1）用一个干净的锅子，里面放满清水，壶和盖子分开放进水里，过个十几分钟，等壶、盖吸足水后把水倒掉，壶和盖拿出来。冲入刚开的沸水，把壶和盖放进去（水要完全盖过壶），这时壶身会冒出小泡泡！刚才吸进的冷水带着杂质、土腥气跑出来。

（2）等水完全冷却后，再重复用沸水泡一遍。

（3）将准备养这把壶的茶叶放进壶内，再弄点放在锅子里，沸水冲入，泡上 2 小时，再用清水洗干净，壶、盖分开放在干燥通风处晾干后就可以泡茶喝了。

2. 紫砂壶如何养壶？

正确的养壶方法是每次泡完茶就要将壶内的茶渣去掉，用热水冲去残留在壶身内外的茶汤和细小的茶渣，以保持茶壶的清洁。然后再将茶壶水平放置在通风干燥处，壶盖可以取下来平放，也可以斜盖在壶口上，便于壶内的湿气蒸发，保持壶内干爽，以便下一次使用时是干净而无杂味的，如此养出来的茶壶泡出的茶才能发挥茶的自然风味，如此养出的壶才能散发出它自然可爱的光泽。

3. 茶具与茶如何组配？

茶具形状千姿百态，材质也多种多样，装饰也是丰富多彩。如何选用，则要根据各个地方的饮茶风俗习惯和饮茶者对茶具的审美情趣，以及品饮的茶类和环境而定。

瓷器本质细腻,加之釉色润泽,普遍造型细致、装饰精美。而陶器本质较粗糙,色泽古朴,造型厚重,装饰朴实。陶瓷茶具作为中国历代泡茶的主要器具,一直流行至今。而玻璃茶具光泽透明,造型精致巧妙,作为近现代一种新兴的茶具种类,在泡茶时可观其形色的变化,并便于清洗,饮用无杂味,且散热速度快。选择茶具的时候,可以根据不同的需要来选择不同的茶具,如泡普洱茶,就可以选用粗犷、古朴风格的陶器来泡,以发挥普洱的醇厚、深沉的滋味;如泡花茶,就可选用精瓷的盖碗,以发挥其高香味长并便于观察茶叶的变化;如泡制绿茶,则可选用透明的玻璃茶壶或盖碗,可在冲泡时欣赏到茶叶与茶汤的色泽变化的同时,茶汤散热快,不易产生闷味。总之,选用不同的茶具组合,就是要充分发挥每一种材质与造型的特点与长处,并使各种器物和谐相处。比如,饮茶的茶杯可用白瓷小杯,便于充分表现真实的茶汤的颜色,而杯托则可以选用别的材质,如竹、木等,一种是硬质的杯,一种是软质的托,组合在一起,提拿之间,更能保持其相互的和谐与默契。

4.茶具与健康

长期使用的茶具,茶具内壁留有一层茶垢,这是喝茶资深的象征还是不良的卫生习惯呢?科学研究表明,在潮湿的环境中茶垢容易发霉,不只影响泡茶的味道,也有碍身体的健康,茶壶使用后应即时清洗,并使其干燥。这与养壶不相冲突,养壶是让茶色染附于壶身,造成温润古雅的质感,内外看来还得是整洁卫生才行。壶具清洗后,用柔质的布将外表擦拭一遍,使其着色均匀且有光泽。干燥的方法除阴干、烘干外,用热水烫过,打开壶盖,让壶口与盖子内侧朝上,很容易就会变干的。烘干时不要使用100℃以上的高温,否则不但壶身容易受损,养壶的效果也会被破坏。

(见蔡荣章主编:《中国人应知的茶道常识》之"茶器知识",中华书局2012年版。)

## 第七章

# 茶艺服务规范

● 本章学习重点 ●

1.掌握礼仪规范的具体要求。

2.掌握操作规范要求。

3.学会现场茶艺服务规范。

4.认识茶室布置和茶席设计的注意事项。

茶艺服务就是为宾客提供介绍茶、茶产品和泡茶、品饮茶的技艺展示及服务。服务者称茶艺工作者、茶艺员、茶艺师、茶人等,本章统称茶艺工作者或茶艺员。

中国历代茶艺都十分讲究,通过茶人研究、体验,进行总结、记载,后人加以传承、弘扬和发展。在传承、弘扬和发展中,逐步形成规范。所谓规范,就是约定俗成的基本规则和要求,是必须遵循的。

现代茶艺服务规范有历代茶艺规范的传承、弘扬,也有创新和发展。

## 第一节　礼仪规范

茶艺服务是面对宾客的一种服务,所以,不仅要有熟练的泡茶技艺,还要有规范得体的待客礼仪。礼仪包括文明的礼貌礼节和端庄的仪容仪表。这是茶艺服务中宾客首先关注和感受到的,体现茶艺工作者的形象和礼仪素养。

### 一、礼貌礼节

我国是礼仪之邦,历来强调礼仪,制礼作乐,教化士民。古代的礼就是"上事天,下事地,尊先祖而隆君师",这三项内容是礼的基本内容。现代的礼也是古代礼的传承,要求敬天法祖、尊敬师长、尊老爱幼,事亲待客要有礼貌礼节、礼数,要彬彬有礼。在宾客来到时要问好,表示欢迎,并请上座品茶;要礼貌与宾客交流和沟通;宾客离开要送行,表示感谢,欢迎再次光临。这都是有礼的表现。

在服务过程中要以礼待人,言行举止要得体优雅,动作轻柔,和颜悦色,讲话轻声细语、语调温柔。具体要求做到:

(1)微笑待客。茶艺工作者要始终将微笑挂在脸上,而且微笑要真诚,不能造作。要微笑迎客、微笑待客、微笑送客,给宾客留下美好印象。

(2)言语交流。说话要轻声细语、语调亲切,向宾客介绍要泡的茶、茶艺的一些要领,认真回答宾客关心的问题。语言表达要简明扼要、语意准确,不拖泥带水,防止听者厌烦。

(3)善于观察。要善于观察宾客的表情,作出相关的回应,让宾客有体贴入微的感觉,充分展现个人的素养魅力,赢得宾客的青睐。

(4)认真服务。认真泡好一壶茶,让宾客品尝到满意的茶,也是一种礼貌待客之道。认真,就是讲究茶艺动作的娴熟、准确、从容镇定,不失误、不失态,让宾客看在眼里,佩服在心里。

(5)常用的礼貌语言:

①迎宾语:上午(或中午、晚上)好,欢迎光临!

②请上座品茶。

③各位喜欢喝哪种茶?是绿茶还是红茶,或普洱茶?

各位喜欢喝口味浓点,还是一般的?

④大家好,我叫某某,很高兴能为大家泡茶,现在泡的是××茶。

⑤请品茶。有什么需要我服务的,请大家尽管吩咐。

⑥送客语:请慢走,欢迎再次光临;再见,欢迎再次光临!

# 二、仪容仪表

仪容仪表要端庄、大方、得体,包括容貌、着装、发型、手势、举止体态等的规范要求。作为茶艺工作人员,要展现美的形体容貌和优秀的茶文化素养,做到形、神、情、技感人和动人。

历史上有"佳茗如佳人"之称。明朝徐燉在《茗谭》中说:"茶事极清,烹点必假姣童季女之手,故自有致。若付虬髯苍头,景色自作恶,纵有名产,顿减声价。"[①]所以,茶艺工作人员一般要求女性担任。

(1)着装要得体。着装要求整洁大方,与表演的茶艺相匹配。比如表演古茶艺,就要着古装;展示现代茶艺,可以着中式当代服装,也可以着古装或有创意的服装。女性服装既要光彩照人,又不要太暴露。

(2)发型要整洁。女性长发要梳理成发髻型,显得整洁利索、有气质,不染发,不能放披肩发或梳理成"马尾"发型。

(3)容颜要娇媚。女性脸部可适当化淡妆,不要浓妆艳抹,不要喷洒浓香水,以免影响茶香和宾客品茶时的感觉。

(4)手型要优美。要在宾客面前展现茶艺工作者一双纤细、柔嫩、清洁、干净的手。指甲要修剪,不留长指甲,不能涂指甲油,不戴首饰。上岗前,不要抹润肤霜、润肤油等,以免玷污

---

① 阮浩耕、沈冬梅、于良子点校注释:《中国古代茶叶全书》,浙江摄影出版社1999年版,第373页。

茶叶、茶具。

(5)举止要优雅。在茶艺服务中,茶艺工作者举止要优雅,要走有走姿、站有站样、坐有坐相。

走姿:女性行走时脚步成直线,上身保持平衡,不摇摆扭动。双肩放松,两眼往前平视,下颚微收。双手虎口交叉,右手搭在左手上,放于身前,以免摆动幅度过大。男士双臂可随两腿移动,作小幅摆动。当来到客人面前时应稍倾身,面对宾客,然后入座泡茶。结束后,面对宾客,后退两步倾身,转身离去,以表示对宾客的恭敬。

站样:站立时要双腿并拢,身体挺直,双肩放松,两眼平视。女性要将双手虎口交叉,右手搭在左手上,放于身前;男士应将双手虎口交叉,左手搭在右手上,放于身前,双脚可呈外八字形稍作分开。动作要自然,不能生硬呆板。

坐相:坐在椅子上,身体要放松,端坐中央,重心居中,保持平稳。双脚并拢,上身挺直,切忌两腿分开,或一腿搁在另一腿上,不断抖动。头部要上顶,下颚微作收敛,鼻尖对向腹部。女性可将双手手掌上下相搭,平放于两腿之间;男士可将双手手心朝下,平放于左右两边大腿的前方。

# 第二节　操作规范

茶艺操作上的细节不尽相同,但要领还是一样的,有同样的规范要求。

明代的徐𤊹在《茗谭》中指出:"种茶易,采茶难;采茶易,焙茶难;焙茶易,藏茶难;藏茶易,烹茶难。稍失法律,便减茶韵。"意思是,种茶、采茶、焙茶、藏茶、烹茶说容易也容易,说难也难,每一环节都要按照"法律"(法度、规范)操作。否则,"稍失法律,便减茶韵"。当代茶艺操作上,同样有"法律",要按照基本的规范做。具体的操作规范如下:

## 一、备具

在泡茶品茗的茶桌上应备好泡茶、饮茶的主要用具、辅助用品,如煮汤的汤壶(热水壶)、泡茶的茶壶、茶盅、盖碗、茶船、公道杯、茶杯、茶匙、渣匙、茶夹、茶托、茶巾(方巾)等。这些茶具要求洁净,不染异味。"恶具"、"蔽器"、"不洁巾脱"等都不宜用。[1] 所谓"恶具"、"蔽器",指有异味的器具。清洁茶具时,让其"自干为佳"。如用拭巾擦拭,"只宜拭外,切忌拭内"。因为方巾虽然干净,但一经人手,"极易作气",使气味影响茶具。[2] 有盖的茶具要"开口以待",盖须仰放,不要覆在桌上。[3]

---

[1] 阮浩耕、沈冬梅、于良子点校注释:《中国古代茶叶全书》,浙江摄影出版社 1999 年版,第 241、431 页。

[2] 同上,第 517 页。

[3] 同上,第 239 页。

　　茶巾(方巾)要折叠好备用。一种折法是作九叠式。方法是：将正方形茶巾反面朝上平放于茶桌上，在茶巾下边三分之一处往上折叠，在茶巾上边三分之一处往下折叠；再将茶巾左右两侧，分别在三分之一处往内折叠，即成九叠式。叠好后置于茶壶边备用。另一种折法如表 7-1 所示。

表 7-1　茶巾折法

| | 步骤说明 | 图片 |
|---|---|---|
| 1 | 摊平茶巾 | |
| 2 | 往内对折 | |
| 3 | 约 1/4 处，往内折 | |
| 4 | 另一边同样对折 | |

续表

| | 步骤说明 | 图片 |
|---|---|---|
| 5 | 稍做整理 | |
| 6 | 再次对折出公司 LOGO | |
| 7 | 完成的效果 | |

## 二、备茶

把要泡的茶装在备茶器中。特别是备好要销售的茶品、要做宣传的茶品。各种茶品要尽量备齐全,以满足宾客的不同需求和选择。一种备茶器储放一种茶品,贴上标识,不能混杂。备茶器集中放置于品茗室中靠近茶桌的茶架上。茶架上不要存放其他会释放异味的物品,以免异味浸染茶品。泡茶前,将装有要泡茶的备茶器取放于茶桌上备用。

## 三、备水

备水要"择水"。古人烹茶很重视水质,认为"茶者水之神,水者茶之体"。[1] "烹茶择水,最为切要"。[2] "有茶而不瀹以名泉,犹无茶也。"[3]当代泡茶品茗,同样要讲求水的品质。水

---

[1]　阮浩耕、沈冬梅、于良子点校注释:《中国古代茶叶全书》,浙江摄影出版社 1999 年版,第 221 页。

[2]　同上,第 229 页。

[3]　同上,第 374 页。

的品质最要紧的是不能有杂质和异味,要干净、无味。把要用的水储在备水器中。备水器要放在泡茶便于取用的位置。

# 四、煮汤

煮汤就是烧开水。古代煮汤要用炉子,烧炭火,掌握火候。现代都用电热水壶。热水壶要专用,不能染上异味。水烧开后,再烧多少时间,这就是"火候",或称"候汤","候汤"就是掌握水的温度,烧开后再烧的时间长,水的温度就越高。要根据泡不同茶品掌握所需的温度,如泡红茶和泡绿茶所需的温度就不一样,要掌握得当。

# 五、投茶、注汤

投茶与注汤有先后之分,先茶后汤称"下投",汤半下茶叫"中投",先汤后茶称"上投"。"下投"法适用于泡红茶、黑茶、乌龙茶,"中投"法和"上投"法适合于泡绿茶、白茶。根据不同的茶品,采用不同的投茶法。

注汤动作要求稳、准。汤壶提起要稳,往茶壶或盖碗中注汤要准,避免汤注到壶身或盖碗外溅起,既不雅,又有烫伤人之虞。汤壶提起的高度要适应不同茶品的需求,有的需高冲,有的要低注。

茶壶的拿法:不同的茶壶有不同的拿法,通常有侧提、握提、托提各手法。[①]

侧提法有三种。如是小型茶壶,则用如下侧提法:由中指、拇指握壶把,食指压壶盖,其余二指自然弯曲。若是中型茶壶,则用另一种侧提法:由食指、中指提壶把,拇指压壶盖边,其余二指自然弯曲。若是大型茶壶,则用第三种侧提法:由食指、中指握壶把,拇指朝向壶嘴,压在壶把上端,用另一手的食指、中指并拢压壶盖,以免泻茶汤时,壶盖脱出。

握提法用于提梁茶壶,手法是:手握提梁壶提梁右上角,拇指在上,其他四指并拢握壶把。用另一手的食指、中指并拢压壶盖。

托提法也用于提梁茶壶,手法是:手掌心朝上,拇指在上,用四指托壶梁把,由另一手的食指、中指并拢压壶盖。

盖碗和无把茶盅拿法:用食指下压碗盖和盅盖,拇指和其余三指分开握住盖碗或茶盅边沿部位。若是有嘴茶盅,拇指和其余三指握的部位是茶盅口的另一边。[②]

# 六、布饮品茗

注汤后要按照不同的茶品,使汤瀹茶若干秒,然后斟茶汤布饮。先将茶汤泻进公道杯中,再分别倾进茶杯里。倾进茶杯里的茶汤不能一次倾满,先倾半杯,一遍后,再倾至七分满。

公道杯拿法,与中型侧提茶壶拿法基本相同,只是拇指朝向不同,拇指方向要与杯把垂直。

布饮后向宾客奉茶,请宾客品茗。

---

① 参见本书附录"各种茶壶的拿法"。

② 参阅饶雪梅、李俊主编:《茶艺服务实训教程》,科学出版社 2008 年版,第 105—106 页。

宾客接茶后,要先闻茶香,赏茶色,再品茶味。如果一口喝尽,那就不是在品茗,而是在解渴。

## 七、收具整理

送走宾客后,要收拾整理好茶具,将茶具洁净后摆放好,以便再次使用。

---

# 第三节　服务规范

---

服务规范在不同的场合下有不同的要求,如在品茗室、茶馆、茶店等,要求有所不同。特别是品茗有免费和收费之别,服务的方式方法就有所区别。免费品茗是为了让宾客品尝某种茶品,以宣传、推销这种茶品,如在品茗室和茶店,一般是这种服务。收费品茗是提供场所和服务,让宾客享受品茗消费,费用由消费者支付。如在茶馆,一般是这种服务。接受这种消费服务的宾客停留时间较长,消费者喝的可能是大杯茶或盖碗茶,或自助泡茶,三五亲朋好友自斟自啜,谈天说地,无须茶艺工作者在现场泡茶服务。

我们这里要讲的服务规范,是现场茶艺服务规范。这一规范掌握了,非现场茶艺服务可以融会贯通,灵活运用。

## 一、迎宾导位服务

(1)宾客未到时,迎宾员侍立大门两侧恭候,昂首挺胸收腹,双手虎口相交,掌心朝内,右手握左手置于小腹处,脸露微笑,注目来宾。

(2)宾客到达时,迎宾员鞠躬(身体前倾30度),微笑问好:"上午(中午/下午/晚上)好,欢迎光临! 这边请。"(作"请"的手势:以肘关节为支点,手臂抬起45度,拇指弯曲,紧贴伸直的四指;同时,身体稍往前倾。)导位服务员要走在客人的右前方1.5米左右,眼睛随时注视客人,并与客人沟通,回答客人的发问。若遇雨天,要主动为客人套上伞套或存放雨伞。如果客满,要向客人解释,并引导客人至等候室坐,有座位时立即安排。

(3)导位服务员将宾客引导到安排好的茶室茶桌前时,说"请坐",并协助客人有序入座。入座后,导位服务员面对宾客微鞠躬:"各位稍等,茶艺员马上来泡茶。祝大家品茶愉快!"说毕后退一步,转身离开。

## 二、茶前湿巾服务

(1)服务员用托盘盛放湿巾走到茶桌前。

(2)接近宾客座位时,必须提醒客人注意:"打扰一下,请用湿巾。"或说:"某某先生/女士/小姐,请用湿巾。"

(3)将湿巾用夹子夹起放入客人左手侧的湿巾托里。湿巾托与桌沿垂直,距桌沿约8厘米。放毕湿巾后,收手时顺势做一个"请用"手势,然后退后两步,微鞠躬离开。

## 三、泡茶奉茶服务

茶艺员泡茶要按照前面所说的泡茶操作规范进行。在泡茶前要征询宾客喜欢喝哪种茶,如果宾客说"随意",茶艺员可以向宾客推荐茶品,试泡一两种茶品让宾客品尝。泡茶过程中,重点介绍茶品的名称、特色、汤色、口味、茶效等,使宾客品尝验证后相信名不虚传,从而放心购买所品尝的茶品。

茶泡好后,将茶汤从茶壶中或盖碗中泻入公道杯,再分别倾入茶杯中至七分满,然后奉茶。奉茶时,由奉茶服务员将置于茶杯托上的茶,用双手拿起,分别奉送到宾客面前的桌面上,并说"请品茶"。奉茶的次序,从主宾开始,或从年长者开始,按顺时针方向依次奉茶。如果需上茶食茶点,可以将茶食茶点放在果盘上,摆放到茶桌中间,两位客人中间摆放一盘,并介绍茶食茶点的名称、特点。茶桌上有水迹或杂物时,服务员应及时拭干和清理,以保持桌面整洁。

茶艺员泡一种茶品,可以"再巡"、"三巡"。如果换一种茶品,要再向客人介绍茶品名称、特点和茶效。

## 四、销售结账服务

(1)宾客选购合意的茶品、茶食品、茶具后,服务员引导客人到柜台结账。

(2)柜台收银员核对客人选购的茶品等,通过电脑开列清单,合计款项,告诉客人付费金额:"你好,合计共×××元。"

(3)客人付现金时,收银员应礼貌地接过,清点数额后,告诉客人:"收您现金×××元。"

(4)将找零及发票一同递给客人,"找回×元及发票,请收好"。并帮客人将所购茶品等装袋,向客人致谢。

(5)如果客人用信用卡结账,收银员要先辨认客人出示的信用卡是否能在本店使用,如不能使用,则婉转请客人更换信用卡或付现金;如能用,由收银员核对客人身份证后刷卡,扣清应付款额,再将刷出的结款单递给客人确认签字。签字无误后,将付款单客留联、信用卡、身份证、发票一并递还客人,并致谢。

(6)如果买单客人是会员或关系户,可用签单结账。服务员将结账的账单和签单卡送至客人座位,从客人右边将账单和签单卡递上,并清楚地告诉客人消费金额,同时指明账单和签单卡的签名处。签单后,服务员确认无误,将客人存根联留给客人,并向客人致谢。然后退后两步转身离开,将存根和签单卡送回收银柜台。

## 五、送别宾客服务

(1)宾客结账后,服务员应送客人到门口,并说:"再见,欢迎再次光临!"或"请慢走,欢迎再次光临!"

（2）茶席上的客人要走时,茶艺员应起立,鞠躬30度,向客人微笑道别:"慢走,欢迎再次光临!"

（3）服务员帮助客人整理衣物,提醒客人清点好随身携带物品,并说:"欢迎再次光临!"

（4）宾客离开后,服务员应马上清理茶桌、清洁茶具,以备接待下一批客人时使用。

# 第四节　茶室布置规范

茶室是指泡茶、品饮茶、演示茶艺的房间、场所、馆舍、厅室等,也称品茗室。茶室布置包括茶室里的茶席设计和环境布置。明代陆树声著有《茶寮记》,他在寓所旁专门建构一"茶寮",供煮汤、烹茶、啜茗之用,其中茶灶及"瓢汲罂注濯拂"等茶具一应俱全。"择一人稍通茗事者主之,一人佐炊汲。"客人来,主人与客人在茶寮中烹点、啜茗、畅叙,十分脱俗雅意。[①]许次纾在《茶疏》中记"茶所",说"小斋之外,别置茶寮。"[②]古代的"茶寮"、"茶所"、"茶舍"传承至今就是茶室,或称品茗室。

## 一、茶席设计

茶席是泡茶、饮茶、品茶的坐席和茶具摆放的平台,一般是以桌椅、茶几、茶车的形式摆设茶席,是成桌的茶具设计安排,这是茶室布置的核心。也有在室外空地上摆设茶席的。

茶席设计和安排的主要内容有茶具组合、席面设计、配饰选择、茶点搭配等。首先要安排好泡茶茶艺员的座位和品茗宾客的座位。茶艺员的座位和品茗宾客的座位可以安排在同一张茶桌旁,也可以分开安排。一张长方形六座位的茶桌,茶艺员的座位可安排在茶桌的一头座位上,另一头和两边的座位安排宾客坐。一张正方形四座位的茶桌,茶艺员的座位安排一边,另三边为宾客座位。茶几、茶车是茶艺员专用的泡茶位置。

在宾客多的情况下,如接待参访团、旅游团等,应安排茶艺员专用的茶桌或茶几、茶车,在茶艺员茶桌或茶几、茶车前面安排宾客座椅,宾客可以欣赏茶艺员的泡茶过程。

宾客座椅安排不能太拥挤,要留有过道,便于奉茶员奉茶。

茶桌或茶几、茶车上的茶具、泡茶用品等茶具组合、配饰选择、茶点搭配,茶艺员要事先设计、摆放好。茶具组合,根据所品饮的不同茶品有不同组合。席面设计常用的有各类桌布如布、丝、绸、缎、葛等,也有不加铺垫,以茶桌、茶几、茶车的台面为席面,便于擦拭和清洁。配饰选择有插花、盆景、香炉、工艺品等,宜简不宜繁。茶点搭配,有茶食品、糕饼、瓜子、水果等,要根据客人的喜好、茶品、季节等作搭配。总之,要显示美观、整洁、有韵味、恰到好处。

---

① 阮浩耕、沈冬梅、于良子点校注释:《中国古代茶叶全书》,浙江摄影出版社1999年版,第194页。
② 同上,第240页。

# 二、环境布置

茶室里的环境布置要求整洁、美观、文雅。

(1)整洁。茶室里除茶席、茶座、茶艺操作的必需用品外,不要陈放其他杂物,周围不能有异味侵入,桌椅不能有油漆异味,墙壁不能有涂料或饰品异味散发等。

(2)美观。茶室里的陈设要美观,所有摆设、布置令人置身优美、舒适的环境中。

(3)文雅。展现文雅的最好做法:一是张挂字画,特别是茶字画和传统字画挂轴;二是茶席、茶座的古朴典雅;三是插花,花瓶摆放在恰当的位置,插花要求淡雅、精致,不求繁多,插一两枝即可,过多的鲜花香味会影响品茶的茶味;四是焚香,香炉放在特制的几案上,不要用气味浓的香;五是播放柔和的背景音乐,特别是古琴演奏、传统民族乐曲,如清代宫廷茶礼演奏乐章一样,配以音乐,营造和美、清幽、闲适、文明的氛围。

所有这些环境布置,能让品茗者获得最佳的视觉、听觉、嗅觉享受。

## 练习题

1. 茶艺服务规范包括哪些方面的规范?
2. 阐述礼仪规范的具体要求。
3. 训练茶艺的规范操作。
4. 演练现场茶艺服务的规范要求。
5. 做茶室布置和茶席设计训练。

## 阅读材料

### 茶艺师国家职业资格标准

1.职业概况

1.1 职业名称:茶艺师。

1.2 职业定义:在茶艺馆里、茶室、宾馆等场所专职从事茶饮艺术服务的人员。

1.3 职业等级:本职业共设五个等级,分别为初级茶艺师(国家职业资格五级)、中级茶艺师(国家职业资格四级)、高级茶艺师(国家职业资格三级)、茶艺技师(国家职业资格二级)、高级茶艺技师(国家职业资格一级)。

1.4 职业环境:室内、常温。

1.5 职业能力特征:具有较强的语言表达能力,一定的人际交往能力、形体知觉能力,较敏锐的嗅觉、色觉和味觉,有一定的美学鉴赏能力。

1.6 基本文化程度:初中毕业。

1.7 培训要求

1.7.1 培训期限:全日制职业学校教育,根据其培养目标和教学计划确定。晋级培训期限:初级茶艺师不少于160标准学时,中级茶艺师不少于140标准学时,高级茶艺师不少于120标准学时,茶艺技师、高级茶艺技师不少于100标准学时。

1.7.2 培训教师:各等级的培训教师应具备茶艺专业知识和相应的教学经验。培训初级、中级的教师应取得本职业高级以上职业资格证书;培训高级茶艺师的教师应取得本职业技师以上职业资格证书或具有相关专业中级以上专业技术职务任职资格;培训技师的教师应具有本职业高级技师职业资格证书或相关专业高级专业技术职务任职资格;培训高级技师的教师应具有本职业高级技师职业资格证书2年以上或相关专业高级专业技术职务任职资格。

1.7.3 培训场地设备:满足教学需要的标准教室及实际操作的品茗室。教学培训场地应分别具有讲台、品茗台及必要的教学设备和品茗设备;有实际操作训练所需的茶叶、茶具、装饰物,采光及通风条件良好。

1.8 鉴定要求

1.8.1 适用对象:从事或准备从事本职业的人员。

1.8.2 申报条件:

初级茶艺师(具备以下条件之一者):

(1)经本职业初级正规培训达规定标准学时数,并取得毕(结)业证书。

(2)在本职业连续见习工作2年以上。

中级茶艺师(具备以下条件之一者):

(1)取得本职业初级资格证书后,连续从事本职业工作3年以上,经本职业中级正规培训达规定标准学时数,并取得毕(结)业证书。

(2)取得本职业初级资格证书后,连续从事本职业工作5年以上。

(3)取得经劳动保障行政部门审核认定的,以中级技能为培养目标的中等以上职业学校本职业(专业)毕业证书。

高级茶艺师(具备以下条件之一者):

(1)取得本职业中级职业资格证书后,连续从事本职业工作3年以上,经本职业高级正规培训达规定标准学时数,并取得毕(结)业证书。

(2)取得本职业中级职业资格证书后,连续从事本职业工作7年以上。

(3)取得高级技工学校或经劳动保障行政部门审核认定的、以高级技能为培养目标的高等职业学校本职业(专业)毕业证书。

(4)取得本职业中级职业资格证书的大专以上本专业或相关专业毕业生,连续从事本职业工作2年以上。

茶艺技师(具备以下条件之一者):

(1)取得本职业高级资格证书后,连续从事本职业工作5年以上,经本职业技师正规培训达规定标准学时数,并取得毕(结)业证书。

(2)取得本职业高级职业资格证书后,连续从事本职业工作7年以上。

(3)高级技工学校本专业毕业生,连续从事本职业工作满3年。

高级茶艺技师(具备以下条件之一者):

(1)取得本职业技师资格证书后,连续从事本职业工作4年以上,经本职业高级技师正规培训达规定标准学时数,并取得毕(结)业证书。

(2)取得本职业技师职业资格证书后,连续从事本职业工作5年以上。

1.8.3 鉴定方式:分为理论知识考试和技能操作考核。理论知识考试采用闭卷笔试方式;技能操作考核采用实际操作、现场问答等方式,由2～3名考评员组成考评小组,考评员按照技能考核规定各自分别打分取平均分为考核得分。理论知识考核和技能操作考核均实行百分制,成绩皆达60分以上者为合格。技师和高级技师鉴定还需进行综合评审。

1.8.4 考评人员与考生配备比例:理论知识考试考评员与考生配比为1∶15,每个标准教室不少于2人;技能操作考核考评员与考生配比为1∶3,且不少于3名考评员。

1.8.5 鉴定时间:各等级理论知识考试时间不超过120分钟。初、中、高级技能操作考核时间不超过50分钟,技师、高级技师技能操作考核时间不超过120分钟。

1.8.6 鉴定场所设备:理论知识考试在标准教室内进行。技能操作考核在品茗室进行。品茗室设备及用具应包括:①品茗台;②泡茶、饮茶主要用具;③辅助用品;④备水器;⑤备茶器;⑥盛运器;⑦泡茶室;⑧茶室用品;⑨泡茶用水;⑩冲泡用茶及相关用品;⑪茶艺师用品。鉴定场所设备可根据不同等级的考核需要增减。

2.基本要求

2.1 职业道德

2.1.1 职业道德基本知识

2.1.2 职业守则:

(1)热爱专业,忠于职守;

(2)遵纪守法,文明经营;

(3)礼貌待客,热情服务;

(4)真诚守信,一丝不苟;

(5)钻研业务,精益求精。

2.2 基础知识

2.2.1 茶文化基本知识:

(1)中国用茶的源流

(2)饮茶方法的演变

(3)茶文化的精神

(4)中外饮茶风俗

2.2.2 茶叶知识:

(1)茶树基本知识

(2)茶叶种类

(3)名茶及其产地

(4)茶叶品质鉴别知识

(5)茶叶保管方法

2.2.3 茶具知识:

(1)茶具的种类及产地

(2)瓷器茶具

(3)紫砂茶具

(4)其他茶具

2.2.4 品茗用水知识：

(1)品茶与用水的关系

(2)品茗用水的分类

(3)品茗用水的选择

2.2.5 茶艺基本知识：

(1)品饮要义

(2)冲泡技巧

(3)茶点选配

2.2.6 科学饮茶：

(1)茶叶主要成分

(2)科学饮茶常识

2.2.7 食品与茶叶营养卫生：

(1)食品与茶叶卫生基础知识

(2)饮食业食品卫生制度

2.2.8 法律法规知识：

(1)《劳动法》常识

(2)《食品安全法》常识

(3)《消费者权益保护法》常识

(4)《公共场所卫生管理条例》常识

(5)劳动安全基本知识

3.工作要求：本标准对初级茶艺师、中级茶艺师、高级茶艺师、茶艺技师及高级茶艺技师的技能要求依次递进，高级别包括低级别的要求。

3.1 初级茶艺师

| 职业功能 | 工作内容 | 技能要求 | 相关知识 |
|---|---|---|---|
| 一、接待 | (一)礼仪 | 1.能够做到个人仪容仪表整洁大方<br>2.能够正确使用礼貌服务用语 | 1.仪容仪表仪态常识<br>2.语言应用基本常识 |
| | (二)接待 | 1.能够做好营业环境准备<br>2.能够做好营业用具准备<br>3.能够做好茶艺人员准备<br>4.能够主动、热情地接待客人 | 1.环境美常识<br>2.营业用具准备的注意事项<br>3.茶艺人员准备的基本要求<br>4.接待程序基本常识 |
| 二、准备与演示 | (一)茶艺准备 | 1.能够识别主要茶叶品类并根据泡茶要求准备茶叶品种<br>2.能够完成泡茶用具的准备<br>3.能够完成泡茶用水的准备<br>4.能够完成冲泡用茶相关用品的准备 | 1.茶叶分类、品种、名称<br>2.茶具的种类和特征<br>3.泡茶用水的知识<br>4.茶叶、茶具和水质鉴定知识 |
| | (二)茶艺演示 | 1.能够在茶叶冲泡时选择合适的水质、水量、水温和冲泡器具<br>2.能够正确演示绿茶、红茶、乌龙茶、和花茶的冲泡<br>3.能够正确解说上述茶艺的每一步骤<br>4.能够介绍茶汤的品饮方法 | 1.茶艺器具应用知识<br>2.不同茶艺演示要求及注意事项 |

续表

| 职业功能 | 工作内容 | 技能要求 | 相关知识 |
|---|---|---|---|
| 三、服务与销售 | (一)茶事服务 | 1.根据顾客状况和季节不同推荐相应的茶饮<br>2.能够适时介绍茶的典故、艺文,激发顾客品茗的兴趣 | 1.人际交流基本技巧<br>2.有关茶的典故和艺文 |
| | (二)销售 | 1.能够揣摩顾客心理,适时推荐茶叶与茶具<br>2.能够正确使用茶单<br>3.能够熟练使用茶叶茶具的包装<br>4.能够完成茶艺馆的结账工作<br>5.能够指导顾客进行茶叶的储存和保管<br>6.能够指导顾客进行茶具的养护 | 1.茶叶茶具的包装知识<br>2.结账的基本程序知识<br>3.茶具的养护知识 |

### 3.2 中级茶艺师

| 职业功能及工作内容 | | 技能要求 | 相关知识 |
|---|---|---|---|
| 一、接待 | (一)礼仪 | 1.能做保持良好的仪容仪表<br>2.能有效地与顾客沟通 | 1.仪容仪表知识<br>2.服务礼仪中的语言表达艺术<br>3.服务礼仪中的接待艺术 |
| | (二)接待 | 能够根据顾客特点,进行针对性的接待服务 | |
| 二、准备与演示 | (一)茶艺准备 | 1.能够识别主要茶叶品级<br>2.能够识别茶具的质量<br>3.能够正确配置茶艺茶具和布置表演台 | 1.茶叶质量分级知识<br>2.茶具质量知识<br>3.茶艺茶具配备基本知识 |
| | (二)茶艺演示 | 1.能够按照不同茶艺要求,选择和配置相应的音乐、服饰、插花、薰香、茶挂<br>2.能够担任三种以上茶艺表演的主泡 | 1.茶艺表演场所布置知识<br>2.茶艺表演基本知识 |
| 三、服务与销售 | (一)茶事服务 | 1.能够介绍清饮法和调饮法的不同特点<br>2.能够向顾客介绍中国各地名茶名泉<br>3.能够解答顾客有关茶艺的问题 | 1.艺术品茗知识<br>2.茶的清饮法和调饮法知识 |
| | (二)销售 | 能够根据茶叶、茶具销售情况,提出货品调配建议 | 货品调配知识 |

### 3.3 高级茶艺师

| 职业功能及工作内容 | | 技能要求 | 相关知识 |
|---|---|---|---|
| 一、接待 | (一)礼仪 | 保持形象自然、得体、高雅,并能正确运用国际礼仪 | 1.人体美学基本知识及交际原则<br>2.外宾接待注意事项<br>3.茶艺专用外语基本知识 |
| | (二)接待 | 能够用外语说出主要茶叶、茶具品种的名称,并能用外语对外宾进行简单的问候 | 各种基本语言知识 |

续表

| 职业功能及工作内容 | | 技能要求 | 相关知识 |
|---|---|---|---|
| 二、准备与演示 | （一）茶艺准备 | 1.能够介绍主要名优茶产地及品质特征<br>2.能够介绍主要瓷器茶具的款式及特点<br>3.能够介绍紫砂壶主要制作名家及其特色<br>4.能够正确选用少数民族茶饮的器具、服饰<br>5.能够准备饮茶的器物 | 1.茶叶品质知识<br>2.茶叶产地知识 |
| | （二）茶艺演示 | 1.能够掌握各地风味茶饮和少数民族茶饮的操作（3种以上）<br>2.能够独立组织茶艺表演并介绍其文化内涵<br>3.能够配制调饮茶（3种以上） | 1.茶艺表演美学特征知识<br>2.地方风味茶饮和少数民族茶饮基本知识 |
| 三、服务与销售 | （一）茶事服务 | 1.能够掌握茶艺消费者需求特点，适时营造和谐的经营气氛<br>2.能够掌握茶艺消费者的消费心理，正确引导顾客消费<br>3.能够介绍茶文化旅游事项 | 1.顾客消费心理学基本知识<br>2.茶文化旅游基本知识 |
| | （二）销售 | 1.能够根据季节变化、节假日等特点，制定茶艺馆消费品调配计划<br>2.能够按照茶艺馆要求，参与或初步设计茶事展销活动 | 茶事展示活动常识 |

### 3.4 茶艺技师

| 职业功能及工作内容 | | 技能要求 | 相关知识 |
|---|---|---|---|
| 一、茶艺馆布局设计 | （一）提出茶艺馆设计要求 | 1.提出茶艺馆选址的基本要求<br>2.能够提出茶艺馆的设计建议<br>3.能够提出茶艺馆装饰的不同特色 | 1.茶艺馆选址基本知识<br>2.茶艺馆设计基本知识 |
| | （二）茶艺馆布置 | 1.根据茶艺馆的风格，布置陈列柜和服务台<br>2.能够主持茶艺馆的主题设计，布置不同风格的品茗室 | 1.茶艺馆布置风格基本知识<br>2.茶艺馆氛围营造基本知识 |
| 二、茶艺表演与茶会组织 | （一）茶艺表演 | 1.能够担任仿古茶艺表演的主泡<br>2.能够掌握一种外国茶艺的表演<br>3.能够熟练运用一门外语介绍茶艺<br>4.能够策划组织茶艺表演活动 | 1.茶艺表演美学特征基本知识<br>2.茶艺表演器具配套基本知识<br>3.茶艺表演动作内涵基本知识<br>4.茶艺专用外语知识 |
| | （二）茶会组织 | 能够设计、组织各类中小型茶会 | 茶会基本知识 |
| 三、管理与茶艺培训 | （一）服务管理 | 1.编制茶艺服务程序<br>2.能够制定茶艺服务项目<br>3.能够组织实施茶艺服务<br>4.能够对茶艺师的服务工作进行检查<br>5.能够对茶艺馆的茶叶、茶具进行质量检查<br>6.能够正确处理顾客投诉 | 1.茶艺服务管理知识<br>2.有关法律知识 |
| | （二）茶艺培训 | 能够制定并实施茶艺人员培训计划和教案的编制方法 | 培训知识 |

### 3.5 高级茶艺技师

| 职业功能及工作内容 | | 技能要求 | 相关知识 |
|---|---|---|---|
| 一、茶艺服务 | (一)茶饮服务 | 1.根据顾客要求和经营需要设计茶饮<br>2.能够品评茶叶的等级 | 1.茶饮创新基本原理<br>2.茶叶品评基本知识 |
| | (二)茶叶保健服务 | 1.能够掌握茶叶保健的主要技法<br>2.能够根据顾客的健康状况和疾病配置保健茶 | 茶叶保健基本知识 |
| 二、茶艺创新 | (一)茶艺编制 | 1.能够根据需要编创不同茶艺表演，并达到茶艺美学要求<br>2.能够根据茶艺主题,配置新的茶具组合<br>3.能够根据茶艺特色,选配新的茶艺音乐<br>4.能够根据茶艺需要,安排新的服饰布景<br>5.能够用文字阐释新编创的茶艺表演的文化内涵<br>6.能够组织和训练茶艺表演队 | 1.茶艺表演编创基本原理<br>2.茶艺队组织训练基本知识 |
| | (二)茶会创新 | 能够设计并组织大型茶会 | 大型茶会创意设计基本知识 |
| 三、管理与培训 | (一)技术管理 | 1.制订茶艺馆经营管理计划<br>2.能够制订茶艺馆营销计划并组织实施<br>3.能够进行成本核算,对茶饮合理定价 | 1.茶艺馆经营管理知识<br>2.茶艺馆营销基本法则<br>3.茶艺馆成本核算知识 |
| | (二)人员培训 | 1.能够独立主持茶艺培训工作并编写培训讲义<br>2.能够对初、中、高级茶艺师进行培训<br>3.能够对茶艺技师进行指导 | 1.培训讲义的编写要求<br>2.技能培训教学法基本知识<br>3.茶艺馆人员培训知识 |

# 第八章

# 绿茶冲泡技艺

———————● 本章学习重点 ●———————

1. 绿茶的种类和品质特征。

2. 冲泡绿茶应注意的问题。

3. 冲泡绿茶的茶具选择。

4. 绿茶冲泡的操作程序。

绿茶是我国产量最大、分布最广、历史最久的茶类，这一类茶有清汤绿叶的共同品质特征。由于茶树品种性状、茶叶加工工艺和地域环境分布等因素的差异，绿茶又有千差万别的形态特征，呈现出丰富多彩的品质风味，因此，绿茶的冲泡技艺也讲究因茶而异。本章在学习绿茶加工基本工艺的基础上，介绍不同类别绿茶的品质特征，讲述绿茶茶艺要领、冲泡要素和技艺关键，进而分别介绍绿茶的玻璃杯泡法、盖碗泡法和绿茶壶泡法三种茶艺服务技巧。

## 第一节　绿茶的品质特征

### 一、绿茶的加工

绿茶，是指采摘茶树的芽叶新梢为原料，经过杀青、揉捻、干燥等加工工艺过程制成的茶叶。绿茶较多保留了鲜叶内的天然物质，从而形成其总体特征"清汤绿叶"，即干茶色泽和冲泡后的茶汤、叶底以绿色为主调。

绿茶是我国产量最多的茶类，产区分布于各产茶省、市、自治区，其中浙江、安徽、湖北、江西、四川等地的产量多、质量优，是我国绿茶生产的主要基地。在国际市场上，我国绿茶占国际贸易量的 70％ 以上，行销区遍及北非、西非各国及法、美、阿富汗等 50 多个国家和地区。绿茶还是生产花茶的主要原料。

绿茶是历史最早的茶类。远古人类饮用茶叶，采集野生茶树芽叶，将其晒干收藏，这是绿茶加工的开始,距今至少有三千多年。真正意义上的绿茶加工是从公元8世纪发明蒸青制法开始,到12世纪又发明炒青制法,绿茶加工技术逐渐成熟,一直沿用至今,并不断完善。

绿茶的加工,简单地可以分为杀青、揉捻和干燥三个步骤,其中绿茶加工的关键在于杀青。通过杀青,鲜叶中酶的活性钝化,内含的各种化学成分,基本上是在没有酶影响的条件下,在湿和热的作用下进行各种物理化学变化,从而形成了绿茶的品质特征。

## (一)杀青

杀青工艺对绿茶品质的形成起着决定性作用。通过高温破坏鲜叶中酶的活性,制止多酚类物质酶促氧化;同时蒸发叶内的部分水分,使叶子变软,为揉捻造型创造条件。随着水分的蒸发,鲜叶中具有青草气的低沸点芳香物质挥发消失,从而使茶叶香气得到改善。影响杀青质量的因素有杀青温度、投叶量、杀青机种类、时间、杀青方式等等,它们是一个系统,互相牵连制约。杀青方法有锅炒杀青、蒸汽杀青、微波杀青等,除一些特种茶外,杀青过程一般在杀青机中进行。

## (二)揉捻

揉捻是绿茶塑造外形的一道工序。通过外力作用破坏叶片细胞,卷转成条,体积缩小。同时部分茶汁溢出附着在叶表面,对提高茶滋味浓度也有重要作用。揉捻时要注意,嫩叶宜冷揉,以保持绿茶黄绿明亮的汤色和嫩绿的叶底,老叶宜热揉,以利于条索紧结,减少碎末。目前,除少数名茶仍用手工揉捻操作外,大宗绿茶的揉捻作业已实现机械化。

## (三)干燥

干燥的目的是蒸发水分,整理外形,充分发挥茶香。干燥方法有烘干、炒干和晒干三种形式,按照干燥方法不同称为烘青、炒青和晒青。还有许多名茶属于半烘半炒型。绿茶的干燥工序,一般采用多次干燥工艺,大多是先经过烘干,然后再进行炒干。因揉捻后的茶叶含水量仍很高,如果直接炒干,会在炒干机的锅内很快结成团块,茶汁易黏结锅壁。故此,茶叶先进行烘干,使含水量降低至符合锅炒的要求。

# 二、绿茶的品质

## (一)绿茶类别

绿茶有蒸青、炒青、烘青和晒青之说,总体讲是干茶绿、汤色绿、叶底绿。不同的绿茶,品质也有差异。

蒸青绿茶是采用蒸气杀青制成的绿茶,称蒸青,有中国蒸青、日本蒸青等。蒸青绿茶具有"三绿一爽"特征,即色泽翠绿,汤色嫩绿,叶底青绿;茶汤滋味鲜爽甘醇,带有海藻味的绿豆香或板栗香。大部分蒸青绿茶外形做成针状。中国蒸青有仙人掌茶、煎茶、玉露茶等。仙人掌茶外形片状似仙人掌,翠绿色,茸毛披露,香味清鲜爽口。煎茶和玉露茶的外形细紧伸直似松针状。煎茶采用一芽二、三叶鲜叶用机械制成,针状不及玉露茶细秀。玉露茶采一芽一、二初展鲜叶以手工制成,针状紧直平伏锋苗好,香清高、味甘醇。

炒青绿茶又可分长炒青、圆炒青和特种炒青等。长炒青绿茶条形紧直浑圆有锋苗、色绿润、香清高、味浓醇、汤色叶底黄绿明亮。炒青比烘青条紧而身骨重,汤味较浓。圆炒青又称平炒青,制成出口珠茶称"平绿",因起源于绍兴平水镇加工集散而得名。圆炒青颗粒细圆紧实,色泽绿润,香味醇和。精制后的珠茶颗粒更圆紧光滑似珍珠,乌绿起霜,香味也提高,叶底有盘花芽叶。特种炒青也称细嫩炒青,按形状可分为扁片形、卷曲形、针形、圆珠形、直条形等。如西湖龙井就是特种炒青绿茶,叶片扁平光滑挺直,以"色绿、香郁、味醇、形美"四绝著称。

烘青绿茶分普通烘青和特种烘青两种。普通烘青采用一芽二、三叶制成,毛茶精制后称素烘青,主要供作窨制各种花茶的茶坯。特征是条索长直带扁,有毫,色泽深绿,香清纯,味醇和,汤色、叶底黄绿明亮。特种烘青一般都在清明节前后采取一芽一、二叶初展的幼嫩芽叶手工精心制成。

晒青绿茶是鲜叶经过杀青、揉捻后晒干的绿茶。晒青一般特征是色泽墨绿或黑褐,汤色橙黄,有不同程度的日晒气味。其中以云南大叶种鲜叶制成的品质较好,称滇青。其特征是条索肥壮多毫,色泽深绿,香味较浓,收敛性强。

## (二)绿茶的外形品质

绿茶有各种不同的形状,特别是名茶,注重体态与造型。在绿茶品评中,外形的评价主要是从茶叶的形状、色泽、嫩度和净度等方面进行。形状是茶叶的外观表现,很多名茶都有自己特殊的外形,如龙井茶的扁、平、光、直,碧螺春的卷曲成螺,雨花茶的挺直如针;色泽表现茶叶的颜色和光泽,如绿茶有翠绿、深绿、黄绿等;嫩度和净度主要是评价茶叶的老嫩程度和净杂程度。

茶叶外形既可反映原料的老、嫩,又可判断制茶技术的优劣。外形一般按嫩度、条形、色泽、净度四个因子分别评定。

嫩度是决定绿茶品质的基本条件。原料老嫩可反映内含成分的多少和叶质的柔软程度。一般而言,只要加工工艺水平一致,嫩度越高的绿茶品质就越好。正确评价干茶嫩度,要从以下几点来把握。首先看白毫多少。一般白毫满披的绿茶,其嫩度都很好。但嫩度好的茶叶不一定白毫就多,因为芽叶中茸毛分布的多寡除与采摘嫩度有关外,很大程度上取决于茶树品种。对条形茶而言,锋苗多少也是判别绿茶嫩度高低的一个重要依据,头尖型的茶条多,表明鲜叶原料中芽头占的比例大,茶叶的嫩度就好。此外可看茶叶表面的光滑程度,嫩度好的茶叶表面较为光滑油润。茶叶的白毫、锋苗、表面的光滑度都会影响茶叶的美观程度,一般情况下,嫩度越好,则茶叶的外形越美观,香气、滋味也越好,这是绿茶内在美和外在美的和谐统一。

条形好坏与原料老嫩有关,更与制茶工艺密切联系,主要从茶叶的松紧、弯曲、整碎、壮瘦、扁圆、轻重、匀齐等方面综合把握。各种茶叶均有特定的形状要求,且侧重点不同。例如龙井茶的条形要求是扁平挺直尖削,眉茶要求细、紧、直,珠茶要求细圆紧结。

干茶色泽可以反映鲜叶的老嫩和加工的好坏,色泽包括色度和光泽度两个方面。色度是指干茶颜色的种类,绿茶一般为绿、墨绿、翠绿、黄绿等。光泽度是指色面的亮暗程度,主要从干茶的润枯、鲜暗、匀杂等方面加以评价,以有光泽、油润的为好。干茶如果色面发枯,是由于原料太粗老,或是贮藏不当茶叶陈化所致,因此,"枯"是劣茶的一个重要标志。此外,干茶色泽花杂是一种品质的瑕疵,如焦斑、爆点,是由于加工火温过高所致。

净度指茶叶的干净与夹杂程度,不含夹杂物或含量少的,净度好或较好。

由于名茶的外形和叶底能给人以足够的美感,让人浮想联翩,提升到精神境界的品茶,往往把名茶与茶叶产地的自然风光、文化底蕴、风土人情等联系在一起,品尝时会有更精深高妙的享受。日常品茶,欣赏茶叶的形态美时,可取一定量茶叶于专用茶匙或置于白瓷盘、无气味的白纸上,观看茶叶的造型、色泽以及茸毛疏密长短等特有风韵,并闻其干香。这一过程又称赏茶。

## (三)绿茶的内质品味

绿茶的内质要从香气、汤色、滋味和叶底四个方面来评价。

### 1.绿茶的香气

香气为绿茶鉴赏的重要内容,特别是对高档绿茶来说,香气的优劣直接决定了茶叶品尝鉴赏价值的高低。香气主要评香型、香气高低度、鲜爽度、纯度和持久性。与之对应的品香方法有热闻、温闻和冷闻,有品干茶香、汤前香和叶底香等方式。而且,对茶香的追求导致了花茶的产生。

绿茶的香型有毫香、清香、嫩香、花香(包括青花香和甜花香)、甜香、栗香、火香等等。绿茶中的细嫩炒青往往有板栗香,细嫩烘青则为嫩香,有的芽茶有毫香等香型特征。一般而言,鲜叶原料的质量越好,则其所含有的芳香油成分越多;加工工艺水平越高,香气成分的形成与转化就越充分,茶叶的香气就越高。鲜爽度跟茶叶的香型有一定的关系。香气纯度指绿茶应有的正常香气,不应夹杂有其他异味,如烟焦、酸馊、霉陈、鱼腥、日晒、油气等。优质绿茶由于所含的香气成分较为充沛,香气的持久性较好,冲泡后放置较长时间,甚至冷却后,仍可闻到明显的茶香。

自古以来,越是捉摸不定的美,越能引起文人墨客的赞美。绿茶的香气有的甜润馥郁,有的清幽淡雅,有的高锐持久,有的鲜灵沁心。其中,兰花香被公认为"王者之香",常被喻为茶香。品茶之香重自然真香。人们常说"茶须静品,香能通灵",茶香能引导品茶者进入玄悟、冥想的幽境。由于绿茶的产地不同,茶香有异,即使相同产地,制法、沏泡方法不同,香气也会不同,因此茶的香气更是缥缈不定、变化无穷,富有自然之韵,丰富多彩。

### 2.绿茶的汤色

茶汤是品茶的重要内容,也是反映茶叶品质高低的重要项目。一杯色泽鲜明、清澈明亮的茶汤总能给人一种美感。汤色主要评价茶汤的色度、明亮度和清澈度。

色度是茶汤颜色的类型、是否正常等。绿茶汤色有浅绿、杏绿、绿亮、黄绿等等,如果茶汤泛黄、色度加深,就有可能是粗老茶或陈化的茶叶。由于各种茶叶对茶汤的色度要求有所不同,所以从茶汤的颜色是否正常可以发现茶叶采制过程中存在的一些质量问题。

明亮度是指茶汤的亮暗程度。茶汤表面反光充沛的为明亮度高。一般越是高级茶和新鲜茶,茶汤就越明亮。

清澈度强调茶汤的清澈、鲜明。清澈的茶汤纯净透明、无混杂。混浊的茶汤视线不易透过茶汤,汤中有沉淀物或细小悬浮物。茶汤的清澈明亮是细嫩炒青或细嫩烘青类名茶的品质特色之一。有的烘青茶白毫满披,冲泡后茶汤中有很多细小的茸毛悬浮,但与粗老茶的混浊茶汤在视觉效果上有很大区别。

茶的色泽极为敏感。历代对茶汤的偏爱不同,唐代重绿色,宋代重白色,明清崇尚绿色。绿、红、白作为颜色本身是单调的,但如果品茶时将其与茶色鲜绿的生机以及茶香氤氲的美感相结合,成为一种艺术形象时,也能给人以无限美好的感受。鉴赏茶的汤色宜用内壁洁白的素瓷杯,在光的作用下,杯中茶汤的底层、中层和表面会幻化出色彩不同的美丽光环,十分神奇,耐人观赏。因此,人们把色泽艳丽醉人的茶汤比作"流霞",色泽清淡的比作"玉乳",把色彩变幻莫测的形容为"烟"。

### 3.绿茶的滋味

茶叶是饮料,滋味的好坏是评价茶叶质量的关键因素。茶的滋味有苦、涩、甘、鲜、活、醇、厚、浓等,不同绿茶的滋味都是它们组合搭配的综合效果。绿茶的滋味有清鲜、鲜浓、鲜醇、鲜淡、浓烈、浓强、浓厚(爽)、浓醇、甜醇、醇爽、醇厚、醇和、平和等多种类型。

一般名优绿茶要达到醇、厚、鲜的要求。"醇"是指茶汤入口后有明显的茶味,苦涩味不重,对味觉没有强烈的刺激性;"厚"是指茶汤入口后有一定的厚实感,而非清汤寡水般的淡薄;"鲜"即指茶汤的鲜爽度。普通绿茶要求茶汤有一定的浓度,滋味平和。因为不同的茶叶对滋味的特征有各自不同的要求,所以茶叶的滋味普遍要求"纯正",不能有异味,如在加工、贮藏或包装过程中产生的烟焦味、霉变味、陈茶味或日晒味等。

品茶味要品出茶的本味,通过细品和妙品,体会茶叶鲜爽回甘的妙趣。同时,品茶之人,除了品尝茶中之味外,重在品茶的"味外之味"。不同的人,不同的社会地位,不同的文化底蕴以及不同的环境和心情,都能品出茶叶不同的滋味,这便是茶与人生百味的融合了。

### 4.绿茶的叶底

叶底是指开水冲泡以后的茶渣。平时的品茶往往觉得茶渣毫无用处,其实从茶渣的老嫩、整碎、色泽、匀净等方面可以判断出绿茶原料品质和加工中的问题。叶底的鉴赏主要有嫩度、色泽和匀度三个方面。

嫩度主要看芽头在叶底中所占的比例。叶片的老嫩可以从叶片边缘的锯齿和叶脉来区分,锯齿和叶脉越明显,叶片就越粗老。此外,还可以看叶张的厚薄程度,在其他性状一致的情况下,叶张厚的品质好。用手触摸叶片,感觉越柔软的嫩度就越好。

叶底的色泽鉴赏与干茶的色泽鉴赏相似,主要是观察其色度和光泽度。

叶底的匀度从老嫩、大小、厚薄、色泽、整碎等方面来辨别。叶底以匀度高为好,如果老嫩混杂,则表明鲜叶原料的采摘较为粗放,这对干茶的外形,甚至香气、滋味也有影响。若叶底的碎叶较多,说明干茶不匀整,掺杂着一定数量的碎茶和末茶。叶底的色泽均匀度比干茶更好辨别。在正常的采制条件下,叶底与茶叶色、香、味有一定程度的相关性,由于叶底的鉴赏可眼观手摸,比闻香品味更直观,因此,叶底的鉴赏往往作为评定茶叶品质优次的重要依据。

叶底的鉴赏一方面是欣赏叶片在茶杯中的茶芽舒展动态,人称"杯中看茶舞";另一方面又是评价茶叶质量的标准。叶底形状有芽、雀舌、花朵、整叶、半叶、碎叶、末等几个类型。绿茶的叶底色泽有嫩黄、嫩绿、鲜绿、黄绿、绿亮等等。叶底的鉴赏实际上是欣赏茶叶品质和美感的重要内容。仔细观察叶底的形态,杯中茶叶是老是嫩、是陈是新、是优是劣就一目了然。特别是用玻璃杯泡茶,叶底不仅作为品质的评判标准,更是茶叶欣赏的对象。许多加工讲究的细嫩名茶,芽叶成朵,在茶汤中亭亭玉立,或是上下浮沉,的确美轮美奂。

# 第二节　绿茶冲泡要素

绿茶在色、香、味上,讲求嫩绿明亮、清香、醇爽。在六大茶类中,绿茶的冲泡看似简单,其实极费工夫。因绿茶不经发酵,保持茶叶本身的鲜嫩,冲泡时略有偏差,易使茶叶泡老闷熟,茶汤黯淡香气钝浊。此外,又因绿茶品种最丰富,每种茶由于形状、紧结程度和鲜叶老嫩程度不同,冲泡的水温、时间和方法都有差异,所以没有多次的实践,恐怕难以泡好一杯绿茶。因此,绿茶冲泡,不仅要掌握茶艺要领,还要明确绿茶冲泡的几个要素、关键技巧。

# 一、茶艺要领

茶艺服务是一项综合技能,它除了要求茶叶品质优良、品茶环境优美、茶具质地精良等基本条件外,还要求泡茶者具备艺茶的功底和高超的技艺,才能在茶艺服务中给客人带来轻松愉快的品茶心情。优秀的茶艺人员要掌握五个茶艺要领。

"神"是茶艺的生命。"神"是指茶艺的精神内涵,是茶艺的生命,贯穿于整个茶叶沏泡过程。从沏泡者的脸部所显露的神气、光彩、思维活动和心理状态等,表现出人对茶道精神领悟程度的不同,从而可以表现出不同的境界,对他人的感应力也就不同。茶艺的"神"只可意会,不可言传,必须深刻理解茶的意义,并在平时多看文史哲类图书、欣赏艺术表演,努力提高自身的文化修养及领悟能力,而不应拘泥于沏泡动作是否到位。

"美"是茶艺的核心。茶叶沏泡技艺应能给人以美的享受,包括人美、境美、水美、器美、茶美和艺美等六个要素,其中重点是艺美。艺美包括:仪表美,即表演者的外表容貌、姿态、风度等。心灵美,即沏泡者的内心、精神、思想等,通过设计、动作、眼神表达出来,主要体现为:对客人的尊重、友爱,文明卫生,处处为客人着想,双手配合,有条不紊,忙闲均匀,优雅自如等等。茶艺要让客人在美的欣赏过程中,忘却俗务缠身的烦恼,以茶修身养性,陶冶情操。

"质"是茶艺的根本。茶艺服务的根本任务是向客人展现茶叶的本色、真香和原味。品茶时,人们对茶的色香味形都有很高的要求,总希望饮到难得一见的好茶。若懂茶不多,不知茶性,即使有上佳的茶叶,也不能发挥其优良品质。因此,青春容貌、窈窕体态、华丽服饰、精美茶具等优势不足以替代对茶的理解。泡好一杯茶,应努力以茶配境,以茶配具,以茶配水,以茶配艺。要注意不同绿茶的外形区别、茶品的品质特点、茶具的实用功能、水温高低的掌握等。

"匀"是茶艺的功夫。茶汤浓度均匀是沏泡技艺的功力所在,如要求三道茶的汤色、滋味和香气接近,一杯茶汤上下汤浓度均匀等。用同一种茶冲泡,要求每杯茶汤浓度均匀一致,就必须练就凭肉眼能准确控制茶与水的比例,不至于过浓或过淡。这都是练出来的功夫。

"巧"是茶艺的水平。"巧"是指茶艺服务者真正领悟到泡茶的技艺,并能灵活运用,能根据不同季节、不同制作工艺、不同品质特征的茶叶来调整茶与水的比例、水温调整、时间控制等关键环节。

# 二、绿茶冲泡要素

茶叶的冲泡,一般只要备具、备茶、备水,经沸水冲泡即可饮用。但要把茶固有的色、香、味充分发挥出来,冲泡得好,也不是易事,要根据茶的不同特性,应用不同的冲泡技艺和方法才能达到。绿茶的冲泡包括三个要素,即泡茶水温、茶水比例、冲泡次数和时间。

## （一）泡茶水温

　　水温低,茶叶滋味成分不能充分溶出,香气也不能充分散发出来;但水温过高,尤其加盖长时间闷泡嫩芽茶时,易造成汤色和嫩芽黄变,茶香也变得低浊。不同品质的绿茶,因其嫩度和化学成分含量不同,对泡茶所用水温的要求也不同。高级绿茶,特别是各种芽叶细嫩的名茶,不能用100℃的沸水冲泡,一般以85℃（指水烧开后再冷却）左右为宜,在高温下,茶汤容易变黄,造成"熟汤失味"。但气候寒冷时,由于茶具温度低,对泡茶用水的冷却作用明显,可适当提高沏茶用水的温度。一般普通绿茶宜用正沸的开水冲泡。

## （二）茶水比例

　　茶水比例不同,茶汤香气的高低和滋味浓淡各异。在水温和冲泡时间一定的前提下,茶水比越小,水浸出物的绝对量就越大。每次茶叶用多少,并无统一的标准,人们在沏茶时要注意茶水比例。这主要根据茶叶种类、茶具大小以及消费者的饮用习惯而定。绿茶种类繁多,用量各异,一般认为,冲泡绿茶时茶水比可掌握在1:60～80为宜。若用玻璃杯或瓷杯冲泡,每杯约置3克茶叶,注入180～220毫升沸水。泡茶所用的茶水比大小还依消费者的嗜好而异,经常饮茶者喜爱饮较浓的茶,茶水比可大些。相反,初次饮茶者则喜淡茶,茶水比要小。此外,饮茶时间不同,对茶汤浓度的要求也有所不同,饭后或酒后适饮浓茶,茶水比可大;睡前饮茶宜淡,茶水比应小。

## （三）冲泡次数和时间

　　茶叶的冲泡次数和时间决定于茶叶品质、沏茶方式和沏茶水温等因子。按照中国人的饮茶习俗,绿茶以及高档名优绿茶均采用多次冲泡品饮法,一般以沏泡三次为宜。而且,每次添水时,杯内尚留有约1/3的茶水,以使每泡茶汤浓度比较近似。如用茶杯泡饮一般绿茶,每杯将茶叶3克左右放入杯中后,先倒入少量开水,以浸没茶叶为度,加盖3分钟左右,再加开水到七八成满,便可趁热饮用。当喝到杯中余三分之一左右茶汤时,再加开水,这样可使前后茶汤浓度比较均匀。

# 三、绿茶冲泡技艺关键

　　绿茶因炒青、烘青、蒸青品质有较大差别,要求在冲泡过程中掌握共性、突出个性,以把茶性发挥到极致,冲泡出色正、香高、味醇的好茶来。要达到这一目的应当掌握好器具选择、掌握用水、投茶方式和冲泡技巧等四个环节。

## （一）器具选择

　　古往今来,大凡讲究品茗情趣的人,都注重品茶韵味,崇尚意境高雅,强调"壶添品茗情趣,茶增壶艺价值"。认为好茶好壶,犹似红花绿叶,相映生辉。对一个爱茶人来说,不仅要会选择好茶,还要会选配好茶具。茶具对茶汤的影响,主要表现在茶具颜色对茶汤色泽的衬托和茶具的材料对茶汤滋味和香气的影响两个方面。茶具的密度与泡茶效果有很大关系。密度受陶瓷茶具的烧结程度影响,烧结程度高的壶,敲出的声音清脆,吸水性低,泡起茶来,香味比较清扬,绿茶可用密度较高的瓷壶来泡。

器具选择是名优绿茶冲泡的第一步。饮用大宗绿茶,单人夏秋季可用无盖、有花纹或冷色调的玻璃杯;春冬季可用青瓷、青花瓷等各种冷色调瓷盖杯;多人则选用青瓷、白瓷等冷色调壶杯具。如果是品饮细嫩名优绿茶,用透明无花纹、无色彩的无盖玻璃杯或白瓷、青瓷无盖杯直接冲泡最为理想。不论冲泡何种细嫩名优绿茶,茶杯均宜小不宜大,大则水量多、热量大,首先会将茶叶泡熟,使茶叶色泽失去翠绿;其次会使芽叶熟化,不能在汤中林立,失去姿态;再次会使茶香减弱,甚至产生"熟汤味"。冲泡细嫩的名优绿茶要求茶具(茶杯或茶碗)洁净,通常用透明度好的玻璃杯(壶)、瓷杯或茶碗冲泡。杯、碗内瓷质洁白,便于衬托碧绿的茶汤和茶叶。特别是用晶莹剔透的高档玻璃杯,精器配名茶,不仅可以增添视觉美感,而且便于观赏茶的汤色和茶芽在汤水中的舒展、浮沉、活动等变化,人们称之为"杯中赏茶舞"。对着阳光或灯光还可以看到茶汤中有细细的茸毫沉浮游动,闪闪发光,星斑点点,如梦如幻。中高档的绿茶亦可选择瓷杯或盖碗冲泡。

## (二)掌握用水

茶与水之间有着必然的联系,茶为水之神,水为茶之体。人称"水为茶之母,器为茶之父"。茶的饮用与水有着极其紧密的联系。沏茶时,要弄清茶水关系,选择适合于发展茶性的好水,以使好水名茶相得益彰。早在唐代陆羽就在《茶经》中说:"其水,用山水上,江水中,井水下。"张源《茶录》中说:"茶者水之神,水者茶之体,非真水莫显其神,非精茶曷窥其体。"许次纾在《茶疏》中也强调"精茗蕴香,借水而发,无水不可与论茶也。"张大复对茶与水的关系论述得更为详尽,他在《梅花草堂笔谈》中说:"茶性必发于水,八分之茶,遇十分之水,茶亦十分矣;八分之水,试十分之茶,茶只八分耳。"这些人都从许多方面强调了茶与水之间的密切关系。

掌握用水是名优绿茶冲泡的关键。自古以来茶人对泡茶的水质和水温都十分讲究。细嫩绿茶的沏泡要求水质要好。一般来说,以泉水为佳,洁净的溪水、江水、河水亦可,井水则要视地下水源而论,通常选用洁净的优质矿泉水,也可用经过净化处理的自来水。水的酸碱度为中性或微酸性,以免茶汤深暗。煮水初沸即可,这样泡出的茶汤鲜爽度较好。

## (三)投茶方法

冲泡绿茶时投茶的方式有下投法、中投法和上投法三种。下投法就是先将茶叶置入茶杯中,一次性冲水至水量适度;中投法是置茶于杯中,先冲入90℃左右的开水至杯容量的三分之一左右,待干茶吸收水分展开时再冲水至适度;上投法是先将85~90℃的开水冲入杯中,然后再投放茶叶。

不同茶叶,由于其外形、质地、比重、品质成分含量及其溶出速率不同,要求不同的投茶方法,做到置茶有序。身骨重实、条索紧结、芽叶细嫩、香味成分含量高以及品赏中对香气和汤色要求高的各类名茶,可用上投法。条形松展、比重轻、不易沉入水中的茶叶,宜用下投法或中投法。不同季节,由于气温和茶冷热不同,投茶方式也应有所区别,一般可采用"秋中投,夏上投,冬下投。"

## (四)冲泡技巧

绿茶的冲泡技巧主要是掌握三个方面。一是冲水时要高悬壶、斜冲水,使水流紧贴杯壁斜冲而下,在杯中形成旋涡,带动茶叶旋转。冲泡的手法很有讲究,要求手持水壶往茶杯中注水,采用"凤凰三点头"的手势。待客时可将泡好茶的茶杯或茶碗,放入茶盘中,捧至客人面前,以手示意,请客人品饮。二是冲水后要根据茶叶、水温、天气等具体情况决定加不加杯盖、浸泡多长时间,以确保泡出的茶汤适宜品饮。三是续水要及时。头一泡冲出的茶称为"一开茶"或"头水茶"。当客人饮到杯中茶汤尚余三分之一水量时应及时加水,这称为续水。续水时要注意,往小茶杯中续冲茶水时,瓶口要对准杯口,不要把瓶口提得过高,以免茶水溅出杯外。如不小心把水洒在桌上或茶几上,要及时用小毛巾擦去。往有杯盖的高杯中倒水、续水时,如果不便或没有把握一并将杯子和杯盖拿在左手上,可把杯盖翻放在桌上或茶几上,只是端起高杯来倒水。在倒、续完水后要把杯盖盖上。注意,切不可把杯盖扣放在桌面或茶几上,这样既不卫生,也不礼貌。倒水、续水都应注意按礼宾顺序。

# 第三节　绿茶冲泡技艺

## 一、绿茶玻璃杯泡法

在长江流域,从上游的四川省一直到下游的江浙一带,是我国主要的绿茶产区,这些地方绝大多数人都喜欢饮用绿茶,并且,多用玻璃杯来冲泡。因此,掌握绿茶的玻璃杯茶艺(见图 8-1)是必不可少的。

**图 8-1　绿茶玻璃杯泡法**

绿茶的玻璃杯泡法主要用具有:玻璃杯、茶船、茶盘、杯托、茶艺组、随手泡、茶荷、茶叶罐、桌布、茶巾、水盂等。其冲泡程序如下:

(1)配具。将泡茶所需的茶具准备好。用大、中、小三个茶盘,在大茶盘中放置好泡茶用的玻璃杯 4~6 套,纵向搁置在泡茶台的左边,中型茶盘中放置茶荷、茶叶罐、茶艺组、茶巾等,放置在泡茶台的中间;小茶盘中放置开水壶,横放在泡茶台的右侧。

(2)备具。整理泡茶台上的茶具,双手将茶叶罐捧出置于中茶盘左前方,将茶巾放于茶盘右后方,茶荷及茶匙取出放于中茶盘左后方。

(3)净具。将左侧纵放的装有玻璃杯的茶盘端起,横放在自己面前的泡茶台上,右手虎口朝下握住杯左侧,左手虎口侧向挡住玻璃杯右侧,同时转动手腕,将倒置的杯翻转,使杯口向上。用开水把摆好的茶具再烫洗一遍。

(4)凉汤。许多名优绿茶比较细嫩,不能用温度过高的开水冲泡。凉汤就是把开水倒入瓷壶适当降温。在冲泡很多高档名优茶时会有这个过程,主要视茶叶嫩度确定。

(5)赏茶。打开茶叶罐,用茶匙拨出适量茶叶于茶荷中,给到场的客人欣赏,并介绍茶叶相关信息。名茶的造型,因品种不同,条形、扁形、螺形、针形,形态各异,色泽碧绿、深绿、翠绿、黄绿、色彩斑斓,这样通过欣赏干茶,可以把商品的相关信息介绍给客人,在茶叶门店促销时,这道程序特别重要。

(6)投茶。将茶叶罐打开,按照每杯2～3克茶叶的投茶量,用茶匙把茶叶罐中的茶叶拨入茶荷中,最后将茶荷中的茶叶分别均匀投放到玻璃杯中。如果茶荷一次装不了,可以分次完成。根据茶叶品质、季节和温度,确定采用哪一种投茶方式。

(7)润茶。双手将茶巾拿起,搁放在左手手掌前半部手指部位,右手提煮水器(或开水壶),用左手垫茶巾处托住壶底,右手手腕按逆时针方向采用回转手法,使壶中的开水沿着玻璃杯壁冲入杯中。水温为85℃左右,水量为茶杯容量的1/4～1/3,充分浸泡杯中茶叶,使茶叶吸水润透,便于茶中内含物浸出。用手握住茶杯中下部,轻轻摇动茶杯,使茶叶在水中膨胀、展开,便于茶汁充分溢出。

(8)冲水。采用前述拿壶的方法,悬壶冲水。要求用"凤凰三点头"的技法,将水冲至杯容量的七分满左右,以体现"七分茶,三分情"的精神。同时,还要通过三次高冲低斟,把杯中茶叶冲得上下翻动,使茶汤均匀。

(9)敬茶。茶叶冲泡完成后,端起茶盘向客人一一敬茶。敬茶时用伸掌礼请客人喝茶。敬茶时要注意,不要用手拿茶杯的杯沿。

(10)品茶。茶杯中茶叶舒展后,客人先闻香,再看看汤色,待绿茶茶汤凉至适口,然后啜饮。品尝茶汤滋味宜小口品啜、缓慢吞咽,让茶汤与舌头味蕾充分接触,细细领略名绿茶的风韵。此时舌与鼻并用,可从茶汤中品出绿茶嫩茶香气,顿觉沁人心脾。品茶时,客人右手虎口握杯,女性可用左手托住杯底,男性单手持杯。

(11)收具。敬茶结束,回到泡茶台前,将桌上泡茶用具全部收到大茶盘中,向客人行鞠躬礼,离开泡茶台。等候为客人续水。

# 二、绿茶盖碗泡法

盖碗是一种传统饮茶用具,在我国明清时期就已盛行。在我国汉族居住的大部分地区都有喝盖碗茶的习俗,以我国西南地区的一些大、中城市,尤其是成都最为流行。如今,在四川成都、云南昆明等地,绿茶盖碗泡法(见图8-2)已成为当地茶楼、茶馆等饮茶场所的一种传统饮茶方法,一般家庭待客也常用此法饮茶。

盖碗又称"三才杯",包括盖、碗、托三部分,分别象征天、地、人,暗含天地人和之意,是中国文化天人合一的精髓展示。茶人们认为茶是天涵之、地载之、人育之的灵物,将茶用盖碗冲泡,喻义三才合一共同化育出茶的精华。

图 8-2 绿茶盖碗泡法

盖碗造型独特、制作精巧,作为泡茶用具具有许多优点:一是茶碗上大下小,注水方便,易于让茶叶沉淀于杯底,添水时茶叶翻滚,易于泡出茶汁;二是碗上有隆起的茶盖,盖沿小于碗口,不易滑跌,便于凝聚茶香,还可用来遮挡茶沫,饮茶时不使茶沫沾唇;三是有茶托隔热,茶杯不会烫手,也可防止从茶盅溢出的水打湿衣服,因而在客来敬茶的礼仪上,以盖碗茶敬客更具敬意;四是用盖碗作饮具,保温性更好,可利用盖严的程度来调节茶汤温度。为此,鲁迅先生在《喝茶》一文中还专门写道:"喝好茶,是要用盖碗的。于是用盖碗。果然,泡了之后,色清而味甘,微香而小苦,确是好茶叶。"

绿茶盖碗泡法主要有以下几个要点:

(1)净具:泡茶前,先用温水将茶碗、碗盖、碗托清洗干净。

(2)置茶:用盖碗冲泡绿茶,要根据盖碗的大小、绿茶的种类、客人的喜好来确定投茶的数量。一般的盖碗投茶量为3~5克。

(3)沏茶:一般用初沸开水泡茶。将开水冲至茶碗的敞口沿时即为适宜,盖好碗盖,以待品饮。

(4)闻香:冲泡3分钟左右,待茶汁充分浸泡出来时,开始闻香。闻香时,盖碗的天地人不分离。用左手端起杯托,右手轻轻地将杯盖掀起,在缝隙中闻香,会感悟到天地人之间有一种芬芳之气。

(5)品饮:先赏汤色:揭开杯盖,用盖在杯中向前轻推,看看茶汤,评评叶底;然后品味:左手托杯,右手将杯盖的前沿下压,使杯盖的后沿翘起,然后从开缝中品茶。在品味时依然是天地人不分离。品茶时,三口为品,让茶汤在口腔中稍事停留,以便精细地品出茶韵。

盖碗的摆放也有一定的讲究,碗盖盖上表示不用再添开水,碗盖插放在碗托上表示需要加水,碗盖搭在碗托上表示出去一下马上回来,把碗盖放在桌面上则表示要离开,把盖、碗、托分开一字摆放表示茶或者服务不好,以示抗议。这些,都是盖碗茶的传统习俗,在茶艺服务中,要及时掌握客人的动态。

# 三、绿茶壶泡法

我国还有许多地方是用大茶壶冲泡绿茶待客。壶泡法(见图 8-3)适于冲泡中低档绿茶,这类茶叶中多纤维素,耐冲泡,茶味也浓。饮茶人多时,不注重欣赏茶趣,而在乎解渴,或者饮茶谈心,佐食点心,畅叙茶谊,用壶泡法较好。

图 8-3　绿茶壶泡法

绿茶壶泡法茶艺主要用具包括:竹(木)茶盘、瓷茶壶、瓷茶杯、杯托、茶匙、茶样罐、水盂、开水壶、茶巾等。主要有以下步骤。

(1)备具。事先准备好需要的茶具,在泡茶台正中摆放茶盘,茶盘右侧前方放置开水壶,水盂放在开水壶后方;将茶样罐放在左侧前方桌上,茶匙、茶荷放在茶盘后方左侧,茶巾放在茶盘后方右侧。将泡茶壶移到茶盘右侧居中位置,双手按顺序将茶盘中的茶杯翻正,并一一摆放好。

(2)备水。将清洁的饮用水放入容器,用急火快速煮沸,冲入热水瓶中备用。泡茶前先用少许开水温壶(这一点在气温较低时十分重要),温壶后将开水倒入热水瓶贮备。壶内水温应控制在 85℃ 左右。

(3)温壶。左手轻轻掀起壶盖,右手提开水壶向泡茶壶内注入少许热水;左手盖好壶盖,右手放下开水壶;右手执泡茶壶把,左手托住茶壶底部,按逆时针方向运用手腕不断旋转泡茶壶,使茶壶周身受热均匀。等泡茶壶温度升高后,将温壶的水倒入水盂。

(4)投茶。绿茶壶泡法一般采用下投法冲泡。左手揭开泡茶壶盖,用茶匙将茶荷中的茶叶拨到泡茶壶中。壶泡法的投茶量掌握茶水比例为 1 克:50 毫升。

(5)冲泡。双手取茶巾放在左手手指部位,左手手心向上,右手提开水壶,左手用茶巾托住开水壶底,右手用逆时针的回旋手法向泡茶壶内注入开水,开水注入量约为泡茶壶总容水量的 1/4 左右,然后盖好壶盖。

右手执泡茶壶把,左手托茶壶底部,按逆时针方向运用手腕旋转茶壶,进行浸润泡,约20～60 秒后,将泡茶壶复位;左手揭开壶盖,右手提开水壶,用回转手法再次向泡茶壶内高冲,注入小半壶开水。盖上壶盖,静置片刻。

(6)温杯。在茶叶冲泡等待间隙时进行温杯。右手提壶按翻杯顺序向每只茶杯中注入约一半容量的热水,再逆时针转动茶杯,令杯体均匀受热后将水倒入水盂。

(7)酾茶。根据水温、茶水比例和茶壶容量大小,判断茶壶内茶汤浓度是否适宜。若茶汤浓淡达到客人喜好,即可按翻杯顺序酾茶,按每杯至五分满为宜。为避免叶底闷黄,酾茶结束后将茶壶复归原位,揭开泡茶壶盖。

(8)奉茶。双手将泡好的茶依次敬给来宾,并行伸掌礼。

(9)品饮。宾主观其色,嗅其香,尝其鲜,进行适当的评价和讨论。泡茶者要细心地观察泡茶壶中叶底的舒展程度,并注意控制好壶中的水温。

(10)二道茶冲泡。在绿茶壶泡法中,泡第二道茶的重点是要保证茶汤的浓度。冲泡手法和前面一样,但水温要适当提高,水量也略多,应冲至茶壶壶口下沿约 5 毫米处。奉茶时,将茶杯注七分满为宜。第三泡参照第二泡进行。

(11)收具。每次冲泡完毕,应将所有茶具收放原位,对茶壶、茶杯等使用过的器具要一一清洗。

## 练习题

1.绿茶有哪些种类,不同绿茶的主要品质特征是什么?

2.冲泡绿茶应该注意哪些问题?

3.冲泡名优绿茶选择什么样的茶具最好?为什么?

4.绿茶茶艺中难度最大的是哪些操作程序?

5.试泡一种绿茶。

## 阅读材料

### 中国五峰首届品茶旅游节茶艺表演解说欣赏

各位嘉宾、各位朋友、各位父老乡亲,上午好!

"我爱五峰山,九岭十八湾,湾湾号子响,处处茶飘香",自古以来,五峰就是一个令人神往的地方,这里有秀丽的山、碧绿的水、清新的空气、芳香鲜醇的茶叶。"汤嫩水清花不散,舌甘神爽味更长",今天,嘉宾云集,高朋满座,在我们五峰人的节日里,请各位品尝五峰的精品名茶,欣赏五峰的精彩茶艺。

1.鲜花迎贵客。热情好客是我们土家人的传统美德。客人来时,我们总会把自己的家布置整洁,并将最好的东西拿出来敬客,以表示对客人的欢迎。今天,广场上和风轻拂,春光明媚,嘉宾云集,共品佳茗,我们用这些鲜艳的映山红,来装点气氛,象征花开迎客。

2.焚香除妄念。常言艺:"茶须静品,香能通灵。"我们在四方各燃一柱香,让大家在香烟中细悟造化之神奇、人类之伟大,体会"世界之大,都在一杯茶"的禅意。并祝来东南西北四方的朋友们,春夏秋冬四季平安,四季发财!

中国五峰首届品茶旅游节上的茶艺表演

3.嘉宾赏香茗。品茶时要一看、二闻、三品味。请各位嘉宾先欣赏干茶优美的外形和鲜活的绿色。今天要请客人品尝的名茶是水仙春毫,具有色绿、形美、香高、味醇的特点。

水仙春毫茶产于五峰水泻司。这里有历史的名茶,还有动人的传说。很早以前,有一名土司久病在床,百药难医,后来在一个清明春暖的季节,有善良的村姑向土司敬奉新茶。土司皇帝饮后,竟然神清气爽、体健如童、沉疴顿消,他称村姑为仙女,称茶叶为"仙女茶",还把水仙茶作为贡品向皇帝进奉。传说乾隆皇帝连续几天饮用水泻司茶后,感到食欲增加、脑清眼明、精神焕发,称赞水泻司茶为"仙茶",还亲自赐名题字:"水仙香茗"。从此,水仙香茗名扬天下,香飘四海。请嘉宾鉴赏!

4.冰心去凡尘。在我们五峰人的眼里,茶是文明礼貌、精神纯洁的化身。泡茶所用的器具必须干净清洁。这道程序就是把备好的玻璃杯再烫洗一遍,以体现一片冰心,表示我们对嘉宾的尊敬。

5.玉壶养太和。水助茶性,茶借水发。今天我们是用白溢寨冰窟水来泡茶。白溢寨"田房高辟接层云,鸡犬声如天上闻",海拔 2 320 米,是五峰境内最高峰,其中有泉水,入伏结冰,暑止冰消,清凉甘洌,泡茶极好。先把开水注入壶中降温到 85℃左右再来泡茶。这样泡出的茶才会色香味俱美。

6.清宫迎佳人。"戏作小诗君勿笑,从来佳茗似佳人。"苏东坡把好茶比作让人一见倾心的绝代佳人。投茶就是把茶叶投入到玻璃杯中,美称为"清宫迎佳人"。

7.甘露润莲心。我们采用的是中投法投茶,投茶后,先向杯中注入约 1/3 容量的热水,起到润茶的作用,以便茶叶吸水展开,再冲水就能充分浸泡出醇厚的滋味。

8.凤凰三点头。冲泡茶叶要讲究高冲水,使茶叶在杯中上下翻滚。冲水时水壶有节奏地三起三落而水流不断,意为向嘉宾们的再三点头致意。看,茶艺师手中的茶壶一点、二点、三点,都是献给客人的尊敬。

9.碧玉舞清江。冲水后茶叶在流水的冲激下纷纷飘舞,然后慢慢沉入杯底。茶叶在清碧澄净的水中或上下浮沉,或左右晃动,恰似绿色的精灵在舞蹈,茶人称之为"杯中看茶舞"。

10.香茗敬嘉宾。"何须魏帝一丸药,且尽卢仝七碗茶",传说中的观音菩萨常用白玉瓶中的甘露为人们消灾祛病,救苦救难,今天我们用茶来祝福客人。现在给客人敬奉一杯五峰香茗。通过这杯茶,祝福客人一生平安、健康长寿。

11. 春波展旗枪。嘉宾请看,杯中的热茶如春波荡漾,袅袅茶烟下,茶芽尖尖如枪,茶叶片片如旗。芽叶簇集在杯底,如枪旗林立,如春兰初绽。我们观其形、赏其色,仿佛杯中看到的就是美轮美奂的春光,仿佛我们手握的就是整个春天。

12. 慧心悟茶香。"未尝甘露味,先闻圣妙香。"在看了杯中茶舞之后,现在来闻一闻茶香。水仙春毫茶香郁如兰而胜于兰,闻之有"古梅对我吹幽芬"的感受。让我们用心去感悟杯中至清至纯、妙不可言的生命之香,慢慢去品味五峰清新明快、纯朴幽远的山水之情。

13. 淡中品至味。好茶"甘香而不冽,啜之淡然,……有一种太和之气,弥留于齿颊之间,此无味之味乃至味也"。我们品到的是春天的气息,是人生的滋味,是五峰的盎然生机。请各位慢慢啜,细细品,让茶的太和之气沁入肺腑,使我们益寿延年;让茶的"无味"启迪灵性,使我们茶谊长存、共同发展。

14. 自斟乐无穷。品茶之乐,乐在闲适,乐在怡然自得。在品过头道茶之后,请各位自斟自饮,从茶事活动中去感受修身养性、品味人生的无穷乐趣。

(摘自《坤芳茶文化》2006 年,有删节)

# 第九章

# 红茶冲泡技巧

———————● 本章学习重点 ●———————

1.了解红茶的概念、种类。

2.了解红茶的历史。

3.掌握泡好红茶的重要因素。

4.熟悉红茶的泡法。

## 第一节　红茶的概念与种类

红茶起源于中国。中国红茶加工从正山小种开始计算,已有 400 多年的历史。中国红茶品种多样,无论何种红茶,基本制作工序包含萎凋、揉捻、发酵、干燥,唯独小种红茶在其制作中增加了过红锅和熏焙两道工序。

### 一、红茶的概念及特征

红茶创制时称为"乌茶",英文为 black tea。红茶是全发酵茶,在加工过程中发生了以茶多酚酶促氧化为中心的化学反应,鲜叶中的化学成分变化较大,茶多酚减少 90% 以上,产生了茶黄素、茶红素等新成分,香气物质比鲜叶明显增加,所以红茶具有红汤、红叶和香甜味醇的特征。

### 二、中国三大红茶

中国是红茶的原产地,红茶的种类多、产地广,知名红茶有:福建的正山小种、福建的闽红、安徽的祁红、云南的滇红、广东的英德红茶和四川的马边功夫红茶等。

按照其加工的方法与出品的茶形,一般可分为三大类:小种红茶、工夫红茶和红碎茶。

## (一)小种红茶

小种红茶是最古老的红茶,也是其他红茶的鼻祖,属福建省的特产,有正山小种和外山小种之分,均原产于武夷山地区。

1.正山小种

起源于 16 世纪的正山小种,开创了中国红茶的纪元,是小种红茶的代表,也叫武夷云雾茶,被誉为"天字号",意为特优之品,原产福建省崇安县星村乡桐木关一带,所以又称为"星村小种"或"桐木关小种"。正山小种产自武夷高山地区,崇安县星村和桐木关一带,地处武夷山脉之北段,海拔 1 000~1 500 米,冬暖夏凉,年均气温 18℃,年降雨量 2 000 毫米左右。产区四周群山环抱,山高谷深,气候寒冷,年降水量达 2 300 毫米以上,相对湿度 80%～85%,雾日多达 100 天以上,日照较短,霜期较长,土壤水分充足,肥沃疏松,有机物质含量高。茶树生长繁茂,叶质肥厚、持嫩性好,成茶品质特别优异。

正山小种一年只采春夏两季,以采摘一定成熟度的一牙两叶、三叶为最好,传统制法是鲜叶经萎凋、揉捻、发酵、过红锅、再揉、熏焙、筛拣、复火、匀堆 8 道工序。小种红茶的制法有别于一般红茶,发酵以后在 200℃的平锅中进行拌炒 2~3 分钟的,称过红锅,其目的在于消除涩感、增进茶香,并使茶汤更红亮,滋味更厚实;并以松烟熏焙烘干,从而形成正山小种红茶的松烟香、桂圆汤、蜜枣味等独有的品质风格。其成品茶外形紧结匀整,色泽铁青带褐,较油润,有天然花香,香不强烈、细而含蓄,味醇厚甘爽、喉韵明显,汤色橙黄清明,与其他茶拼配,能提高味感。正山小种又分为东方口味和欧洲口味,东方口味讲究的是"松烟香,桂圆汤",欧洲口味的松香味则更浓郁,比较适合配熏鱼和熏肉。

(1)品质特点

正山小种条索肥壮、紧结圆直、色泽乌润,冲水后汤色艳红,经久耐泡,滋味醇厚,似桂圆汤味,气味芬芳浓烈,以醇馥的烟香和桂圆汤、蜜枣味为其主要品质特色。

如加入牛奶,茶香不减,形成糖浆状奶茶,甘甜爽口,别具风味。正山小种红茶非常适合与咖喱和肉的菜肴搭配。

正山小种成茶品质特别优异,分为四个花色:

叶茶:传统红碎茶的一种花色,条索紧结匀齐,色泽乌润,内质香气芬芳,汤色红亮,滋味醇厚,叶底红亮多嫩茎;碎茶:外形颗粒重实匀齐,色泽乌润或泛棕,内质香气馥郁,汤色红艳,滋味浓强鲜爽,叶底红匀。

片茶:外形全部为木耳形的屑片或皱折角片,色泽乌褐,内质香气尚纯,汤色尚红,滋味尚浓略涩,叶底红匀。

末茶:外形全部为砂粒状末,色泽乌黑或灰褐,内质汤色深暗,香低味粗涩,叶底暗红。采用的原料为保护区内的菜茶。

菜茶:是武夷山最早的品种之一,其树丛很矮小、枝干较细,是靠种子播种的有性繁育之品种。菜茶花盛籽多,可供播种。

(2)制作工艺

摘茶—萎凋—揉捻—发酵—过红锅(炒)—复揉—熏焙—复火—毛茶。

①鲜叶采摘:鲜叶标准选用一芽二、三叶或小开面(三、四叶),由于桐木山高水冷气温低,一般采摘期在 4 月 18 日—5 月 30 日左右采春茶,在桐木村范围的自然村落各山

头,采摘时间相差 20 多天亦不易老。大多数茶园只采春茶,少数下桐木居民点有采少量的夏茶。

②发酵

发酵俗称"发红"、"沤红"。发酵使揉捻叶经沤堆发热发红是小种红茶创始制成红叶红汤的无意中产生的工序,也是小种红茶的必要工序。揉捻叶装入发酵专用竹筐,中间插一根有通孔的竹管或在发酵堆中挖一小洞以利通气氧化。

③过红锅

利用高温迅速制止酶的活性、停止继续发酵彻底散发青草气,促进芳香物质的形成,提高醇顺香气,增加绵甜滋味。

④烘焙

将复揉叶分别放入水筛,每筛 4~5 斤,叶层厚 5 厘米摊好。外灶烧松柴,掀起几块内坑道砖块,让烟雾和热气进入室内干燥,开始火力要大,保持 80℃左右,经二、三小时手摸茶叶有刺手感觉,捏叶片成粉,但梗和脉尚有少许水分,温度降低至 30~40℃左右并加有松油柴闷燃产生更多烟雾,让其吸收烟味干燥至足干,为时 7~8 小时下筛后及时进入密闭的仓库待毛筛毛拣(初筛)。

(3)现状

"正山小种"属墙内开花墙外香的产品,由于它在欧洲国家拥有几百年的历史渊源及文化底蕴,是福建独特的外销产品。近几年来,正山小种红茶产量已达 200 吨左右,主要销往美国、德国、法国、日本等国家。

2.外山小种

武夷山附近所产的茶称外山。政和、坦洋、北岭、屏南、古田、沙县等地所产的仿照正山品质的小种红茶,质地较差,统称"外山小种"或"人工小种"。"人工小种"计有坦洋小种、政和小种、古田小种、东北岭小种等。

## (二)工夫红茶

工夫红茶是我国特有的红茶品种,也是我们传统出口商品,是从小种红茶演变而成的,比如祁门工夫、滇红工夫等多达十几个品种。这里"工夫"两字有双重含义,一是指加工的时候较别种红茶下的工夫更多,二是冲泡的时候要用充裕的时间慢慢品味。以下主要介绍十大常见的工夫红茶。

1.祁门工夫

祁红与印度的"大吉岭"红茶和斯里兰卡的"乌伐"红茶齐名,被誉作"世界三大高香名茶"。

祁门红茶创制于 1875 年,以工夫红茶为主,无论采摘、制作均十分严格,故而形质兼美。祁门红茶简称祁红,素以香高形秀享誉国际,产于中国安徽省西南部黄山支脉的祁门县一带。全县茶园总面积的 65%左右的茶园,土地肥沃,腐殖质含量较高,茶树品种高产优质,早晚温差大,常有云雾缭绕,且日照时间较短,构成茶树生长的天然佳境,所以生叶柔嫩且内含水溶性物质丰富。

(1)品质特点

祁门红茶品质超群,以 8 月份所采收的品质最佳,被誉为"群芳最",在国内外享有盛誉。该茶条索紧秀、锋苗好,茶叶上有细毛,形状细长、结实,且第一片茶叶的长度都几乎相同;色泽乌黑泛灰光,俗称"宝光";内质香气浓郁高长,似蜜糖香,又蕴藏有兰花香,号称"祁门香",汤色红艳明亮,滋味醇厚隽永,经久耐泡,香气清香持久。

（2）制作工艺

采摘一芽二、三叶的芽叶做原料,经过萎凋、揉捻、发酵,使芽叶由绿色变成紫铜红色,香气透发,然后进行文火烘焙至干。红毛茶制成后,还需进行精制,精制工序复杂花工夫,经毛筛、抖筛、分筛、紧门、撩筛、切断、风选、拣剔、补火、清风、拼和、装箱而制成。

**2.滇红工夫**

滇红工夫茶,属大叶种类型的工夫茶,主产为云南的临沧、保山等地,是我国工夫红茶的后起之秀,以外形肥硕紧实、金毫显露和香高味浓的品质独树一帜,著称于世。

云南地处我国西南,地理位置在北回归线附近不超过 3 度的纬度范围内,被科学家称为"生物优生地带"。全省重点产茶县的海拔高度均在 1 000～2 000 米之间,有雨热同季和干凉同季的气候特点,全年平均气温保持在 15～18℃之间,昼夜温差平均超过 10℃以上。从 3 月初到 11 月底,一年可采 9 个月的茶叶。云南六山五水构成山岭纵横、河谷渊深、错综复杂的地形地貌,茶区山峦起伏、云雾缭绕、溪涧穿织、雨量充沛,土壤肥沃,多红黄壤土,腐殖质丰富,具有得天独厚的茶叶生产的自然条件。云南是世界茶叶的原产地,但云南红茶生产仅有 50 年的历史。1938 年底才开始在顺宁（今凤庆）和佛海（今勤海）两地试制红茶,由于其品质特佳,首批茶叶通过香港转销伦敦即深受客户欢迎,以每磅 800 便士的最高价格售出而一举成名。

（1）品质特点

滇红工夫条索紧直肥壮,苗锋秀丽完整,金毫多而显露,色泽乌黑油润,汤色红浓透明,滋味浓厚鲜爽,香气高醇持久,叶底红匀明亮。冲泡后的滇红茶汤红艳明亮,高档滇红的茶汤与茶杯接触处常显金圈,冷却后立即出现乳凝状的冷后浑现象。

因采制时期不同,其品质具有季节性变化,一般春茶比夏、秋茶好。春茶条索肥硕,身骨重实,净度好,叶底嫩匀。夏茶正值雨季,叶生长快,节间长,虽芽毫显露,但净度较低,叶底稍显硬、杂。秋茶正处干凉季节,茶树生长代谢作用转弱,成茶身骨轻,净度低,嫩度不及春、夏茶。

滇红工夫茸毫显露,其毫色可分淡黄、菊黄、金黄等类。凤庆、云县、昌宁等地工夫茶,毫色多呈菊黄,勐海、双扛、临沧、普文等地工夫茶,毫色多呈金黄。同一茶园春季采制的一般毫色较浅,多呈淡黄;夏茶毫色多呈菊黄;唯秋茶多呈金黄色。滇红工夫香郁味浓,香气以滇西茶区的云县、凤庆、昌宁为好,尤其是云县部分地区所产的工夫茶,香气高长,且带有花香。滇南茶区工夫茶滋味浓厚,刺激性较强;滇西茶区工夫茶滋味醇厚,刺激性稍弱,但回味鲜爽。

（2）制作工艺

采摘一芽二、三叶的芽叶作为原料,经萎凋、揉捻、发酵、干燥而制成。

**3.闽红工夫**

闽红工夫茶系政和工夫、坦洋工夫和白琳工夫的统称,均系福建特产。三种工夫茶产地不同、品种不同、品质风格不同,但各自拥有自己的消费爱好者,盛兴百年而不衰。

（1）政和工夫

百年的政和工夫,一经问世,即享盛名。19 世纪中叶,产量达万余担。后因战事摧残,茶园荒芜,至 1949 年年产仅 900 余担。嗣后,着力恢复传统品质风格,产量质量均有回升。

60年代后,因改制绿茶,很长一段时间只保持少量生产,年产约800担。

政和工夫产于福建政和,按品种分为大茶、小茶两种,以大茶为主体。

大茶系采用政和大白茶制成,是闽红三大工夫茶的上品,外形条索紧结、肥壮多毫、色泽乌润,内质汤色红浓,香气高而鲜甜、滋味浓厚,叶底肥壮尚红。

小茶系用小叶种制成,条索细紧,香似祁红,但欠持久,汤稍浅,味醇和,叶底红匀。政和工夫以大茶为主体,扬其毫多味浓之优点,又适当拼以高香之小茶,因此高级政和工夫特别体态匀称、毫心显露、香味俱佳。

(2)坦洋工夫

坦洋工夫分布较广,主产福建的福安、拓荣、寿宁、周宁、霞浦及屏南北部等地。该茶外形细长匀整,带白毫,色泽乌黑有光,内质香味清鲜甜和,汤鲜艳呈金黄色,叶底红匀光滑。历史上坦洋工夫在初制过程中,要着重掌握好萎凋工艺,在高山茶区则十分重视加温发酵的技术处理。坦洋工夫的精制一般采用多级付制、主产品回收的办法,由于其产区辽阔,科学地拼配高山、平地及春夏秋季原料,取长补短,相得益彰,使坦洋工夫红茶保持稳定的规格要求和质量标准乃是精制的关键。

(3)白琳工夫

白琳工夫茶系小叶种红茶,主产于福鼎县太姥山白琳、湖林一带。太姥山地处闽东偏北,与浙江毗邻,地势较高,群山叠翠,岩壑争奇,茶树常种于崖林之间。茶树根深叶茂,芽毫雪白晶莹。19世纪50年代,闽、广茶商在福鼎经营加工工夫茶,广收白琳、翠郊、蹯溪、黄岗、湖林及浙江的平阳、泰顺等地的红条茶,集中于白琳加工,白琳工夫由此诞生。20世纪初,福鼎"合茂智"茶号充分发挥福鼎大白茶的特点,精选细嫩芽叶制成工夫茶,外形条索紧结纤秀,含有大量的橙黄白毫,具有鲜爽的毫香,汤色、叶底艳丽红亮,取名为"橘红",意为橘子般红艳的工夫,风格独特,在国际市场上很受欢迎。

4.湖红工夫

湖红工夫茶主产湖南省安化、桃源、涟源、邵阳、平江、浏阳、长沙等县市,湘西石门、慈利、桑植、大庸等县市所产的工夫茶谓之"湘红",归入"宜红工夫"范畴。湖红工夫是中国历史悠久的工夫红茶之一,对中国工夫茶的发展起到十分重要的作用。

湖南红茶色泽黑润、香高持久、滋味浓厚、汤色红艳明亮,是湖南出口的大宗茶类,在中国享有重要地位。湖南红茶分工夫红茶、红碎茶、O.P红茶三大类,近50个花色品种。

湖红工夫以安化工夫为代表,外形条索紧结尚肥实,香气高,滋味醇厚,汤色浓,叶底红稍暗;平江工夫香高,但欠匀净。长寿街及浏阳大围山一带所产香高味厚(靠近江西修水,归入宁红工夫);新化、桃源工夫外形条索紧细、毫较多、锋苗好,但叶肉较薄,香气较低;涟源工夫系新发展的茶,条索紧细,香味较淡。

5.宁红工夫

宁红工夫茶主产于江西省修水、武宁、铜鼓一带。远在唐代时,修水县就已盛产茶叶,生产红茶则始于清朝道光年间,到19世纪中叶,宁州工夫红茶已成为当时的著名红茶之一。宁红主产地修水县,占宁红总产量的80%。

"宁红"以其特有的风格而称誉于世,特级宁红成品茶,紧细多毫,锋苗显露,略显红筋,乌黑油润;味道鲜嫩浓郁、鲜醇甜和,汤色红艳,叶底红嫩多芽。

6.川红工夫

川红工夫是中国三大高香红茶之一,主产于四川省宜宾地区,是20世纪50年代产生的工夫红茶。四川省是我国茶树发源地之一,茶叶生产历史悠久。四川地势北高南低,东部形成盆地,秦岭、大巴山挡住北来寒流,东南向的海洋季风可直达盆地各隅。年降雨量1 000～1 300毫米,气候温和,年均气温17～18℃,极端最低气温不低于－4℃,最冷的1月份,其平均气温较同纬度的长江中下游地区高2～4℃,茶园土壤多为山地黄泥及紫色砂土。

川红工夫外形条索肥壮圆紧、显金毫,色泽乌黑油润,内质香气清鲜带枯糖香,滋味醇厚鲜爽,汤色浓亮,叶底厚软红匀。川红问世以来,在国际市场上享有较高声誉,多年来畅销法国、英国、德国及罗马尼亚等国,堪称中国工夫红茶的后起之秀。

**7. 宜红工夫**

宜红工夫茶,主产于湖北省的宜昌、恩施等地区,因其加工颇费工夫,故又称"宜红工夫茶"。

宜红茶条索紧细有毫,色泽乌润,香气甜纯,汤色红艳,滋味鲜醇,叶底红亮。高档茶的茶汤还会出现"冷后浑"现象。

**8. 越红工夫**

越红工夫系浙江省出产的工夫红茶,主产于浙江省的绍兴、诸暨、嵊县一带。

越红工夫以条索紧结挺直、得实匀齐、锋苗显、净度高的优美外形著称。越红工夫茶条索紧细挺直,色泽乌润,外形优美,内质香味纯正,汤色红亮较浅,叶底稍暗。越红毫色银白或灰白。浦江一带所产红茶,茶索尚紧结壮实,香气较高,滋味亦较浓;镇海红茶较细嫩。总的来说,越红条索虽美观,但叶张较薄,香味较次。

**9. 浮梁工夫**

浮梁工夫红茶,简称浮红,产于瓷都江西省景德镇市的山区和丘陵地带,因其产地江西景德镇古称浮梁,故此得名。

优质工夫红茶,一般于谷雨前三、四天采摘一芽二、三叶,叶质柔嫩。正品工夫茶外形条索紧细,显毫有锋苗,色泽乌润;香气鲜甜如蜜糖,苹果滋味鲜醇,汤色红艳明亮。

**10. 湘红工夫**

湘红工夫主产于湖南湘西,现已被归于"湖红工夫"。

湘红工夫以安化工夫为代表。早在西晋时,安化就有种茶的记载,明清被列为贡品,与安徽"祁红"、福建的"建红"并称"三红",曾获1915年巴拿马国际博览会金奖。

## (三)红碎茶

红碎茶是国际茶叶市场的大宗产品,目前占世界茶叶总出口量的80%左右,有百余年的产制历史,而在我国发展则是近30年的事。红碎茶产地分布较广,遍于云南、广东、海南、广西,主要供出口。

红碎茶按制法分为传统制法和非传统制法两类。非传统制法又分为洛托凡(Rotorvane)制法、C. T. C制法、莱格制法和L. T. P制法几种。各类制法的产品品质风格各异,但红碎茶的花色分类及各类的外形规格基本一致。红碎茶分叶茶、碎茶、片茶、末茶四种花色规格。

叶茶类外形成条状,要求条索紧结、颖长、匀齐,色泽纯润,有金毫(或少或无金毫)。内质汤色红艳(或红亮),香味鲜浓有刺激性,按品质分为"花橙黄白毫"(Flowery Orange Pekoe,简称F. O. P)和"橙黄白毫"(O. P)两个花色。

碎茶类外形呈颗粒状,要求颗粒重实匀齐,含毫(或无毫),色泽乌润,内质汤色红浓,香味鲜爽浓强,按品质分"花碎橙黄白毫"(Flowery Broken Orange Pekoe,简称 F. B. O. P)、"碎橙黄白毫"(B. O. P)、碎白毫(B. P)等花色。

片茶外形呈木耳形片状,要求尚重实匀齐,汤红亮香味浓爽,按品质分"花碎橙黄白毫屑片"(Flowery Broken Orange Pekoe Fanning,简称 F. B. O. P. F)、"碎橙黄白毫屑片"(B. O. P. F)、"白毫屑片"(P. F)、"橙黄屑片"(O. F)和"屑片"(F)等花色。

末茶(Dust,简称 D)外形呈砂粒状,要求重实匀齐,色乌润,内质汤色红浓稍暗,香味浓强微涩。以上四类,叶茶中不能含碎片茶,碎茶中不含片末茶,末茶中不含茶灰,规格清楚,要求严格。

除单一品种的红茶以外,还有混合茶(Blended Tea)和调味茶(Flavoured Tea)。混合茶是把不同品种红茶搭配起来制成的。

调味茶是在红茶中加入水果、花、香草的香味制成的,如加入了佛手柑香味的英国的伯爵茶,加入了荔枝香味的中国岭南的荔枝红茶等等。

## 三、红茶的规格与等级

红茶根据茶叶在茶树上的部位和完成后茶叶的形状分为不同规格:

- 白毫(Pekoe,简称 P):白毫;
- 碎白毫(Broken Pekoe,简称 BP):切碎或不完整的白毫;
- 片茶(Fannings,简称 F):是指比碎白毫更小的细片;
- 小种(Souchong,简称 S):小种茶;
- 茶粉(Dust,简称 D):茶粉或抹茶;
- 切碎—撕裂—卷曲红茶(Crush Tear Curl,简称 CTC)。

白毫根据采摘部位的不同,又可以分为不同的等级:

- 花橙白毫(Flowery Orange Pekoe,简称 FOP):茶枝最顶尖的新芽(芯芽),非常罕见。因为通常新叶都会一对出现。
- 橙白毫(Orange Pekoe,简称 OP):茶枝最顶起数的第二片叶。若新叶以一对形式出现,则两片亦算是 OP。
- 白毫(Pekoe,简称 P):茶枝最顶起数的第三片叶。叶片通常比较短。
- 正小种(Pure Souchong,简称 PS):茶枝最顶起数的第四片叶。叶片通常短而阔。
- 小种(Souchong,简称 S):茶枝最顶起数的第五片叶。叶片通常比较大。
- 碎橙白毫(Broken Orange Pekoe,简称 BOP):切碎了的橙白毫。
- 碎白毫(Broken Orange Pekoe,简称 BP):切碎了的白毫。
- 碎正小种(Broken Pure Souchong,简称 BPS):切碎了的白毫小种。
- 碎橙白毫片茶(Broken Orange Pekoe Fannings,简称 BOPF):切碎了的橙白毫细片。
- 茶粉(Dust,简称 D):切得像粉一般细的茶叶。主要用来做茶包。

# 第二节 红茶的冲泡技巧

## 一、泡好红茶的重要因素

### (一)择茶

根据季节选择茶叶,冬季适合饮红茶,红茶味甘性温,能驱走寒气、增加营养,有暖胃的功能。同时,红茶可调饮,充满浪漫气息。选择茶叶,不能仅凭价位、卖场等去判断,一般要从外形、汤色、香气、滋味、叶底等方面入手,均衡比较,而且一定要不怕麻烦,要有耐心,切记冲泡后要亲自品尝一下,综合后再选购。

**1.看外形**

选择茶叶,首先看外形,对于成茶外观要求:干燥、匀整、色正、无异味。取少量的茶叶放在干燥容器中,确保自己的双手清洁干燥,首先用大拇指与食指任意拈一支茶条,轻易可以折断并碾成粉末者,其干燥程度是足够的;否则即使购买也要进行事后处理,才能进行保存。切忌大把或多次抓取,既不礼貌,又容易给买卖双方造成不愉快。接着将少许茶叶放入白色瓷碟或白纸上,轻轻旋转摇动,观察茶叶的干净和整碎程度,多梗枝等杂物者显然不佳;色泽纯正,即符合该类茶叶应有的深浅、润枯、鲜暗、匀称,以油润光泽为佳。嗅闻干茶的气味,有焦、烟、酸、馊、霉等劣变气味或夹杂如香脂、樟脑、鱼腥、油气等异味者不宜购买。若对干茶外观基本满意,可取数枚茶条入口含嚼辨味,条件允许的话可将一撮干茶(约 3 克)置杯中,冲入 150 毫升沸水,冲泡后察其汤色,品质好的茶叶茶汤清澈、明亮、不浑浊。相反,茶叶陈变、质变后汤色会偏暗淡、不明亮。

**2.品尝**

好品质的红茶,其冲泡后的香气要纯净、馥郁、高鲜、持久,不能有青草味、水焖味、烟味、馊味、霉味等,红茶的香气多为甜香、果香、焦糖香等。接下来是品尝茶汤的滋味,好品质的红茶茶汤鲜爽、醇正、有回甘;如有很浓的青草味、青涩味、焦味、霉味等其他不正常的异味则是质变茶、低档茶。一般新上市的茶叶会带有生青味、焙火味等,需要经过一段时间的放置后,滋味才会变得醇爽可口。

**3.看叶底**

最后可以再看看叶底,叶底即冲泡后的茶渣。通过看叶底可以判断茶叶的材质嫩度、采摘时间、采制工艺。据此根据自己的喜好,可以作出购买与否的决定。茶叶应避潮湿高温,最好放在茶叶罐里,移至阴暗、干爽的地方保存,开封后的茶叶最好尽快喝完,不然味道和香味会流失殆尽,不同茶叶不宜混合饮用,以免不能欣赏到该种茶的原味。不可与清洁剂、香料、香皂等共同保存,以保持茶叶的纯净。

**4.识茶性而用其法**

泡好一壶好茶,必须先认识茶叶,依其茶性而用其法。认识茶叶,就是认识其茶性。红茶浑厚但无味,常加香料、牛奶等佐料,除了表达浑厚的特色外,还可增加变化之茶趣。总之,依据茶性决定泡茶的方法、放入容器的茶量、冲泡的水温、浸泡的时间、选择配料,所以泡好茶先了解茶性是很重要的。

### 5.茶叶的适量

投茶量即茶叶与水的比例,一般杯泡时,茶叶与水的比例为 1∶50,泡茶冲水讲究七八分满为宜,如果茶杯的容积为 200 毫升,则需要 3 克左右茶叶。茶叶用量要视泡茶容器之大小而定,并以茶性之浓淡决定茶量。如果选用大壶冲泡大宗红茶,也可以按照 2 克/人用量投茶,或者结合品茶者的喜好,口感偏重则适当多放茶叶,口感偏轻适当减少茶叶。冲泡一杯红茶的分量,约需一个茶包、一茶匙或 3 克的茶叶。

## (二)选水

泡茶的原理是借着水的热度,溶解附着在茶叶表面的茶汁成分,与水混合而成茶汤,所以茶汤与水的质量有相当大的关系。

今日泡茶用水,如果自己能找到名山名泉最好。山上泉水,最好经过检测达标之后再使用为上策,好的泉水固然有自然甘甜凉冽之味,能增加茶汤之美。但在都市中,还是以自来水较为方便,水龙头流出的自来水,富含空气,能引发红茶内蕴的香气。自来水再经好的滤水器过滤较安全。但是自来水因为杀菌掺入氯化物,其味强而正与茶味相克,所以,建议泡茶用的自来水,必须经过好的滤水器过滤后再使用,万一没有滤水器设备,可将自来水储存两三天,让氯化物沉淀后再使用。

另外有个快速办法,即在水的容器内放一包活性炭或麦饭石,可去掉水中一些杂味,增加甜味。

## (三)备具

饮红茶前,不论采用何种饮法,都得先准备好茶具,如煮水的壶、盛茶的杯或盏等。同时,还需用洁净的水,一一加以清洁,以免污染。

选择泡茶的器具,一要看场合,二要看人数,三要看茶叶。优质茶具冲泡上等茶,两者相得益彰,使人在品茗中得到美的享受。对于红茶,其芬芳的味道,必须用适当的茶具搭配,来衬托出红茶独特的优美。红茶既适于杯饮,也适于壶饮法。人多可用壶泡,人少则用杯饮。工夫红茶、小种红茶、袋泡红茶等可采用杯饮法,即置茶于白瓷杯、下班杯中,用沸水冲泡后饮。红碎茶和片末红茶则多采用壶饮法,即把茶叶放入壶中,冲泡后为使茶渣和茶汤分离,从壶中慢慢倒出茶汤,分置各小茶杯中,便利饮用。如果是高档红茶,以选用白瓷杯为宜,以便观察其颜色。

茶具的摆放要布局合理,实用、美观,注重层次感,有线条的变化。摆放茶具的过程要有序,左右要平衡,尽量不要有遮挡。如果有遮挡,则要按由低到高的顺序摆放,将低矮的茶具放在客人视线的最前方。为了表达对客人的尊重,壶嘴不能对着客人,而茶具上的图案要正向客人,摆放整齐。

## (四)温度

泡茶就是以水来溶解附着在叶面的茶汁,温度高溶解速度快,能够把茶中甘甜的氨基酸溶于茶汤,高温冲泡含有香气的茶,最能发挥芬芳的优点。但高温也容易把含涩味的单宁成分溶解,表露出缺点,所以,好茶不怕高温。而全发酵的红茶,属适合高温冲泡的茶类,将适量的茶加入茶壶中,再立刻注入沸腾的开水,水温宜维持在 90～100℃。

### (五)时间

茶叶的浸泡时间对泡好一壶茶是非常重要的,泡好茶要专心计数,有人用闹钟,有人用沙漏计时,真正泡好茶是用心默数,用心默数能让心专一,浸泡的时间适宜,恰到好处,才能展示出茶之优点。泡茶时,如浸泡的时间太短,味道未释出,淡而无味,甘度亦不足。如浸泡的时间太长,泡出来的茶汤太浓,即使顶极茶叶,清者也会变浑浊,香气也会变浊气。如果茶叶等级稍差,容易把涩味泡出来,而展露其缺点。泡茶时间的长短,与茶叶原料的老嫩和饮用方法有关,要以茶汁浸出,而又不损害其色香味为度;另外还要随"置茶量"而定,茶叶放得多,浸泡的时间要短,茶叶放得少,时间就要延长;还要以冲泡的次数跟着变化,浸泡的时间短,可以多泡几次,浸泡的时间长,冲泡的次数减少。

对于红茶,放入茶叶,注入热水,将壶盖盖上,使红茶的香气与味道能充分地在热水中释放出来。叶片细小者约浸泡 2～3 分钟,叶片较大则宜焖置 3～5 分钟。当茶叶绽开,沉在壶底,并不再翻滚时,即可享用。

## 二、红茶的泡法

### (一)红茶的泡法

红茶的冲泡方法如以使用的茶具来分,可分为杯饮法和壶饮法。通常有以下步骤:

(1)新鲜的冷水注入煮水壶里煮沸:因为水龙头流出来的水饱含了空气,可以将红茶的香气充分导引出来,而隔夜的水、二度煮沸的水或保温瓶内的热水,都不适合来冲泡红茶。

(2)注入正滚沸的开水,以渐歇的方式温壶及温杯,避免水温变化太大:一般茶壶的造型,都有一个矮胖的圆壶身,是让茶叶在冲泡时有完全伸展及舞动的空间。

(3)谨慎斟酌茶叶量:结合需要,每杯放入 3～5 克的红茶,或 1～2 包袋泡茶。若用壶泡,则另行按茶和水的比例量茶入壶。

(4)将滚水注入壶里泡茶:水开始沸腾之后约 30 秒,水花形成像一元硬币大小的圆形时,用来冲泡红茶是最适合不过的了。如果是高档红茶,宜选用白瓷杯,以便观其色泽。通常冲水至八分满为止。

(5)静心等候正确的冲泡时间:因为快速的冲泡是无法完全释出茶叶的芳香,一般专业的茶罐上,都会专业地标示出茶叶的浓度大小(即强度),这关乎茶叶冲泡的时间。例如:浓度分为 1～4 级,1 为最弱,4 为最强,冲泡时间则是从 2 分钟到 3 分半钟,依次递减。

(6)红茶经冲泡后,通常经 3 分钟后,即可先闻其香,再观察红茶的汤色。这种做法,在品饮高档红茶时尤为时尚。至于低档茶,一般很少有闻香观色的。

(7)将壶内冲泡好的茶汤倒入选择的茶杯中。茶杯虽有各种不同的造型,但一般而言,都是属于底较浅而杯口较宽,因为这样除可以充分让饮茶人享受到红茶的芳香外,还可以欣赏到它迷人的汤色。

(8)依个人口味加入适量的糖或牛奶:若是选择喝纯红茶,则完全是红茶的本色与原味。而奶茶用的茶叶一般而言口味都较重,并带有一些涩味,但是加入浓郁的牛奶之后,涩味会减轻而且口感也会变得丰富一些。

(9)待茶汤冷热适口时,即可举杯品味。尤其是饮高档红茶,饮茶人需在品字上下工夫,缓缓啜饮,细细品味,在徐徐体察和欣赏之中,品出红茶的醇味,领会饮红茶的真趣,获得精神的升华。

(10)如果品饮的红茶属条形茶,一般可冲泡2~3次。如果是红碎茶,通常只冲泡一次;第二次再冲泡,滋味就显得淡薄了。

### (二)红茶的饮法

红茶的饮法以茶汤中是否添加其他调味品来分,可分为"清饮法"和"调饮法"两种。我国绝大多数地方饮红茶采用"清饮法",没有在茶汤中添加其他调料的习惯。在欧美一些国家一般采用"调饮法",人们普遍爱饮牛奶红茶。通常的饮法是将茶叶放在壶中,用沸水冲泡,浸泡5分钟后,再把茶汤倾入茶杯中,加入适量的糖和牛奶或乳酪,就成为一杯芳香可口的牛奶红茶。在俄罗斯,人们特别爱饮柠檬红茶和糖茶。

## 三、各类红茶冲泡技艺

目前中国红茶的造型有条型、曲卷型、颗粒型和块型,其中条型和颗粒型最具代表性。

### (一)条型红茶冲泡技艺

条型红茶为中国传统红茶,有紧细纤秀的祁门红茶,体形中等的小种红茶,肥壮多毫的滇红工夫、云南工夫、政和工夫等。这类红茶重在它的清香和醇味,所以多用冲泡法,选用紫砂壶或瓷壶,用下投法置茶,每壶茶的用量以壶的大小和所配的杯数而定,茶水比掌握在1:40~1:60,用95~100℃的开水冲于壶中,加盖,约3分钟后,用巡回法依次分入杯中,即可品饮,此为清饮。

这种饮法,需要饮茶人在"品"字上下工夫,缓缓斟饮,细细品啜,在徐徐体味和欣赏之中,品出茶的醇味,领会饮茶真趣,使自己心情欢愉、超然自得,获得精神上的升华。但要享这种清福,需如鲁迅先生所说:"首先必须有工夫,其次是练出来的特别感觉。"这话是很中肯的,大凡有丰富评茶经验的人,在品赏"工夫"中所获得的美感也越深,而鉴评经验的积累,就在于下工夫,多实践。

### (二)工夫红茶的冲泡

冲泡准备:清饮最能品味祁红的隽永香气,即使添加鲜奶亦不失其香醇。春天饮红茶最宜,下午茶、睡前茶也很适合。

冲泡程序:

(1)赏茶。祁门红茶外形条索紧细匀整、锋苗秀丽、色泽乌润,俗称宝光。

(2)烫壶。用热水提高茶壶的温度,这样能够提高茶香。

(3)投茶。祁门工夫红茶也被誉为"王子茶",所以这一步也称王子入宫。

(4)悬壶高冲。冲泡红茶要用沸水,悬壶高冲会使茶香更浓,滋味更醇。

(5)烫杯。用热水烫杯,提高所有茶杯的温度。

(6)分茶。利用公道杯均匀茶汤,然后倒入每个小杯中,这样会使每位嘉宾得到色、香、味一致的茶汤。

　　(7)敬茶。向宾客敬奉茶。

　　(8)闻香。祁门红茶香气浓郁高长,香气甜润中蕴藏着一股兰花之香,被誉为祁门香。

　　(9)鉴色。

　　(10)品味。

### (三)颗粒型红茶冲泡技艺

　　颗粒型红茶为现代红茶——红碎茶,其体积小,内含成分浸出快,易冲泡,一般冲泡一次,多则2次,茶汁就很淡了。这类茶通常制成调饮茶(在茶汤中加入糖、柠檬、牛奶等)饮用。茶具可选择中型玻璃杯(用于袋泡茶)或玻璃壶(有过滤内胆),也可用咖啡具。冲泡方法:先将适量的茶加入有滤胆的玻璃壶中,用巡回手法冲入95℃左右的开水,约2～3分钟后取出滤胆,将茶水分别加入高型玻璃杯或咖啡杯中,然后根据个人喜好,加入糖、牛奶、柠檬片、蜂蜜和白兰地等,调制出各种风味的红茶饮品,此种调饮法多为年轻人所喜爱。

　　1.泡好奶茶的方法

　　泡奶茶通常都以红茶为主,不论是茶叶或茶包,放在泡茶器中冲泡约1分钟,然后把茶汤倒入杯里,再加糖、奶粉,用吸管搅拌,让牛奶与茶混合,喝起来特别可口。如果用果汁机搅拌均匀味道更美。

　　另一种喝法是先将糖放入置有茶汤的杯中,用吸管搅拌均匀,再把奶粉轻轻从杯沿倒入杯里,使奶粉浮在表面,饮用时别有一番风味。

　　2.夏日冰红茶的泡法

　　一般的冰红茶是将冲泡好的红茶茶汤,待冷却后置于冰箱,即成冰红茶。

　　另一种方法是将茶叶加量冲泡,提高茶汤的浓度,再倒入置有冰块的容器中,让茶汤快速冷却,保留香味。

　　冰红茶可加料调配口味,茶中加糖、蜂蜜、牛奶、柠檬、橘子、薄荷等添加物,可根据客人口味进行调配。

　　3.泡沫红茶的泡法

　　主要是茶汤和调味料配好后,置入不锈钢的密封罐摇晃,使茶汤与调味料混合均匀,再倒出杯中,因摇晃产生一些泡沫浮于杯面,别有一番景致。

# 第三节　饮用红茶的好处及注意事项

## 一、喝红茶对人体的益处

　　美国心脏学会曾经得出红茶是"富含能消除自由基、具有抗酸化作用的黄酮类化合物的饮料之一,能够使心肌梗死的发病率降低"的结论,其研究成果表明,一杯红茶对特定的自由基来说,甚至比大蒜、西兰花、胡萝卜、小卷心菜更能发挥抗酸化作用。

抗酸红茶的饮用方法以每日饮用 2～3 杯红茶为宜。硒、维生素 C、E、A 等均为抗酸化物质,红茶若与富含有这些物质的食品同时食用,将发挥更大的作用。将红茶与蔬菜、水果、黄油、牛奶、鸡蛋等同时饮用,被称作保持健康的合理饮食习惯。不过,同时还要注意热量和糖分等摄入不要过量。

此外,红茶还有各种对人体有益的功效:

(1)利尿功效。红茶中的咖啡碱和芳香物质的联合作用,增加肾脏的血流量,提高肾小球过滤率,扩张肾微血管,并抑制肾小管对水的再吸收,于是促成尿量增加。如此有利于排除体内的乳酸、尿酸(与痛风有关)、过多的盐分(与高血压有关)、有害物等,以及缓和心脏病或肾炎造成的水肿。

(2)消炎杀菌功效。红茶中的黄酮类化合物具有杀除食物有毒菌、使流感病毒失去传染力等抗菌作用,可预防感冒,另外,还有人在因感冒而喉咙痛的时候用红茶漱口。红茶中的多酚类化合物具有消炎的效果,儿茶素类能与单细胞的细菌结合,使蛋白质凝固沉淀,借此抑制和消灭病原菌。所以细菌性痢疾及食物中毒患者喝红茶颇有益,民间也常用浓茶涂伤口、褥疮和香港脚。

(3)解毒功效。据实验证明,红茶中的茶多碱能吸附重金属和生物碱,并沉淀分解,这对饮水和食品受到工业污染的现代人而言,不啻是一项福音。

(4)提神消疲功效。经由医学实验发现,红茶中的咖啡碱借由刺激大脑皮质来兴奋神经中枢,有提神、促使思考力集中的效果,进而使思维反应更加敏锐,记忆力增强;它也对血管系统和心脏具有兴奋作用,强化心搏,从而加快血液循环以利新陈代谢,同时又促进发汗和利尿,由此双管齐下加速排泄乳酸(使肌肉感觉疲劳的物质)及体内其他老废物质,达到消除疲劳的效果。

(5)生津清热功效。夏天饮红茶能止渴消暑,是因为茶中的多酚类、糖类、氨基酸、果胶等与口涎产生化学反应,刺激唾液分泌,导致口腔觉得滋润,并且产生清凉感;同时咖啡碱控制下视丘的体温中枢,调节体温,它也刺激肾脏以促进热量和污物的排泄,维持体内的生理平衡。

此外,红茶还具有防龋、健胃整肠助消化、延缓老化、降血糖、降血压、降血脂、抗癌、抗辐射等功效;红茶还是极佳的运动饮料,除了可消暑解渴及补充水分外,若在进行需要体力及持久力的运动(如马拉松赛跑)前喝,因为茶中的咖啡碱具有提神作用,所以能在运动进行中促成身体先燃烧脂肪供应热能而保留肝醋,让人更具持久力。

# 二、饮茶最佳季节

人在没吃饭的时候饮用绿茶会感到胃部不舒服,这是因为茶叶中所含的重要物质——茶多酚具有收敛性,对胃有一定的刺激作用,在空腹情况下刺激性更强。而红茶是经过发酵烘制而成的,茶多酚在氧化酶的作用下发生酶促氧化反应,含量减少,对胃部的刺激性就随之减小了。红茶不仅不会伤胃,反而能够养胃。经常饮用加糖的红茶、加牛奶的红茶,能消炎、保护胃黏膜,对溃疡也有一定的治疗效果。但红茶不宜放凉饮用,会影响暖胃效果,还可能因为放置时间过长而降低营养含量。

# 三、饮用注意事项

红茶并非越新越好,喝法不当易伤肠胃。由于新茶刚采摘回来,存放时间短,含有较多的未经氧化的多酚类、醛类及醇类等物质,这些物质对健康人群并没有多少影响,但对胃肠功能差,尤其本身就有慢性胃肠道炎症的病人来说,这些物质就会刺激胃肠黏膜,原本胃肠功能较差的人更容易诱发胃病。因此新茶不宜多喝,存放不足半个月的新茶更不要喝。

此外,新茶中还含有较多的咖啡因、活性生物碱以及多种芳香物质,这些物质还会使人的中枢神经系统兴奋,有神经衰弱、心脑血管病的患者应适量饮用,而且不宜在睡前或空腹时饮用,正确方法是放置半个月以后再使用。

另外,不要用茶水送服药物,服药前后 1 小时内不要饮茶。人参、西洋参不宜和茶一起食用。忌饮浓茶解酒,饭前不宜饮茶,饭后忌立即喝茶,少女忌喝浓茶。

## 练习题

1. 简述红茶的概念及种类。
2. 简述中国十种代表性红茶的基本特征。
3. 简述几种代表性红茶的泡法,并实际操作。

## 阅读材料

### 1. 正山小种的传说

清朝后期(18 世纪),政府腐败,时局动荡,百姓不能正常生活生产,就连处于深山的桐木百姓也难幸免于灾难,也不能正常生活生产。有一年制茶季节里,由于过境兵匪的扰乱,百姓纷纷逃离家园,丢下制茶叶避祸去,待兵匪离境后回家继续加工的茶农发现原堆放的原料已变红发酵发出一种特别香味,无奈之中只好采取应急措施——松木明火烘焙,结果无意中制造出一种新奇特别的外形和香味的茶叶,创造了红茶制法,托客商出售,新产品一上市,其品质深受消费者喜爱。

由于正山小种红茶茶味浓郁、独特,在国际市场上备受欢迎,远销英国、荷兰、法国等地。老茶师、英国人诺顿夸奖说:"喝这种茶胜过饮人参汤。"

英国诗人拜伦在他的《唐璜》(长诗)里写道:"我觉得我的心儿变得那么富于同情,我一定要去求助于武夷的红茶;真可惜,酒却是那么的有害,因为茶和咖啡使我们更为严厉。"

据资料记载,1662 年葡萄牙公主凯瑟琳嫁给英皇查理二世时带去几箱中国"正山小种"红茶作为嫁妆,带入英国皇宫,据传英国皇后每天早晨起床后第一件事,就是要先泡一杯"正山小种"红茶,为此"正山小种"红茶成为珍品。随后,安妮女王提倡以茶代酒,将茶引入上流社会,为此正山小种红茶作为当时的奢侈品,后逐渐演化成"下午茶"。

### 2.祁门红茶的传说

祁门产红茶,事出近代。当时的欧洲都有着巨大的红茶市场。清光绪元年,有个叫余干臣的黟县人,在福建做官后回籍经商,因图红茶厚利,先在至德县尧渡街上设立红茶庄,仿效闽红做法,试制红茶成功。第二年,又到祁门县西路的历口设立分庄,劝导茶农改制红茶,其后又设分庄于祁门闪里。与此同时,祁门南路的贵溪,有个胡元龙的本地人,因绿茶的销路不旺,仿制红茶成功;此后改制红茶遍及祁门城乡。后来,在他们的带动下,附近茶农纷纷改制,逐渐形成祁红产区。

### 3.云南滇红的传说

1938年底,因祁门沦陷,供职祁门茶叶改良场的冯绍裘来到了云南凤庆,发现了当地的茶叶资源优势,并制出了第一批"滇红"。由于其品质特佳,首批茶叶通过香港转销伦敦即深受客户欢迎,以每磅800便士的最高价格售出而一举成名。据说当时的英国女王将其置于玻璃器皿之中,作为观赏之物。

1986年,云南省曾将凤庆"滇红"茶作为礼品赠送来访的英国女王伊丽莎白二世。而四十多年来,滇红特级工夫茶一直被国务院定为外交礼宾茶。

### 4.坦洋工夫的传说

坦洋工夫源于福安境内白云山麓的坦洋村,相传清咸丰、同治年间(公元1851—1874年),坦洋村有胡福四(又名胡进四)者,试制红茶成功,经广州运销西欧。很受欢迎,此后茶商纷纷入山求市,接踵而来并设洋行,周围各县茶叶亦渐云集坦洋。坦洋工夫名声也就不胫而走,自光绪六年至"民国"二十五年(公元1881—1936年)的50余年,坦洋工夫每年出口均上万担,其中1898年出口3万余担。坦洋街长一公里,设茶行达36家,雇工3 000余人,产量2万余担。其范围上至政和县的新村,下至霞浦县的赤岭,方圆数百里,境跨七、八个县,成为福安的主要红茶产区。运销荷兰、英国、日本、东南亚等二十余个国家与地区,每年收外汇茶银百余万元。当时民谚云:"国家大兴,茶换黄金,船泊龙凤桥,白银用斗量。"在1915年,坦洋工夫与国酒"茅台"同台摘得巴拿马万国博览会金奖。后因抗日战争爆发,销路受阻,生产亦遭严重破坏,坦洋工夫产量锐减。20世纪50年代中期,为了恢复和提高坦洋工夫红茶的产量和品质,先后建立了国营坦洋、水门红茶初制厂和福安茶厂,实行机械化制茶,引进并繁殖福鼎大白茶、福安大白茶、福云等优良茶树品种,1960年产量增加到5万担,创历史最高水平。后因茶类布局的变更,由"红"改"绿",坦洋工夫尚存无几。近年来,经有关部门的努力,坦洋工夫又有所恢复和发展。

### 5.湖红工夫的传说

湖南省是茶叶的发祥地之一,史载"茶陵以山谷产茶而名之",茶陵也称"茶王城",绕城而过的洣水亦称为"茶水"。然而,湖南红茶的产制,仅百余年的历史。据史料记载,清咸丰三年(公元1853年)首先在安化改制,临湘继之。据《同治安化县志》(公元1871年)载:"洪(秀全)杨(秀清)义军由长沙出江汉间。卒之,通山茶亦梗,缘此估帆(指茶商)取道湘潭抵安化境倡制红茶收买,畅行西洋等处。称曰广庄,盖东粤商也。"又载:"方红茶之初兴也,打包封箱,客有昌称武夷茶以求售者。熟知清香厚味,安化固十倍武夷,以致西洋等处无安化字号不买。"同治《巴陵县志》(公元1872年)有"道光二十三年(公元1843年)与外洋通商后,广人携重金来制红茶,农人颇享其利。日晒,色微红,故名红茶。"同治《平江县志》(公元1874年)载有:"道光末,红茶大盛,商民运以出洋,岁不下数十万金。"吴觉农先生指出,"湖南生产红茶——实际也可以说是两湖生产红茶的最早时期,应在公元 1850 年(道光末)以前,亦即在太平天国起义以前。"除广商外,据老人回忆,"安化红茶系清同治年间由江西宁州商人在养口租湛引以行开设吉茂隆牌号,设置示范茶庄传授技术。"由于安化红茶销路好,汉寿、新化、醴陵、湘阴、浏阳、平江、长沙等地相继生产,最高年产 40 多万箱。自 1891 至 1916 年的 20 余年中,湖南茶年产一般达 80 万担,1915 年曾超过 100 万担。后因战事等原因减至 15 万担(公元 1936 年)、10 万担(公元 1944 年),最低为 1949 年 2～3 万担。50 年代始,安化、平江、桃源、新化、涟源、石门相继建立国营红茶精制厂,加工工夫红茶,产量日增,至 1988 年湖南红茶产量达 40 余万担,其中工夫红茶 10 余万担,成为中国工夫红茶产量较高的省之一。

6. 宁红工夫的传说

修水产茶,迄今已有 1 000 余年的历史。宁红制作则始于清代中叶,光绪三十年(公元 1904),宁红的珍品太子茶被列为贡品,故又有公茶之称;曾获俄、美等八国商人所赠之"茶盖中华,价甲天下"奖匾。修水远在唐代时就已盛产茶叶。修水县生产红茶始于清朝道光年间(公元 1823 年),而且宁州工夫红茶很快就成为当时著名的红茶之一。"宁红"条索紧结秀丽,金毫显露,锋苗挺拔,色泽乌润,香味持久,叶底红亮,滋味浓醇。1914 年,宁红工夫茶参加上海赛会,荣获"茶盖中华,价甲天下"的大匾。1949 年以后,宁红工夫茶生产得到迅速发展,质量不断提高。1958 年,两种品质优异的宁红超级茶销往苏联,经中外专家鉴评,质量达到国际高级红条标准;1983 年,荣获对外经济贸易部颁发的品质优良荣誉证书;1984 年,被评为江西省优质产品。

7. 浮梁工夫的传说

浮梁在唐朝已成为全国主要的茶叶产区和重要的茶叶商品交易市场。唐代诗人白居易的《琵琶行》一诗中就有"商人重利轻别离,前月浮梁买茶去"的诗句。至清朝,茶叶产销进入全盛时期,并发明了乌龙茶和红茶。1887 年,浮梁首先在西湖设茶号制作红茶,在国际市场上统称"祁红"工夫茶,行销欧美各国,名列世界三大高香茶之首,是中国红茶的代表。1915 年,在美国旧金山召开的太平洋地区博览会上,浮梁江村严台"天祥茶号"所产工夫红茶,获"巴拿马金质奖章"和奖状。1938 年后,皖赣两省分设红茶运销委员会,为区别省际,江西的"祁红"产区是以浮梁为中心,包括鄱阳、湖口、彭泽边际地带在内,所产红茶统称"浮红"。1949 年以后,浮梁茶叶生产迅速发展,茶质也得到了进一步提高。1953 年,浮梁县制成高档"浮酊",被评为全国最好茶叶,送往北京。1985 年景德镇茶厂生产的部优浮红二级工夫茶,八项品质全优;1988 年九龙山茶厂生产的一级工夫红茶获农业部优质奖。

(材料来源:东南网茶业频道,http://tea. fjsen. com/list/category_47_6. html。)

# 第十章

# 乌龙茶的冲泡技巧

● 本章学习重点 ●

1. 认识乌龙茶。
2. 掌握福建乌龙茶的冲泡技巧。
3. 掌握广东乌龙茶的冲泡技巧。
4. 掌握台湾乌龙茶的冲泡技巧。

乌龙茶是中国的特色茶类,属于半发酵茶,制工精细,综合了红、绿茶初制的工艺特点,品质风格独特,是我国六大茶类之一。它兼具红茶之甘纯、绿茶之清爽、花茶之芬芳,故被誉为我国茶业百花园中的一朵奇葩。乌龙茶味甘浓而气馥郁,无绿茶之苦,无红茶之涩,性和而不寒,久藏而不坏,香久愈精,味久益醇;加之"绿叶红镶边"的色泽、壮结匀整之外形,更有特殊"韵味"。经现代国内外科学研究证实,乌龙茶除了与一般茶叶具有提神益思、消除疲劳、生津利尿、解热防暑、杀菌消炎、解毒防病、消食去腻、减肥健美等保健功效外,还有防癌症、降血脂、抗衰老等方面的特殊功效。因此,乌龙茶的独特品质赢得了众多的爱好者,可谓香飘四海,饮誉五洲。

品饮乌龙茶不仅可以生津止渴,而且是一种艺术享受。乌龙茶的泡饮技艺十分讲究,故在闽南泡饮乌龙茶又称工夫茶。掌握了乌龙茶泡饮技艺方能体会到它的真味和妙香。泡饮乌龙茶,必须掌握三个要素,即泡茶用水、泡茶器具和泡饮技艺,并掌握"水以石泉为佳,炉以炭火为妙,茶具以小为上"的原则。

水甘茶香。用甘美的水沏茶,才能使茶发挥出其特有的味和香。乌龙茶的沏泡讲究"壶具小巧,投茶适量,烫具淋壶,沸水冲泡"。比较高的水温可以令茶叶的内含矿物质成分充分析出,清代袁枚《随园食单》记云:"杯小如胡桃,壶小如香缘,每斟无一两,上口不忍遽咽。先嗅其香,再试其味,徐徐嘴嚼而体贴之,果然清芬扑鼻,舌有余甘。"这一记载反映的就是泡饮乌龙茶时的情景。

中国乌龙茶有三大产区:福建、广东、台湾。三大产区之乌龙茶制法及产品各具特色,其中最大区别在于发酵率的高低。按传统生产方法,福建乌龙茶发酵率为70%~80%;广东乌龙茶的发酵率为50%;台湾乌龙茶的发酵率20%~30%。因此,福建乌龙茶味较接近红茶,台湾乌龙茶味较接近绿茶,广东乌龙茶味呈中性。因产地、饮用习俗之特殊性,茶叶冲泡方法也各异。正确的冲泡能更加凸显茶叶的汤色滋味,因此是很有讲究的。水质、水温、置茶量、冲泡的时间等,都是影响冲泡乌龙茶的重要因素。

下面介绍几种不同地区乌龙茶的冲泡技巧。

# 第一节　福建乌龙茶的沏泡

福建乌龙茶主要分为两大类：闽北乌龙茶和闽南乌龙茶。福建乌龙茶的泡饮方式特别，技艺细致而考究，素有工夫茶之称。

## 一、闽北乌龙的冲泡技巧

### （一）闽北乌龙茶

闽北乌龙茶主要以武夷山的武夷岩茶、武夷水仙、武夷奇种为代表，其中武夷岩茶是福建乌龙茶的极品，产于崇安县境内的武夷山。武夷山素有"奇秀甲于东南"之誉，自古以来就是游览胜地。武夷山之所以蜚声中外，不仅因其风光秀丽，还因这里盛产"武夷岩茶"。武夷岩茶的产品分为：大红袍、名枞、肉桂、水仙、奇种五种，其中又以大红袍享有最高声誉。大红袍外形条索紧结，色泽绿褐鲜润，冲泡后汤色橙黄明亮，叶片红绿相间，典型的叶片有绿叶红镶边之美感。大红袍品质最突出之处是香气馥郁有兰花香，香高而持久，"岩韵"明显，很耐冲泡，冲泡七、八次仍有香味。

闽北乌龙茶采用深发酵重焙火制法，做青时发酵程度较重，揉捻时无包揉工序，因而条索壮结弯曲，干茶色泽较乌润，香气为熟香型，汤色橙黄明亮，叶底三红七绿，红镶边明显。

武夷山独特的自然环境熏陶，使岩茶品质具有特殊的"岩骨花香"的"岩韵"。武夷岩茶外形肥壮匀整、紧结卷曲，色泽光润，叶背起蛙状；颜色青翠、砂绿、密黄，叶底、叶缘朱红或起红点，中央呈浅绿色，就是通常所谓的"绿叶红镶边"；茶汤色泽艳丽、深橙黄亮、岩韵醇厚、花香怡人、清鲜甘爽、回味悠长，饮后齿颊留香、喉底回甘、七泡有余香。它既有红茶的甘醇，又有绿茶的清香，是"活、甘、清、香"齐备的茶中珍品。

### （二）闽北乌龙茶的冲泡技巧

武夷岩茶是乌龙茶中的珍品，以讲究内质为主。品尝武夷岩茶讲究环境、心境、茶具、水质和冲泡技巧。自古以来，文人雅士非常崇尚这种高层次的精神享受。根据有关文献记载、对民间传统技法、当地风情等加以总结，武夷茶艺分为27道程序。27道茶艺程序如下：

（1）恭请上座：邀请宾客依次入座，主人或侍茶者备茶待客。服务者将所用的茶具准备就绪，按正确顺序摆放好，主要有：紫砂水平壶、公道杯、品茗杯、闻香杯等。

（2）焚香静气：焚点檀香，营造幽静、肃穆、祥和、温馨的氛围。通过悠悠袅袅的香气使饮者心旷神怡，升华到高雅的品茗艺术境界。

（3）丝竹和鸣：播放或现场演奏传统古典乐曲，使品茶者进入品茶的精神境界。

（4）叶嘉酬宾：司茶者出示武夷岩茶让客人观赏。叶嘉，即宋苏轼《叶嘉传》中用拟人手法把武夷茶誉为叶嘉，意为叶子嘉美，既涵盖了古之文人对武夷茶的赞美，又体现主人对宾客的敬意。此时可向客人介绍如何鉴赏武夷岩茶的外形。请客人观赏茶叶,并向客人介绍此茶叶的外形、色泽、香气特点。右手将茶荷置于泡茶者正前方,取茶罐交于左手,右手打开茶罐盖子倒置于茶巾旁。再取茶则则茶倒入茶荷,茶则用后归位,盖上茶罐,把茶罐交回给右手置于原位,右手持茶荷将茶叶展示给宾客请宾客欣赏茶叶。

图 10-1  叶嘉酬宾

(图片来源:http://www.culturetea.com/zhuanti_gande01_info.asp? id=1610。)

(5)活煮山泉:宋代大文豪苏东坡是一个精通茶道的茶人,他总结泡茶的经验时说:"活水还须活火烹。"泡武夷岩茶用山泉溪水为上,即用旺火将壶中的山泉水煮到初沸。

(6)孟臣沐霖:即用沸水冲淋壶体,其目的是洗壶和提高壶温。孟臣是明朝制作紫砂壶的一代宗师,它所制作的紫砂壶令历代茶人叹为观止,视为至宝,后人把名茶壶喻为孟臣。

(7)乌龙入宫:把武夷岩茶放入紫砂壶内称为乌龙入宫。用茶匙把乌龙茶拨入紫砂壶内,动作应优雅连贯。乌龙指乌龙茶,武夷岩茶为乌龙茶类之珍品,紫砂壶形象为龙宫。茶叶的用量则视客人的多少、茶壶的大小而定,如条索卷曲紧结的茶(精制茶)入 1/2 壶。

图 10-2  乌龙入宫

(图片来源:http://www.zqzyxx.com/showfile.aspx? id=5083&fileid=7581&regweb=1。)

(8)悬壶高冲:武夷茶艺讲究"高冲水,低斟茶",把盛开水的长嘴壶提高向紫砂壶内冲水,高冲可使茶叶翻动,达到温润和清洗茶叶的目的。冲水时要沿着壶的边沿冲,以免冲破"茶胆"。

(9)春风拂面:用壶盖轻轻刮去壶口表面的白泡沫,使壶内的茶汤更加清澈洁净。

(10)重洗仙颜:"重洗仙颜"本是武夷九曲溪畔的一处摩崖石刻,在这里寓为第二次冲泡。第二次冲水不仅要将开水注满紫砂壶,而且在加盖后还要用开水浇淋壶的外部,这样内外加温可提高壶温,使茶汤均匀,有利于茶香的散发。

这道程序完成后,一般要根据茶的品种和当日的气温焖茶1分至1分半钟。焖茶的时间太短,茶色浅味薄,岩韵不明显;焖茶的时间若太长,则"熟汤失味",且茶味苦涩。

(11)若琛出浴:即烫洗茶杯。若琛为清初制杯名家,后人把名贵茶杯喻为若琛。

(12)玉液回壶:即把已泡出的茶水倒出,又转倒入壶,使茶水更为均匀。冲泡武夷岩茶要准备两把壶,一把紫砂壶用于泡茶,称为"泡壶"或"母壶";另一把容积相等的壶专门用于储存泡好的茶汤,称为"海壶"或子壶。把母壶中冲泡好的茶汤倒入子壶,称为玉液回壶。

(13)关公巡城:将海壶中的茶汤快速均匀依次来回注入闻香杯中,此程序也有人称为"祥龙行雨",取其"甘露普降"的吉祥之意。

(14)韩信点兵:当海壶中的茶汤所剩不多时则应将巡回快速斟茶改为点斟,将最后的茶汤用点斟的手势均匀地分到闻香杯中。点斟时手势一高一低有节奏地点斟茶水,被形象地称之为"凤凰点头",象征着向嘉宾行礼致敬。

(15)三龙护鼎:用拇指和食指扶杯,中指托杯底拿品茗杯。此法既稳当又雅观,三根手指寓为三龙。

(16)鉴赏汤色:观赏茶汤的颜色及光泽。

(17)喜闻幽香:即嗅闻岩茶的香味。请品茶客人用左手将茶杯端稳,用右手将闻香杯慢慢提起来,这时候闻香杯中的热茶全部注入品茗杯中,茶艺师示范双手转动闻香杯并请客人依据示范做此步骤,随着闻香杯的转动请客人闻一闻杯中茶香。喜闻幽香,是武夷品茶中的头一次闻香,可以体会茶香的纯度,检验是否香高辛锐无异味。

(18)初品奇茗:观色、闻香后,开始品茶味。初品奇茗是武夷山品茶三品中的第一品。茶汤入口后不要马上咽下,而应吸气,使茶汤在口腔中翻滚流动,让茶汤与舌根、舌尖、舌面、舌侧的味蕾与口腔的各部位都充分接触,并重复几次,细细感觉茶汤的醇厚度及各种特征,综合判断茶叶的特征和品位,以便更精确地品悟出奇妙的茶味。初品奇茗主要是品这泡茶的火功水平,看有没有"老火"或"生青"。

(19)再斟兰芷:即斟第二道茶,"兰芷"指岩茶。宋代范仲淹有诗云:"斗茶味兮轻醍醐,斗茶香兮薄兰芷"。兰花之香是世人公认的王者之香,再斟兰芷是指第二次闻香。饮者可细细品味那清幽、淡雅、甜润、悠远、捉摸不定的茶香是否比单纯的兰花之香更胜一筹。

(20)品啜甘露:细致地品尝第二道茶汤,"甘露"指岩茶汤。二品主要是茶的滋味,看茶汤过喉是否鲜爽、甘醇。

(21)三斟石乳:即斟三道茶。"石乳"是元代武夷山贡茶中的珍品,后来用来代表武夷茶。品啜武夷岩茶,闻香讲究"三口气"即不用鼻子闻,而是口大口大口吸入茶香,然后像抽烟一样从鼻腔呼出,这样可以全身心地感受茶香,更细腻地辨别茶叶的香型特征。茶人们称这种闻香方法为"荡气回肠"。第三次闻香还在于鉴定茶香的持久性。

(22)领略岩韵:即品饮第三道茶。通过品饮头两道茶,茶的生涩感已消失,从第三道开始回甘。细细回味,只有这样才能领悟到武夷岩茶无比美妙的岩韵。

(23)敬献茶点:奉上品茶之点心,增添茶趣。一般以咸味为佳,因其不易掩盖茶味。

(24)自斟慢饮:即让客人自己添茶续水自斟自饮,体会冲泡茶的乐趣。进一步领略岩茶情趣。好的武夷岩茶七泡有余香,九泡仍不失茶的真味。名茶探趣是请客人自己动手,看一看壶中的茶还能泡到第几道。

(25)欣赏歌舞:在品茶同时欣赏武夷茶歌、茶舞表演,与闽北乌龙茶艺搭配演出的茶歌、茶舞大多取材于武夷茶民的生产生活,具有闽北茶事的独特风格。

(26)游龙戏水:选一条索紧致的干茶放入白瓷杯中,斟满茶水,茶叶形状恍若乌龙戏水。此时请来宾鉴赏叶底,让客人观赏乌龙茶"绿叶红镶边"的品质特征。游龙戏水是把泡后的茶叶放到清水杯中,让客人观赏经多次冲泡后充分舒展的茶叶叶片,行话称"看叶底"。武夷岩茶属半发酵茶,叶底"三分红,七分绿",称为"绿叶镶红边"。在茶艺表演中,由于乌龙茶的叶片在清水中晃动很像龙在水中玩水,故名"游龙戏水"。

(27)尽杯谢茶:自古以来,人们视茶为健身的良药、生活的享受、修身的途径、友谊的纽带;茶艺表演结束时,宾主起立,起身喝尽杯中之茶,相互祝福、道别。

# 第二节 福建安溪乌龙的冲泡技巧

## 一、安溪乌龙茶

闽南乌龙茶有安溪铁观音、安溪色种、永春佛手、闽南水仙、平和白芽奇兰、诏安八仙茶、福建单枞等不同品种。安溪乌龙茶以安溪铁观音为代表,产于福建安溪县,制作严谨,技艺精巧;一年分四季采制,谷雨至立夏采制者为春茶,产量占全年的一半,品质最好。其制作要经过凉青、晒青、做青、炒青、揉捻、初焙、复焙、复包揉、文火慢烤、拣簸等工艺制造而成。目前在福建的泉州、厦门、漳州和台湾仍沿袭传统的乌龙茶品饮方式。

闽南乌龙茶做青时发酵程度较轻,揉捻较重,干燥过程间有包揉工序,形成外形卷曲、壮结重实,干茶色泽较为绿润,香气为清香细长型,叶底绿叶红点或红镶边。

"谁人寻得观音韵,不愧是个品茶人"。安溪是乌龙茶的故乡,是我国闽南茶都,产茶和饮茶已有千年以上的悠久历史。安溪名茶铁观音因身骨沉重如铁、形美似观音而得名,是福建乌龙茶中的极品。此茶色泽黛绿,外形条索紧结,有的形如秤钩,有的状似蜻蜓头,由于咖啡碱随着水分蒸发,在表面形成一层白霜,称作"砂绿起霜"。此茶冲泡后,汤色金黄、味醇鲜爽,香气独特,犹似玉兰吐芬芳,乘热细啜,满口生香,喉底回甘,称得上七泡有余香。

## 二、安溪乌龙茶的冲泡技巧

在安溪,不但有独到的乌龙茶采制技艺,而且有十分讲究的品饮技艺。安溪式泡法,重香、甘、纯,茶汤以九泡为限,每三泡为一阶段。第一阶段闻其香气是否高,第二阶段尝其滋味是否醇,第三阶段看其颜色是否有变化,有口诀曰:一二三香气高,四五六甘渐增,七八九品茶纯。品饮安溪乌龙茶,茶叶选用铁观音、黄金桂、本山、毛蟹等名茶,茶具用精致的瓷质、陶制小壶、小盅,一般以紫砂壶最佳,冲泡选用山泉水;沏泡讲究,款款有序,动作优美,真正达到纯、雅、礼、和的品茶意境。根据文献记载和民间传统技法、当地风情等总结,安溪乌龙茶冲泡技巧有 18 道程序。

(1)孔雀开屏:向来宾展示泡茶用具,茶匙、茶斗、茶夹、茶通,这些用具是竹器工艺制成的,安溪盛产竹子,所以闽南民间传统惯用竹制的茶具。茶匙、茶斗用于装茶,茶夹用来夹杯洗杯,茶通又称茶针用于疏通茶壶。炉、壶、白瓷盖瓯、白瓷杯以及托盘,雅称“茶房四宝”,是遵循闽南传统工艺加工而成的。安溪茶乡有悠久历史的古窑址,在五代十国就有陶器工艺,宋朝中期就有瓷器工艺,不仅供泡茶专用,而且有较高的收藏欣赏价值。使用白瓷盖瓯泡茶,对于放茶、闻香气、冲沸水、倒茶渣等都很方便。

(2)鉴赏香茗:主泡茶艺师用茶则从茶仓中取出一壶量的茶叶,让客人鉴赏干茶,并介绍所用茶的特点。优质的铁观音茶条索壮结重实、略呈圆曲,色泽沙绿乌润或青绿油润。

(3)烹煮泉水:冲泡安溪茗茶铁观音,最好选用甘醇的山间泉水,烹煮的水温需达到100℃,这样的温度最能体现铁观音独特的韵味。

(4)沐霖瓯杯:即“热壶烫杯”。用煮好的泉水清洗盖瓯茶杯,先洗盖瓯,再洗茶杯,洗杯时,最好用茶夹子,不要用手直接接触茶具,并做到里外皆洗。这不但可使瓯杯保持一定的温度,又能起到消毒作用。

(5)观音入宫:右手拿起茶斗,左手拿起茶匙,把铁观音茶装入盖瓯,称为“观音入宫”。用茶匙摄取茶叶,投入量为 1 克茶 20 毫升水,差不多是盖瓯容量的 1/3。

(6)悬壶高冲:提起水壶,先低后高将水冲入盖瓯,使茶叶随着水流旋转而充分舒展,直至开水刚开始溢出茶瓯为止。目的是湿润茶叶,提高温度,使香味能得到更好地发挥。

(7)春风拂面:左手提起瓯盖,轻轻地在瓯面上绕一圈,把浮在瓯面上的泡沫刮起,然后右手提起水壶把瓯盖冲净,称为“春风拂面”。再盖好瓯盖后静置 1 分钟左右。

(8)瓯里酝香:铁观音是乌龙茶中的极品。茶叶下瓯冲泡之后,需等待 1～2 分钟,这样才能充分地释放出铁观音独特的香和韵。如冲泡时间太短,色香味显示不出来;冲泡太久则会导致“熟汤失味”。

(9)三龙护鼎:斟茶时,用右手的拇指、中指夹住瓯杯的边沿,食指按在瓯盖的顶端,提起盖瓯,把茶水倒出,三个手指寓意三条龙,盖瓯则比喻鼎,故称“三龙护鼎”。

(10)行云流水:提起盖瓯,沿托盘边上绕一圈,用茶巾将瓯底的水抹掉,可防止瓯外的水滴入杯中。

(11)观音出海:即把茶水依次巡回均匀地斟入各茶杯里,斟茶时应将盖瓯放低。

(12)点水流香:斟茶斟到瓯底茶水只剩少许时,均匀地将茶水一点一点滴到各茶杯里,达到浓淡均匀、香醇一致。

(13)敬奉香茗:双手端起茶盘彬彬有礼地向各位嘉宾、朋友敬奉香茗。

(14)鉴赏汤色:品饮铁观音,首先要观其色,就是观赏茶汤的颜色,名优铁观音的汤色清澈、金黄、明亮,让人赏心悦目。

(15)细闻幽香:即品味茗茶铁观音的香气,铁观音独有的天然馥郁的兰花香、桂茶香,清气四溢,使人心旷神怡。将品茗杯及闻香杯一齐放置在客人面前,示范闻香的动作并请客人一起操作此动作。

(16)品啜甘霖：即品啜铁观音的韵味。呷上一口含在嘴里，慢慢送入喉中，顿时会觉得满口生津、齿颊流香。

(17)欣赏歌舞：在品茶同时欣赏安溪地区的茶歌、茶舞表演，与安溪乌龙茶艺搭配演出的茶歌、茶舞大多取材于闽南茶乡的生产生活，具有闽南茶事的独特风格，也有闽南民间艺术的独特韵味。

(18)尽杯谢茶：茶艺表演结束时，请宾主起立，起身喝尽杯中之茶，相互祝福、道别。

# 第三节 沥泡广东乌龙茶

## 一、广东乌龙茶

广东乌龙茶的主制品种有岭头单枞、凤凰单枞无性系——黄枝香单枞、芝兰香单枞、玉兰香单枞、密兰香单枞等以及少量凤凰水仙。凤凰单枞，主产于潮州市潮安县的名茶之乡凤凰镇凤凰山区，是从凤凰水仙群体品种中筛选出来的优异单株，品质优于凤凰水仙，其初制加工工艺接近闽北制法，外形也为直条形、紧结重实，色泽金褐油润或绿褐润。其香型因各名枞树型、叶型不同而各有差异，有浓郁栀子花香的称为黄枝香单枞，香气清纯浓郁具自然兰花清香的为芝兰香单枞，更有桂花香、蜜香、杏仁香、天然茉莉香、柚花香等等。其滋味醇厚回甘，也因各名枞类型不同，其韵味及回甘度有区别。广东乌龙茶的加工方法源于福建武夷山，因此，其风格特征与武夷岩茶有些相似，外形呈条形。

## 二、潮州工夫茶冲泡法

潮州工夫茶是我国茶艺中独具特色的一种，潮汕一带别称"工夫茶"。它是在唐宋时期就已存在的"散茶"品饮法的基础上发展起来的，属散条形茶瀹泡法的范畴，是瀹饮法的极致，盛行于我国闽粤港台地区，其影响遍及全国、远及海外。"工夫茶"的主要特色，在于它非常注重茶品选择，茶具之精美、水质之甘纯和泡饮技法之从容有序，因有"水以石泉为佳，炉以炭火为妙，茶具以小为上"。

潮州工夫茶冲泡用茶、用具：茶以潮州本地特产凤凰单枞为好；用具为潮州工夫茶"四宝"：即能容水 3～4 杯的孟臣罐（宜兴紫砂壶）、景德镇若琛瓯（茶杯）、潮阳红泥炉、潮安陈氏羽扇，还有玉书碨（水壶）、赏茶盘、茶船等，如图 10-3 所示。

(1)鉴赏香茗：主泡师用茶则从茶仓中取出一壶量的茶叶，置于赏茶盘中，助泡接过赏茶盘，让客人鉴赏干茶，并介绍所用茶的特点。

(2)活火煮泉（见图 10-4）：潮州功夫茶的煮水要诀，"水常先求，火亦不后"。活火，就是炭有焰，其势生猛之谓也。潮州人煮茶用的炭叫做"绞积炭"，"绞积"是一种很坚硕的树木，

**图 10-3　潮州工夫茶用具**

烧成炭后,绝无烟臭,敲之有声,碎之莹黑,是最上乘的燃料;还有用乌榄核作炭的,可使茶炉内火焰浅蓝,焰活火匀,别具风情。起火后大约十几分钟,就有飕飕响声,当它的声音突然变小时,那就是鱼眼水将成了,应立即将水壶提起。煮泉时羽扇是用来扇火的,扇火时既需用劲,又不可扇过炉门左右,这样才能保持火候,也是表示对客人的尊敬。

**图 10-4　活火煮泉**

(3)孟臣淋霖:用沸水浇壶身,其目的在于为壶体加温,即所谓"温壶";同时又可预热和洁净茶具。温壶后随即倒去壶和杯中开水待用。

(4)倾心桃源:即置茶于壶内,俗称"纳茶",将茶叶用茶匙拨入茶壶。纳茶时,每一泡茶以茶壶为准,通常下茶量与茶水比以1:22为宜。纳茶是冲泡工夫茶的第一步。

(5)悬壶高冲:向孟臣罐中注水。悬壶高冲(提壶,注沸水于壶):将沸水环壶口、沿壶边冲入,至水满壶口为止。切忌直冲壶心,要一气呵成不可断续、不可急迫。高冲可使热力直透壶底,避免涩滞,茶沫上扬,进而促使茶叶散香。

(6)春风拂面(刮顶淋眉):用壶盖从壶口轻轻刮去茶沫,盖上壶盖,冲去壶口泡沫。加盖后,提水淋遍壶的外壁追热,使之内外夹攻,以保壶中有足够的温度,进而清除沾在壶外的茶沫。尤其是寒冬冲泡乌龙茶,这一程序更不可少。只有这样,方能使壶中茶叶起香。淋壶须冲淋壶盖和壶身,但不可冲到气孔上,否则水易冲入壶中。淋壶的目的一为清洗,二为使壶内外皆热,以利于茶香的发挥。

(7)熏洗仙颜:首次注入沸水后,立即倾出壶中茶汤,除去茶叶中杂质和洗去茶叶表面的浮尘,这个步骤叫"洗茶"。倾出的茶汤废弃不喝。

(8)嘘寒问暖:俗称"湿壶",将初沸水注入空壶,以提高壶温,以便于冲泡,用第一泡茶水烫杯,又谓"温杯",转动杯身,如同轮旋转。品工夫茶讲究热饮,烫杯成了必不可少的程序,在宾客面前湿壶烫杯还寓意对宾客的敬重,营造温馨氛围。

(9)玉液回壶:用高冲法再次向壶内注满沸水。

(10)游山玩水:也称运壶,执壶沿茶船运转一圈,滴净壶底的水滴,以免水滴落入杯中,影响茶之圣洁。

(11)关公巡城:循环斟茶,茶壶似巡城之关羽。此番目的是为使杯中茶汤浓淡一致,且低斟是为不使香气过多散失。高冲低斟是工夫茶的技法之一,高冲要连贯而从容,酾茶时必须来回移动茶壶,各杯轮匀,使各杯茶汤浓度均匀。低斟是酾茶时切不可抬高茶壶,这样会使茶汤中香味散失、泡沫溅起,对客人极不尊敬。

(12)韩信点兵:巡城至茶汤将尽时,将壶中所余斟于每一杯中,这些是全壶茶汤中的精华,应一点一滴平均分注,因而戏称韩信点兵。各杯茶汤涩味均衡、香气对等、汤量相当,充分体现了人和茶、宾与主大圆融的中国茶道精神。酾茶时要做到余汁滴尽,又要保持各杯茶汤均匀,因此必须手提茶壶,壶口向下,对准茶杯,回环往复,务必点滴入杯,这就叫做"韩信点兵"。

(13)敬奉香茗:潮州人饮工夫茶重视礼仪,一般以老幼为序先敬尊长、宾客,将托盘带杯端至客人前。

(14)品香审韵:先闻香,后品茗。品茗时,以拇指与食指扶住杯沿,以中指抵住杯底,俗称三龙护鼎。端起茶杯后先回敬主人,再敬其余客人,待所有客人均推让后才能饮茶,且要细啜慢品,分三口进行,"三口方知味,三番才动心",茶汤的鲜醇甘爽令人回味无穷,饮毕要用双手将杯子放回茶盘,同时向主人道谢。

(15)高冲低筛:冲泡第二泡茶,重复第八步动作。

(16)三嗅杯底:最后,敬请品味,先闻茶香,和气细啜,三嗅杯底。如此饮毕,既可以享受余香还可鉴别茶质之优劣,因优质茶叶的杯底香味仍然十分明显。

# 第四节　台湾乌龙茶的冲泡方法

## 一、台湾乌龙茶

台湾乌龙茶产于中国台湾,主要品种有青心乌龙、金萱、翠玉等,条形卷曲,呈铜褐色,茶汤橙红,滋味纯正,天赋浓烈的果香,冲泡后叶底边红腹绿,其中冻顶乌龙茶知名度极高而且最为名贵,被誉为台湾乌龙茶中的极品。冻顶乌龙茶产于台湾省南投县凤凰山支脉冻顶山一带。冻顶山居于海拔700米的高岗上,传说山上种茶,因雨多山高路滑,上山的茶农必须绷紧脚尖(冻脚尖)才能上山顶,故称此山为"冻顶"。冻顶乌龙茶的发酵程度比包种茶稍重,外形为半球形,色泽青绿,略带白毫,香气兰花香、乳香交融,滋味甘滑爽口,汤色金黄中带绿意,叶底翠绿,略有红镶边。

台湾乌龙是乌龙茶类中发酵程度最重的一种,优质乌龙的制造,鲜叶原料标准为一芽二叶,著名的膨风茶则选用一芽一叶。

台湾乌龙茶按其发酵程度的轻重主要有包种茶、冻顶乌龙和白毫乌龙。

## 二、台湾乌龙茶冲泡技巧

台湾乌龙茶冲泡技巧脱胎于潮州、闽南的工夫茶。经过台湾茶文化的发展,当代的台湾乌龙茶冲泡技巧侧重于对茶叶本身及与茶相关事物的关注,同时注重茶艺氛围的营造。此外,台湾乌龙茶冲泡技巧还将茶具欣赏与应用、饮茶与修身、饮茶与人相处的思考、品茗环境的设计都包容在茶艺之中。这种品茗艺术与生活紧密相连,将品饮与人性修养相融合,形式自然亲切,已越来越为人们所接受。

台湾省南投县凤凰山支脉冻顶山一带,土地肥沃,产制的乌龙茶品质好,冲泡后带熟果香或浓花香,味醇厚甘润,是台湾茶中的佳品。其冲泡方法步骤如下:

(1)焚香静气:焚香静气就是通过燃香来营造一个祥和、温馨的气氛,幽香能使人心旷神怡,并随着这悠悠袅袅的香烟升华到悟道的境界。

(2)活煮甘泉:宋代苏东坡是一位精通茶道的茶人,他总结泡茶的经验说"活水还须活火煮",活火煮甘泉,即用旺火煮沸壶中的泉水。

(3)孔雀开屏:是孔雀向同伴展示自己美丽的羽毛,借助孔雀开屏这道程序向宾客介绍有关泡茶用的精美茶具。将茶具一一摆好,主要茶具有:紫砂茶壶、茶盅、品茗杯、闻香杯、茶盘、杯托、电茶壶、置茶用具、茶巾等。

(4)叶嘉酬宾:"叶嘉"是苏东坡对茶叶的赞美,"叶嘉酬宾"就是请来宾鉴赏冻顶乌龙茶。用茶匙将茶叶轻轻拨入茶荷内,供来宾欣赏。

(5)温杯烫壶:就是将烧沸的开水冲入紫砂壶内,再一一倒入公道杯、品茗杯和闻香杯内,其目的是提升茶具的温度,使茶叶在里面能更好地发挥其色、香、味、型的特点。用沸水温茶具,使茶具均匀受热。将茶壶内的热水分别注入闻香杯中,用茶夹夹住闻香杯,旋转360度后,将闻香杯中的热水倒入品茗杯。同样用茶夹夹住品茗杯,旋转360度后,将杯中水倒入茶海。

(6)乌龙入宫:就是把乌龙茶叶放入茶壶内。左手握住茶荷使之对准壶口,右手用茶匙轻拨茶叶入壶,投茶量为1/2或2/3壶。

(7)涤茶留香:就是用沸水洗涤一下茶叶,让茶叶吸收一定的水分,使茶叶处于一种含香欲放的状态。

(8)春风拂面:就是用壶盖刮去茶壶表面泛起的泡沫及茶叶,使壶内茶汤更加清澈洁净。

(9)乌龙入海:冲出的头泡茶水一般不喝,直接注入茶海,茶水从壶口倒出流向茶海就好似蛟龙入海一样,故称为"乌龙入海"。

(10)重洗仙颜:这是武夷九曲溪畔的摩崖石刻的喻义,在这里意为清洗茶叶。

(11)游山玩水:即泡好茶后,在茶巾上沾干壶底的残水,并把茶水注入公道杯内,此过程就叫"游山玩水"。

(12)祥龙行雨:将公道杯中的茶汤快速均匀地依次注入闻香杯,称之为"祥龙行雨",有"甘露普降"的吉祥之意。

(13)凤凰点头:当公道杯中所剩茶汤不多时改用点斟技法,手法要求一高一低、有节奏地点斟茶水,此法称之为"凤凰点头"。

(14)鲤鱼翻身:把扣好的品、闻杯一并翻转过来,称之为"鲤鱼翻身"。中国古代神话传说"鲤鱼翻身"跃进龙门可化身升天而去,寓意飞黄腾达。

(15)敬奉香茗:此时将龙凤杯双手捧奉给各位宾客,将闻香杯与品茗杯同置于杯托内,双手端起杯托,从右到左依次奉送至宾客面前,请客人品赏。如茶具有图案则要求图案正对客人,表示对客人的尊敬。

(16)喜闻茶香:把闻香杯倾斜45度提起,置于掌心迅速滚动,请客人闻杯里的茶香,"喜闻茶香"是品茶之闻中的头一闻,即请客人闻一闻杯底留香,第一闻主要是闻茶香的纯度,看是否香、无异味。

(17)初品香茗:闻香之后可以观色品茗。品茗时分三口进行,从舌尖到舌面再到舌根,不同位置香味也各有细微的差异,需细细品,才能有所体会。

(18)尽杯谢茶:茶艺表演结束时,宾主起立,起身喝尽杯中之茶,相互祝福、道别。

练习题

1.介绍福建、广东、台湾乌龙茶艺。
2.福建、广东、台湾乌龙茶艺的表演训练。

# 第十一章

# 普洱茶泡法

---●---- **本章学习重点** ----●---

1.掌握普洱茶的冲泡方法,包括品茗泡饮法、特色煮饮法、大众泡饮法。

2.熟悉普洱茶的定义、历史溯源、商品分类及品质特征。

3.了解普洱茶风味品质形成的实质。

普洱茶产于云南省普洱市、西双版纳傣族自治州、临沧市、昆明市、大理白族自治州、保山市、德宏傣族景颇族自治州、楚雄彝族自治州、红河哈尼族彝族自治州、玉溪市和文山壮族苗族自治州等 11 个州市所属的 639 个乡镇。

普洱茶是中国茶类之一,历史悠久,是云南特有的地理标志产品。根据《地理标志产品普洱茶国家标准》(GB/T22111－2008),普洱茶的定义是:普洱茶必须以地理标志保护范围内的云南大叶种晒青茶为原料,并在地理标志保护范围内采用特定的加工工艺制成,属经过人工渥堆或置于自然环境下陈化的"后发酵"茶。

## 第一节 普洱茶的历史溯源

普洱茶的种植历史源远流长。最早在历史文献中记载普洱茶种植的人,是公元 862(唐代咸通三年)曾亲自到过云南南诏地的唐吏樊绰,他在其《蛮书》卷七中云:"云南管内物产第七,茶出银生城界诸山。散收,无采造法。蒙舍蛮以椒、姜、桂和烹而饮之。"

据文献记载,公元 765 年,南诏仿效唐王朝,把国家分为"十睑、六节度、二都督区"。其中"六节度"是:弄栋节度(今姚安)、永昌节度(今保山)、银生节度(今景东)、剑川节度(今丽江)、拓东节度(今昆明)、丽水节度(今腾冲),属南诏的周边地区。故《蛮书》中所提"银生城"即今景东县城;"银生城界诸山",即今景东城东的哀牢山和城西的无量山,南诏时"银生节度"辖今思茅地区和西双版纳州以及大理、临沧部分地区。南宋李石《续博物志》载:"茶出银生诸山",也印证了樊绰的介绍,表明思茅等地区在唐代已驯化和利用、开发茶叶,有一定的生产规模,并作为商品,形成了一定的市场。

元李京《云南志略·诸夷风俗》称:"金齿百夷,交易五日一集,以毡布盐茶相互贸易"。表明普洱茶在当时已成为边疆各民族相互交易的重要商品。

明谢肇制在《滇略》中称:"士庶所用,皆普茶也。"明代,"普茶"一名正式载入史书。明代李时珍著《本草纲目拾遗》中亦有"普洱茶出云南普洱府"的记载。明方以智在《物理小识》中也有:"普洱茶蒸而成团,西番市之。"说明在明代普洱茶正式被载入史书,并印证了内地先进的采造、制茶法已经引入普洱茶的加工技术之中,普洱茶已被社会各阶层所接受消费,普洱已成为茶叶集散中心,普洱茶开始名扬中华。

公元 1729 年(清雍正七年)实行"改土归流"政策以后才颁布成立"普洱府",下管辖"三厅一县一司",即思茅厅、他郎厅(墨江)、威远厅(景谷)、宁洱县(普洱)、車里宣慰司(西双版纳)。

清檀萃所撰《滇海虞衡志》(1799 年)载:"普茶名重于天下,此滇之所以为产而资利赖者也。出普洱所属六茶山,一曰攸乐、二曰革登、三曰倚邦、四曰莽枝、五曰蛮端、六曰慢撒。周八百里、入山作茶者数十万人。"

1807 年,师范所撰《滇系》中"山川"一章亦称"普洱府宁洱县六茶山……山势连属,复领层峦,皆多茶树。六茶山逸器……又莽枝有茶树王,较五山茶树独大,传为武侯遗种,夷民祀之。"

1825 年(清道光五年),清人阮福撰《普洱茶记》可谓集普洱茶极盛时诸文之大成。文中指出:"所谓普洱茶者,非普洱府界内所产,主产于府属之思茅厅界也。厅治有茶山六处。曰倚邦、曰架布、曰嶍崆、曰蛮砖、曰革登、曰易武。"这一记载,十分清楚地把普洱茶原产地的核心地区加以界定。

据清光绪(1875 年—1908 年)所撰《普洱府志》之卷一、卷七及卷十九等所记载:"普洱古属银生府,则西番之用普茶已自唐时。""联八勐以环卫,形错犬牙(思茅蜀江内五勐),榷六山为正供,周资雀舌(一攸乐山,……,一莽枝山,……,一革登山,……,一蛮砖山,……,一倚邦山,……,一漫撒山,……)。"说明六大茶山于清代已划归普洱府思茅厅管辖,普洱府是当时茶叶贸易的集散地,思茅厅所属六大茶山的茶叶大部分集中到普洱府,经加工精制后,运销国内外。

云南不仅是我国最适种茶区,而且是世界茶树原产地中心,其产地独特的亚热带高原自然地貌和气候、土壤、生态环境给山茶科茶属植物的生存和繁衍提供了最佳栖息之地。

作为普洱茶主产区的西双版纳、思茅、临沧、大理、宝山等地,其地质结构基本由坝子、山地和高原所组成,茶区分布在 1 200～2 000 米的低纬度山地,土壤为酸性红、黄壤,特别适合茶树生长,尤其在热带亚热带原始森林植被荫庇下,茶树处于漫射光照射,昼夜温差大,土壤有机质丰富,茶树生长繁茂,具有旺盛的生命力。所产茶叶内含物丰富,茶树次生代谢十分旺盛,以茶多酚为代表的代谢产物产量丰富,水浸出物含量高达 40%～45% 以上。如六大茶山作赛的勐腊县、易武、曼腊、倚邦、蛮砖、勐撒、革登等地处北纬 21°51′～22°24′、东经 101°21′～101°38′、海拔 630～2 100 米的澜沧江河谷地带,年平均温度 17.2℃,年雨量 1 500～1 900 毫米,空气相对湿度 89%,多雨、潮湿、终年温暖和云雾缭绕,为形成优良的茶叶品质奠定了坚实的基础,因而成为普洱茶原产地的核心区域名扬海内外。

# 第二节　普洱茶的分类及品质特征

## 一、普洱茶的分类

普洱茶花色品种丰富多彩,形状多样,别具一格。清阮福《普洱茶记》对当时所产普洱茶描述为"二月芯极细而白,谓之毛尖,以作贡茶;採而蒸之揉为茶饼,其叶少放而犹嫩者名芽茶;于三、四月者,名小满茶;于六、七月者为谷花茶;大而团者,名紧团茶;小而圆者,名女儿茶;女儿茶为妇女为雨前得之,即四两重圆茶也"。

由此记载说明,普洱茶在历史上即分为散茶(即毛尖、粗叶)和紧压茶(芽茶、女儿茶)两大类。现代分类从不同的角度分,即使是同一种茶,也有不同的名称。

### (一)根据普洱茶鲜叶采摘来源的不同分类

(1)野生古茶树:目前最古老的野生茶树为思茅镇沅千家寨 2 700 年的野生大茶树,由天福集团认养;另一棵最具代表性的野生古茶树就是勐海大黑山巴达野生大茶树,树高 32 米,树龄 1 700 多年。

(2)过渡型野生古茶树:过渡型野生茶树以灌木或小乔木居多,树枝多开展或半开展,树高 1.5~3 米,茶树嫩叶多银毫,毛茶颜色多呈深绿色或黄绿色;茶性较野生型强烈,且茶质相当,香气较扬,口感较野生型略薄而刚烈。目前最具代表性的过渡型野生茶树为思茅澜沧县的邦崴野生大茶树,树龄为 1 000 年,高度为 12 米。

(3)荒山茶:荒山茶又称家茶,此种茶为栽培型茶树。大叶种、中叶种、小叶种掺杂其中,无人采摘或少采摘,这种茶园可以说是荒废的茶园。目前最具代表性的是景迈万亩茶园,树高约为 2~3 米。

(4)老茶园茶:又称生态茶,这种茶基本上由野生茶树移植而来,所以也称为栽培型野生茶。

(5)台地茶:又称为灌木茶,目前云南茶区这种茶园最多,仅大渡岗茶厂就有 2 万多亩,见到这片茶园只能用一望无际来形容。台地茶为现在使用最多的茶,因为台地茶较易种植,产量也较多,其缺点就是没有遮阴,且有些茶园会喷洒农药。

### (二)依制法不同分类

(1)生茶:采摘后以自然方式发酵,茶性较刺激,放多年后茶性会转温和,好的老普洱通常采用此种制法。

(2)熟茶:以科学加上人工发酵法使茶性温和,让茶水达到软水好喝。以 1973 年后为分界点。

生茶所冲泡出来的水是青绿色,熟茶冲泡出来的是金红色。

## (三)依存放方式差异分类

(1)干仓普洱:指存放于通风、干燥及清洁的仓库,使茶叶自然发酵,陈化10～20年为佳。

(2)湿仓普洱:通常放置于较潮湿的地方,如地下室、地窖,以加快其发酵速度。由于茶叶内含物破坏较多,常有泥味或霉味,湿仓普洱陈化速度虽较干仓普洱快,但容易产生霉变,对人体健康不利,所以不主张销售及饮用湿仓普洱。

## (四)依外形分类

### 1.散茶(见图 11-1)

在制茶过程中未经过紧压成型,茶叶呈散条状的初制茶称为散茶。散茶分为叶片茶和芽尖茶两种。用原料粗老的鲜叶制成的索条粗壮肥大的称为叶片茶,用芽尖部分制成的细小条状的称为芽尖茶。

**图 11-1　普洱散茶**

### 2.压制茶

(1)饼茶(见图 11-2):为扁平圆盘状,其中七子饼每块净重357克,就是老的计量单位七两,每七个为一筒,表示七七四十九,代表多子多孙的含义,故名七子饼。

**图 11-2　七子饼茶**

（2）紧茶（见图 11-3）：是以普洱茶制成的一种紧压茶，因专为班禅大师制作而得名，其形似心脏，原料选择十分精细，属普洱茶中极品，现在已很罕见。

**图 11-3 普洱紧茶（心形）**

（3）沱茶（见图 11-4）：形状似碗臼，每个净重 100 克、250 克，现在还有迷你小沱茶每个净重 2～5 克。

**图 11-4 普洱沱茶**

（4）砖茶（见图 11-5）：长方形或正方形，以每块 250～1 000 克居多，制成这种形状主要是为了便于运输。

（5）金瓜贡茶：压制成大小不等的南瓜形，从 100 克到数百千克均有。

（6）千两茶：压制成大小不等的紧压条型，每条茶条重量都比较重（最小的条茶都有 50 千克左右），故名千两茶。

图 11-5　普洱砖茶

3.普洱茶膏

普洱茶膏是在茶叶加工中将部分茶汁与纤维物质分离,在空气氧化作用下,出现膏化现象。

4.工艺型紧压普洱茶

工艺型紧压普洱茶有方形(见图 11-6)、心形、蘑菇形、树筒形、元宝形、象棋形等。工艺型茶既有观赏性,又具有收藏价值。

图 11-6　普洱方形茶

## 二、普洱茶的品质特征

(1)普洱散茶的品质特征如表 11-1 所示。

表 11-1 不同等级普洱散茶感官品质特征

| 成品名称 | 形状规格 | 色泽 | 香气 | 滋味 | 汤色 | 叶底 |
|---|---|---|---|---|---|---|
| 金芽 | 全芽匀整有锋苗 | 全披金毫色泽橙黄 | 毫香细长陈香 | 醇厚甘爽 | 橙红明亮 | 红亮柔软 |
| 宫廷 | 紧细匀直、规格匀整有锋苗 | 金毫显露色泽褐润 | 陈香馥郁 | 醇和甘滑 | 红浓明亮 | 褐红亮软 |
| 特级 | 紧细较匀、规格整齐有锋苗 | 金毫显露色泽褐润 | 陈香高长 | 醇厚回甘 | 红浓明亮 | 褐红亮软 |
| 一级 | 紧结重实有锋苗 | 芽毫较显红褐尚润 | 陈香显露 | 醇浓回甘 | 红浓明亮 | 褐红亮软 |
| 二级 | 肥壮紧实 | 红褐尚润略显毫 | 陈香显露 | 醇厚回甘 | 深红明亮 | 褐红尚亮较软 |
| 三级 | 粗壮尚紧 | 红褐尚润欠匀 | 陈香纯正 | 醇厚回甘 | 红浓明亮 | 红褐尚亮软 |
| 四级 | 粗壮欠紧、欠匀 | 红褐尚润欠匀 | 陈香纯正 | 醇和回甘 | 红亮 | 红褐较软 |
| 五级 | 粗大松泡 | 红褐欠匀 | 陈香纯正 | 醇和回甘 | 红亮 | 红褐尚软 |

(2)普洱压制茶品质特征如表 11-2 所示。

表 11-2 不同类型普洱压制茶感官品质特征

| 成品名称 | 单位 | 净重(g) | 形状规格(cm) | 色泽 | 香气 | 滋味 | 汤色 | 叶底 |
|---|---|---|---|---|---|---|---|---|
| 普洱沱茶 | 个 | 100 | 碗臼形边口,直径 8.2,高 4.2 | 红褐油润略显毫 | 陈香 | 醇厚滑润 | 深红明亮 | 褐红亮软 |
| 普洱紧茶 | 个 | 250 | 长方形小砖块(或心脏形),表面紧实,厚薄均匀 | 尚乌、有毫 | 纯正 | 浓厚 | 橙红尚明 | 尚嫩欠匀 |
| 七子饼茶 | 个 | 357 | 圆饼形,直径 20.0±0.5,中心厚 2.5,边厚 1.3 | 红褐油润有毫 | 陈香显露 | 醇和滑润 | 深红明亮 | 褐红亮软 |
| 普洱砖茶 | 块 | 250 | 长方形,长 14.0×宽 9.0×高 3.0 或长 15.0×宽 10.0×高 2.5 | 红褐尚润有毫 | 陈香明显 | 醇和 | 红亮 | 褐红尚亮软 |
| 普洱小沱茶 | 个 | 4±1 | 碗臼形,边口直径 1.5,高 1.0 | 红褐尚润 | 陈香纯正 | 醇和 | 红浓明亮 | 褐红尚亮较软 |
| 普洱小茶果 | 个 | 3 | 长方形,长 2.0×宽 1.2×高 0.8 | 红褐尚润 | 陈香纯正 | 醇和 | 深红明亮 | 褐红尚亮柔软 |
| 普洱小圆饼 | 个 | 100 | 圆饼形,直径 10.0±0.5,高 1.2 | 暗褐润 | 陈香纯正 | 醇和 | 深红明亮 | 褐红亮软 |

# 第三节　普洱茶品质风味形成的实质

普洱茶作为一个特殊的茶类,在 20 世纪 70 年代中后期以后,产品花样更加多样化,因产地、加工工艺、原料品质的不同及贮藏环境、时间、方法的不同,其特征品质也不同,特别是贮藏环境和时间不同,使其特征品质有较大的差异。

## 一、品种特性是普洱茶品质风味形成的基础

普洱茶由于采用了云南一定区域内的大叶种原料制成,得天独厚的气候和高原亚热带生态及土壤环境赋予该品种极其优良的品种特征,在普洱茶区有传统地方优良品种如勐库大叶种、凤庆大叶种、勐海大叶种、景东大叶种,无性系地方良种如云抗 14 号、云抗 10 号、云抗 43 号、长叶白毫等;另外,普洱茶主产区普洱市、西双版纳聚集了野生型、过渡型、栽培型古茶树和古茶园。普洱市澜沧县景迈山万亩人工栽培型千年古茶园,构成了闻名中外的"古茶树博物馆"、野生古茶树群落。由于茶树生长的海拔高度、土壤状况、光照等不同,在外形、口感、香气、叶底和内质等方面存在着差异。

古茶树因生长的树根伸入土壤深,根部吸收地下的养分多,其叶子的茶多酚、可溶性糖、氨基酸、咖啡碱等化合物含量高,转化的潜质和空间高。野生古茶树茶香气深沉而厚重,停留时间长,而且会感受到一股高山阔野般的气息,茶汤滋味醇厚,苦涩味转化为甘性,让人口腔生津,味久留于口腔、喉头,口感顺畅;叶底舒展程度好,而且有弹性、柔韧性好。

茶园茶树因栽培时间短,根伸入土壤深度没有古茶树的深,根部吸收的养分相比古茶树较少,茶多酚、可溶性糖、氨基酸、咖啡碱等化合物含量不高,转化的潜质较低。茶园茶香气相比古茶树茶飘扬、停留时间短、口感单薄,而且有时还会有杂味,茶汤滋味略感霸气,苦涩味较重,回甘性差,口腔生津不明显,甚至不会生津,味不能久留于口腔、喉头,有的会挂齿;叶底不易舒展,质地薄小且脆硬。

## 二、独特工艺是普洱茶品质风味形成的关键

云南普洱茶的加工过程分为初制和精制两个阶段。初制为晒青毛茶制造,即经过杀青、揉捻、晒干等工序。比之绿茶,晒青毛茶杀青不透不匀,加之晒干时间较长,因而易出现红梗红叶,汤色泛黄,并有轻度氧化的日晒味,这就为茶叶后发酵奠定了基础。

普洱茶精制加工过程,主要有以下几种制法:

普洱生茶:晒青毛茶→精制[拼配→筛分(切细)→拣剔→半成品拼配]→蒸茶压制(称茶→蒸茶→压模→脱模)→烘房干燥→检验包装

普洱熟茶(散):晒青毛茶→洒水→渥堆→翻堆→干燥→筛分→拣剔→拼配匀堆→仓储陈化→分级复烘→成品茶

普洱熟茶(紧):原料→筛分→(潮水)→称茶→蒸茶→压茶→退压→干燥→包装→仓贮陈化

不难看出普洱茶从制作工艺方面分为生普和熟普,生普即经过杀青揉捻晒干的晒青毛茶,压制成型,自然存放任其自然发酵的普洱茶;熟普,即晒干后的晒青毛茶经过人工渥堆发酵后的普洱茶,两者在品质特征上存在着差异性,根据 DB53/130—2006 标准,生普品质特征为外形色泽墨绿、香气清纯持久、滋味浓厚回甘、汤色绿黄清亮、叶底肥厚黄绿。熟普特征品质为外形色泽红褐,内质汤色红浓明亮,香气独特陈香,滋味醇厚回甘,叶底红褐。

就熟普来说,其品质发生质变源于渥堆过程产生的生物热化学作用及贮存阶段的非酶促氧化作用,其内含物发生了一系列的氧化、聚合、分解、降解和缩合等反应。在普洱茶渥堆

发酵过程中,多糖、脂肪、蛋白质、天然纤维、果胶和不可溶性水化合物等有机物发生分解,水解产物大多为单糖、氨基酸、水化果胶和可溶性碳水化合物,这些是形成熟普甘滑、醇厚的物质基础。何国藩等研究表明,在普洱茶渥堆过程中,以黄酮类、茶多酚为主的内含成分在湿热、微生物作用下,发生酶促氧化和非酶促氧化,形成了以茶黄素、茶红素、茶褐素水溶性为主体的水溶性色素。在渥堆后期,其总的趋势是茶黄素和茶红素显著下降,茶褐素大量积累,对普洱茶的汤色红褐品质的形成有着至关重要的作用,而且是普洱茶的独特品质成分之一。

## 三、科学贮藏是普洱茶品质风味形成的要因

对普洱茶而言,仓储是普洱茶加工中的关键一环,它已不仅仅是贮藏,而是向着香、醇、甘、润、滑方向转变的重要步骤。随着储存时间的延长,普洱茶品质会得到提高,价值也就得到提升。好的普洱茶在一定的时间范围具有饮用性和收藏性双重功能,即普洱茶除了具有饮料的属性外,它与"文物古董"有相同的共性——收藏功能。

### (一)贮藏中品质成分变化

茶叶的品质与茶叶中的主要化学成分茶多酚、氨基酸、可溶性糖等密切相关。茶叶质变与水分、温度、氧气和光线密不可分,构成普洱茶品质的主要化学物质的变化左右着普洱茶的色、香、味。试验表明:与常温相比,无论冷冻、冷藏还是 45℃ 条件下贮存普洱茶,在一定时间贮存普洱茶,汤色都有变亮的趋势;滋味出现醇或滑的感觉,只是程度稍有差异而已;香气则在低温下陈香明显,高温下陈香气减退。汤色、滋味是茶叶中各种化学成分综合作用的结果,其受到温度和水分含量的影响较大。如果贮藏条件不当或不讲科学地无限期贮存,必然使其品质发生劣变。

### (二)贮藏方式与普洱茶品质

如何贮存保管普洱茶? 一般来说,只要不受阳光直射或雨淋,环境清洁卫生,通风无其他杂味、异味即可。如存放数量多,可设专门仓库保管;如数量少,个人可在家中存放。可用陶瓷瓦缸存放,将普洱散茶、紧压(拆去外包装)直接置于缸内,封好缸口就行。

在生产上,普洱茶主要有干仓和湿仓两种仓储方法,两者的品质差异很大。将新加工的普洱茶放入相对湿度在 80% 以下的仓库里,让其自然缓慢陈化,产生陈香品质,此为干仓贮藏。干仓陈年普洱茶以汤色亮、醇和、温润、香高、甘甜、纯正称奇。

从事生产经营普洱茶的人,从销售角度对成品茶进行了再处理,形成目前市场上比重较大的湿仓储茶。这些茶处理的重要环节就是增大湿度、提高温度,营造自然微生物适生环境,并作用于普洱茶。按其水分加入量和作用时间长短可分为重度湿仓普洱茶、中度湿仓普洱茶和轻度湿仓普洱茶。这种处理的最大特点就是仿老茶的做法消除苦涩味,老茶贮放的结果是苦涩味明显降低。然而,"湿仓"普洱茶汤色变深,茶汤滋味粗杂不醇,有强烈的漂浮感,缺乏沉着感。

普洱茶的品质形成需要一定的贮存时间,贮存时间的长短,决定了普洱茶的花色。科学保留下来的老茶,最富深厚的文化底蕴。湿仓茶也有一定的市场,普洱湿仓茶流行的原因关键在两个方面:一是不少消费者欲寻求口感刺激性弱的老茶风格,二是经营普洱茶的商家根据市场要求改变产品特性。

# 第四节  普洱茶冲泡技巧

普洱茶的传统饮法因民族、地域、风俗的不同而有多种,如:罐罐茶、烤茶、油盐茶、酥油茶、三道茶、龙虎门、茶膏等多种煮饮法。现代普洱茶则多用沸水泡饮法。

泡茶艺术的真谛应是运用简洁优雅的艺术程序泡出最佳的茶汤,正所谓"茶汤是茶艺的灵魂"。普洱茶花色品种繁多、各具特色,如何泡好一壶普洱茶? 要根据茶叶的特点来进行判断,选择适合的茶具、设置合理的茶量、水温与冲泡时间是泡茶的三大要素。下面主要介绍三种普洱茶泡法:品茗泡饮法、特色煮饮法、大众泡饮法。

## 一、茶具的选择

工欲善其事,必先利其器。一般说来,要达到欣赏、品味普洱茶的目的,应在品茗室设立为客人煮水品茗的专用茶座,包括茶桌、座椅、煮水器、开茶器、冲泡器、辅助用具等,并有规律地置于便于使用的地方。

如下几样茶具是必备的:

(1)开茶器:茶刀。

(2)冲泡器:紫砂壶、盖碗、飘逸杯、提梁壶、茶盅、茶杯等。

(3)煮水器:电热随手泡、酒精炉。

(4)辅助用具:茶盘、茶巾、茶艺之家、小型电子秤、茶荷、计时器等。

## 二、开茶的方法

散茶和老茶头都是可以拿来就冲泡的。至于饼茶、砖茶、沱茶、方砖,都是紧压的状态,在喝茶之前要拆散。

拆茶的方法有很多种,有人把茶上锅蒸,回软之后拆散,此种方法可能会让普洱茶染上食用锅的杂味,不常被使用。

有些压得较松的饼茶,徒手就可以开茶。轻搓饼茶的边缘,散落的茶叶就够一泡,还能维持饼茶的外形;对于有撒面的茶砖就用手掰取,能得到成分均匀的茶叶。

对于压得较紧的普洱茶,使用茶刀或茶针开茶是最便利的。以使用茶针为例,有以下几个步骤供参考(见图11-7):首先用茶针在饼窝内侧三分之一处开始,沿缝开出一圈;接着在饼窝内侧三分之二处在开出一圈;然后在饼茶外圈二分之一位置沿缝开出一圈。开茶时,尽量茶距均匀。茶针由内圈往外圈延伸,直至饼面松散,然后翻转茶饼。用茶针将茶拨开,轻轻取出需要加工的块头再细分,去掉碎末。最后将开好的茶装袋、封好。

图 11-7　开茶

# 三、冲泡方法

## （一）品茗泡饮法

1. 小壶品茗泡法

小壶品茗泡法适用于 2～5 人的场合，选用紫砂小壶，茶壶容量 150～400 毫升。紫砂壶适合冲泡普洱茶，尤其是熟茶。泡茶程序包括：备器、备水、温壶、识茶、温盅、置茶、温润泡、冲泡、计时、温杯、出汤、奉茶、品茶、收杯谢客。现分述于下：

（1）备器：紫砂壶一个，茶盅一个，茶杯若干及相关辅助茶具，清洁干净并有规则地摆放整齐，以便使用。如图 11-8（a）和图 11-8（b）所示。

（2）备水：冲泡普洱茶，同其他茶类一样，以泉水为上，井水为次。家用自来水，则应安装活性炭—砂滤装置或逆渗透过滤装置，避免硬度过高、氯气过重影响茶汤品质。将水置于电热随手泡中，烧沸待用。冲泡普洱茶宜使用刚沸之水，水温在 95℃以上。

（3）温壶：温壶是泡茶前的重要准备之一，目的在于润湿茶具、提高壶温。冷壶泡茶，会使水温下降 3～5℃，影响茶叶舒展及香气挥发。温壶之热水不需满壶，注水入壶后，要等备茶、识茶完成之后才将温壶之水倒出，过早倒掉则失掉温壶的作用。

（4）识茶：首先要进行备茶，将事先用茶刀捣碎的饼茶或散茶拨入茶荷内，拨入时应根据客人的多少和逗留时间的长短确定用茶量。拿起茶荷，仔细观察茶样，初判茶叶的老嫩、揉捻、发酵程度、贮存的大致时间以及茶的品级等，有助于设置泡茶的水温及冲泡时间，把茶汤泡到最佳状态。通常情况下，主人识茶后，也可将茶荷按顺序递给客人，共同观赏茶叶，通过交流，使品茶氛围更加和谐。

（5）温盅：待客人观赏完茶叶后，将茶荷归位。此时茶壶温度已经提升，将温壶之水倾注入茶盅，进行温盅。

（6）置茶：借助茶匙将茶荷中茶叶拨入茶壶。

（7）温润泡：以普洱熟茶为例，此茶经过渥堆、仓储，难免会有异杂气息，所以温润泡显得至关重要。温润泡，其作用在于润湿茶叶，提高茶叶温度，激发茶性，并利用高温将茶叶的异

**图 11-8(a)　小壶品茗泡茶用具 1**

**图 11-8(b)　小壶品茗泡茶用具 2**

杂气味挥发出去,而将普洱茶古朴沧桑之陈香韵味凸显出来。一般来说,普洱熟茶可以温润泡 1~2 次,需根据普洱茶的品质特点来进行判断。温润泡后,茶汤直接注入茶盘或水盂,不宜作为温盅、温杯之水。下面以几种普洱熟茶为例,介绍温润泡的方法:

普洱芽茶(见图 11-9):外形紧细匀直,金毫显露,色泽褐润。建议温润泡一次,温润泡时以沸水没过茶叶,即冲即倒即可。

**图 11-9　普洱芽茶**

大叶普洱(见图 11-10)：外形粗壮尚紧，色泽红褐尚润。建议温润泡两次，第一次水没过茶叶，浸泡时间为 20 秒；第二次水没过茶叶，即冲即倒。

图 11-10　大叶普洱

七子饼茶(见图 11-11)：红褐油润，带金毫。建议温润泡两次，第一次水没过茶叶，浸泡时间为 20 秒；第二次水没过茶叶，浸泡时间为 5 秒。

图 11-11　七子饼茶

(8)冲泡(见图 11-12)：温润泡后，进行冲泡第一道茶汤。水温应保持在 95℃以上，高温是普洱茶香味得以发挥的重要条件。

**图 11-12　小壶品茗茶法——冲泡**

（9）计时（见图 11-13）：初学者可以借助计时器来设置冲泡时间，熟练掌握者可以根据经验来判断冲泡的时间。以下时间安排可供参考：

**图 11-13　小壶品茗茶法——计时**

现以普洱芽茶、大叶普洱和七子饼茶三样为例，分别取 10 克放入 150 毫升壶内，按照表 11-3 中设计的时间冲泡 5 次。五泡茶汤汤色浓度基本接近，每次茶汤颜色深度略有递进的趋势。

**表 11-3　不同普洱熟茶冲泡次数与时间对照表**

时间：秒

| 泡数　　　茶样名称 | 普洱芽茶 | 大叶普洱 | 七子饼茶 |
|---|---|---|---|
| 第一泡 | 35 | 45 | 35 |
| 第二泡 | 20 | 25 | 20 |
| 第三泡 | 45 | 45 | 50 |
| 第四泡 | 70 | 70 | 70 |
| 第五泡 | 110 | 130 | 90 |

普洱芽茶陈香馥郁，滋味醇和甘滑，汤色红浓明亮，叶底褐红亮软，如图 11-14 所示。

**图 11-14　普洱芽茶茶汤**

大叶普洱陈香纯正,滋味醇厚回甘,汤色红浓明亮,叶底红褐尚亮。此茶十分耐泡,十泡仍令人回味无穷,如图 11-15 所示。

**图 11-15　大叶普洱茶汤**

七子饼茶,陈香显露,滋味醇和滑润,汤色深红明亮,叶底褐红亮软,如图 11-16 所示。

**图 11-16　勐海七子饼茶茶汤**

(10)温杯:在静待茶叶浸泡充分时,可将温盅之水分注茶杯,提高茶杯的温度。

(11)出汤:当茶叶浸泡充分,即可出汤。将茶汤倾注入茶盅,而后分茶入杯。

(12)奉茶:倘若与客人围坐在一张品茗桌上,则可双手捧起茶杯,按顺序或以长幼、尊卑为序,敬奉于客人易取用之处。倘若距离较远,则可借助奉茶盘,将茶杯配合杯托置于奉茶盘上,再起身奉茶。端至客人面前时应略躬身,说"请用茶",也可伸手示意。

(13)品茶:主泡者奉茶完毕,回到自己座位。端起茶杯,敬请客人一起品茗。边看汤色、边闻茶香,慢慢地啜上一口。一般小杯分三口饮下,茶含口中不要马上吞下,应用舌头使茶汤分散到口腔的各处,充分利用口舌各部位对香味反应灵敏度的差异,用心体会茶汤的品质特性;同时吸气将茶香引入上颚,到达鼻腔,尽情享受普洱茶深沉的香韵带给你的身心愉悦。

(14)收杯谢客。经过 1~2 个小时主客互动的品茗之后,如果主人认为茶会应该结束,可将壶具收拾好,将茶桌上各项用具归位,将煮水器电源关闭。客人看到这里,应该意会到茶会即将结束,主宾应带头送回茶杯,坐回原座后互相致谢意后起身辞行。而主人送走客人后回到原位,做好清洁卫生和收拾整理的各项工作,茶会结束。

2.盖碗泡饮法

紫砂壶适合冲泡普洱茶,由于不够直观,新手难以掌握出汤时间,容易浸泡太久。而盖碗则不存在这个问题,置茶、冲泡、出汤都一目了然,且敞开的碗口方便出汤,手法掌握起来也比较容易。因此,初学者先用盖碗冲泡普洱茶,无论是散茶、生茶或熟茶均可,等到手法熟练了,对普洱茶的冲泡也有一定心得了,再尝试用紫砂壶冲泡为好。

盖碗泡饮法的程序主要包括:净具、备水、识茶、温润泡、冲泡、计时、出汤、奉茶、品茶、收杯谢客。现分述于下:

(1)净具:以盖碗作为冲泡器,配一个玻璃茶盅或白瓷茶盅、品茗杯若干等,如图 11-17 所示。将用具清洁干净并按一定规律摆放整齐,以便使用。盖碗冲泡,也需要温碗,其作用与紫砂壶是一致的,都是提高碗身的温度,激发茶性。

图 11-17　盖碗泡法主要茶具

（2）备水：水质要求同上。普洱熟茶宜用现沸水，普洱生茶看茶青老嫩，若十分细嫩，则可适当降温，采用 90～95℃即可。

（3）识茶：将备好的茶置入茶荷。观察茶样特征，初断泡茶方法。同样，自己识茶完毕后，可以邀请客人共同欣赏。

（4）温润泡：在此，我们以普洱生茶为例：普洱生饼（5 年）、普洱生饼（8 年）、普洱生茶散茶（当年）共三个茶样。生茶冲泡，一般温润泡一次，如若仍有异杂味，则可以再进行第二次。同样，温润泡后，茶汤直接注入茶盘或水盂，不宜作为温盅、温杯之水。就以上面三个茶样为例，温润泡方法如下：

生饼（5 年）（见图 11-18）：温润泡一次，注水浸没茶叶 5 秒。

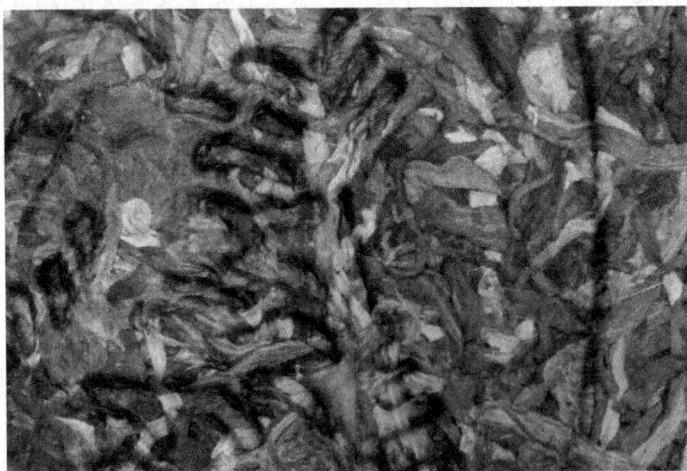

图 11-18　生饼（5 年）

生饼（8 年）（见图 11-19）：温润泡一次，注水浸没茶叶 10 秒。

图 11-19 生饼(8 年)

生散(当年)(见图 11-20):温润泡一次,注水浸没茶叶,即冲即倒。

图 11-20 生散当年

(5)冲泡:冲泡时注水的水柱不要直接冲到茶叶上,若直接冲到茶叶上会击散茶叶而导致茶汤浑浊,口感较差,刺激性较强。选用沸水,沿盖碗边沿注入,尽量在不惊动茶叶的情况下,让茶汤自然浸出,汤色会清澈、明亮、口感醇和,绵软度增加。

(6)计时:现以生饼 5 年、生饼 8 年和生散当年三样普洱生茶为例,分别取 10 g 放入 150 mL 钟形杯内,设置不同时间冲泡五次。如表 11-4 所示。

表 11-4　不同年度普洱生茶冲泡次数与冲泡时间对照表

单位:秒

| 茶样名称<br>泡数 | 生饼 5 年 | 生饼 8 年 | 生散当年 |
|---|---|---|---|
| 第一泡 | 35 | 25 | 20 |
| 第二泡 | 15 | 15 | 10 |
| 第三泡 | 10 | 10 | 15 |
| 第四泡 | 50 | 45 | 40 |
| 第五泡 | 90 | 70 | 60 |

五泡茶汤汤色浓度变化结果如图 11-21、图 11-22、图 11-23 所示。

图 11-21　生饼 5 年茶汤

图 11-22　生饼 8 年茶汤

图 11-23　生散当年茶汤

(7)出汤、奉茶、品茶、收杯谢客,此四个环节与小壶品茗泡法相同,此不再赘述。

## (二)特色煮饮法

早在我国唐代以前,就有直接将茶放入釜中熟煮的方式,当代仍有部分少数民族使用,但多为调饮茶俗。这里所介绍的普洱茶煮饮法,是用酒精炉作为热源、玻璃随手泡作为煮茶器,不加任何佐料,属清饮方式。普洱茶讲究高温冲泡,以挥发出异杂气体,从而发扬其独具魅力的古朴陈香。置茶于酒精炉中煮,可以保持更高的水温,有利于优质茶香的形成。主要流程如下:

(1)备具(见图 11-24):通常需要的茶具包括酒精炉、玻璃随手泡、茶盘、茶盅、奉茶盘及茶杯、水盂等。

**图 11-24　煮茶法备具**

（2）备茶：以选用大叶普洱熟茶为例。

（3）注水：往煮茶壶中倒水四分满，如图 11-25 所示。

**图 11-25　煮茶法——注水**

（4）置茶：将茶置入煮茶壶中，如图 11-26 所示。

**图 11-26　煮茶法——置茶**

(5)点火:先拿下支壶架、取下酒精灯盖子,点火,再放上支壶架、煮茶器,如图 11-27 所示。

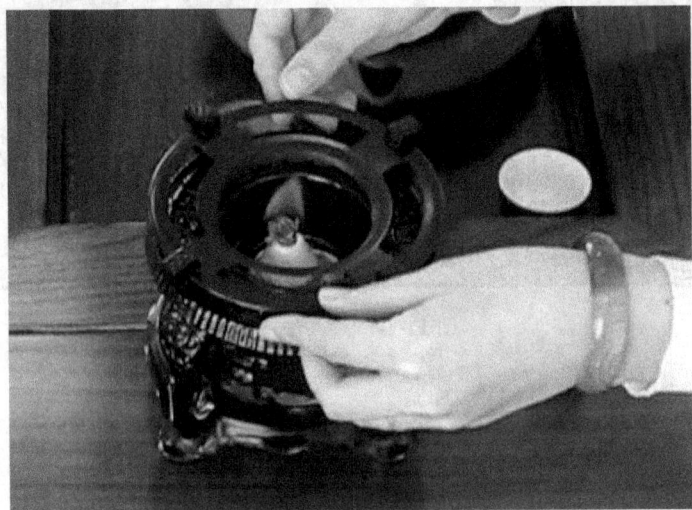

图 11-27　煮茶法——点火

(6)观茶舞:引导客人欣赏煮茶器中水温变化产生的美感。其沸,如鱼目微有声,为一沸;边沿如涌泉连珠,为二沸;腾波鼓浪,为三沸。如图 11-28 所示。

图 11-28　煮茶法——观茶舞

(7)试饮:以水的沸腾状态判断煮茶程度是否达到,以黄豆大的泡泡连续上升为宜,取下煮茶器前先试饮一杯,如图 11-29 所示。如浓度已可以,取下煮茶器。

**图 11-29　煮茶法——试饮**

（8）熄火：盖上酒精灯盖子。

（9）倒茶：打开盅盖，采用平均分茶法，分茶入盅。为了配合将茶汤滤尽，一般可以使用两个茶盅，或选用较大的茶盅。如图 11-30 所示。

**图 11-30　煮菜法——倒茶**

（10）分茶：倘若采用双茶盅，则首先将其中一个茶盅中茶汤分倒入茶杯，约 7 分满即可。如图 11-31 所示。

**图 11-31　煮茶法——分茶**

（11）持杯奉茶：起身，端起奉茶盘，拿稳后，进行奉茶。如图 11-32 所示。

图 11-32　煮茶法——端杯奉茶

（12）持盅续茶：将茶盅、茶巾放在奉茶盘上，起身，端稳奉茶盘，而后在客人适宜位置持盅续茶。如图 11-33 所示。

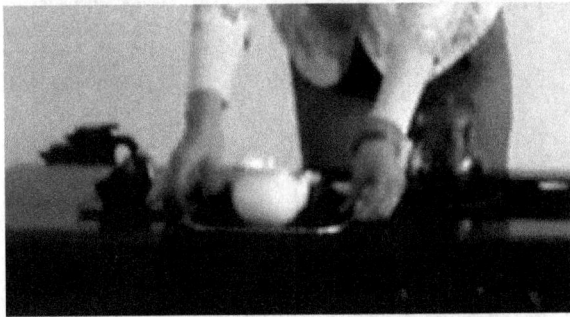

图 11-33　煮茶法——持盅续茶

（13）品饮：品饮此茶，顿感陈香馥郁纯正，茶汤醇厚甘滑，十分温暖。

（14）收杯谢客。

## （三）大众泡饮法

大众泡饮法有大壶泡茶法和飘逸杯泡茶法两种，简洁方便。夏日炎炎，在客人刚到的时候奉上一杯容量 100 毫升的茶汤，以便客人润喉解渴，感受茶香的芬芳。或在客流量大的时候，泡出的茶汤可以分入小瓷杯 20 毫升，泡一次可供 10 位以上的客人品饮，十分方便。

1. 大壶泡法

大壶泡法的茶具如图 11-34 所示。

（1）温壶：注水约 1/2 壶，提壶摇荡，把水倒掉即可。

（2）置茶：不宜太多，约为壶身的 1/5 即可。

（3）温润泡：向壶内注水将茶叶没过，提壶略摇荡后快速倒掉。如果冲泡的是茶头或没有拆散的成块普洱茶，就略微等等再倒掉。

（4）冲泡：向壶内注入沸水，然后盖上盖子，一般浸泡时间约为 5 分钟，出汤前可试饮，待浓度适合时即可出汤。

（5）分杯：通常配套有六个较大的瓷杯，瓷杯容积约为 100 毫升。分杯完成，即可奉茶。

图 11-34　大壶泡法茶具

若客流量多,则可分入预先准备好的小瓷杯约 20 毫升,而后奉茶。

（6）品饮:此泡茶方式不仅程序便捷,而且泡出的茶汤也可以较好地表现茶汤的风味。

2.飘逸杯泡法

飘逸杯如图 11-35 所示。

图 11-35　飘逸杯

（1）烫杯:这个过程和其他所有泡茶程序一样。只是要注意把飘逸杯的内胆、大外杯还有盖子都好好烫一遍,保证无异味。

（2）置茶:飘逸杯的置茶相对可以随意些。如果着急喝,可以采取多置茶、快速出汤的方式来达到目的。

（3）温润泡:喝生茶时温润泡很简单,冲入热水,让茶叶充分浸润,然后出水就可以了。如果冲泡老茶或熟茶,温润泡的过程要稍微麻烦一些。因为老茶和熟茶受到灰尘和异味污染的可能性要大。温润泡时,注水的力度相对要大,要猛,出水要快——注满沸水,要立即按出水杆。因为飘逸杯出水的过程是由上而下,如果速度慢了的话,原来被激起的一些杂质会在此附着在茶叶上,达不到目的。倒掉温润泡用水之后,不要忘记涮一下杯子。

(4)冲泡:温润泡后,嗅一下内胆里的茶叶,感觉无异杂味,即可正常冲泡。此时,注水要轻柔,保证茶汤的匀净。

(5)出汤:用飘逸杯泡茶要快出汤,而且要出尽。按下出水杆的按钮,等待茶汤悉数漏入杯中即可。

(6)品饮:出汤之后,即可分入小杯中,供饮用。

## 练习题

1.什么是普洱茶?

2.普洱茶有哪些类型?

3.普洱茶的品质风味是如何形成的?

4.普洱茶冲泡主要有哪些方法?

5.小壶泡法和盖碗泡法各有何优点?

# 第十二章

# 花茶冲泡技艺

────────────●　本章学习重点　●────────────

1. 了解花茶的种类。
2. 认识花茶的品质特征。
3. 掌握花茶的冲泡技巧。

花茶是我国特有的茶类,我国的花茶生产已有 1 000 多年的历史。按照鲜花品种不同可分为茉莉花茶、珠兰花茶、桂花茶、玫瑰花茶、白兰花茶、玳玳花茶等多种,不同的花茶表现出不同的风味。本章介绍花茶的生产历史,讲述茉莉花茶的窨制原理和程序,分析五种花茶的品质特征,重点阐述中国花茶的品饮方法、冲泡要领和茉莉花茶的冲泡技艺。

## 第一节　花茶的加工

花茶是我国特有的茶类,属再加工茶类。利用茶善于吸收异味的特点,用茶叶与鲜花一起窨制,茶将花香吸收后再把干花筛除,制成花茶。花茶既保持了浓郁爽口的茶味,又有鲜灵芬芳的花香。茶引花香,花增茶味,茶香与花香相得益彰,冲泡品尝,花香袭人、甘芳满口,令人心旷神怡,因此深受人们喜爱,特别在我国北方地区最为畅销。花茶主要以绿茶、红茶或者乌龙茶作为茶坯,配以能够吐香的鲜花作为原料制成,其种类很多,按照鲜花品种不同可分为茉莉花茶、白兰花茶、桂花茶、珠兰花茶、玳玳花茶等。市场上主要是茉莉花茶。

### 一、花茶加工历史

我国花茶的生产始于南宋,已有 1 000 余年的历史,最初有在上等绿茶中加入一种香料——龙脑香的制法。花茶最早的加工中心是福州,从 12 世纪起花茶的窨制已扩展到苏州、杭州一带。明代顾元庆(1564—1639)在《茶谱》一书中较详细记载了窨制花茶的香花品种和制茶方法："茉莉、玫瑰、蔷薇、兰蕙、桔花、栀子、木香、梅花,皆可作茶。诸花开时,摘其半含半放之香气全者,量茶叶多少,摘花为茶。花多则太香,而脱茶韵;花少则不香,而不尽美。三停茶叶,一停花始称。如木樨花须去其枝蒂及尘垢、虫蚁,用瓷罐一层茶一层花相间至满,纸箬扎固,入锅重汤煮之,取出待冷用纸封裹,置火上焙干收用⋯⋯。"

清雍正元年(1723年),苏州茉莉花茶批量运销东北、华北、西北市场。清道光年间,吴人顾禄的《清嘉录》载:"珠兰、茉莉花于熏风欲拂,已毕集于山塘花肆,茶叶铺买以为配茶之用者。⋯⋯茉莉则去蒂衡值,号为打爪"。花茶较为大量地生产,始于1851年至1861年的清咸丰年间。1949年后,我国花茶生产有较大的发展,产销量逐年增加,主销东北、华北、山东等地,出口东南亚各国,行销港澳地区。

## 二、茉莉花茶的窨制原理和程序

花茶窨制过程主要是鲜花吐香和茶坯吸香的过程。茉莉鲜花的吐香是生物化学变化,成熟的茉莉花在酶、温度、水分、氧气等作用下,分解出芳香物质,随着生理变化、花的开放而不断地吐出香气来。茶坯吸香是在物理吸附作用下,随着吸香同时也吸收大量水分,由于水的渗透作用,产生了化学吸附,在湿热作用下,发生了复杂的化学变化,茶叶滋味由淡涩转为浓醇,形成特有的花茶的色、香、味。

茉莉花茶窨制的传统工艺程序包括:茶坯处理→鲜花处理→玉兰打底→茶花拼和→通花散热→收堆起花→烘焙→冷却→转窨或提花→匀堆→装箱。

### (一)茶坯处理

窨制花茶的茶坯,是用毛茶经过精制,按照花茶茶坯级型标准样品拼配而成的。

窨制花茶的茶坯一般要经过干燥处理,主要是散发水气,中低档茶坯在于降低粗老味,显露出茶香,有利于提高花茶的鲜纯度。烘干机温度一般不宜太高,高火烘容易产生火焦味,影响花茶品质。茶坯复火后必须通过摊凉、冷却,待茶坯堆温比室温高1~3℃时才能付窨,有利于鲜花吐香和茶坯吸香,提高花茶质量。

### (二)鲜花处理

茉莉花具有晚间开放吐香的习性,鲜花一般在当天下午14时以后采摘,花蕾大、产量高、质量好。采收后,装运时不要紧压,用通气的箩筐装花为好,切忌用塑料袋装,容易挤压,不通气,易造成"火烧花"。

鲜花采收后及时按级分堆,摊凉,使其散热降温,恢复生机,促进开放吐香。摊凉场地必须通风干净,摊凉时花堆要薄,气温高时,可用轻型风扇吹风;雨水花,更要薄摊,吹风,蒸发花表面的水,待表面水干后,才能堆积养护。鲜花处理目的在于控制花堆中的温度,使鲜花生机旺盛,促进开放猛烈吐香。

鲜花开放率在60%左右时即可筛花,分花的大小、剔除青蕾花蒂,并通过机械振动促进鲜花开放。鲜花筛后应按预定的各批配花量分号堆放,若开放度不够应继续养护。

### (三)玉兰打底

打底就是用玉花兰"调香",提高茉莉花茶香味的浓度,衬托花香的鲜灵度。打底掌握适度,能提高花茶质量。窨制茉莉花茶,在茶、花拼和前先用玉兰鲜花与茶坯拼和。有的在窨茉莉花时,同时拼加玉兰鲜花,但用量不宜过多,多了容易引起"透兰",也有的在提花时才用少量玉兰鲜花与茉莉花拼和在一起进行提花。

## (四)窨花拼和

窨花拼和是整个茉莉花茶窨制的重点工序。目的是将鲜花和茶拌和在一起,使鲜花吐香直接被茶叶所吸收。窨花拼和要掌握好六个因素:配花量、花开放度、温度、水分、厚度、时间。

在自然条件和正常温度(32～37℃)下,茉莉花吐香持续时间一般可达24个小时。鲜花和茶叶拼和窨制时,由于花在茶中被挤压,正常呼吸作用受到一定阻碍,鲜花生机缩短,吐香持续时间一般在12个小时左右,从观察和测试中可以看出,茉莉花开始吐香以后5小时内为吐香旺盛期,此时,呼吸作用强度大,干物质损耗也多,芳香油的挥发也猛烈,所以吐香浓烈时,花和茶一定要及时拼和和窨制,以免香气大量散失。因此,掌握好茉莉花开放度,迅速地拼和窨制,让茶坯充分吸收花香是整个窨制工艺技术的关键。

## (五)通花散热

通花散热的目的,一是散热降温;二是通气给氧,促进鲜花恢复生机,继续吐香;三是散发茶堆中的二氧化碳和其他气体。通花的时间根据窨品堆温、水分和香花的生机状态来掌握,当鲜花已成萎凋状、色泽由白转微黄、嗅不到鲜香时,即可起花。

## (六)起花

在鲜花将失去生机,茶坯吸收水分和香气达到一定状态时,必须立即起花,用起花机把茶和花分开,即叫起花。起花顺序是"多窨次先起,低窨次后起,同窨次先高级茶,后低级茶。"如不能及时起花,则在水热作用下,花渣变黄熟呈现闷黄味、酒精味,影响花茶质量。若当天窨制数量多,在短时间内来不及起花,必须将花堆扒开散热。起花操作要迅速,起花后做到茶叶中无花蒂、花叶,花渣中无茶叶。停机后,筛网必须清扫干净,起花后的湿茶要薄摊散热防止水闷味。

## (七)烘焙

烘焙目的在于排除多余水分,保持适当的水分含量,适应下一工序转窨、提花或装箱。再窨品的烘焙既要求快速,又要求最大限度防止花香散失,解决这个矛盾,主要靠正确掌握烘干热风的温度和烘后茶叶的水分含量。

## (八)提花

提花的目的在于提高花茶的香气鲜灵度,操作同窨花。提花用朵大、洁白、香气浓烈的高档花,雨水花不能用。拌和后堆窨,由于用花量少,窨花时间短,堆温不高不必进行通花。

# 第二节　花茶的品质特征

各种花茶香气主要来自鲜花香型。由于鲜花品种不同，茶坯用料不一，因此，花茶的品质也是丰富多彩的。

## 一、茉莉花茶的品质特征

茉莉花茶，又叫茉莉香片，有"在中国的花茶里，可闻春天的气味"之美誉，是市场上销量最大的一个花茶的种类。茉莉花茶因产地不同，其制作工艺与品质也不尽相同，其中最为著名的产地有福建福州、浙江金华、江苏苏州、四川雅安、安徽歙县、广西横县、重庆等地。

福建茉莉花茶的外形秀美、毫锋显露、香气浓郁、鲜灵持久，泡饮时鲜醇爽口，汤色黄绿明亮，叶底匀嫩晶绿，经久耐泡。在福建茉莉花茶中，最为高档的要数茉莉大白毫。茉莉大白毫的制作工艺特别精细，生产的成品茶外形毫多芽壮、色泽嫩黄、香气鲜浓、纯正持久、滋味醇厚爽口，是茉莉花茶中的精品。龙团珠茉莉花茶是福州茉莉花茶中的传统地方名牌产品，品质特点是外形圆紧重实、匀整，内质香气鲜浓、滋味醇厚、汤色黄亮、叶底肥厚。政和茉莉银针也是茉莉花茶中的珍品，产于福建政和茶厂，主销北京、天津等地，其品质特点是外形芽条肥壮、满披茸毛、形似银针、色泽油润；内质汤色清澈明亮，花香芬芳、浓郁，冲泡3~4次花香犹存，滋味鲜浓醇爽回甘，叶底肥厚匀嫩，根根如针。

金华茉莉花茶又称"金华花茶"，产于浙江省金华，采选上好的绿茶作为茶坯，与头圆、粒大、饱满、洁白、光润、芳香的优质茉莉花经窨制而成，制作过程中要抓住鲜花吐香、茶坯吸香、复火保香三个重要环节。金华茉莉花茶品种有茉莉毛峰茶、茉莉烘青花茶、茉莉炒青花茶等，其中以茉莉毛峰茶品质最佳，特征是全身银毫显露、芽叶花朵卷紧、色泽黄绿透翠、汤色金黄清明、茶香浓郁清高、滋味鲜爽甘醇、旗枪交错杯中，形态优美自然。

碧潭飘雪是产于四川峨眉山的一种花茶。鲜花采收时间一般在晴日午后，挑雪白晶莹、含苞待放的花蕾，赶在开放前摘花，使茶叶趁鲜抢香，再用手工精心窨制。茉莉花，色丽形美；茶叶，叶似鹊舌，形如秀柳，汤呈青绿，杯中片片绿芽，水面点点白雪，色彩鲜艳，淡雅可人，如图12-1所示。碧潭飘雪与其他花茶最大的不同是，用明前新鲜绿茶，采乐山夹江等地多层茉莉历经九窨，九吸九吐，保留最后一次的花瓣而得。碧汤白潭，茉莉飘逸，闻之忘忧，饮之随心，品饮此茶是一种无穷的享受。

**图 12-1　碧潭飘雪**

## 二、珠兰花茶的品质特征

珠兰花茶是以烘青绿茶和珠兰或米兰鲜花为原料窨制而成的,是中国主要花茶产品之一,主要产地在安徽、福建。珠兰花茶的历史十分悠久,该茶生产始于清乾隆年间(1736—1795),迄今已有 200 余年。据《歙县志》记载:"清道光,琳村肖氏在闽为官,返里后始栽珠兰,初为观赏,后以窨茶。"清《花镜》载:"真珠兰……好清者,每取其蕊,以焙茶叶甚妙。"

窨制珠兰花茶的有两种不同科的香花,即属于金粟兰科的珠兰和属于楝科的米兰,它们的花形相似,香型稍有差异。在生产实践中,往往采用混窨的方式,以达到扬长避短的目的。茶坯多数选用烘青精制茶,也有选用高级黄山毛峰、老竹大方等优质绿茶的。

珠兰花茶外形条索紧细、锋苗挺秀、白毫显露,色泽深绿油润,内质汤色清澈黄亮,花香清鲜馥郁悠长,滋味浓醇甘爽,叶底嫩匀肥壮。一经冲泡,茶叶徐徐沉入杯底,花干整枝成串,花如珠帘,水中悬挂,妙趣横生。细细品啜,既有兰花特有的幽雅芳香,又有高档绿茶鲜爽甘美的滋味。

珠兰花茶的花香,虽清芬逊于茉莉花茶,但其浓烈持久却胜于茉莉花茶。由于珠兰花香隽永持久,茶叶对花香的吸收又需要一段时间,因此,在密封干燥下贮藏 3～4 个月的珠兰花茶,往往比刚窨制好的珠兰花茶香气更高。珠兰花茶香气浓烈持久,所以深受华北、东北一带消费者的青睐。

## 三、桂花茶的品质特征

桂花香味浓厚而高雅、持久,无论窨制绿茶、红茶、乌龙茶均能取得较好的窨花效果,是一种多适性茶用香花。在我国,适制花茶的桂花主要有金桂、丹桂、银桂、四季桂。

桂花茶以广西桂林、湖北咸宁、四川成都、重庆等地产制最盛。广西桂林的桂花烘青、福建安溪的桂花乌龙、四川北碚的桂花红茶均是因以桂花的馥郁芬芳衬托茶的醇厚滋味而别具一格,成为茶中珍品,深受国内外消费者的青睐。近年来桂花烘青还远销日本、东南亚,卖价超过质量上等的乌龙茶。而桂花乌龙和桂花红茶的研制成功,为乌龙茶、红碎茶增添了出口外销的新品种。

桂花烘青是桂花茶中的大宗品种,以广西桂林、湖北咸宁产量为最大。其主要品质特点是:外形条索紧细匀整,色泽墨绿油润,花如叶里藏金,色泽金黄,香气浓郁持久,汤色绿黄明亮,滋味醇香适口,叶底嫩黄明亮。

桂花乌龙是福建安溪茶厂的传统出口产品,主销港、澳、东南亚和西欧,主要以当年或隔年夏、秋茶为原料。其品质特点是:条索粗壮重实,色泽褐润,香气高雅隽永,滋味醇厚回甘,汤色橙黄明亮,叶底深褐柔软。

桂花红碎茶是西南农业大学用天然桂花窨制红碎茶,提高茶叶香气,以代替人工加香所取得的一项成果,产品在美国、法国获得好评。其主要特点是:外形颗粒紧细匀整,色泽乌润,香味浓郁,甜爽适口,汤色红亮,叶底红匀;加工成袋泡茶香韵尤为细腻悠长,久久不散。

桂花茶对喘咳、肠风血痢、牙痛、口臭有较好的疗效,品质别具一格。其香集兰花之浓郁、兼茉莉之幽雅,清雅芬芳、稳定持久。干茶中点缀朵朵鲜艳美丽的桂花,非常漂亮,冲泡时,桂花先浮于水面,稍后如仙女散花般飘然而下落于叶底之中。嫩绿成朵的叶底、鲜艳夺目的桂花、馥郁的花香及嫩绿明亮的汤色,构筑成一道优美的风景线,品、赏名优桂花茶令人心旷神怡。

## 四、玫瑰花茶的品质特征

世界上的花卉大多有色无香或有香无色,唯有玫瑰、月季、红梅等,既美丽又芳香,除富有观赏价值外,还是窨茶和提取芳香油的好原料。因玫瑰花中富含香茅醇、橙花醇、香叶醇、苯乙醇及苄醇等多种挥发性香气成分,故具有甜美的香气,是食品、化妆品香气的主要添加剂,也是红茶窨花的主要原料。

玫瑰窨制花茶,早在我国明代钱椿年编、顾元庆校的《茶谱》中就有详细的记载。我国目前生产的玫瑰花茶主要有玫瑰红茶、玫瑰绿茶等花色品种,著名的有广东玫瑰红茶。广东、上海、福建等地都喜欢饮用玫瑰红茶,它是用上等的红茶混合玫瑰花窨制加工而成的花茶。玫瑰红茶除了具有一般红茶的甜香味,更散发着浓郁的玫瑰花香。

## 五、白兰花茶的品质特征

白兰花茶,是除茉莉花茶外的又一个花茶的代表品种,主要产地为广州、苏州、福州、金华、成都等地,主销山东、陕西等地,是仅次于茉莉花茶的又一大宗花茶产品。

白兰花茶的主要原料是白兰花和茶叶。白兰花也叫"缅桂",是一种夏秋开放的白花,以夏季最盛。用白兰花窨茶已有悠久的历史,纯粹的白兰花花香浓烈、持久,滋味浓厚。现在的白兰花茶有些也有用同属的黄兰(也称"黄桷兰")、含笑等鲜花窨制。白兰花茶多以中、低档烘青茶坯做原料,其窨制技术主要有鲜花养护、茶坯处理、窨花拌和与匀堆装箱等四道工序。白兰花茶的品质特征是:外形条索紧结重实,色泽墨绿尚润,香气鲜浓持久,滋味浓厚,汤色黄绿明亮,叶底嫩匀明亮。

# 第三节　花茶冲泡技艺

和其他茶类不同,花茶的品饮更注重品香,因此,花茶的冲泡技巧与花茶的品饮方法密切相关,有一些特别之处。

## 一、花茶的品饮方法

泡饮花茶,首先欣赏花茶的外观形态,取泡一杯茶的茶量,放在洁净无味的白纸上,干嗅花茶香气,察看茶坯的质量(绿茶、红茶、乌龙茶及其嫩度、产地等),取得花茶质量的初步印象。茉莉花茶有一些显眼的花干,那是为了"锦上添花"人为地加入茉莉花干,是没有香气的,因此不能根据花干的多少而论花茶的香气、质量的高低。花干色泽白净、明亮为好花干的标志;黄褐深暗,为花干质量差的表象。

饮用高级花茶时,要把茶杯放在茶盘中,取花茶 2～3 克投入杯中。用初沸开水稍凉至85℃左右冲泡,随即加上杯盖,以防香气散失。品饮花茶特别讲究"一看、二闻、三品味",也称目品、鼻品、口品。用手托茶杯对着光线,透过杯壁观察茶在水中上下飘舞、沉浮,以及茶叶徐徐开展、复原叶形、渗出茶汁汤色的变幻过程,"一杯小世界、山川花木情",堪称艺术享受,这称为"目品"。

冲泡 2～3 分钟后,揭开杯盖一侧,鼻闻茶汤中氤氲上升的香气,顿觉芬芳扑鼻而来,精神为之一振,有"香于九畹芳兰气"、"草木英华信有神"的感觉。有兴趣者,还可凑着香气做深呼吸,充分领略愉悦香气,称为"鼻品"。

茶汤稍凉适口时,小口喝入,在口中稍事停留,以口吸气、鼻呼气相配合的动作,使茶汤在舌面上往返流动一两次,充分与味蕾接触,充分体会茶味和茶汤中的香气后再咽下,这样一两次才能尝到名贵花茶的真香实味。此味令人神醉,正如宋人范仲淹《斗茶歌》所说"斗茶味兮轻醍醐,斗茶香兮薄兰芷"。综合欣赏花茶特有的茶味、香韵,谓之"口品"。民间有"一口为饮,三口为品"之说,细细品啜,才能出味。

一开茶饮后,留汤三分之一时续加开水,谓之二开。如是饮三开,茶味已淡,不再续饮。通过三开茶汤的鼻闻、口尝,综合领略茶味的适口度和香气的鲜灵度、浓度、纯度后,三香具备为"全香"。茶形、滋味、香气三者全佳者为花茶高品、名品、珍品。泡饮一般中档花茶,不强调观赏茶坯形态,可用洁白瓷器盖杯冲泡 100℃沸水后,盖上杯盖就可品饮了。

## 二、花茶冲泡要领

花茶是融茶之韵与花之香为一体的再加工茶,在冲泡时只有充分体现出茶的醇厚和花的清香,以能维护香气不致无效散失和显示茶坯特质为原则,花茶冲泡就是要展茶味,发花香,才能全面展示花茶的神韵。

在沏茶时要根据不同花茶茶坯的品种、外形、嫩度来决定泡茶方法和品饮程序。以绿茶为茶坯的花茶,在冲泡时要根据绿茶茶坯的细嫩程度来选择泡茶用具及冲泡方法。以红茶为茶坯窨制的花茶主要有玫瑰红茶,甜蜜而浓郁的玫瑰花香与红茶的蜜糖香相互交融,品饮时能使人齿颊留香、精神愉悦,冲泡时宜选用精致的盖碗用100℃左右的开水来冲泡。以乌龙茶为茶坯窨制的花茶,可直接采用乌龙茶的冲泡方法,冲泡时根据杯具容量确定投茶量。

冲泡花茶时一般选用洁净的白瓷杯或是盖碗冲泡,水温要求在100℃左右,通常冲入沸水时宜提高茶壶,使壶口沸水从高处落下,促使茶杯内茶叶滚动,以利浸泡。一般冲水至八分满为止,冲后立即加盖,以保茶香。如图12-2所示。

**图12-2  花茶冲泡技艺**

沏泡高档名优花茶,如冲泡茶坯特别细嫩的花茶,像茉莉毛峰、茉莉银毫一类高级的名茶,因茶坯本身具有艺术欣赏价值,宜用透明的玻璃茶杯冲泡。茶叶用量与水之比和冲泡名优绿茶相似,宜用90℃左右的沸水冲泡,冲泡次数以2～3次为宜。可透过玻璃杯欣赏茶坯精美别致的造型。泡好后,先闻茶香,鲜灵浓纯,扑鼻而来;再尝其味,花香茶味,令人精神振奋。

北方地区常用白瓷茶壶泡花茶,因茶壶容纳的水量多,保温效果比茶杯好,有利于充分泡出茶味。视茶壶大小和饮茶人数、口味浓淡,取适量茶叶投入壶中,用100℃初沸水冲入茶壶,加壶盖,待5分钟左右,即可斟入茶杯饮用。这种壶泡分饮法,一来方便、卫生;二来家人团聚或三五亲朋相叙,围坐品茶,互谈家常,较为融洽,增添团结友爱、和睦的气氛。

## 三、花茶冲泡技艺

花茶冲泡用具:一般选用盖碗、瓷茶荷、茶道组、煮水器(随手泡)、瓷壶、茶杯、茶巾、茶盘等。冲泡花茶有以下程序:

(1)配具。用大、中、小三个茶盘,在大茶盘中放置好泡茶用的盖碗4～6套,纵向搁置在泡茶台的左边;中茶盘中放置茶荷、茶叶罐、茶道组、茶巾等泡茶用具,放置在泡茶台的中间;小盘中放置开水壶,横放在泡茶台右侧。

（2）备具。用双手将贮茶罐捧出放置在中茶盘的左前方，将泡茶巾放在茶盘右后方，将茶荷及茶匙取出放在中茶盘左后方。整理好泡茶用具，做好泡茶准备。

（3）净具。将左侧纵放的装有盖碗的茶盘端起，横放在自己面前的泡茶台上，从左到右将盖碗碗盖打开，在盖碗中逐个加入少量开水，双手捧碗轻轻旋转，将盖碗都烫洗清洁一遍，再把盖碗中的开水倒干，盖好杯盖，放回原位。

（4）赏茶。开启贮茶罐，用茶匙将适量的花茶拨入茶荷，递给到场的客人欣赏，并向客人介绍所泡花茶的品质特征等相关信息。

（5）投茶。将杯盖按顺序掀开，斜搁于盖碗的一侧，按照每杯 2～3 克茶叶的投茶量，用茶匙将茶荷中的茶叶分别拨入盖碗中。

（6）润茶。双手将茶巾拿起，搁放在左手手掌前半部手指部位，右手提煮水器（或开水壶），用左手垫茶巾处托住壶底，右手手腕按逆时针方向采用回转手法，向杯中冲入 95℃ 左右的开水，冲水量为盖碗容量的 1/4～1/3。放下煮水器（或开水壶），用手握住茶杯，一一轻轻摇动，使茶叶在水中膨胀、展开，以便茶味均匀泡出。

（7）冲水。采用前述拿壶的方法，悬壶冲水。要求用"凤凰三点头"的技法，将水冲至盖碗的敞口处。通过三次高冲低斟，把盖碗中的茶叶冲得上下翻动，使茶汤均匀。

（8）泡茶。按开盖的顺序将杯盖一一盖上，适当静置。从润茶到泡好茶汤一般约需 3 分钟左右。

（9）敬茶。茶叶冲泡完成后，端起茶盘向客人一一敬茶。敬茶时用伸掌礼请客人喝茶。

（10）品茶。品茶时持杯在手，先闻香，再观汤色，然后啜饮。

品茶前，要先示范盖碗的品饮方法。左手持杯托，首先用右手拇指和中指夹住盖钮两侧，食指抵钮面，转动手腕，使碗盖里面朝向自己面部，鼻子用力吸气，嗅闻盖面香。然后，持碗盖由碗沿内侧推向外侧，刮去碗面浮沫，观看茶汤色泽。最后，将碗盖斜扣于碗面，在盖碗内侧留一条缝隙，从缝隙中啜饮茶汤，品尝滋味。品茶时，女性应双手端起碗托，将盖碗置于左手掌，右手拇指和中指夹住盖钮两侧，食指抵钮面，无名指和小指翘成兰花指，小口从盖与碗的缝隙中啜饮；男性可单手持碗，用右手拇指和中指夹住盖碗，食指抵住钮面，无名指和小指自然下垂，从盖与碗的缝隙中啜饮。

（11）收具。敬茶结束，回到泡茶台前，将泡茶桌上的泡茶用具全部收到大茶盘中，向客人行鞠躬礼，离开泡茶台。

练习题

1. 花茶有哪些种类？各有什么特点？
2. 花茶冲泡要掌握哪些要领？
3. 花茶茶艺怎样突出花茶的品质特征？
4. 试泡一种花茶。

## 花茶茶艺表演及解说欣赏

茉莉花被列为窨制花茶的四大名花之首,宋代诗人江奎赞曰:"他年我若修花史,列作人间第一香。"广西横县种植茉莉花已有 400 多年的历史,是全国最大的茉莉花生产基地,被誉为"中国茉莉花之都"。横县茉莉花花蕾大而饱满,花瓣雪白晶亮,香气浓郁。用以窨制花茶,风味超群。今天所冲泡的是横县上等的茉莉花茶——香茗王。

1.鉴赏甘泉。水之于茶有"水为茶之母"的说法。我国历代茶人,都欣赏、讲究水之美,今天我们汲取的是壮乡名泉宝华山的山泉水。

2.烫具净心。通过烫具净心这道程序给茶碗升温,不仅有利于茶味的迅速浸出,此外把本来就干净的茶杯再烫洗一遍,也是表示壮家人民对远方客人的一种尊敬。

3.叶嘉共赏。在爱茶人的眼中,茶已非茶,而是一君子。苏东坡把茶称为叶嘉先生,专门作《叶嘉传》来颂扬茶的品德:"臣邑叶嘉,风味恬淡,清白可人,其志尤淡泊也。"花茶,亦称香片,融茶之韵与花之香于一体,既保持了浓郁爽口的茶味,又有鲜灵芬芳的花香,冲泡品啜,花香袭人,满口甘醇,令人心旷神怡。

4.飞瀑跌宕。唐代诗人李白在《望庐山瀑布》一诗中描述了这样一幅美景"飞流直下三千尺,疑是银河落九天",当我们用烫杯的热水烫洗碗盖时,所形成的水流,不正像那直下的飞流、跌宕的瀑布吗?

5.群芳入瓯。花茶讲究香醇,每碗可放干茶 3 克。中国茉莉花之都——广西横县所产茉莉花茶的特点是香气鲜灵度高,持久耐泡,爽口宜人。投茶时,可遵照五行学说按木、火、土、金、水五个主位——投入,不违背茶的圣洁物性,以祈求茶带给人们更多幸福。

6.高山涌泉。冲泡花茶的水温应控制在 95℃左右。先用回旋冲泡法,依次向盖碗内注入约为容量 1/4 的开水,再用凤凰三点头手法,依次向盖碗内注水至七分满,凤凰三点头,执壶冲水似高山涌泉,飞流直下。这一手法除了蕴含着向嘉宾们行礼致敬以示欢迎的礼仪,同时还有利用水的冲力来均匀茶汤度的功效。斟茶时只七分即可,茶道中向来有"茶浅酒满,七分茶三分情"之说。

7.天人合一。中国的传统文化一向强调人与自然的协调、统一、和谐一致。自古以来,中国茶人就汲取了老子思想的精华,把"天人合一"的理念融入茶礼之中,使之成为中国茶道的灵魂。

泡茶用的盖碗亦称"三才杯",盖代表"天",杯托代表"地",中间的茶杯代表"人"。焖茶的过程象征着天、地、人三才合一,共同化育出茶的精华,这正是"三才化育甘露美,茉莉香茗敬宾朋"。

8.天穹凝露。品饮花茶时讲究"未尝甘露味,先闻圣妙香"。闻香时转动碗盖。此时,你一定会感悟到在天、地、人之间,有一股新鲜、浓郁、清和的花香伴随着清幽高雅的茶香,氤氲上升,沁人心脾,使人陶醉。

9.一啜鲜爽。品饮时先缓啜三口,三口方知味,三番才动心,之后,便可随意细品了。广西横县的茉莉花茶之美在于茶香与花香鲜灵浓醇,滋味醇浓鲜爽。细细品尝,才深觉"香片"二字真的将花茶风韵说透了,茶香花香真有点绝代双娇的意思,令人赏心悦目。

花茶冲泡技艺

10. 敬献茶点。在品饮之间再适当佐以可口的茶点,能让人更好地体会茶的韵味。

11. 再品甘醇。茶要趁热连饮,细品其味,只有这样才能充分领略花茶所独有的"味清醍醐,香薄兰芷"的茶香与茶韵。

12. 以花会友。勤劳善良的横县人民向来都有以茶待客之礼,热情好客的茶都人民更有以花会友之仪。

品茶如品味人生,愿大家在回味茶的余韵时更喜爱茶,更热爱生活。

# 第十三章

# 门市茶艺服务技巧

━━━━━━━━━━━━━●  **本章学习重点**  ●━━━━━━━━━━━━━

1. 认识门市茶艺服务的内容和要求。
2. 掌握门市日常服务的基本礼仪。
3. 熟悉门市茶艺服务的流程。
4. 掌握泡茶服务的注意事项。

门市茶艺服务是指在茶店、茶庄、茶馆等经营、销售茶的门市进行茶艺服务。通过茶艺服务，宣传茶文化，使顾客了解茶、认识茶、品尝茶、喜爱茶、购买茶及茶产品，提高茶店经济效益。

## 第一节　门市茶艺服务内容

在激烈的市场竞争中，服务的竞争比产品的竞争更受关注。如何培育服务理念，增强服务意识，提高服务质量呢？这是经营茶业及发展茶业经济价值的重要课题，而企业服务礼仪是反映企业服务质量和行业社会形象的重要标志之一。因此，必须加强员工的服务礼仪规范建设，努力改进服务方式，创新服务手段，提升服务质量。

训练有素的门市人员，谈吐优雅、举止得体，能给客人留下美好的印象，所以业绩自然也就一路攀升；而缺乏训练的门市人员，谈话不得体、行为举止不雅，难以给客人留下美好的印象，业绩提升自然也就谈不上了。

高素质、高消费的客人，肯定希望有较高层次的门市人员来为其服务。如果由缺乏训练的门市人员上前接待，一般来讲销售难以成功；而如果一个训练有素的门市人员接待，则成功的希望要大得多。所以要加强对门市人员的基本礼仪训练，因为这直接影响到经济效益。

## 一、门市茶艺服务品质的内容

在门市茶艺服务中占有重要作用的相关服务有：

（1）茶的专业知识介绍：如茶叶的分类、茶叶的制作过程、茶叶的品尝、茶叶的储存等。

（2）泡茶专业知识介绍和演示：包括茶叶的冲泡方式和技巧演示，不同级别茶冲泡的参照对比，茶文化、茶艺相关的文化艺术，茶叶对身体的益处等等的介绍。

（3）销售技巧：茶艺师的礼仪礼貌培养、服务的细致化、公司企业文化的推广。

以上哪个重要？三个都很重要，宣传、介绍专业知识是为了把茶叶更好地推销出去，用茶文化来吸引客人，引导客人消费。

作为门市的女服务人员，学习专业知识是第一课，只有对茶有了初步的了解，才能把它很好地介绍给客人，也只有掌握好泡茶技艺、销售技巧，在做门市服务时才能如鱼得水，将茶艺服务技巧运用自如。

## 二、门市茶艺服务的理想境界

（1）让宾客满意。最重要的是用心去服务，为宾客提供一切所能提供的服务。在宾客到来、提出需求的时候，员工首先展现给宾客的应当是积极热情的态度。对宾客提出的常规的、基本的需求，通过规范的合乎标准的服务，及时准确地给予满足，保证服务的有效性。

（2）让宾客惊喜。用心去服务，向宾客提供个性化服务，让宾客从满意达到惊喜。要进一步提高宾客的满意度，必须挖掘宾客的潜在需求，并且在宾客提出之前及时识别他们的潜在需求，这样才会给宾客惊喜。

（3）让宾客感动。用情去服务，在生理感受和心理感受上都超出宾客的预期值，达到双满意。超常超值，投入情感。在提供个性化服务的基础上提升宾客满意的层次，用超值服务感动宾客，用情感服务打动宾客。这一层次是第一、二层次的延伸和升华。让宾客心动，就必须要用情服务，在服务过程中，时时处处动之以情，想宾客所想，急宾客所急，用亲情交换亲情，以心灵沟通心灵。这是服务的深层内涵，也是服务的最高境界。所以，应该意识到没有给宾客留下美好回忆的服务就不是成功的服务。

---

# 第二节　日常服务

---

在门市营业中，最基本的服务质量体现在以下三点：

（1）问候——微笑有礼、亲切招呼，让客人有备受尊重的感觉。

（2）关怀——热情接待，奉上一杯香茗，可为客人清除疲劳、消除寒冷。

（3）请上座——为客人泡一壶好茶。

那么，如何把这三点体现出来呢？这就要靠平时扎实的基本功——礼仪的训练了。

服务人员礼仪的要素有如下几点：

（1）仪容仪表：仪容是指人的容貌，仪表是指人的外表，仪容仪表是人的精神面貌表现，也是人的内心素质、内在修养的具体显露。塑造良好的个人形象应做到：

①保持干净：即身体无异味，仪容仪表无异物，做到勤洗头、勤洗澡、勤洗脸、勤换衣裤。

②保持整洁：即整齐、清爽。男性最好每天坚持剃胡须，着装整齐；女性可稍化淡妆。

③保持卫生：可以防止疾病，保持身体健康。要勤洗手、勤剪指甲，保持口腔清洁。工作之前，不饮酒、不抽烟、不食用有异味的食物，除了自身的卫生外，还要注意爱护公共卫生。

总之，要保持简洁、明快、方便、朴素，不碍工作。男士头发宜短，但不理光头；女士不披肩散发，应将头发盘束整齐，流海不超过眉头。

（2）仪态行为：仪态是指人的行为姿态和风度，仪态行为应以"自然、稳重、美观、大方、优雅、敬人"为原则，包括体姿礼仪，如表情仪态、手势等方面。

①站姿：人要站正、站直，脚跟靠紧，脚掌分开呈 v 字形（约 30 度）或丁字步，抬头挺胸收腹，肩平稳，两眼平视，面带笑容，两臂自然下垂。男士两只手掌放在背后，女士则可放于体前交叠在一起，一般左手在下、右手在上。

在长辈、上级面前，不要把手交叉抱在胸前或插在兜里。

②坐姿：人坐端正，两腿自然垂放，双脚着地并拢或交叠。座位不要坐得太满，约 2/3 即可。与人交谈时，保持适当距离，身子朝对方适当前倾或略微侧坐。男士双膝可略分开，跷二郎腿时，不宜翘得过高；女士双膝应靠拢，不宜跷二郎腿，更不可将双腿分开，或将双腿稍斜一侧，手放于膝盖上坐正、挺胸、收腹，注意双手不宜插进两腿之间或之下，也不宜抱头或抖腿，更不能双腿相交伸向前方朝向客人。

③走姿：身体正直，双肩平稳，目光平视，双臂自然摆动，双腿尽量靠近走直线，步幅适中，步伐适当，以矫健轻盈为好。

④蹲姿：女士下蹲上身要直，略低头，双膝盖一上一下，双腿靠紧，女士穿裙子时，可将手放于两膝之间。起身时应保持原来姿态。男士蹲时，两腿间可有适当距离。

⑤递接物品：双手递接物品，以示尊重对方。递尖锐或有危险的物品，应尽量把尖部、危险部位朝向自己，把安全的一面递给他人，如剪刀等。

⑥表情：即喜、怒、哀、乐、忧、思等各种思想感情的流露。喜怒形于色是不好的表现，要做到：第一，待人要热情、诚恳、不卑不亢，通过发自内心的关心和热情来促成双方的沟通与合作；第二，高兴时心情舒畅而不失态；第三，要学会使用微笑，因为微笑可以融洽关系，缓解矛盾。

⑦手势：手势的使用有助于意思和情感的表达。如：介绍别人时，应手心朝上，四指并拢，拇指张开，手臂抬起，手掌朝向被介绍的一方，面带微笑。

⑧交谈语言：语言是最直接、最快捷的交流工具，运用语言要讲究艺术，讲究文明礼貌。

营造谈话环境，选择恰当的谈话内容，保持良好的姿态和适当的距离，目视对方，不随意插话、抢话或打断别人的谈话。

谈话时音量、语调、语速、语气要适中。聆听别人讲话时要细心领会，免得误解，应尽可能不使用方言土语。谈话意思要明确、条理、清楚，尽量长话短说。

（3）日常礼仪规范：

①介绍(他)她人:先把男士介绍给女士,把年轻者介绍给年长者,把未婚者介绍给已婚者,把声望和地位低者介绍给声望和地位较高者;同级、同身份、同年龄者将先来者介绍给后来者。介绍的内容应简明扼要,一般介绍姓名、单位、职位、身份等。

②自我介绍:举止庄重、大方、表情坦然、亲切,眼睛要望着对方或大家。介绍内容一般包括姓名、身份、单位、来此的目的等。

③接听电话:接听电话应用左手接听,右手记录,通话声音以让对方听清为宜。接听时应先说"您好",再自报单位名称及所属部门。听不清对方说话的内容时,应立即将状况明确告知对方,请对方给予改善。当对方要找的人不在时,不要随便传话。(挂断电话前,要说"再见",在确定对方已挂断电话后,才放下听筒。)

④拨打电话:当对方接到电话时,应先说"您好",并主动报明自己的姓名及要找的人;当对方说"稍候"时,应静候,如对方告诉你要找的人不在,要说"谢谢"。在电话中上报或传达事情时,应先做好重点记录、重复要点,如数字、日期、时间等。不准用办公室电话办私事、长时间占用电话,如果打错电话应向对方道歉。

(4)营业员岗位的礼仪规范:主要体现在营业过程中的精神风范和言行举止上。要做到文明礼貌、主动热情、公平周到、仪表整洁、举止得体。上班时应保持正确的姿势,接待顾客要主动招呼,主动展示公司产品,耐心介绍,热情为客户服务。

①准备阶段:目的是创造一个良好的购物环境。包括:清扫营业场所卫生,精心布置柜台,使其整洁美观,方便顾客挑选;注意仪容仪表,检查营业员是否着装整齐、佩戴工作卡;查看营业厅的宣传画、广告牌是否正常等。

②迎客:当顾客走进门市时,营业员应主动向顾客打招呼:"欢迎光临,上午好!"(或:早上/下午/晚上好),应立即奉上一杯茶(30秒之内)。当顾客走近货台时,随即跟上,端正站立,与客人的距离保持在1米左右。当客人对产品有兴趣时,应再前进两步进行产品重点介绍;客人若不合意,再退后两步,让出路给客人行走。

礼貌答问:客人询问时,营业员应做到:热情,声音轻柔,答复具体;礼貌回答客人提出的各种问题,不能顶撞客人;诚实介绍商品或充当客人的参谋。

一视同仁、一律平等的服务态度,不以年龄、服饰、性别、职业、地位等取人,文明接待,营业员要重视语言修养,与顾客对话时语言要简洁明了,语气要和蔼委婉。

向客人介绍商品时,要清楚各产品的特点,适度引导,提高对方的兴趣和购买欲望,介绍时要正视对方的眼睛,尊重对方,增强自信。

在营业高峰期,应引导客户购买,维护正常的营业秩序,保证所有顾客都不受冷落。

③送客:当顾客离开商店时,无论买卖是否成交,都要主动道别或有道别的体态语,如"走好,谢谢光临","慢走,欢迎再次光临"等。

在接待顾客的过程中,如果出现不愉快的事情时,应保持热情态度,做好三个步骤:一是在冲突即将发生前,及时对顾客作出谦让,使矛盾缓解,绝对禁止营业员与顾客争吵;二是顾客存在过错,营业员也要主动让步;三是保持克制,通过转移视线、接待其他顾客等方法使气氛缓解后,再适当作出解释。

# 第三节　细节服务

## 一、店员的举止

店员端庄、礼貌、亲切大方的举止,对于促进服务质量的提高起着重要的作用。

(1)店员的行为要讲究端庄、热情、精神、自然。

(2)避免趴柜台、倒背手、倚货架,一副懒散的样子。

(3)店员在接待过程中的行走、为顾客拿取商品、展示介绍商品、包装商品等动作都要轻盈、敏捷、优美、协调,要养成良好的站姿,保持优美的姿势,给顾客留下一个好的印象,注意要与顾客保持两步的距离,切勿紧贴着客人。

(4)在没有顾客时,店员可以擦拭柜台,整理货物,不可与其他店员打闹、嬉笑,更不可擅自离开岗位或串岗。店员进入营业区域,便是以企业主人的身份出现在顾客面前,店员的一举一动都充分体现着企业的精神风貌。

接待顾客是店员最主要、最关键的工作内容。在工作实践中,店员要努力改善服务态度,时刻注意尊重顾客,做到主动、热情、耐心。同时,要做到文明服务、礼貌待客,使顾客感到方便、满意和心情愉快。

## 二、门市迎宾三部曲

客人一进店门,门童就要齐声说:"欢迎光临",并把客人引到茶桌坐下品茶。

(1)门口迎接礼仪:为客人设想的礼仪。

①无论晴天或下雨天,要为客人撑上一把"爱心伞"迎接到店门口;

②为客人捧上一杯茶:冬天是热茶汤,夏天是冰凉茶汤。

(2)进店后接待礼仪:给客人以温馨和谐的礼仪接待。

①问候并为客人捧上"一次性毛巾":遵守公司的迎送词,带给客人诚挚的问候。

②关怀:嘘寒问暖,带给客人家人般的关怀。

③为客人泡一壶好茶,解除客人旅途的劳顿。

要求员工要以五星级的接待礼仪,提升为客人服务的心态。

(3)送客人离开的礼仪:

①送客人到门口:微笑行礼,并说"谢谢"、"一路平安"。

②帮客人提货到车上:站立车旁,含笑挥手告别。

③车子开动后,再三向车尾挥手送别。

送客语:谢谢光临! 欢迎下次再来!

门市接待仪态如表13-1所示。

表 13-1　门市接待的仪态

| 序号 | 说明 | 图　　　示 |
|---|---|---|
| 1 | 下雨天，<br>为客人撑上一把<br>爱心伞 | |
| 2 | 站姿<br>门口迎宾礼仪 | |
| 3 | 奉茶<br>迎宾礼仪 | |
| 4 | 请客人入座<br>到贵宾桌品茗 | |

续表

| 序号 | 说明 | 图　　示 |
|------|------|---------|
| 5 | 坐姿<br>女服坐姿礼仪<br>（正面） | |
| 6 | 坐姿<br>女服坐姿礼仪<br>（侧面） | |
| 7 | 奉茶礼仪<br>当客人在右手边时以<br>左手奉茶 | |
| 8 | 奉茶礼仪<br>当客人在左手边时以<br>右手奉茶 | |

续表

| 序号 | 说明 | 图　　　示 |
|---|---|---|
| 9 | 助手奉茶礼仪<br>当客人在左手边时以右手奉茶 | |
| 10 | 助手奉茶礼仪<br>当客人在左手边时以右手奉茶 | |
| 11 | 请客人品茗 | |
| 12 | 服务场景 | |

续表

| 序号 | 说明 | 图 示 |
|---|---|---|
| 13 | 享用茶点<br>请客人用茶点 |  |
| 14 | 送客礼仪<br>帮客人提货到车上 |  |
| 15 | 送客礼仪<br>站立车尾挥手告别<br>欢迎再次光临 |  |

茶话会奉茶仪态如表 13-2 所示。

表 13-2　茶话会奉茶仪态

| 序号 | 说明 | 图 示 |
|---|---|---|
| 1 | 前面奉茶礼仪 |  |

续表

| 序号 | 说明 | 图　　示 |
|------|------|---------|
| 2 | 左边奉茶礼仪 | |
| 3 | 右边奉茶礼仪 | |

# 三、贵宾桌接待礼仪

（1）泡茶师引领来宾请上坐，尽量安排靠近泡茶师左右两边的位置坐起，应注意主、次之分。

（2）介绍为来宾冲泡的茶叶、茶具的名称（视情况而定，可作简略的说明）。

（3）主泡必须具备丰富的泡茶经验、掌握熟练流畅的泡茶技艺。

（4）助手必须眼明手快，学会察言观色，协助主泡做好周全的服务，让贵客有宾至如归、备受尊敬的感觉。

（5）在贵宾桌奉茶、斟茶时，应注意做到举手投足温文尔雅、落落大方、进退有序，且在语量、语速、语气、语调方面要适中，为来宾营造一种祥和温馨的品茗环境。

（6）品完二、三道茶后，应为来宾奉上公司自产的天然、健康、新口味的茶食品（茶食可作简略说明）。

（7）在贵宾桌泡茶，一律要求使用整套茶具组，包括杯托的使用。

（8）主泡与助手的站姿与坐姿要端正，要有始有终，坚持到最后，包括自己的仪容仪表也要重视，维护公司的良好企业形象。

（9）当来宾未起身离座时，泡茶师不能先行站起、离开座位，这种行为是不允许的，会让来宾误以为在驱赶他们赶快离开。

（10）当来宾要起身离开，走出贵宾桌时，主泡或助手至少要有一人及时上前欢送来宾说："走好，谢谢光临，欢迎再次光临"，直至走远。

## 四、茶艺训练

茶人累积长久的经验,洗练出一定的方式传授茶艺。学习的人若能够虚心并孜孜不倦,不久就会养成习惯,好像穿衣吃饭一样不会遗忘。如果能借由茶艺把放逸的心收回来,让自己的生活或社会更有秩序和美感,那么茶艺训练的意义就达到了。

茶艺最基本的,就是把茶泡好。如何泡好一壶茶,看似简单,其实是一门很深的学问,这包括人际关系、精神内涵和优美的泡茶手法。基础训练是非常重要的,如何将精神的内涵显现在肢体语言上,借由手法及仪式展现茶艺的美,再将茶具、茶叶相互搭配,把公司产品的独特优势与内涵展现出来,介绍给客人,这些要靠平常扎实的训练,并非以华丽的包装就可以诠释。至于人际关系,主客之间的默契也不是一朝一夕能达到的,由于熟悉茶艺的内涵,自然地而不是应酬式地迎合,主客之间渐渐地热络起来,心意相通,达到情感交流的境界,完成一次又一次的创意行销与策略性的推销任务。

## 五、售后服务

因茶叶属于长期型消费产品,因此,售后服务也是很重要的。

(1)可在售后常与客户联系,了解产品情况、顾客满意度。

(2)可在平时多与客户沟通,了解客人的爱好等。

(3)做好贵宾登记,最好下次贵宾来的时候,能一下子喊出对方的名字。

(4)若有新品上市,及时告知客人,邀请贵宾前来品尝。

# 第四节　案例分析

门市茶艺服务并不是一个纸上谈兵的工作,它需要实践。我们会遇上各种各样的客人,并非死套理论就能成功的,只有把前面说的几方面结合在一起,才能把茶艺服务、销售技巧发挥得淋漓尽致。

下面,我们再以门市服务中遇上的案例来做进一步分析、说明。

**案例一**

天福展示馆有一位老客人,这位客人很喜欢茶具茶盘,每次店里有新的茶具茶盘上柜时,女服总会在第一时间内拍照发给这位客人。有一次,来了几片磐石盘,女服照样发图片给这位客人,这位客人也如约来看,购买了其中一块。回去后,他邀请他的朋友来参观,他的朋友告诉他,这样的磐石在某处可以批发得到,一片的价格不用 1 000 元。这位客人听后,气冲冲来到店里,对女服说:你们天福真够狠的,这样一片磐石的进购价还不到 1 000 元,你们竟然卖 6 000,这利润也太高了。女服一听,急忙解释:你要相信我们公司的实力,我们的产品绝对是物有所值。但是这样的解释根本就满足不了客人所要的答案,无奈之下,女服只有请来店长接待这位客人,为客人解释。店长先请客人坐下来喝茶,了解事情的头尾后,与客人解释一番,最后客人不仅购买了这片磐石盘,还买了一片紫袍玉带石。到底是什么样的魔力让这位客人又再次消费近一万元的石盘呢?

原来,我们的店长是从专业知识的方面、公司进货制度要求、以公司知名度及信誉做保证、将天福的实力与客人分享这些方面来证实天福的品牌。这些是每一位女服的最基本要求,在与客人沟通的时候,店长的语气充满了自信与骄傲。

专业术语就是对产品的认识,我们可以很流畅地说出产品的出处、产品的价值、产品的作用。在说话的过程中,你有没有自信,从你的说话音量、速度及节奏都能感觉得到。

你对产品的重视度,从你学习的内容能感受到。你的手势也很重要,能看出你对产品的感情有多深,你是否真心地喜欢他。

优质的服务是我们一直提倡的,也是我们的基本工,我们的产品再好,假如你的服务态度很差,客人也是不会买的。

### 案例二

云霄店有一位老客户,喜欢喝红茶,平时购买的是骏眉,有一次,我们店长请她喝了一泡红茶,并告诉他,这是三姑的私房茶(B-1000),专门接待贵宾的私房茶。客人听了很高兴,很用心地去品了这杯茶,也连连称赞这茶好。就让店长给他预订三姑的私房茶。过了几天,客人又到店内喝茶,女服就泡了客人存放的茶叶,客人一喝还是感觉没有三姑的私房茶好喝,于是就把店长叫过去,问她预订如何了? 店长回答:三姑的私房茶是没有卖的,你要是真想要,那我就向三姑申请一下。过后店长将银骏眉装在门市没有用的空罐子里,以三姑私房茶的名义,销售出两斤的银骏眉。

我们并不是欺骗顾客,而是在顾客的心目中,三姑的私房茶有着很深的茶文化在里面,在他的直觉里,这样的茶非常难得,货真价实,物美价廉。

二姑给店长的私房茶也是如此,客人会认为,这是对他的重视,你冲泡五千一万的茶叶,还不如二姑请他喝的一千铁观音,因为他品尝的不是茶而是文化。

### 案例三

一天,店里来了个老客人,进门说:“你们店长在吗?”员工说:“我们店长不在,今天休息。请坐吧! 给您泡点茶。”客人就势坐了下来,员工给客人泡了一包悠然。员工很热情,知道找店长的客人应该会买很多东西,热情地询问客人姓氏,讲欢迎客人常来之类的话,询问平时喜欢喝什么茶? 什么价位? 客人也就含糊其辞,没有给员工说明白,客人坐了一会儿,就说改日有需要再来,起身走了,我们也热情地送到门口。

**分析:**这位客人是店长打电话通知客人到店的,意味着可能是大客户,员工的热情度也不错,为什么没有产生购买? 原因是销售沟通失败,失败原因有两点:首先,用发问来了解客人的喝茶信息,忽略了客人是店长的大客户,客人自认为店里员工都应该认识他、了解他,利用平时询问新客人的方法来对待这位贵宾,就不得体,客人就会觉得大家很不重视它。其次,店长的客人,我们应该在第一时间,让其他同仁协助打电话给店长来了解客人信息,有必要时店长应亲自来门市接待这位贵宾,大客户不好请,请到了,店长在,客人会有面子,也让客人感到门市很重视他。

### 案例四

店里很忙,老员工都在泡茶,来了个客人,新员工去接待。新员工问客人:"想买点什么?"客人一听很诧异,回答员工:"随便转转。"随后,新员工跟随客人后面转一圈,把客人送走了。

**分析:**销售的开场白是员工和顾客搭建的桥梁,开场白的运用目的主要是让客人愿意跟员工讲出自己的需求。试想一个不了解客人需求的员工,能满足客人所需吗?我们的门市不是超级市场,可以自己选择,茶叶品种上千种,对于顾客的购买需求(喝茶等级需求、送人价位需求、喝茶的功效需求),新员工想要更快速有效地与客人成交,需要:(1)足够的热情,一定要微笑、奉茶,引导客人参观的时候,最好能给客人做专业的产品介绍。(2)开场白到位,做到三问(送人还是自用?平时喝什么茶?需要大概什么价位的产品?)。例如:请问先生平时喜欢喝茶吗?先生您好!是不是选节日礼品?(3)请客人入座品茶。这样可以延长客人在店内的逗留时间,给我们了解客人需求创造时间。记住这三点,相信新员工在节日里不至于流失客人。

我们是茶叶的专业人士,要从专业的角度去为不同客人量身定制最适合客人的茶叶,跟随顾客身后的销售是最愚昧的销售,只能造成顾客的流失。

### 案例五

有一天有位客人选了两罐悠然共计200元,员工跟客人说:"现在有活动,消费满288元送龙龟一尊。"客人说:"不要了,下次再说吧!"员工就没再介绍。

**分析:**春节活动:满288元有赠送聚宝龙龟一尊,目的是为了让门市增加销售业绩,给客人更多在平时得不到的礼品。案例中员工也有跟客人讲现在的活动,但是根本没有引起顾客的注意,顾客不知道是有什么蕴意。如果这样讲:"先生您好!您消费了200元,现在只要消费288元就可以得到'龙龟'风水圣品,摆放家中,有安家、镇宅、避邪、保平安之功效,客人们都很喜欢,相信您也喜欢。"多说一句,让客人感到赠品的价值,就能多消费一些。

### 案例六

节前,店里非常忙碌,门市来了位客人,进店就往贵宾桌坐下,问:"有3 000元/斤的龙井吗?"员工告诉客人:"有货,您坐一下给您泡点茶喝,得稍等一下从其他店调货,一会就到!"客人说:"不喝茶,多长时间到?"员工说:"差不多10分钟!"客人说:"那行,10分钟不到我就走啊!"员工赶紧联系就近的店来送货,另外其他员工也给此客人用一次性纸杯奉茶,客人也不喝,由于调货过程中有塞车情况发生,10分钟未能赶到,客人看着手表数着倒计时,等到10分钟的时候,客人说到点了,不要了。走出店门,员工赶紧跟客人讲塞车了,请多原谅,再等会吧!几个员工好言相劝才把客人劝回去,客人还是很恼火,说急着办事,你们说话不讲信用,说10分钟到,能做到吗?再次问我们还需多长时间货能到?员工联系送货员工说马上就到。过了5分钟就到了,客人拿上茶,结完账,又气又急地走了。

分析:春节前来店购物的客人都很着急,赶时间,想要在短时间内能够满足客人的需求,需要我们做到:(1)店内有合理的库存,春节要绿茶的客人也非常多,店内要保留绿茶品种,才不至于造成调货带来的麻烦。(2)对待案例中比较着急的客人,我们一定要在最短时间内调货。另外,对待强调时间的客人,一定要把时间说得宽裕一些,我们把时间说短了,稍有时间上的差错就会造成客人的投诉,使服务品质打折扣,再去弥补时间上造成的失误就让客人难以理解。(3)可以在这时候,引导客人的注意力,请客人坐下来品茶,与客人作交流,用其他产品的介绍与客人互动、闲聊,让客人分心,这样在不知不觉中,客人的焦虑心理就会得到缓解,时间就会过得比较快。

### 案例七

有位客人到店里直接询问员工现在有什么活动?员工说:"现在有活动,凡春节期间购物,无论什么产品只要满288元就可以赠送聚宝龙龟……"客人选来选去,在员工介绍下,购买了玉兔送瑞生熟生肖饼,共计320元,送一瓶玫瑰花蕾。客人想起员工开始的时候讲过满288元可以赠送聚宝龙龟。员工说:"赠送玫瑰花蕾后,就不能重复赠送聚宝龙龟了,请您谅解!"客人说:"那我不管,你说的是不管什么产品满288元都可以赠送……"员工无奈,只好请示店长赠送给客人一个聚宝龙龟。

分析:我们在春节介绍产品的时候,一定要注意公司赠品是不重复赠送的,在有冲突的时候(重复赠送发生)第一时间告知客人,避免造成损失。

### 案例八

一天,一个客人来到店里,说:"来上10盒悠然吧!"员工很快速地把茶装好,结完账,把客人送出了门口。客人叫什么名字,喜好什么都不知道!

分析:销售是一个员工和顾客相互沟通的过程,客人的目的是选择自己需要的茶,员工的目的是了解客人的需求,更主要是让客人认识自己,让客人成为天福的回头客,增加客人的重复购买能力。案例中的客人一定买过我们的茶,因为一进门就说出我们的产品,我们需要让客人坐下来喝茶,加深客人对员工的印象,顾客这样走了,就不敢保证下次会不会再来了。

有很多客人是每年春节才来一回,如果我们没有及时地把客人的资料留下,没有及时地去介绍自己(递去服务卡),没有及时地加强客人对员工的记忆,那么,我们流失的不光是业绩,还是服务标准的下降,不能更好地维护好顾客,就会导致客户流失。

### 案例九

超市节前忙得热火朝天,从超市出来的客人,都是大包小包的年货,有很多客人拎着年货到我们的店里来寻找需要的产品,手里的东西很沉,拎累了也没心思逛,转身就走。

分析:春节是普天同庆的大节日,全国人民都要过年,每个人、每个家庭都有需求,对于超市店经常会有购物很多的顾客,我们要求:员工第一时间将进店客人的购物袋接过来,告知客人:"帮您放桌子上,提着会很累!"这样客人不至于拎着袋子勒手了,无奈走掉。帮客人拎袋子也是我们服务的一个体现,让客人有宾至如归的感觉,放心地选择自己需要的产品。

**案例十**

店里来了一位客人,经过沟通需求后,员工请客人试喝我们的悠然,客人喝后觉得不好,不满意。员工就觉得客人说的可能挺对的,没办法,客人不满意就不卖给人家了,客人走了。

**分析**:在有客人讲我们茶叶不好喝的时候,一定要先肯定一下对方的品位,然后问一下客人,是香气不好,还是韵味不好?哪方面不好?并请客人喝下一道比较适合客人品味的茶汤。客人对我们提出的建议,我们应该虚心接受,也请客人讲出茶叶不好的原因是什么?我们都要给一个合理的解释,这样可以让双方为茶叶品质评鉴标准统一观点。一方面,对不懂装懂的客人,我们也好给予正确地引导;另一方面,对于常喝茶的客人是一种尊重。

**案例十一**

春节前,店里来了位客人,选了7~8种茶食品,还有1斤OC-200,共计460元,(未结账)这时候员工又要给客人连锁推销相关联的茶具,员工告诉客人消费到500元可以送个813同心杯,客人这时候因为没有结账,就说:"我买了四百多你就送我一个杯子吧!不然460元产品我也不要了。"员工看到这个场景不知道怎么办了。

**分析**:客人购买产品较多时,女服在客人选购产品时,就要心算一下价格并在当下作出建议,推荐客人多买某个产品,凑满可赠送的金额。如果客人购买的金额没达到可赠送的标准时,我们一定要在客人把账付了之后,再连锁推销其他东西来提高销售金额。如果在未结账前连锁推销,顾客就不会接受推销的产品;而若客人已经结账,再向客人推销就比较轻松了。

**案例十二**

一天,客人来到店里买了几种茶食品组合起来,再加上一些茶叶,一大堆放在收款台装袋,员工心里估算这些商品价格大概在210~220元之间。这个时候员工想让客人买到288元,可以送聚宝龙龟,于是他就请客人喝茶,客人坐下来后,员工开始试泡,试泡的时候给客人介绍了一下天福随心杯,告诉客人好茶用好的杯子,才不会浪费好茶,客人也接受了杯子,最后一核算是290元,正好可以送客人一个聚宝龙龟,客人也很高兴。

**分析**:这个销售案例中的员工是在用脑子销售,时刻想着怎样让客人既满意又可以多消费。高深的销售是让客人意识不到员工在推销,而是觉得他在为客户着想。

**案例十三**

有一天,门市来了位天福贵宾张先生,他带着两个朋友一起来,员工热情接待,请客人入座,泡好茶给客人喝,并在此时请张先生介绍他的两个朋友,并表示欢迎,员工认真记住了两位的姓氏,并邀请张先生的两个朋友以后常来店里喝茶。员工做了个自我介绍,递送服务卡,并征求天福贵宾张先生的同意,留取两位朋友的资料。当天送宾客走时,员工亲切地称呼出张先生以及他的两位朋友的姓氏,说欢迎再次光临。第二天,这位员工得到了张先生的电话肯定和表扬。

**分析**:对贵宾朋友的重视,是对贵宾的一种尊重。当得知张先生两位朋友姓氏的时候,员工在第二次接触客人时,称呼客人就加上了姓氏,这样,让张先生朋友感觉到非常尊重他们。

**案例十四**

一天,店里客人买产品付款成交后,员工请客人坐下品茶,员工冲泡了一道好茶,在这个时候,员工给客人讲了上一段时间公司推出的玉兔迎瑞生肖饼,把活动内容及赠送办法也讲给客人听,客人告诉员工现在不需要,员工就没再提起这个生肖饼。过了一周后,这位客人突然打电话说要订购两套生肖饼。

**分析:**这家店长是一个特别注重产品预售的店长,要求本店员工在客人购买完产品结账后,做售后泡并宣传和介绍新产品,多让一些客人知道,售出去的概率就会大一些。虽然介绍时没有什么成效,但是客人需要的时候就会主动来购买,因为我们提前把好东西介绍给他了。

**案例十五**

客人有一天买了盒悠然,共计300元,员工拿了把养过的陆羽宝鼎单壶给客人泡茶,告诉客人这么好的茶要用好壶来冲泡,并介绍手上用的这把壶是养过好长时间的,光泽、香气、手感都是比新壶泡出的茶要好,然后拿了把新壶和这把用着的壶对比,让客人一目了然,增加了客人对茶壶的兴趣,产生购买需求。

**分析:**客人买茶后,很多员工都嫌麻烦介绍茶具,其实客人有了好茶,怎样体现茶叶的好坏呢?就是靠茶具来提高茶叶质量,客人只要对茶具感兴趣,就想着购买。陆羽茶具现在也是公司的行销重点,能否把茶具销售好,关键是方法和用心度,方法对,加上对每一位买茶客人用心介绍茶具,坚持做就可以把陆羽茶具的销售额提上去。

**案例十六**

店里进来了一位客人,拿着茶叶来斗茶。面对斗茶客户,首先要冲泡客人的茶叶,肯定客人的茶叶是好茶,并赞赏客人的品位;然后委婉地告诉客人,茶汤之美要从多方面鉴赏;再请客人品饮公司当季珍贵的茶叶,请客人鉴赏,并告诉客人茶叶之间的区别。

**分析:**同行业的竞争,不是相互排挤,不是相互贬低对方的产品,这样有失我们的职业素养,而要以专业的知识来纠正对方的一些错误观念,这样就能取得客户的信任。

**案例十七**

店里来了一位客人,认为天福是一个以茶食品为主的公司,茶叶的话,还是要找其他店比较专业。

**分析:**面对这样的客人我们要诚恳地告诉对方,天福集团系由台湾天仁集团总裁、世界茶王李瑞河先生在大陆创办的茶专业集团。天福集团目前在中国大陆开设了1 200多家"天福茗茶"连锁店,在福建、四川、浙江、云南等省建有9家茶叶及茶食品工厂,有专业的茶业专家把关、做品质鉴定;还有2家茶博物院、2个高速公路服务区、1个"唐山过台湾"石雕园、全球第一所茶业高校——天福茶学院(现更名为漳州科技职业学院)。"天福"获得"中国驰名商标",是全国获此殊荣的第一家茶业企业。天福集团集茶叶、茶食品加工、销售、科研、文化、教育、旅游为一体,是当前世界最大的茶业综合企业。

### 案例十八

　　店里来了位客人,新员工去接待,客人想选个礼盒送人,员工就带着客人选茶,茶叶选好了,200块钱,再选礼盒,把礼盒的价格33元加上去,共计233元,客人特别接受不了,认为买了你们茶叶了还要自己买礼盒,导致没有成交。

　　分析:新员工接待客人时,问清楚客人需求,如是需要送礼的客人,就直接把客人领到组装好礼盒的专区,就是一套233元,每斤茶就是233元/斤,这样客人容易接受,新员工对产品解释不清楚,就要在店里告诉他一些简单的介绍方法,不要因为新员工没经验而损失业绩。

### 案例十九

## 一个标准的接待案例

　　2010年12月15日举办的茶具巡回展,充分体现天福深厚的茶文化氛围。在环境的布置上,我们以温馨、喜庆为主题。在接待上我们以人性化服务为标准,急客人之所急,想客人之所想,在做销售的同时也为我们的春节行销产品做宣传。

　　我们以销售演练的方式来说明门市茶艺在销售中的重要性。

　　说明:这是一位新客人,他就是随便走走,没有购买的欲望。通过我们服务员耐心的介绍、细心的服务感动客人,最终购买了几千元产品,并成为天福的长期客户。

　　场景:客人进店,女服齐声喊:"欢迎光临,天福茗茶,欢迎光临,上午好!"并有一位女服奉上一杯茶:"你好,请品尝,这是春茶铁观音。"接着另一位女服走上前:"您好! 看茶叶吗?"

　　客人:我随便走走。(不语)

　　女服:好的,请您参观一下我们的店,我们是天福集团的直营连锁店,主要销售茶叶、茶食品、茶具。

　　客人:(仍不语,点点头,看着产品)

　　女服:(客人看到哪一样产品,就进行介绍一番)。

　　客人:(仍点点头)。

　　女服:(在店内走一圈后,邀请客人)请您这边坐一下,喝杯好茶!(并拉开椅子,做"请"的动作,让客人坐下来。)

　　客人:(坐下)你们这里都有什么茶?

　　女服:我们天福集团,生产各种各样的茶叶,有安溪铁观音、武夷大红袍、云南的普洱茶及红茶、浙江的西湖龙井等等。现在请您品尝一下早春的绿茶龙井。

　　先生是第一次来天福吧。

　　客人:是的。(女服优雅的举止,文明礼貌用语,亲切和蔼的服务态度,是拉近与客人之间的友谊桥梁。)

　　女服:请允许我先向您介绍一下我们的公司! 天福集团是由台商李瑞河先生创办的,他被誉为"世界茶王"。1993年进入大陆,在福建投资创办"天福茗茶",是一家集茶业生产、加工、行销、文化、旅游、科研、教育于一体的综合性茶业集团,是目前全世界最大的茶业集团企业。天福茗茶不仅从事茶叶的销售,还致力于中国茶文化的传播。他秉承天然、健康、人情味的经营理念,以人性化的服务特色和直营模式快速发展,截至2011年1月底,天福茗茶已在全国大中小城市开设有一千多家连锁店。

您好,请品尝第一道茶汤。我今天为您冲泡的是浙江杭州西湖龙井,是今年的明前茶,天福茗茶在各个名茶产地均有设茶叶加工厂,天福以先进的设备、科学的管理、严格的品管,保证了天福产品优良和稳定的品质。

客人:嗯,不错。

女服:会喝茶也要会泡茶,就拿这一泡龙井茶来说。龙井茶属于绿茶,是不发酵茶,制作时的工艺是非常讲究的。龙井茶采制注重早、嫩、勤。"早",说明时间对龙井茶的品质很重要。在清明前采制的叫"明前茶",谷雨前采制的叫"雨前茶",有明前茶是珍品的说法。"嫩",以一芽一叶或两叶初展的茶青为最佳,一斤特级龙井茶约有 36 000 个之多的芽叶制成,冲泡时可见芽芽挺立,汤色清洌,幽香四溢。"一旗一枪"者为极品,说明龙井茶越嫩越好。"勤",制作龙井茶一定要勤,龙井茶是不发酵茶,鲜叶采摘回来后,就要放入铁锅中炒制,完成龙井茶的整个过程,做到手不离锅、锅不离茶,其工艺非常讲究。

客人:哦,做茶还这么讲究呀!那如何来辨别茶叶的好坏呢?

女服:辨别茶叶的好坏主要从四个方面入手:外形、茶汤、口感、叶底。

高级龙井茶外形扁平光滑,叶嫩绿,条形整齐,宽度一致,芽叶均匀成朵,不带碎片,随着级别下降,茶身也由小到大,茶条由光滑至粗糙。汤色以嫩黄、嫩绿占大多数,中低档茶汤色偏黄褐。香气清幽,滋味清鲜柔和,带有板栗香,滋味较醇厚;高级茶应是鲜、活、纯,低档茶则浓粗。"叶底",高档茶叶底色泽嫩绿,大小整齐,光滑黏稠,有韧性;低档茶则色泽由嫩黄转褐黄。

客人:那你们公司的龙井茶与其他茶行的有何区别呢?

女服:我们公司龙井茶与其他茶行的区别在于:天福在浙江新昌有龙井茶加工厂,茶叶产地正宗,工艺讲究,以早春茶为特色,全是明前茶。天福还是第一家荣获"中国驰名商标"的企业,全国均实行"按季换新茶,保证品质新鲜"的服务。茶叶品种齐全,高中低档产品都有,可满足不同的消费群体。而且,天福所生产的龙井茶在 2001 年上海亚太经合会议上作为指定用茶,并当成礼品送给各国元首。

客人:龙井茶要如何冲泡才能好喝呢?

女服:冲泡龙井茶是一种享受,它不仅可以让您品尝到鲜美甘醇的茶汤,还可以让您欣赏到茶在整个冲泡过程中的动态美。龙井茶的冲泡方法可随心境而改变冲泡方式。我今天冲泡龙井茶使用的是中投法,先注水三分满,投入 5 克茶,再注水。因为龙井茶是不发酵茶,茶叶非常鲜嫩,所使用的水温不宜太高,约 80～85 度即可。龙井茶投入后会吸收水分和温度,慢慢往下沉,或漂浮于水面,第二次注水,利用水的冲力,让茶叶再次翻滚起伏,从静态到动态的转变,又是别有一番乐趣。这样的好处是,第一次茶汤会显浓稠,与第二次的注水融合后,使口感适中、浓淡适宜。

请品尝第二道茶汤。

客人:谢谢,嗯,口感很醇和。都说喝茶有益身体健康,主要表现在哪里呢?

女服:绿茶的保健功效都是一样的,首先绿茶是不发酵茶,所含的营养成分是最高的,如儿茶素、维生素、茶氨酸、茶多酚等,每一种营养成分对人体又会产生不一样的作用,如茶中的咖啡碱能起到兴奋的作用,促进新陈代谢;茶多酚和维生素可降低胆固醇和血脂,经常喝绿茶对于肥胖人群可消脂减肥,对于消瘦人群则可以补充人体所需,起到养颜美容的作用。

客人:哦,作用这么多,那么一天要喝多少呢?

女服:茶要长期喝,功效才会显著。它就像我们平时吃饭一样,也有消化完的时候,要及时补充,才能满足身体的需求。

# 本章小结

　　茶产品之所以与其他的农产品不同,就在于它有着陪伴中国文明发展的几千年的文化作为背景。从古人对茶的推崇到现代人对茶文化的推广,无不使茶叶的经济价值得到进一步的发展,从而推动茶行业的兴旺发展。

　　中国茶之利用,据可靠记载已超过三千年。三千年来,上至帝王将相,下至百姓平民,无不对茶喜饮而乐道,更有诸多历代文人雅士、墨客骚人,嗜茶如命或以茶修行,或以茶会友,或以茶为诗为文、为书为画,成就浩然中国茶文化,历百代而愈盛,直教后人目不暇接。"茶,南方之嘉木也"。自人类发现野生茶树以来,从药用、食用、饮用,发展到如今的多元化利用,从原始手工制作,发展到机械操作直至现代化流水线生产,历经诸多的变革,且正是在变革中,逐渐被注入各地民俗文化,形成中国传统文明的一颗璀璨明星。

　　茶,已经成为中国人开门七件事之一,在人们的生活中起到了重要的作用,如何把更深一步的茶文化融合到我们的现代生活中,这就要我们茶业服务人员来努力了。

　　我们期待着 21 世纪是中国人的世纪,同样也是茶的世纪。自古以来,国人即有"客来奉茶","以茶会友"之传统,以至于将茶引入"柴、米、油、盐、酱、醋、茶"开门七件事之一,可见茶在国人心目中的地位。然而随着经济全球化的到来,咖啡、碳酸饮料等西方饮品打入中国市场,国茶将如何因应并走向世界,已是中国茶业面临的重大课题。作为茶业界龙头,天福集团以振兴中国茶业、弘扬中国茶文化为己任,以茶的科学研究、制作、营销、文化多个角度为国家撑起一片新天地。茶以其独特的魅力在社会交往中发挥"和平使者"的作用,天福集团把握住茶叶的特点,充分利用茶的"外交优势",广交各界朋友,弘扬中国茶文化,并通过茶文化的推广,促进社会文明的发展,实现人类社会"富而有礼、祥和乐利"的大同世界。

　　现在,随着人们生活水平的提高,人们开始追求一种回归大自然、返璞归真的境界,而茶,就是人们与大自然接触最好的媒介,茶语清心,它可以让我们领悟到更高一层的精神境界。

　　作为茶行业的代言人——女服,要如何把茶推荐给客人,把茶文化带给客人? 扎实的基本功是很重要的。只有把前面的基本功都训练好了,在卖场内发挥个人才能,加上销售的艺术,便会成就一个行业的兴盛!

## 练习题

1. 阐述门市茶艺服务的内容和要求。
2. 进行门市日常服务的基本礼仪训练。
3. 做门市茶艺服务的流程演练。
4. 阐述门市泡茶服务的注意事项,并做泡茶服务演练。
5. 做案例分析练习。

# 第十四章

# 中国茶艺表演

———————————●　本章学习重点　●———————————

1.认识现代茶艺表演礼节。

2.了解古代和近代茶艺表演的特色。

3.掌握各民族饮茶风俗的茶艺表演技能。

4.掌握现代茶艺表演技能。

5.掌握天福小壶茶法泡茶技巧。

6.认识茶熏六觉茶艺。

　　中华民族是个追求幸福和平、崇尚礼乐教化、弘道传业的民族。人与人之间如何"合敬同爱"、"敦亲睦邻"、"促进社会和谐繁荣",是中国人追求的生活内涵和实际。茶艺是中国人生活的内容之一,它的功用即是修身养性,促进良好的人际关系及社会的清宁祥和。茶人执器修道、行茶礼,表现出中国人特有的情操教养。这种以诚敬的心奉茶,以感恩的心饮茶,十足说明了中国人日常生活的礼乐意味。

　　茶艺表演通常在茶博物院、馆、茶会、茶事活动等场合进行。本章介绍现代的茶艺表演礼节、古代和近代茶艺表演、民族茶艺表演、现代茶艺表演和几种特色泡茶法及保健茶艺。其中阐述的茶艺表演都是天福茶博物院中华茶艺馆展示的茶艺表演,深受宾客的称赞。

## 第一节　历代及各民族茶礼

### 一、古代和近代茶礼

　　古代和近代的茶艺表演是一种仿古的茶艺表演,表演者和组织者要知道古代和近代的茶艺特色,才能做好演练和表演。下面分别作解读。

## (一)唐朝宫廷茶礼

唐朝国力强盛、经济发达,促进了茶文化的发展与传播,朝廷爱好茶,皇室饮茶风气兴盛,宫廷茶礼兴起,贵妃设茶宴,赐群臣,行茶礼。

唐朝饮茶以团茶为主,经炙茶、碾茶、磨茶、煮茶五道程序,在煮茶时加入盐巴。经过碾、煎、烹三道程序,各位贵宾可以欣赏、品尝到汤色明亮、香气迷人的茶汤。

唐代风炉是茶神陆羽的作品,炉身代表"上坎,中离,下巽","水火风"是《易经》中八卦五行,"水釜"方其耳以正令也,广其缘以务远也,长其脐以守中也,从器物的结构讲到煮茶的妙用来领悟儒家"中庸之道"的理念。

我们以平静的心沏一杯好茶,让清澈的茶汤如明月般洗净心灵的尘埃,在茶声漉漉、茶烟袅袅之中,越过时空,畅游古今,仿佛唐朝田园诗人孟浩然诗中的那一场不觉晓的春眠。

茶饮在唐宋极其兴盛,其中斗茶、吟诗也是文人雅士所喜好的一门艺术。

## (二)宋朝点茶、斗茶

斗茶味兮轻醍醐,斗茶香兮薄兰芷。

其间品第胡能欺,十目视而十手指。

胜若登仙不可攀,输同降将无穷耻。

吁嗟天产石上英,论功不愧阶前蓂。

众人之浊我可清,千日之醉我可醒。(范仲淹《斗茶歌》)

宋代是中国茶艺史上的精致期,茶和相关艺术相结合,使茶文化一方面是社会生活的反映;另一方面也是艺术家所创造的成果,宋代第一流的文学家都有茶诗、茶文,第一流的书法家都有茶帖,第一流的画家都有茶画。这是一个文士领导茶文化的时代,而不是制茶家领导茶文化的时代,因此,茶饮在宋朝被誉为"盛世之清尚",饮茶之风大盛。

宋代的茶艺,源于晚唐五代的饮茶风尚,产生茶文化的交流,于是出现了闽茶,闽茶渐为天下所知,闽茶以崭新的文化风貌,取代了唐朝苦心经营的贡茶阳羡茶,在饮茶方法上也扬弃了陆羽的煮茶法,取而代之的是建安的点茶法。

宋代的点茶法,使用的是龙凤饼茶,是将茶饼磨成茶末后进行点茶。宋朝饮茶,上至达官贵人,中及文人墨客,下至平民百姓,都非常流行斗茶(斗茶是一种游戏)。所谓点茶斗茶,是将茶末放入盏中,加入嫩汤,用茶筅打出百色汤花,汤花越多、离散越慢的就是赢家。

## (三)明朝文士茶礼

明代点花茶法,先在碗中置茶,再冲泡沸水,后置玫瑰花瓣于热汤中,双手捧住茶碗,茶汤热度可催化花香。可鼻嗅花香、口尝茶味、眼观茶色、耳闻茶乐、手触茶具,心更可从茶中领悟出人生哲理。

明朝文士饮茶,讲求返璞归真,以青山为依,以香茗为伴。以茶会友是文人的雅好,强调注重茗茶,喜会于泉石之间、松竹之下,对皓月、清风,焚香抚琴烹茶,要求品茶而味其性,爱山水而会其情。在唐、宋实行遵守的茶艺文化,到了明代又回到了一个重新评鉴归零的时期。由于明朝后期政局动乱不安,使得茶与道家超世精神相结合,茶人拿茶来结合万物变化的工具,成为茶人回归自然的媒介。

明朝朱元璋"罢造龙团,改进散茶",在炒青绿茶广泛推行的基础上促进了各大茶类的发展(绿、黄、白、青、红、黑),同时再加工茶类——花茶也由于文士的雅爱而兴起。明代流行"瀹饮法",茶壶、茶盏(杯)是散茶冲泡的主要茶具。

## (四)清朝宫廷茶礼

清朝诗人郑清之诗云:"一杯甘露暂留客,两腋清风几欲仙",茶是上苍赐予我们的甘露,能品尝到一杯好茶,总让人感到心旷神怡、飘然欲仙。

清代皇帝喜好饮茶,上有所好,下必效之。饮茶方式主要有:茶娘式、功夫茶、盖碗式等三种形式。盖碗——在清朝雍正、乾隆时期广为流行,作为个人品茗或款待贵宾的精简茶具,上至朝廷、官府,下及平民百姓都以盖碗饮茶,甚至招待贵宾也用盖碗。清朝时期,女孩子若想进宫当嫔妃,必须先学会使用盖碗,宫廷使用盖碗有特别规定:用三个指头夹住承托,托住碗身,无名指、小指微翘,称为"兰花指"。

## (五)清末、民初饮茶风俗

清末民初,饮茶风俗盛行,茶馆、茶楼林立于大街小巷,散布于乡村都市里,象征旧时中国人悠闲淡雅的生活,也是民间艺人献艺、吹拉弹唱、说书演曲之地,民间茶俗成为主流。

茶馆以饮茶品点、欣赏文艺为内容,给人以美好的享受、精神的满足。人们在茶馆中既可以享受到茶文化的乐趣,同时又可以利用这一场所,开展各种各样最为广泛的社交活动。

门市展现的饮茶方式主要有茶娘式、功夫茶等形式。茶娘式是指一把大茶壶,再配置数个茶杯,它代表着母亲对子女的关爱与呵护,再结合四川独具特色的"长嘴铜壶",来丰富精彩的茶艺表演。

一杯清茶,映出历代的兴亡更迭,浓缩着社会各阶层的百味人生;一杯清茶,儒者见儒,道者见道,各有所与,各有所得;一杯清茶,如同秦时明月,它远在亘古,近在今朝。千年以来,茶文化由文士独领风骚的局面衰微,民间茶俗很快成为主流,与日常生活、伦常礼仪结合起来,成为普遍的民族风尚。

# 二、各民族茶礼

## (一)藏族酥油茶

西藏号称"世界屋脊"。这是一个特别受到宇宙恩宠的地方,平均海拔 4 000 米以上。对于许多人而言,西藏具有一种神秘的诱惑力,皑皑的雪峰,高原的牧场,独具魅力的民族风俗——让人神往。

西藏当地百姓以放牧及种植"旱地作物"为主,蔬菜瓜果很少,常年以肉类、奶类、糌粑为主食,茶叶是当地人民营养补充的主要来源。藏族酥油茶以茶为主,混合了酥油、盐和糖,作为饮料,在男婚女嫁时被视为珍贵的礼品,象征婚姻美满和幸福,也是款待宾客的珍贵之物。客人喝茶时不能一口喝干,每碗茶喝完必须留下少许,以示客人对主人打茶手艺的赞许。

## (二)云南少数民族茶礼

在云南古老的 26 个民族有传统的制茶方法,各民族茶文化异彩纷呈,各领风骚。基诺族以茶为菜,做成凉拌茶;彝族、佤族、拉祜族,流行吃烤茶;傣族的竹筒茶;白族的三道茶。

水傣姑娘们手捧女儿茶,细步轻盈,款款走来,轻歌曼舞。女儿茶是由十七八岁的姑娘,采制春天的嫩芽,细心精制而成,有待嫁的女儿心之意。

烤茶,古称炙茶、清茶、酒茶,是将长期存放的茶叶投入罐中,炭火慢慢烘烤使茶香四溢,是云南的民族茶艺,也称罐罐茶。

白族的三道:第一道是苦茶,第二道是甜茶,第三道是四味茶,它寓意:"人生在世,只有吃得上苦,才有甜香的未来。"

### (三)新疆维吾尔族茶艺

北疆牧民喝奶茶,源于唐宋时期的煮茶法,早、中、晚三次是不可少的,有的甚至一天要喝七八次。

北疆的奶茶,使用的是四川的西路茶——茯砖茶。先将砖茶敲碎成小块,抓一把放入壶内烹煮,再加入一碗牛奶和适量的盐巴。在新疆,互赠奶茶被看成高尚的情操、真诚的祝愿和纯洁的友谊。若有客人自远方来,主人会迎客人入帐篷,席地围坐,热情地奉上一碗奶茶,倒茶时缓缓倒入碗内,不能满碗,客人喝完后要等主人收完茶具后才能离席,以表谢意。

### (四)惠安擂茶

宋太平兴国六年(981年),取"以惠安民"之义,建惠安县。惠安民俗古朴,有中原的传统和地方习惯互相结合的特色,极富人情味。

秋高气爽,又是一年收获季节,勤劳的惠安女子,美丽热情,在海边悠然地吹奏南曲,欢歌起舞。她们穿戴着独具特色的花头巾、短上衣、银腰带、大筒裤,人们把他们的装束戏称为"封建头,民主肚,节约上衣,浪费裤"。

惠安有以女性为主的传统习俗,惠安女因美丽、勤劳、贤惠和一身奇特服饰而著名,是中国女人勤俭持家的典范。

辛勤劳动之余,惠安人喜爱喝擂茶,养生保健,也充饥解渴、恢复体力、提神醒脑。

擂茶,顾名思义,就是把茶和一些配料放进擂钵里擂碎冲沸水而成擂茶。惠安的擂茶制作与风味别具特色,所选的原料有:白芝麻、黑芝麻、花生、玄米,以及闽南特色乌龙茶,俗称为"五福临门"。

惠安擂茶是一种独特的饮茶文化,传承着中华民族的饮茶风俗。

### (五)阿里山茶艺

一海隔岸,情系百年。

海峡对岸神奇的阿里山上,美景秀丽如画,有一群美丽的姑娘,身着节日盛装,唱着欢乐的歌,缓缓流淌的乐曲,萦绕在整个高山上的茶园中。阿里山孕育出了驰名中外的台湾阿里山乌龙茶。以冲泡乌龙茶的茶艺冲泡,金黄明亮的茶汤,口感醇厚饱满,香气生动丰富,韵味变化无穷,乃人间难得之珍品。

### (六)日月潭茶艺

台湾南投县鱼池乡的日月潭,全潭面积一百多平方公里,湖面周围33公里,北半部形如日轮,南半部形如月钩,因而得名。日月潭气温适中,适宜茶树生长,茶叶经晒青→浪青→杀青→揉捻→烘干等工艺制作而成。

日月潭高山乌龙茶外形颗粒揉捻紧结,色泽墨绿明亮,油润有光泽,叶底肥硕饱满,乃吸取日月精华、山川灵气之珍品。汤色金黄明亮,入口甘醇生津,韵味绵长。

由于各族人民的共同创造,才构成中华茶文化光辉的整体,展现出不同凡响的民族精神。

茶文化融汇中华民族的传统饮茶风情,演绎成现代品饮时尚。几千年悠悠的茶文化历史,精彩纷呈的品茗艺术,散发出奇妙的茶香,流淌在华夏文明的滚滚长河之中,显示东方文化的深厚底蕴,从一碗清茶中,追寻着炎黄子孙的梦想。

# 第二节　现代茶艺表演

## 一、现代茶艺表演礼节

### (一)品茗环境

一个良好的饮茶场所,是待人接客的基本礼貌。俗话说:"室雅何须大",只要有心,就能在自己的生活范围内规划出一个恰如其分、自然得体的品茗环境。

宁静、整洁、美观的品茗环境,才能体会到茶的"真味、真香",也是一种雅趣。

### (二)茶叶

品质、储存、清洁,这三个条件是饮茶最根本的要求。明朝张源《茶录》说:"造时精,藏时燥,泡时洁。精、燥、洁,茶道尽矣!"讲的就是这个道理。

### (三)茶具

好的茶叶,典雅的茶具,再加上熟练的泡茶技艺,才能享用一杯好茶。

对茶具的基本要求包括:品质、清洁、齐备、心意,主人设想周到,客人会倍感亲切。

### (四)服饰

泡茶的时候,并没有特定的服饰,但为了操作方便及泡茶的气氛,还是要考虑是否得体。

(1)衣服:具有中国传统文化的服装,是亲切而又尊荣的穿着。

(2)饰物:泡茶的时候,以简单高雅的饰物稍作装扮会较合于茶趣。避免使用香气太强的化妆品,没有香味的最为理想。

### (五)仪态

(1)整齐清洁:整齐清洁,是对泡茶者最基本的要求。

(2)专心泡茶:定下心来,不要有杂念,一心一意地泡好一壶茶。

（3）亲切的心：主客同心，即可达到情感交流的境界。

（4）泡茶的姿势：自然、舒缓的泡茶姿势是让主客间亲切融洽的重要因素，要做到动作轻松优雅、神情安详和谐。

（5）奉茶的礼仪：精心冲泡好的茶，如果能亲切有礼、从容稳定地奉茶，将使饮茶的感觉更为美好。

## （六）茶会结束

茶会宣布结束的时候，不要久留，向主人致谢告退，也稍微表示即可。几天后，以谢函致意也是很亲切的做法。

# 二、现代茶艺表演

## （一）东方美人茶颂表演

东方美人茶产制于台湾新竹县茶区，即椪风乌龙茶，因形美、色艳、香醇、圆柔而赢得"东方美人茶"的赞誉。

尘外寻春香在手，茶中顾影艳于花。东方美人茶颂表现东方女人的风华韵味及茶汤的层次之美，展现女人的生命历程：成长的喜悦、未来的憧憬、往日的情怀与回顾；呈现茶人清闲贞净、优雅从容的情操教养。

人们喜欢把女人同各种美好的事物相提并论，女人如花，说出了女子的妩媚；女人如水，道出了女子的温柔；女人如瓷，讲出了女子的脆弱；女人如茶，却说出了女子的万种风情。茶生于深山，长于幽谷，承受了微雨清露，沐浴了山灵水秀。茶如女人，女人如茶，茶有千万种，而女子也是千姿百态。每一种茶都有自己独特的语言，每一个女人也有自己的独特情怀。

漫漫人生路，悠悠岁月情，是茶与水的煎熬，赋予了茶的清香、茶的诱人，而岁月与人生的磨砺，赋予了人生以艰辛和辉煌。

一杯清茶，给人的感受是淡泊、宁静，一杯茶，从茶叶到茶水要经历多少煎熬、多少等待、多少期盼，才会变成一杯清茶。滚烫的水，唤醒她曾有的美丽，释放了飞舞的裙角。机器的热浪，凝固了她润泽的美丽，然后封装在一个一个的容器，而此刻，凝固了的美，温婉地张开眼眸，展现出她的一分细腻、一分灵动、一分神韵、一分滋润、一分风华绝代。透过茶杯，我们看见一个个绝色的女子在岁月中的历练，昭君的塞外风霜、西施的岁月洗礼、贵妃的马嵬白绫。

人生如茶，从苦到甜、从浓到淡，只是一个过程。一开始也许会很青翠，再冲一次正好，再冲一次也许会变淡。那是人生中的青年、中年和老年。茶正浓的时候正是少不经事，没有学会认真品味，总会经过一些伤痛，才会真正成长；茶正好的时候正是立事之年，没有时间仔细品味；而饱经沧桑的老人才会明白人生最终追求的是什么。细细品味，才可以寻找到人生的真谛。人生也是过程，甜酸苦辣，起起落落。冲一杯茶，捧一本书，看时光在指间流泻，感受着茶的味道，淡淡悠悠中，凝着惬意的香，展现着清雅而朴实的魅力。

中国人的饮茶已有数千年的历史，宋代大诗人苏轼与茶结缘终生，他的咏茶诗写得空灵别致："仙山灵草湿行云，洗遍香肌粉未匀。""戏作小诗君莫笑，从来佳茗似佳人。"把"佳茗"与"佳人"相提并论，留下了千古绝妙名句。

茶席上，诗人、书法家为我们写下茶会的主题——东方美人茶的颂赞，艺术家为我们画了梅兰荷菊，象征茶道清和的精神，插花师也为我们设计了有灵性、有生趣的季节花。现在我们先请茶艺师点燃一炉成熟且富韵味的香，然后我们再来欣赏东方美人茶的风华气质，也期望大家一饮同心，开拓更宽广的东方茶文化。

　　——请茶艺师奉上第一道茶汤

　　首先，我们欣赏的是碧绿年华般的东方美人。

　　请闻一闻她清凉恬雅的香气，再看一看她鹅黄般的姿色是多么明秀，入口后滋味是多么柔软甜美。这是东方美人展示出她柔和、纯洁、娇柔的质感。

　　——请茶艺师奉上第二道茶汤

　　接下来，我们要欣赏的是金色年华的东方美人。请嗅一下她那袭人的香气，是如此甜蜜温润，观看她散发出金黄鲜丽的光彩，品尝后，她留给我们甘醇浓郁的滋味。东方美人再次呈现她那优雅、丰腴、细致的质感。

　　——请茶艺师奉上第三道茶汤

　　现在，我们要赞颂钻石年华的东方美人。且让我们深深地闻一闻，这持久的花蜜香，瞧一瞧她的光彩耀目就像晚霞夕阳般绚烂。我们来回味一下她的本性，在若有若无的苦涩中却又让人回味无穷。东方美人留给我们的是多么温馨、醇厚、丰腴、强韧的质感。

## （二）四序茶会表演

　　"春有百花秋有月，夏有凉风冬有雪，若无闲事挂心头，便是人间好时节。"

　　四序茶会是一种比较现代的居家泡茶法茶艺表演，它贴近我们的生活，又蕴含着中国古代的哲学思想，它将茶文化、心灵养生理念与中华文明及优美景观进行了完美的结合。茶韵的丰富内涵、个中滋味，可提升茶道的"和、敬、清、寂"境界。

　　这是赞颂大自然节序之美的一种茶会，结合了传统的"点香、挂画、插花、品茗"。通过共同品味茶汤，共同欣赏大自然美丽丰富的变化。在茶会的茶席上，表演者借着四种不同汤色、香气、滋味、质感的茶汤，依据中国五行哲学，结合传统生活艺术设计茶会。在轻微淡雅的音乐声中，一同品茗，品味人生。

　　依据中国传统的五行哲学，一年当中有24个节气，在茶会中我们会邀请20位嘉宾参与茶会，和我们的四位泡茶师，合计24人，代表着一年当中的24个节气。它所要表现的就是大自然圆融的韵律、四季的更迭、天地的生机，同时也表现茶人们敬仰天地、爱护自然以及与大自然永远同在的信心。

　　音乐中融合大自然的声音，使听者随着音乐进入花与茶融合的世界，在袅袅茶香中，似有清风微拂、彩蝶轻舞，悠然于天地中。

　　天地运转，寒暑交替衍生"春、夏、秋、冬"四个季节。茶人借着茶汤不同的香气、滋味、质感来诠释那份感动，并赞颂节序之美以及大自然中生生不息的生命力。

　　让我们先放下心里的凡尘琐事，一同弃绝杂念，忘情于山水，去描绘那一幅壮丽的自然风光与茶园融为一体的绝妙的山水画。古松森森，溪水潺潺，芳草凝翠，茶园飘香，清泉萦绕草堂，野鹿仙鹤做伴，在此山、此水、此茶中，谁能不忘情一生一世呢？

　　四序茶会表演如图14-1至图14-6所示。

图 14-1　四序茶会表演(1)

图 14-2　四序茶会表演(2)

图 14-3　四序茶会表演(3)

图 14-4　四序茶会表演(4)

图 14-5　四序茶会表演(5)

图 14-6　四序茶会表演(6)

### (三)清闲贞静茶礼

中国茶道的立基点是人生哲学,关心人与自然之间和谐共存的理念,追求人与大自然优美的对话,讲述闲情逸致之烹饮,让宁静的传统美感在一杯小小的香茗中复苏。

展现茶道有四艺:茶、乐、花、香,蕴含着清净、愉悦、空寂的三个茶道意境,其中融入书法、绘画、舞蹈等艺术欣赏,衬托出品茶的乐趣,提高品茶的意境。

茶文化的历史源远流长,给人们留下了许多美丽的传说,悠悠袅袅的茶烟,淡然无极的茶味,妙不可言的茶香,怡神舒心的茶境,带领我们返璞归真,遐想从远古到现代之路,陶醉于自然与艺术之中。

清闲贞静茶礼如图 14-7 至图 14-10 所示。

图 14-7　清闲贞静茶礼(1)

图 14-8　清闲贞静茶礼(2)

**图 14-9　清闲贞静茶礼(3)**

**图 14-10　清闲贞静茶礼(4)**

## (四)郊社茶礼

郊社茶礼是天福茶博物院及台湾天仁茶艺文化基金会传承、推广的茶艺,源于汉代的"春社祭礼"。郊社茶礼的传统,是以茶道语言表达出来的一种茶会模式,旨义是提倡人们要爱护人类的生存环境与大自然和谐相处。

岁月周而复始,无穷无尽。天地苍苍茫茫,无边无际。在空寂的宇宙间,一声惊蛰的春雷,响彻天地,调汇阴阳,孕育万物。

古代,人们要在立春的第 5 个戊日,举行祭拜天地的春社活动。它宣导人们要以感恩的心来回报天地,保护环境,和善相处。

茶礼台分为两层,上为圆,下为方,象征古代的天圆地方的认识;中间为太极两仪图,演绎出中华文化的一个源泉。太极图前朱雀、后玄武、左青龙、右白虎,这是我们祖先对自然环

境、风水认知的精华总结。万物生存发展顺应自然客观规律,天时、地利、人和,功德圆满,才能愉善具备。茶礼的三道程序是:

献香:香是古代人与自然沟通的媒介。

献茗:感谢天地一年来对人类阳光雨露的恩赐。

献馔:人们怀着丰收的喜悦,以各种果实来回敬大自然。

郊社茶礼场景如图 14-11～图 14-13 所示。

图 14-11　郊社茶礼(1)

图 14-12　郊社茶礼(2)

图 14-13　郊社茶礼(3)

## (五)金色莲花茶礼

　　金色莲花茶礼是以莲花之四德来比喻法界真如之"常乐我静"之四德,也是如来法身所具有的四德。茶席以九尺见方,象征九界,中央三尺见方喻为佛界,十二朵莲花围成结界,五方巾象征五方佛(东方——蓝,阿闪佛;南方——黄,宝生佛;西方——红,阿弥陀佛;南方——绿,不空成就佛;中央——白,大日如来佛)。

　　八盏莲花灯代表八正道(正见、正思维、正语、正业、正命、正精进、正念、正定)。

　　莲花开遍净土,开在修行者的四周,开在内心深处,代表修行者完美无垢的自性。

　　茶礼的精神是"茶禅一味",以法喜禅悦为味,平常心为道,以心悟道。

　　金色莲花茶礼场景如图 14-14、图 14-15 所示。

图 14-14　金色莲花茶礼(1)

**图 14-15　金色莲花茶礼(2)**

# 第三节　天福小壶茶法表演

　　天福小壶茶法泡茶用具包括茶壶、茶盅、茶船、壶垫、盖置、奉茶盘、饮杯、杯托、茶艺之家、茶罐、茶荷、渣匙、茶佛、茶巾、煮水器(电茶壶)、水盂、热水瓶、泡茶专用茶车。

　　另备:计时器、温度计、测量器、天平称。

　　天福小壶茶法有 24 道程序,如表 14-1 所示。①

表 14-1　天福小壶茶法程序

| 程序 | 解说要项 | 内容概要 |
|---|---|---|
| (1)备具<br>(从静态到动态) | ①随时备妥<br>②动静有序 | ①天福小壶茶法茶具的排放是:主茶具在泡茶者正前方,辅茶器在右手边,煮水器在左手边,并将 4～6 个杯子反扣在杯托上,置于奉茶盘内。这些泡茶用具,平时依机能性与美观固定摆放妥当,以方便自己或招待客人泡茶时,可随时取用。这是小壶茶法讲求"随时备妥"的茶道精神。<br>　②准备泡茶时先将茶巾拿到主茶具右下方,然后翻正奉茶盘上的杯子,并移到主茶具上方,表示要开始泡茶了。茶具由静态调整成动态,造成气象为之一变,呈现出如同一出戏即将上演的提示作用。这是小壶茶法强调的"动静有序"的布局。 |

---

① 　24 则茶道精神解说,由天仁茶艺文化基金会故林秘书长资尧先生指导。

续表

| 程序 | 解说要项 | 内 容 概 要 |
|---|---|---|
| （2）备水 | ①预见危险<br>②茶道何时开始 | ①泡茶前的第二项准备工作是"备水"。将电茶壶移到主茶具腾出的中间位置加水。为何要将电茶壶移到中间位子正面加水呢？主要是安全的考量，因为保温壶具有重量，倒的又是热水，侧身加水往往重心不稳，容易造成危险。这是小壶茶法"预见危险"所采取的安全措施。<br>②备水完毕，准备工作就算全部完成。这时调整一下坐姿与梳理一下心情；如果有客人在座，巡视一下客人；正式表演场合，站起来向大家行个礼（居家泡茶则省略），表示已做好万全准备，马上就可泡茶招待大家了。这是小壶茶法提醒人们"茶道何时开始"的预告做法。 |
| （3）温壶 | 左右均衡操作 | 开始泡茶的第一个动作是"温壶"。从这时开始，总是以左手提电茶壶，右手拿茶壶。为何要如此操作呢？原因是电茶壶放在左侧，茶壶放在右侧，采左右手分工：左手取左边的电茶壶，右手取右边的茶壶，有助于身体均衡的健康。这是小壶茶法讲求"左右均衡操作"的茶道精神。 |
| （4）备茶 | 取其所需 | 温壶期间，泡茶者将茶罐取出，倒出适量的茶叶于茶荷内备用。适量的茶叶是多少呢？应该依冲泡的次数与茶叶的松紧程度来决定，但亦要讲求经济效益。如这壶茶只准备泡两道，那放少许茶叶即可，浸泡时间拉长一些就可将茶泡好，不要放太多的茶叶造成浪费。这是小壶茶法强调"取其所需"的精俭精神。 |
| （5）识茶 | 事先了解状况 | 备完茶，泡茶者双手捧起茶荷，仔细观看茶叶状况；茶青的老嫩、萎凋的轻重、揉捻的程度、焙火的长短……为何要这样做呢？因为这些是决定水温、浸泡时间、调整茶量的重要依据；事先如能充分了解，看得越清楚，判断得越正确，等一下茶汤就可掌握得更好。这是小壶茶法讲求"事先了解状况"的良好习惯。 |
| （6）赏茶 | "欣赏"茶，不只"喝茶" | 泡茶者"识"完茶，将茶荷递给客人"赏茶"。为何这个时候不再使用"识茶"呢？因为客人喝茶所扮演的角色是"欣赏"重于"批判"，要您当茶的"朋友"而不是作茶的"医生"、茶的"法官"。所以客人只要对泡茶者提供的茶叶单纯作外观与美感的欣赏即可，无须太多的批评。这是小壶茶法要求茶人"欣赏茶，不只喝茶"的茶道修养。 |
| （7）温盅 | 预测未来 | 客人赏茶期间，泡茶者将温壶的水倒入茶盅内"温盅"。温盅的目的除了用以提高盅温外，更重要的是预测茶盅"容量"，借此测试一下能否装得下一壶茶汤？如果差一点，可及时调整步伐，等下冲水入壶时少倒一些。这是小壶茶法"预测未来"所作的泡茶规划。 |
| （8）置茶 | 物情 | "赏茶"的茶荷送回后，泡茶者持茶荷将茶叶置入壶内。这段过程中，有许多器物如茶荷、渣匙、壶盖、茶佛等，需要操作。在器物一取一放间，尽量要做到轻柔、有韵味，并放入自己的感情，就如同与爱人见面时的喜悦、别离时难舍的心情一般。因为茶人与器物间，非只是利用，而是要注入爱物、惜物的情怀。这是小壶茶法重视"物情"的表现。 |

续表

| 程序 | 解说要项 | 内 容 概 要 |
|------|---------|------------|
| (9)闻香 | 就茶赏茶 | 茶叶在茶壶内焖一段时间后,是"闻香"最好的时机,这时泡茶者可递壶请客人欣赏茶香。而客人从刚才"赏茶"到现在的"闻香",对茶叶品质已大致有了解,这时如觉得这壶茶的香气不明显,那可能是品质不怎么高的茶,就应以该等级茶的标准来欣赏,千万不可拿曾喝过的特等茶来挑剔它的不是。同样道理,也不可以前几道的茶香来批评后几道香气的不足。这是小壶茶法要求茶人"就茶赏茶"的茶道精神。 |
| (10)冲第一道茶 | 泡茶姿态 | 闻"香"后,就要冲泡第一道茶。这时泡茶者要留意自己的泡茶姿态:如身体是否坐正、腰杆是否挺直、提壶的肩膀是否歪一边、服饰与环境是否协调……因为这些外在姿态是茶道美感与境界塑造的基础;处理得当,才能显现泡茶动作的优美,也才有可能表达茶道的境界。这是小壶茶法要求茶人重视"泡茶姿态"的原因。 |
| (11)计时 | 重视"泡好"茶的意义 | 在壶内冲入热水,盖上壶盖后,按下计时器开始计时。泡茶为何要使用计时器呢?因为计时器有助于准确掌控好茶叶浸泡的时间,并把茶泡到尽可能的最佳状态。"泡好"茶是茶人体能训练的基本,如果茶都泡不好,就无法享受茶之美,更遑论茶道境界的体悟。因此小壶茶法强调"重视泡好茶的意义",而计时器即此一茶道理念的产物。 |
| (12)烫杯 | 灵活应用技法 | 茶叶在壶内浸泡期间,持盅将温盅的热水倒入每个杯子内"烫杯"。烫杯的目的,一方面是提高杯温,免得茶汤很快变凉了;另一方面是使端杯饮用时,杯子内外温度较趋一致,不会因为杯冷汤热烫了嘴。但如这些原因都不存在,烫杯是可以省略的。温壶、温盅也是一样,如果水温太高,又不是想借温壶烘托茶香,是可以不必温壶、温盅的。这是小壶茶法讲求"灵活应用技法"的茶道精神。 |
| (13)倒茶 | 让茶汤慢慢滴干 | 茶汤浸泡到一定浓度后,持茶壶将茶汤一次倒入茶盅内。倒茶时,一般壶具倾倒90度以内就可将茶汤全部倒出,但有些人却急于将茶倒干,倾斜的角度特别夸张,往往要把茶壶翻转过来;甚至有人倒茶用"甩"的方式,恨不得茶汤赶快一滴不留。小壶茶法要求茶人"让茶汤慢慢滴干",不要有太过逼人、不留余地的感觉。 |
| (14)备杯 | 动作之美 | 茶汤倒入茶盅后,将烫杯的水一一倒掉。其中有三个步骤:倒水(倒掉烫杯水)、沾干(在茶巾上沾干杯底)、归位(将杯子放回杯托)。茶杯依此步骤一一排放于奉茶盘上,操作的手法要一气呵成,并产生节奏般的韵律美感。操作其他茶具也是一样,要做到"松、静、圆、柔、韵、绵"的要求。这是小壶茶法重视"动作之美"的茶道精神。 |
| (15)分茶 | 不为物御 | "备杯"完成,持茶盅将茶汤分倒入杯,这样可让每杯茶的浓淡平均。但若缺了茶盅怎么办呢?可找另一只茶壶或大杯子充当茶盅使用,如果都找不到,那就直接持茶壶以"平均分茶法"倒茶入杯。因为只有如此弹性运用与应变,才能轻松把茶随时泡好。这是小壶茶法"不为物所御"的茶道理念。 |
| (16)端杯奉茶 | 检讨与精进 | "分茶"后就是端杯奉茶,泡茶者最后要留一杯给自己。为何要留一杯给自己喝呢?这除了是对泡茶者的尊敬外,更重要的是泡茶者可借此了解一下自己刚才泡的茶汤是否满意?有何需要调整或改进?……这种随时自我检讨与追求精进的做法,就是小壶茶法讲求"检讨与精进"的茶道精神。 |

续表

| 程序 | 解说要项 | 内　容　概　要 |
|---|---|---|
| (17)冲第二道 | 表现各阶段的最佳状况 | 冲第二道茶时,可参考第一道茶的情况调整水温或时间,使这壶茶汤泡得更好。小壶茶法一般会冲泡四至五次,虽然后面的几道茶汤会不如前面,但泡茶者仍应依茶叶当时的状况,用心将这壶茶最佳的茶汤冲泡出来。这是小壶茶法要求茶人"表现各阶段的最佳状况"的茶道精神。人生不也是如此吗?每个阶段都要尽其在我,表现出最佳的状况。 |
| (18)持盅奉茶 | 处处为对方着想 | 第二道茶泡好后,要持盅将茶汤倒入客人的杯内。这时如果无法从客人正面奉茶,就要考虑如何持盅倒茶才不会干扰客人;如从客人左边奉茶,建议以左手持盅倒茶,免得右手操作会太迫近客人身体。同样道理,递壶请客人闻香时,最好也将壶把调整到客人方便拿取的位置;持杯奉茶时,如果杯子有把手,也要把把手调到客人的右方。这是小壶茶法"处处为对方着想"的茶道做法。 |
| (19)去渣(赏叶底) | 坦诚相待 | 喝完数道茶,不再冲泡或换茶续泡时,泡茶者开始做去渣的工作。这时可将泡过的"叶底"取出一部分摊在茶船上递给客人欣赏。从"赏叶底"中可一目了然看清茶叶的"身世":如茶青的老嫩、采摘合不合标准、萎凋是否良好……都会赤裸裸地呈现。泡茶者将"叶底"毫不隐藏地面对客人,就是小壶茶法讲求"坦诚相待"的茶道精神。 |
| (20)涮壶 | ①谨于收拾残局②茶器之美 | ①去渣后,冲半壶水涮壶,顺便清理一下渣匙、茶船、盖置……并把桌面恢复如前。这些收拾残局的工作,是磨炼泡茶者耐性最好的方法,也是小壶茶法强调"谨于收拾残局"的茶道精神。用意是提醒茶人,收拾残局也是与精彩的开场同等重要。<br>②客人看到泡茶者已涮完壶,觉得这把壶很有意思想仔细观赏,这时可要求主人或泡茶者把壶递给大家欣赏。这种做法,一方面是客人"回馈"主人的一种礼貌举动,另一方面大家在赏壶、论壶之间,也可增进彼此对茶器之美的一些认识与心得。这是小壶茶法重视"茶器之美"的茶道精神。 |
| (21)归位 | 时间掌控 | 客人将壶送回,泡茶者将其归位,显示茶会即将结束。茶会何时结束事先是要掌控在计划内的。那么一次茶会理想的时间是多久呢?如果两三人的茶聚,最好不超过1小时,多人的茶会最长不超过2小时。因为漫长的喝茶容易影响下一个行程,且精致与意犹未尽的茶会,总比拖拖拉拉的感觉要好些、美些。这是小壶茶法讲求"时间掌控"的重要性。 |
| (22)清盅 | 秩序是美感与效率的基础 | 接下来将茶盅的滤网冲净,然后归位。小壶茶法从开始到结束,所有动作都依照秩序进行;如茶具的排放与移动、泡茶的手法、茶荷的转动、翻杯的步骤……事先都做好完整的秩序规划。因此操作时乃能从容自我表现,化作效率与美感。这是小壶茶法强调"秩序是美感与效率的基础"的理念。 |
| (23)收杯 | 尊重泡茶者 | 茶会结束后,礼节上应由客人亲自将用过的杯子一一送回奉茶盘上。同样,先前的奉茶也是由客人自己取杯。为何要这样做呢?因为泡茶者在茶道上有其拥有的尊贵,是不可等同以仆人来看待的。这是小壶茶法提醒人们"尊重泡茶者"的茶道精神。但如有长辈在座,为尊敬而由主人或泡茶者前去收杯是允许的,那是例外做法。 |

续表

| 程序 | 解说要项 | 内 容 概 要 |
|------|----------|-------------|
| (24)结束 | ①依依不舍之情<br>②茶席之美 | ①泡茶者送走客人,回到泡茶席坐下来,检查一下茶盅是否还剩有茶汤。有的话倒入自己杯子喝掉,然后静静回味一下刚才茶会的美好情景。这是小壶茶法讲求"依依不舍之情"的茶道精神。<br>②品茗需要有好的场所;您可装潢一间专用的茶室或利用客厅一角布置成品茗空间,来规划自己的茶席风格与茶道理念。方法是多元的,甚至把茶席视作一幅画、一出戏来营造,表达您的文人风采、禅学修养亦无不可。这是小壶茶法重视"茶席之美"的茶道精神。 |

# 第四节　茶熏六觉表演

## 一、茶熏功效

　　熏茶是古代民间治病、养生的一种方法。古时候,人们利用树叶、青草、茶叶等材料,熬水熏脚底、敷手足、泡浴全身,以达到减轻压力、消除病痛的作用,这是熏茶法的起源。

　　平日因茶艺教学,笔者常与学生尝试以茶熏脸、眼、耳、鼻,取得功效,受到欢迎。笔者以多年实验与教学体验所得到的结论,深感该法能疏通经络、调和气血、预防感冒与美容养颜等。

　　具体功效如下:

　　(1)茶叶本身原是神妙的药草,从"神农尝百草日遇七十二毒得茶而解之",可知以茶为药由来已久。而今日科学研究证实,茶叶本身有益身体健康,其所含儿茶素、茶多酚、氨基酸、皂素、维生素等,有保健及预防疾病之功能。尤其茶叶中的茶多酚是水溶性物质,用它洗脸有清除油腻、收敛毛孔、抗皮肤老化等功效。

　　(2)经中国民间老中医证实,熏茶确有益健康。民间经常有人将野生茶叶摘下,用瓦片焙烤或水煮开后用来熏身体各部位,以达治病或养生的功效。

## 二、大碗茶茶熏六觉法

　　此法可明目提神、安神清静,乃是将茶叶多种保健功能导入茶艺生活中,在茶汤热能作用下,茶气通过皮肤孔窍、脸等部位,吸入经络,达到疏通经络、调和血气、消除脂肪、美容及预防感冒等效果。

　　准备:

　　(1)先将脸、眼、耳、鼻擦洗干净(女性要素颜)。

（2）茶碗:应选择碗底较宽者最佳(因较平稳、安全)。

（3）桌子:不宜过高,高度在胸腹之间最佳。

运作:以茶碗泡茶(绿茶、乌龙茶均可)并在茶叶浸泡期间,

（1）双手轻扶茶碗边缘;

（2）用手掌心贴住碗身,防止热气外散;

（3）手由碗腹开始往上移,颈椎慢慢往下弯,先让下颚贴住碗口;

（4）额头渐渐贴到双手,开始进行熏脸、熏眼、熏耳、熏鼻、熏舌、熏身意六觉,轮替以吸气、吐气至丹田(3至5分钟)。

这样,可排出体内浊气,加强新陈代谢,具有养身、养心、保健等功效。

# 三、小壶茶法茶熏六觉

准备:

（1）壶、盅、饮杯、闻香杯等与纸巾。

（2）桌子:不宜过高,高度在胸腹之间最佳。

运作:以小壶茶具组泡茶(绿茶、乌龙茶均可),泡妥用饮杯、闻香杯奉茶——主人与客人取闻香杯倒茶汤入饮杯——趁闻香杯尚有余温之时,用来熏脸或熏眼、熏耳、熏鼻——用纸巾擦拭闻香杯杯缘——取饮杯喝茶。

功效:

（1）熏脸:可使颜面毛孔排出毒素,增强皮肤弹性,促进皮肤细胞迅速新陈代谢,延缓皮肤老化等,故具有美容作用。

（2）熏眼:眼气通肝、肝气能滋润眼球,改善视力,同时茶叶中的维生素C、茶元素群等成分,能降低眼球晶体浑浊度,故熏眼对明目有积极的作用。

（3）熏耳:耳气通于肾,肾气能滋养骨髓,使元气充足,故熏耳对肾功能调整及其他器官的强化具有功效。

（4）熏鼻:鼻气通肺,肺气能使各脏腑产生抗体,预防病邪入侵,故熏鼻对感冒、鼻炎等有预防功效。

# 四、茶椀之花

"茶椀之花"是一种创新的品茗艺术。自古以来,茶可食,花亦可食。在中国古代的史料中曾记载,茶与花的兴起,是由于文人雅士的喜爱,在明朝时期开始流行的。而常用以茶来窨花的鲜花有梅花、茉莉、玫瑰、杏花等十余种。

茶与花,水乳交融,互相交衬,茶汤热度可催化花香,请来宾手捧茶椀,眼观茶色花色,鼻嗅茶香花香,口尝茶味花味,此时的茶与花已结合为一体,茶引花香,花增香味,不仅有茶的保健功效,而且茶香也有很好的药理作用,对人体的健康非常有益。

总之,茶熏六觉可手触茶具,眼观茶色,鼻嗅茶香,口尝茶味,耳闻茶悦;心则可从茶汤中领悟出(一苦、二甘、三回味)不苦、不涩、不是茶的人生哲理。

练习题

1.现代茶艺表演礼节有哪些要求?
2.阐述唐、宋、明、清、民国初年各时期茶艺表演的特色。
3.做两种民族饮茶风俗的茶艺表演演练。
4.进行现代茶艺表演演练。
5.做天福小壶茶法泡茶练习。
6.试验茶熏六觉茶艺。

阅读材料

## 茶艺的相关艺术

自宋代后,"乾坤之秀气"、"日月之精华"、"天地之慧黠"、"万物之灵韵",表现的是焚香、点茶、插花、挂画生活四艺,是文人必备的艺术素养,也是茶室的基本装置。

**一、香道**

自然界中,飘动着无穷无尽的气体,令人喜欢的香气成为我们生活中最具魅力的物质之一。

盛唐时期,各种文化相继发展起来的同时,熏香也成了艺术。达官贵人经常聚会,争奇斗香,使得熏香艺术形成自己特有的风格。香为天地乾坤之秀气,赏香可以净化心灵、平静身心、化育万物。

古人董若雨在《非烟香记》中,赞美其喜爱的香为"易香"。"以一香变千万香,以千万香摄一香"。有如卦爻,可变为六十四卦,三百八十四爻,此天下之变,"易也"。

"香"的道理和《易经》的变化是无穷尽的,呈现了古人把香气这种官能的感受,提升作为人们品格、行为的指标。由此可知"中国香道"的源远流长。

香道发展至今,已经不单纯是品香、斗香的概念,而是一种以天然芳香原料作为载体,让人们感受和美化自然生活,实现人与自然的和谐,创造人的外在美与心灵美的和谐统一的香的文化。正如人们熟知的"茶道"的概念,其含义远远超越了喝茶和茶制品本身,而是通过茶这个载体达到修养身心、培养高尚情操、追求人性完美的茶的文化。

让香气滋润人生,使生活中具有艺术的情操,这是香道的目标。

**二、花道**

茶花是表现艺术的一环,要能够合于茶趣,表达主人的心意,表现茶道的内涵,可以清静身心,回归自然。

中国人在生活上,向来是一个讲究礼仪而懂情趣的民族。远在两千年前,汉代的文物考证里,就发现"花"在当时的日常生活上已被普遍而广泛地使用;而后在隋、唐、宋、元、明、清各朝代,不论宗教僧侣、书斋文人雅士,莫不将花草作为修身养性的媒介,借着花艺的插作,咏花填词,得以抚慰空虚、颓废的心灵。

尤以繁华盛世的唐宋王朝,更是把文化之美的艺术发展到巅峰。故自北宋以来,焚香、挂画、插花、点茶,此生活四艺,即成为影响后世生活深远的因子,遂使中国读书人的书斋、茶室、禅房常有其配备的规模,就连日本的茶屋也是其缩影的结晶。

一个茶人,若想利用有限生命的花木,缔造出大自然宇宙无限的生机,就必须具备如艺术摄影家般的品位与涵养,善于取景借镜,掌握花艺插作技巧。

总之,花在品茗环境中的应用,是十分多元且丰富的创作题材,它往往必须因时、因地、因人而制宜。所以,不论山林野郡或是轻舟画舫、园林院落的借景取隅;还是书斋、茶室、禅房简约清雅的文人插作;或是茶席大观与无我茶会的茶席小品茶花,只要能符合茶会性质和茶性风格的理念,都是花艺创作完美的演出者。至于要如何着手去设计,茶人平时要多听、多看、多做,才能心领神会、信手拈来。

### 三、茶挂

茶挂可作为进德、修业、学习的指标,提高茶会的趣味性。

在中国历史上,第一流的文学家,都有茶诗、茶文;第一流的书法家都有茶帖,第一流的画家都有茶画。千百年来,文人为茶著书立说,记茶、述茶、绘茶、品茶的作品层出不穷。唐宋以来,诗词文风大盛,文人雅士崇茶之举,又开一时新风,因而涌现出许多品茶辨水的名流行家,一时茶诗、茶词、茶赋、茶录、茶歌、茶画等,相继繁富问世,成为我国研究茶史、茶文化具有重要价值的史料,为中华民族茶文化的形成与发展,作出了极大的贡献。而这些茶诗、茶画,往往就成了茶会上的茶挂。这一艺术特色,体现在饮茶活动中,与诗书画融为一体的文化特性,充分地体现出物质文明与精神文明二者合一。随着人类物质文明和精神文明的发展,这一特色将越来越显示出它无穷的魅力,为中华民族灿烂的茶文化而增光添彩。

茶挂有着特别的含义,挂轴在茶道上的应用,除了可以美化茶席外,悬挂字画的地方往往就是构成茶席相关位置及秩序的中心所在。泡茶师在茶会上,挂上一幅挂轴,来表达自己的心意和抱负,同时也彰显这场茶会的旨趣。

如四序茶会所用的茶挂为:

卷轴:四季山水图

对联:

名壶名器名山在,佳茗佳人佳气生。（林荆南）

万物静观皆自得,四时佳兴与人同。（程颢）

茶席上的四幅"四季山水茶挂",体现出了四季的更替和茶会的旨意"四序迁流"。两旁对联"名壶、名器、名山在,佳茗、佳人、佳气生"（万物静观皆自得,四时佳兴与人同）,充分表现出了四序茶会的主题与精神。

### 四、茶席布置

茶会中,会场的布置都是泡茶师精心设计的。对品茗环境的讲究,是构成品茗艺术的重要环节。舒适雅致的品茗环境,是烘托品茗艺术的重要部分,体现了中国古代哲学中"天人合一"的观念,人与人、人与自然万物是和谐一体的。所谓物我两忘、栖神物外、心心相印,说的是一种人与自然、人与人和谐统一的最高境界。品茶作为一门艺术修养,也以主客体的相合统一作为最高境界。良好的品茗环境,不仅能助长品茗的雅兴,更能温润主客的心灵。

### 五、茶乐

喝茶的音乐,品茶的技艺,其美在于会心处,不著一言,音乐的创作,灵活地运用各种中国古乐器的特有气质,使传统乐器,在乐曲中呈现出清新的生命与风貌,使茶味随着音乐在人心中更深更远,更沉更香,饮到深处,或知交,或故友,或清风明月,或山川云雾,无一不在茶中,也无一不在乐中。

茶融合了大地的芬芳、山川的灵秀、雨露的润泽、季节的冷暖、人文的气质,提升成一种丰富的意象。因此,一杯茶在手,不仅可以闻香品味,更可以悠游在茶中的无限空间,神游茶乡,忘却凡尘。

背景音乐,传述着春天的"希望"、夏天的"热情"、秋天的"收获"、冬天的"空寂"。在清微淡远的音乐声中,我们一同品茗,也一同品味人生。茶会上可以听缠绵的古琴名曲,看优雅的茶艺表演,闻醉人的茶香,品醇美的甘露。

### 六、茶器:冲泡器质地与茶汤的关系

冲泡器如茶壶、盖碗、冲泡杯等,其质地会影响泡出茶汤的风格。所谓质地,主要是指散热速度,一般而言,密度高者、胎身薄者,散热速度快(即保温效果差);密度低者、胎身厚者,散热速度慢(即保温效果好)。

散热速度快者,泡出来茶汤的香味较清扬、频率高;散热速度慢者,泡出茶汤的香味较低沉、频率较低。这可拿同一种茶,以不同散热速度的两把壶冲泡,比较茶汤、叶底的香气而得知。

一般说来,瓷器、银器比炻器、石器散热快;炻器、石器又比紫砂茶器散热快。所以泡茶时,若想将某种茶表现得清扬些,就使用散热速度快一点的冲泡器,若想表现得低沉些,就使用散热速度稍慢一点的冲泡器。

冲泡器的质地还包括吸水率,吸水率太高的冲泡器不宜使用,因为泡完茶,冲泡器的胎身吸满了茶汤,放久了容易有异味,所以应使用吸水率低的冲泡器。(李素贞)

## 茶具的基本认识

茶具依附于茶,有茶才有壶,饮茶文化的演变促进了茶具的演变。

茶叶最早被发现和利用,开始于神农氏:药用——煮药用的锅。

唐朝:陆羽——蒸表团茶——煮茶——青瓷(碗)。

宋朝:龙凤饼茶——点茶(茶色重白)——黑盏(日本人称天目碗)。

元朝:渐渐出现散茶。

明朝:朱元璋——废团兴散——茶壶(紫砂、白瓷)。

茶具的分类:紫砂、瓷器、炻器、金属、玻璃、锡器、竹木、玛瑙、玉石。

### 一、紫砂

1.产地

紫砂壶始于宋代,盛于明代。紫砂泥产于江苏省宜兴市丁蜀镇,称富贵地,又称五色土,有红泥、绿泥、紫泥、黄泥、黑泥。红泥是嫩泥矿底部的石黄泥料,紫泥深藏于黄石岩下,夹存于甲泥矿层中,本山绿泥是紫泥的夹脂。所以紫泥和本山绿泥又称岩中岩、泥中泥。

紫砂贵在"砂",真正的紫砂泥烧成的紫砂壶犹如豆沙。

2.紫砂的特点

紫砂壶的价值主要体现在泥料、工艺、文化三个方面。

(1)不透光,具有黏性和可塑性。

(2)800℃~1 100℃高温烧结而成。

(3)有 2%的吸水率和 5%的气孔率,保温性好,透气性佳,传热缓慢。

（4）收缩率低，冷、热聚变性慢，产品不易变形。

（5）分子呈双重气孔结构，环环相扣，经养壶后，茶壶更有光泽。

（6）适合冲泡浓香型乌龙茶、普洱茶。

苏东坡：阳羡茶、金少泉、紫砂壶。

**二、瓷器**

1.白瓷有四大特点

白如玉、薄如纸、明如镜、声如磬。有透光性，泥土纯白；密度高，不吸水，可上釉、绘画；用1 250℃以上高温烧结，传热快，可以冲泡任何一种茶叶，尤其适合冲泡清香型茶类。

2.茶具绘画

（1）釉上彩；（2）釉下彩；（3）斗中彩；（4）粉彩。

3.瓷器茶具贵的原因

（1）釉变丰富；（2）绘画；（3）成功率低，40％～50％；（4）声音高，高温磁化，有些硅元素已挥发掉，较环保，用来泡茶香气更好。

如果茶具烧结温度不够，还没磁化，会吸茶香。

4.泥料产地

潮州、景德镇、广东、德化、台湾，天福集团产的瓷具的泥料产地是景德镇高岭上，国际有名，烧结温度高，冲出的茶汤香气更好。

**三、炻器**

随着社会经济的发展，在紫砂和瓷之间又出现了一种叫做"炻"的泥料，这种泥料是由日本人发明的，英文名叫"stoneware"。中文是"火"和"石"组成的，读作"shi"。

它结合了紫砂和瓷器的优点，有紫砂类的多样化颜色，没有透光性，使用时不烫手，保温性好，泡茶不失原味等特点；又有瓷类茶具的优点：烧结温度在1 200℃以上，耐高温，泥料结构分子紧密，吸水率几乎为零，适合用来冲泡任何一种茶叶。

用这些茶壶泡完茶后，只要将它洗净，干燥后即可用来冲泡另一种类的茶叶，不会残留前次茶叶的味道。

**四、玻璃壶组**

除了以上几种茶具外，我们还有一种玻璃壶组，可以用来冲泡一些高档的绿茶。因为玻璃壶具有透明度佳的特点，用它来冲泡，可以欣赏到茶叶在整个冲泡过程中舒展、游动、变幻的过程。

好壶的条件：

（1）胎土要好，泥质柔和，壶面平滑，如是造出的颗粒效果是均匀而古朴、有美感。

（2）火度要够。

（3）使用技能好——出水顺滑、断水干净利落、操作容易。

（4）造型美、大方。

（5）手工细致：边角处圆滑，接驳处不见痕迹，每一个小孔都形状规整，无多余泥料。

从上面我们可以总结一点，随着经济水平的提高，大家对品茶的意境越来越讲究。一个追求品味、爱好喝茶的茶人都会收藏很多不同质地的茶具，用来冲泡不同种类的茶叶，所以可以建议客人购买四种不同的茶具来冲泡不同的茶叶。

小结：品茶场所的布置，是衬托主题思想的重要手段，它渲染茶性清纯、幽雅、质朴的气质，增强艺术感染力。

品茗要求品茶技艺、礼节、环境等的协调,不同的品茶方法和环境都要有和谐的美学意境。所以在茶艺背景的选择创造中,应根据不同的茶艺风格,设计出适合要求的背景来。

冲泡过程的艺术化与技艺的高超,使泡茶成为一种美的享受;此外对茶具的欣赏与应用,对饮茶与自悟修身、与人相处的思索,对品茗环境的设计都包容在茶艺之中。将艺术与生活紧密相连,将品饮与人性修养相融合,形成了亲切自然的品茗形式,这种形式也越来越为人们所接受。当茶会会场的一切准备就绪后,茶会就可以开始了。

有一种圆融的韵律能让人心灵震颤;有一种美能引发人无尽的遐想;这种美,你必须"五官并用,六根共识",才能够充分感悟,这种美就是茶艺之美。

茶文化,其历史源远流长,给人们留下了许许多多美丽的传说,悠悠袅袅的茶烟,淡然无极的茶味,妙不可言的茶香,怡神舒心的茶境,带领我们返璞归真,遐想从远古到现代之路,陶醉于自然与艺术之中,希望能引发各位茶友的不尽思古悠情,也希望每一个爱茶的人在接受茶香熏陶之余,共同发挥个人才智来丰富这精彩的茶艺世界。(李素贞)

# 附录

# 各种茶壶的拿法

1. 侧提壶

图 1　侧提壶

图 2　侧提壶的拿法

2.横把壶

图 3　横把壶

图 4　横把壶的拿法

3.东坡提梁壶

传说宋朝大学士苏东坡热衷喝茶,想按照自己的心意做一把大茶壶,苏东坡看着灯笼计上心来,心想:我何不照灯笼的样子做一把茶壶?

灯笼壶做好,又大又光滑,不好拿,抬头见屋顶的大梁,灵机一动,赶紧动手照屋梁的样子来做壶把。茶壶做成了,苏东坡非常满意,就起了个名字叫"提梁壶"。后人就把这种式样的茶壶叫做"东坡提梁壶",或简称"提苏"。

图 5　东坡提梁壶

图 6　东坡提梁壶拿法

4.飞燕壶

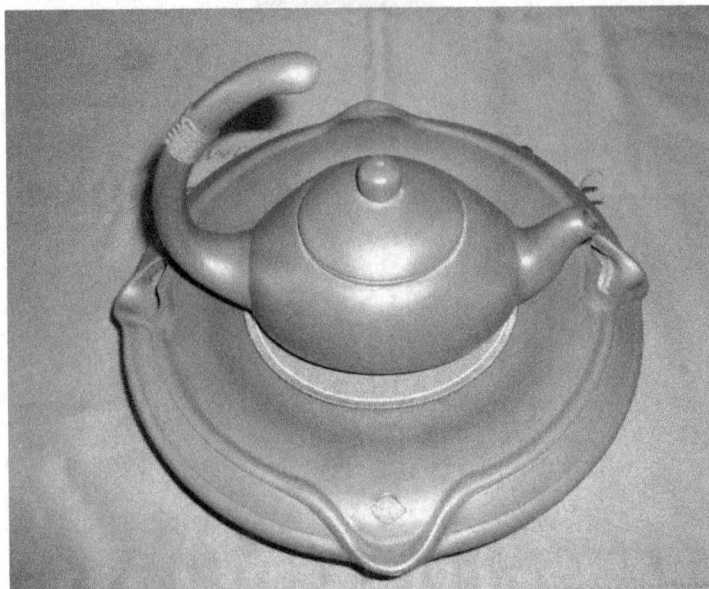

**图7 飞燕壶**

**图8 飞燕壶拿法**

（本组图片由天福集团总裁特别助理、国际茶艺文化交流会会长李素贞提供）

# 参考文献

1. 司马迁撰：《史记》，中华书局 1959 年版。

2. 阮浩耕、沈冬梅、于良子点校注释：《中国古代茶叶全书》，浙江摄影出版社 1999 年版。

3. 谢红勇主编：《茶艺基础》，上海交通大学出版社 2011 年版。

4. 饶雪梅、李俊主编：《茶艺服务实训教程》，科学出版社 2008 年版。

5. 刘启贵主编：《茶艺师》(高级)，中国劳动社会保障出版社 2008 年版。

6. 陆羽著，萧晴编译：《茶经》，中国市场出版社 2006 年版。

7. 王镇恒、王广智主编：《中国名茶志》，中国农业出版社 2000 年版。

8. 张廷玉等撰：《明史》，中华书局 1974 年版。

9. 《蔡襄集》，上海古籍出版社 1996 年版。

10. 王玲著：《中国茶文化》，中国书店 1992 年版。

11. 陈虹编著：《茶道艺术》，内蒙古人民出版社 2006 年版。

12. 陈辉、吕国利：《中华茶文化寻踪》，中国城市出版社 2000 年版。

13. 刘勤晋：《茶馆与茶艺》，中国农业出版社 2007 年版。

14. 林治主编：《中国茶道》，世界图书出版西安公司 2009 年版。

15. 郑剑顺主编：《茶文化旅游设计》，厦门大学出版社 2011 年版。

16. 郭孟良：《中国茶史》，山西古籍出版社 2002 年版。

17. 《厦门志》，鹭江出版社 1996 年版。

18. 梁章钜：《归田琐记》，中华书局 1981 年版。

19. 鄂尔泰、张廷玉等编纂：《国朝宫史》，北京古籍出版社 1987 年版。

20. 赵尔巽等撰：《清史稿》，中华书局 1976 年版。

21. 龚永新：《茶文化与茶道艺术》，中国农业出版社 2006 年版。

22. 阮浩耕等：《中国茶艺》，山东科学技术出版社 2002 年版。

23. 黄志根：《中华茶文化》，浙江大学出版社 2002 年版。

24. 丁以寿：《中国茶道发展史纲》，农业考古，2001。

25. 余悦：《中国茶韵》，中央民族大学出版社 2002 年版。

26. 林治：《中国茶艺》，中华工商联合出版社 2000 年版。

27. 丁文：《中国茶道》，陕西旅游出版社 1994 年版。

28. 陈宗懋：《中国茶经》，上海文化出版社 1992 年版。

29. 刘昭瑞：《中国古代饮茶艺术》，陕西人民出版社 1987 年版。

30. 铃木大拙：《禅与艺术》，北方文艺出版社 1988 年版。

31. 陆松候、施兆鹏主编：《茶叶审评与检验》(第三版)，中国农业出版社 2001 年版。

32. 宛晓春主编：《中国茶谱》，中国林业出版社 2007 年版。

33. 沈培和等编著：《茶叶审评指南》，中国农业大学出版社 1998 年版。

34. 王同和编著:《茶叶鉴赏》,中国科学技术大学出版社2008年版。

35. 陈志等主编:《农产品加工新技术手册》,中国农业科学技术出版社2002年版。

36. 陈椽主编:《中国名茶》,中国展望出版社1989年版。

37. 张天福等编著:《福建乌龙茶》,福建科学技术出版社1989年版。

38. Jane Pettigrew编著:《茶鉴赏手册》,上海科学技术出版社·香港万里机构,2001年版。

39. 中华人民共和国国家标准,茶叶感官审评术语GB/T 14487—93。

40. 安徽农业大学茶业系制茶教研室编:《茶叶质量检测标准》,1997—4。

41. 王建荣、吴盛天编著:《中国名茶品鉴》,山东科学技术出版社2005年修订版。

42. 王同和、卢福娣、童梅英编著:《茶叶审评》,安徽农业大学2004年版。

43. 农业部茶叶质量监督检测中心,第二届农业博览会茶叶评比方案,1995。

44. 安徽农学院主编:《制茶学》(第一版),中国农业出版社1979年版。

45. 曾国渊:《成品乌龙茶的品评》,《中国茶叶》,1992年第1期。

46. 国家茶叶质量监督检验中心:《茶叶质量检验技术手册》,1991,10。

47. 骆少君主编:《评茶员:国家职业资格培训教程》,新华出版社2004年版。

48. 施兆鹏主编:《茶叶审评与检验》(第四版),中国农业出版社2010年版。

49. 周爱东、郭雅敏:《茶艺赏析》,中国纺织出版社2008年版。

50. 刘勤晋主编:《茶文化学》(第二版),中国农业出版社2007年版。

51. 蔡荣章:《茶学概论》,中华国际无我茶会推广协会,2000年。

52. 蔡荣章:《茶道入门——识茶篇》,中华书局2008年版。

53. 蔡荣章:《茶道入门——泡茶篇》,中华书局2008年版。

54. 刘士伟、王林山主编:《食品包装技术》,化学工业出版社2008年版。

55. 孙威江、林智、杨亨栋主编:《无公害茶叶》,中国农业大学出版社2001年版。

56. 宛晓春主编:《茶叶生物化学》(第三版),中国农业出版社2008年版。

57. 周斌星主编:《茶叶加工》,中国农业出版社2008年版。

58. 黄争鸣、顾林平、马惠民等:《绿茶保鲜技术研究进展》,《现代农业科技》,2009(20):348—349。

59. 张玲、高飞虎、邓敏:《葡萄糖氧化酶在茶叶保鲜中的应用》,《福建茶叶》,2006(1):17。

60. 郭桂义、王广铭、罗娜:《名优绿茶常温保鲜技术初步研究》,《茶叶》,2001,27(3):48—49。

61. 张岚翠、沈生荣:《茶叶及茶饮料贮藏保鲜技术研究进展》,《茶叶》,2008,34(3):156—160。

62. 郝志龙、刘乾刚、陈济斌等:《清香型乌龙茶贮藏保鲜技术研究及设备》,《中国茶叶》,2007(5):16—17。

63. 陶卫民:《绿茶保鲜技术的研究与发展》,《上海茶叶》,2007(1):24。

64. 傅海平、张亚莲、胡孟阳等:《微生物在茶叶中的研究与应用现状》,《茶叶通讯》,2007,34(4):18—20。

65. 肖文军、胡详文、龚志华等:《优质绿茶贮藏过程品质劣变的研究》,《天然产物研究与开发》,2006,18:999—1002。

66. 王登良:《绿茶贮藏过程中茶多酚含量的变化与感官品质的关系》,《茶叶科学》,

1998,18(1):61—64。

67. 袁英芳、黄怀生、秦国杰等:《环境因子对名优绿茶贮藏品质的影响研究》,《茶叶通讯》,2011,38(2):27—29。

68. http://www.chinacourt.org/html/article/200911/12/380689.shtml。

69. 普洱茶饼的包装纸是什么,http://tea.fjsen.com/view/2011-07-03/show952_1.html。

70. 茶叶包装的发展历程,http://hangzhou.favolist.com/18716871.shtml。

71. 标志管理章程,http://www.organicteachina.com/Symbol/Symbol.aspx?sid=2。

72. OFDC 注册证明商标使用规范,http://www.ofdc.org.cn/。

73. 林瑞萱著:《中国历代饮茶法》,武陵出版有限公司 2006 年版。

74. 蔡荣章主编,张玲芝执笔:《中国人应知的茶道常识》之"茶器知识"部分,中华书局 2012 年版。

75. 姚国坤、胡小军编著:《中国古代茶具》,上海文化出版社 1998 年版。

76. 徐秀棠著:《徐秀棠说紫砂》,上海辞书出版社 2007 年版。

77. 蔡荣章、林瑞萱著:《现代茶思想集》,玉川出版社 1995 年版。

78. 丁以寿主编:《中华茶艺》,安徽教育出版社 2008 年版。

79. 冯先铭主编:《中国陶瓷》,上海古籍出版社 2001 年版。

80. 安徽农学院编:《制茶学》,中国农业出版社 1986 年版。

81. 童启庆:《习茶》,浙江摄影出版社 1999 年版。

82. 蔡烈伟、坤芳:《茶文化》,中国农业出版社 2006 年版。

83. 童启庆、寿英姿编著:《生活茶艺》,金盾出版社 2008 年版。

84. 陈绍宽著:《品茶、泡茶、鉴茶》,化学工业出版社 2010 年版。

85. 双鱼文化编著:《鉴茶、泡茶》,凤凰出版社 2010 年版。

86. (日)株式会社主妇之友社著,张蓓蓓译:《红茶品鉴大全》,辽宁科学技术出版社 2009 年版。

87. 单慧芳、何山主编:《茶艺与服务》,中国铁道出版社 2009 年版。

88. 于观亭著:《中国品茶文化》,上海古籍出版社 2011 年版。

89. 王缉东著:《鉴茶泡茶一本通》,中国轻工业出版社 2008 年版。

90. 刘勤晋著:《普洱茶的科学》,盈记唐人工艺出版社 2007 年版。

91. 叶羽晴川:《轻松喝普洱》,中国轻工业出版社 2007 年版。

# 后 记

2010 年 10 月,《茶艺服务技巧》被列入福建省教育厅组织实施的"福建省高等职业教育教材建设计划",作为该计划中高职高专旅游大类教材编写计划的一种。

漳州科技职业学院(原漳州天福茶职业技术学院)自 2007 年创校后就在旅游管理专业、市场开发与营销专业等专业开设"泡茶技艺"课,发挥本校的茶学教育优势和天福集团、天福茶博物院的茶艺服务实训条件便利,使各专业的每位学生都接受泡茶训练,掌握茶艺服务技能。因为有这样的基础条件,所以,我们有编写《茶艺服务技巧》教材的设想和准备,以适应相关专业开设此课程教学的需要。适逢福建省高等职业教育教材建设计划组织实施,承蒙高职高专旅游大类教材编写委员会审批,该教材入选编写计划,值此付梓之际,特致诚挚谢忱。

本教材列入出版计划后,由郑剑顺教授拟定编写大纲,邀请王同和教授、蔡烈伟副教授担任副主编,并组织相关教师参加编写。具体的编写分工如下:第一章由郑剑顺、陈晓健撰写;第二章、第八章、第十二章由蔡烈伟撰写;第三章由王同和撰写;第四章由周炎花撰写;第五章由蒋芳市撰写;第六章由张玲芝撰写;第七章由郑剑顺、蔡玉云撰写;第九章由孙晟撰写;第十章由朱樱撰写;第十一章由范春梅撰写;第十三章、第十四章由李素贞撰写。初稿汇总后,由郑剑顺负责审改、统稿,王同和协助审阅第三章、第五章、第十一章;蔡烈伟协助审阅第六章、第十章。陈晓健、蔡玉云协助电子版的修改、整理。经各章作者修改后,由郑剑顺再作校阅、统稿,呈送出版社。

本教材编写大纲的拟定、书稿的审定,都得到福建省高职高专旅游大类教材编写委员会的关心和指导,王瑜教授提了宝贵意见;漳州科技职业学院董事会黄国辉副董事长、吴长彬校长、沈小美副书记等学校领导、天福茶博物院院长阮逸明教授、天福集团总裁特别助理、国际茶艺文化交流会会长、台湾天仁茶艺基金会副秘书长、漳州科技职业学院实训主任李素贞、商学院实训教师王瑞香、蓝丽玉等对本教材的编写给予大力支持和帮助;厦门大学出版社提供出版机会,责任编辑江珏玙为本教材的出版辛勤工作,在此,一并谨致衷心感谢。

本教材编写中参考了已有研究成果,除注明出处、开列参考文献外,在此表示诚挚谢意。

由于作者水平局限,疏漏和差错之处在所难免,尚祈教材使用者、读者指正。

郑剑顺

二〇一二年五月

于漳州科技职业学院商学院

# 高职高专旅游大类十二五规划教材

## 简　介

　　本规划教材深化人才培养模式改革,在教育观念、课程体系、教学内容、教学方法和实践环节等方面进行探索和创新,是符合高职高专教育教学改革实际的教材,为推进高职人才培养模式和加快培养生产、建设、管理、服务一线需要的高技能人才提供坚实保障。

　　**核心点**——培养产业发展急需的高技能人才;

　　**切入点**——推行工学结合、校企结合;

　　**内容点**——体现新知识、新工艺、新技术的专业课程教材、实训教材和体现闽台职业教育资源共建共享的闽台合编教材。

## 书　目

| 专业课程教材 | | | |
| --- | --- | --- | --- |
| 旅游行业认知 | 中国旅游地理 | 旅行社经营与管理 | 旅游景区服务与管理 |
| 旅游市场营销 | 现代饭店管理 | 导游业务 | 前厅客房服务与管理 |
| 中国主要旅游客源国/目的地概况 | 餐饮服务与管理 | 旅游人力资源管理 | |

| 实训教材 | | | |
| --- | --- | --- | --- |
| 导游情境英语 | 中餐制作技术 | 模拟导游(英文) | 旅游交通票务 |
| 旅游摄影 | 餐饮服务技能 | 客房服务技能 | 西餐制作技术 |
| 中西点制作技术 | 茶艺服务技巧 | 前厅服务技能 | 模拟导游实训教程 |
| 饭店情境英语 | 旅游景观鉴赏 | 礼仪与形体训练 | 旅行社组团与计调 |
| 酒水与酒吧服务 | 休闲运动营销实务 | | |

| 闽台合编教材 | | | |
| --- | --- | --- | --- |
| 茶文化旅游设计 | 闽台旅游产业政策与法规 | 闽台旅游景观经济文化 | 温泉旅游服务与管理 |
| 休闲管理实务 | 旅游英语视听说 | 休闲运动心理学 | 饮食与健康 |
| 闽台旅游基础知识 | | | |

**图书在版编目(CIP)数据**

茶艺服务技巧/郑剑顺主编.—厦门:厦门大学出版社,2012.8(2019.7重印)
福建省高职高专旅游大类十二五规划教材
ISBN 978-7-5615-4251-4

Ⅰ.①茶… Ⅱ.①郑… Ⅲ.①茶-文化-高等职业教育-教材 Ⅳ.①TS971

中国版本图书馆 CIP 数据核字(2012)第 067777 号

厦门大学出版社出版发行

(地址:厦门市软件园二期望海路 39 号 邮编:361008)

http://www.xmupress.com

xmup @ xmupress.com

厦门市金凯龙印刷有限公司

2012 年 8 月第 1 版 2019 年 7 月第 2 次印刷

开本:787×1092 1/16 印张:17.5

字数:430 千字

定价:45.00 元